掌の中の無限

チベット仏教と現代科学が出会う時

L'infini dans la paume de la main

Du Big Bang à l'Éveil

Matthieu Ricard　Trinh Xuan Thuan
マチウ・リカール＆チン・スアン・トゥアン
菊地昌実……訳

新評論

Matthieu RICARD, Thuan TRINH XUAN
L'INFINI DANS LA PAUME DE LA MAIN

日本語版への序文

私たちの著作『掌の中の無限』の日本語版が刊行されることを大変うれしく思います。私たちは今、目印になるものを失って当惑しています。そういうときに現代科学と仏教の観想科学が歩みよるのは、当然のことです。仏教は教義の上に成り立つのではなく、内観的体験と現実の哲学的分析に基づいています。ですから仏教は、どんなタブーにも既成観念にもとらわれず、ひたすら真理の探究を目指して、つねに対話を受け入れる姿勢にあります。

仏教は最初から現象世界の本質について問い続けてきました。なぜなら、私たちの事物の知覚の仕方と事物の真の性質との間に溝ができると、私たちの心には混乱が生じ、苦しみが現れるからです。仏教にとって、現象は「出来事」として現れるのであり、自立した内在的な実体をもっていません。

認知科学（情動と意識にかんする科学）の領域では、仏教心理学の二千年にわたる経験が現代科学にとって豊かな情報に満ちていることが明らかになっています。現在、世界各国の最先端の研究室で、いくつもの研究計画が進行中です。研究の狙いは、何年にも及ぶ精神の訓練によって私たちの脳と気質に根本的な変容がもたらされることの証明です。

私たちの心の働き方と、幸せと苦しみのメカニズムをよく理解することで、私たちは苦しみから解き放たれます。仏教は何よりも、この解放の道を示してくれるのです。

この日本語版の出版については、（株）佐多商会社長 佐多保彦氏と、（財）アリオン音楽財団理事長 江戸京子氏の多大なご尽力を頂きました。

また私たちは、すぐれた翻訳者の菊地昌実氏、出版社である新評論に深い感謝の念を表します。さらに仏教哲学にかんしては立教大学教授 横山紘一氏、基礎科学については北海道大学名誉教授 高田誠二氏に翻訳の内容を確認する労をとっていただいたことに、心から御礼申し上げます。

マチウ・リカール

二〇〇三年七月

掌の中の無限／目次

第11章　潜在的境界――身体‐精神の二元性？……221

●意識は物理的プロセスの反映、物質の創発的特性にすぎないのか。仏教における「粗野な」意識と「繊細な」意識222 ●精神の根本的輝き。目覚めたるあり方と精神の創造性223 ●意識を発進させるのに火花は必要か224 ●第一原因としての根本的意識と、補助的要因としての身体およびその環境225 ●神経生物学者の見方では、意識は身体と外界とのたえざる相互作用から生まれる226 ●物質‐精神のデカルト的二元論をどのように解決するか。唯物論は精神を物質に還元するが、仏教は、意識も物質も固有の存在をもたないと証明することで、この二元論を退ける226 ●デカルトの松果腺と機械の中の幽霊228 ●精神‐物質の二分法は事物の堅固さへの執着に起因する。あるのはただ一つの非現実だけである229 ●物質の粒子の側面が波の側面と相補的であるのとまったく同様に、精神は物質と相補関係にある230 ●エゴ（自我）は「内部」と「外部」の間の架空の溝から生じる230 ●無生物から生物への移行を説明するための創発原理と自己組織化原理。生物学的進化は、不連続な自己組織化を重ね、複雑性の梯子を登りながら、枝分かれを繰り返して進んだ231 ●「創発」原理は新たな物理的力の導入を必要としない。進化の「量子論的飛躍」232 ●創発の二つの側面233 ●物質と相互依存する意識連続体という仏教の概念234 ●意識は「身体的組み込み」をかならずしも必要としない235 ●臨死体験236 ●前世の記憶。シャンティ・デヴィのケース236 ●前世の記憶を思いだすことが可能ならば、なぜそれがきわめて稀にしか起こらないのか240 ●ダライ・ラマのケース242 ●広がる波のような意識の流れ244 ●意識の流れと結びついた「自我」は存在しない246 ●記憶の問題。経験に基づく「繊細な」意識のレベルについての理解247

第12章　自分は考える、と考えるロボット？……249

●脳はコンピュータのように働き、ニューロン・システムはハードウェアに、精神はソフトウェアに対応するのか250 ●コンピュータは計算能力しかもたず、自分にとって意味のない情報を処理するだけである251 ●脳はコンピュータとは違う252 ●チューリング・テストとサールの「中国の部屋」254 ●コンピュータは、電源を切られたら自分に何が起こるかを考えられるか。「私の精神の本質は何か、存在の意味は何か、死後、私はどうなるか」などの問いはどこから来るのか256 ●神経生物学者によれば、世界の意味は、脳内のニューロン組織が一つの臨界域を超えるとき、脳の環境との相互作用から現れる256 ●世界の意味はロボット・システムから出現しうるか257 ●一次的な意識と内省的意識258 ●たがいに自己組織化する小ロボットたち259 ●人間の内省的意識260 ●自由意志は幻想にすぎず、また意識は単なる端役にすぎないか261 ●意識の存在の否定は、形而上的選択によるのか、それとも科学的証明によるのか263 ●ニューロン・システムだけでは、人間の態度の急転換を説明できない263

第13章　大海の波のように――意識の連続体……266

●仏教によれば、各個人に一つの意識連続体があり、それは始まりをもたず、生から生へ受け継がれる267 ●意識のさまざまなレベル269 ●自由意志は意識の流れの質を変えられる269 ●どの生き物にも意識の一次形態がある270 ●動物を人間の利益のために利用するのは、強者の掟を押しつけることである271 ●〈悟り〉と慈悲。王の態度、渡し守の態度、羊飼いの態度272 ●意識の流れの数は無限274 ●仏陀の〈悟り〉。仏陀の跡に従って歩もうとする者のための旅案内275 ●三つのタイプの有効な証拠。直接体験、推論、本物の証言276 ●フロイトの無意識と仏教の「傾向」278 ●死の総稽古としての眠り279 ●明晰な夢の修行。観想的生活の諸

段階280

第14章　宇宙の文法――物理法則　282

●科学における法則とは何か283 ●物理法則は世界を支配する実体か。前史時代からルネサンスにいたる西洋の科学法則概念283 ●仏教によれば、法則には内在的な存在はない。相対的真理と絶対的真理287 ●なぜ東洋に科学が生まれなかったか。知の諸領域に与えられる優先度288 ●中国人の全体論的見方。西洋科学の基盤にある還元主義的方法289 ●全体をとらえずに小部分を理解する。還元主義の限界290 ●線形システム291 ●非線形システムと創発特性292 ●物理システムの局所性。四つの基本的な力293 ●物体は、厳密に局所的な影響を受けるだけか295 ●現象の「物象化」と世界の細分化296 ●現象の非実在性について瞑想し、理解したことを人生に取り込む297

第15章　数学の神秘　298

●〈自然〉に内在する規則性は数学言語で表現しうるという確信が、科学の方法の根底である299 ●知を数学方程式で表されるものだけに限定することは、受け入れられるか299 ●ユージン・ウィグナーは、「数学が現実世界を記述する、とてつもない有効性」に驚く300 ●物理学者は未知の領域に到達すると、ほとんどいつも数学者が先行していたことに気づく。曲線空間とフラクタル図形301 ●仏教にとって、私たちの考えだすことが私たちの知覚する現実と合致していることは、何ら驚くべきことではない。数学は自然の秩序に適用された概念にほかならないし、その秩序自体も意識との相互依存の反映である302 ●数学はプラトンの〈イデア〉か。〈イデア〉とは、頭で考えて貼り付けたレッテルではないか304 ●時間の外部に

神が存在して、神の本質と意図は組織化と複雑性の不変の法則によって表されると仮定したとき、その神は、量子論的あいまいさとカオスによって世界を変えられるか 306 ●数学にかんするさまざまな見方。構成主義者と実在論者 307 ●デカルトの三角形 308 ●数学の公式に固有の生命はあるか 308 ●仏教によれば、数学上であろうとなかろうと、いかなる存在も、それ自体としてはありえない 309 ●アルキメデスのユーレカからポアンカレの突然のひらめきまで 310 ●数学が世界にあてはまり、また私たちが数学を理解できるという事実は、数学が世界と私たちの意識の両方に依存していることを示すにすぎない 311 ●天才数学者ラマヌジャン 312 ●生物学者の言い分。天才双子のケースとアインシュタインの脳 312

第16章 理性と観想――どうやって世界を認識するか …………………… 316

●仏教は約束事としての論理と究極の認識を区別する 317 ●〈悟り〉の非二元性 318 ●仏教の観想は「直観的」か、それとも「神秘的」か 319 ●パトルル・リンポチェはどうやって弟子に精神の本質を悟らせたか。概念の彼方に 320 ●ゲーデルの不完全性定理と論理の限界 321 ●〈悟り〉は理性と矛盾せず、理性の限界をなくする 322 ●科学者は完全に客観的に自然を観察できるか 323 ●形而上的・文化的見方の影響 325 ●理論と観察の相互作用 326 ●天の調べはいつまでも秘密のままか、それとも科学は真理に向かって近づきつつあるのか 327 ●何を目標とすべきか。仮説的な現実をとらえるための情報を集めることか、それとも〈悟り〉という究極の認識にいたることか。科学と観想における知識獲得の方法とは比べられるか 327 ●「間主観的な知」と「客観的な知」 329 ●誤った相対的真理と正しい相対的真理 330 ●何を知ろうとするのか。私たちの研究の目標が研究領域を決定し、得られる知識の限界を定める 331 ●観想科学の目的。真の幸福とは何か 332 ●観想的方法論の例。自我の概念の分析 332 ●内省に対する科学の不信 335 ●想念の解放のプロセス 336 ●到達

した目標の一貫性。内的平安、非執着、利他の心 337 ●仏陀の〈悟り〉338 ●仏陀の教えは旅のガイドブック 339 ●瞑想体験の神経学的記述？ 341 ●内的体験の有効性とその変革力。心理学、精神分析と精神的変革 342

第17章　鏡に映る像――観察者と世界 …… 345

●形而上的先入観は科学者の見方にどれくらい影響を与えるか 346 ●同じ一連の実験データを説明するはずの可能な理論の数を限定しうるか 347 ●もし既成の考え方をもたず、またどんなパラダイムもないとすれば、科学者は〈自然〉が伝えてくれる多数の情報の中から選択することができない 348 ●ダーウィンと氷河 349 ●科学革命 349 ●無知。事物の実際のあり方と見かけのあり方との不適応 350 ●「現実」をとらえることは本当に可能か 351 ●光の大旅行。銀河から観測者の目へ 352 ●どんな観測もかならずそれを自己流に解釈する意識に行き着く 354 ●意識と意識がとらえる現実の本質自体を問わねばならない 355 ●科学的実在論の限界 356 ●現象は内在的な性質を備えた自立した実体というよりは、私たちの意識によって特殊化された「関係」である 357 ●プラトンの〈イデア〉の世界とデスパニャの「ベールで覆われた現実」359 ●観測者と観測される対象は根本的に不可分である 360

第18章　美を眺める目の中に美は存在する …… 361

●自然現象の美しさと理論の抽象の美しさ。不可避性、単純性、真実性 362 ●仏教にとって、美は人間の深い本質との一致を反映している 364 ●精神的な〈悟り〉こそ美の頂点である。美醜の彼方に 366

第19章 瞑想から行動へ……368

●仏教は、世界からの隠遁を説く受動的で敗北主義の哲学か。観想と行動の間にどうやって橋を架けるか 369 ●仏教の修行者のモットー。世界を変革するために自己を変革する 371 ●非暴力は実際に役立つか 373 ●観想者は他人を助ける能力を内部に育てる。幸せと苦しみのメカニズムを明らかにしなければ、他者を助けることはできない 375 ●仏教は人道的活動をさらに押し進め、倦むことなく苦しみに立ち向かう人々の献身的な姿を範とすべきである 376 ●「世俗的〔脱宗教的〕精神性《スピリチュアリテ》」に向かって? 378 ●精神性と人間的価値観に開かれた教育 378

科学者の結論 381

僧侶の結論 389

原注 410

訳者あとがき 411

もっと知りたい読者のための入門書ガイド 415

科学用語解説〔50音順。行間◆印は本用語解説項目〕

◆**アニミズム**　自然現象や自然の物体に霊魂を付与する考え方。

◆**暗黒物質**　いかなる放射もしない未知の物質。しかし、その存在は星と銀河の運動に及ぼす重力効果によって明らかにされている。宇宙の全質量の九〇ないし九八パーセントを占めるかもしれない。

◆**アントロピック原理⬇ヒト（アントロピック）原理**

◆**一般相対性**　アインシュタインが一九一五年に発表した理論で、加速運動を重力と時空の幾何学に結びつける。

◆**〈イデア〉（世界）（〈形相〉世界）**　プラトンによれば、感覚世界は変わりやすく、つかの間の、幻のものであり、永遠で、不変で、真実の〈イデア〉世界の青白い影にすぎない。

◆**オッカム（の剃刀）**　ある現象についての単純な説明は複雑な説明よりも真実である可能性が高い、という考え方。

◆**カオス**　ある動態系の振る舞いが初期条件にきわめて微妙な形で左右されるときの、その系を特徴づける特性。

◆**化石放射**〔宇宙背景放射〕　宇宙を隈なく浸している電波放射で、宇宙が誕生後まだ三十万年にすぎなかった時期に由来する。いわばビッグバンの火の余熱である。宇宙の膨張によって著しく冷却した。その温度は摂氏マイナス二七〇度しかない。

◆**加速器**　電荷をもつ素粒子を、電磁場を利用して、きわめて高いエネルギー状態に加速させる装置。

◆**還元主義**　ある物理系を、その基礎をなすと思われるもっとも基本的な構成要素に分解することによって成り立つ研究方法。

◆**観念論**　人間の外部にあるどんな現象をも思考に従属させる哲学の流れ。

◆〈形相〉世界　➡〈イデア〉（世界）（〈形相〉世界）

◆銀河　平均して千億個の星が重力で結ばれているまとまり。これが宇宙の大構造の基本単位をなしている。

◆クエーサー　宇宙でもっとも遠くにあり、もっとも明るい天体の一種。そのエネルギーは、約十億個の太陽の質量をもち、一つの隠れた銀河の星全部を呑み込む超巨大なブラックホールに由来すると思われている。

◆クォーク　もっとも基本的であると想定される仮説的な粒子。電子の電荷の$\frac{1}{3}$または$\frac{2}{3}$というプラスあるいはマイナスの分数値の電荷をもつ。六種類の異なるクォーク（アップ、ダウン、ストレンジ、チャーム、ボトム、トップ）があり、それぞれ三つの色（黄、赤、青）に分かれる。

◆決定論　物理現象の間には因果関係が存在し、もし初期条件を知るなら、現象のその後の進行はすでに定まっている法則によって完全に決定されているという、哲学的考え方。

◆原子　元素を構成し、その元素の特性をもつ最小の粒子。

◆原子核　陽子と中性子からなる、原子のもっとも質量の大きな部分で、そのまわりを電子が回転している。核は原子の一〇万分の一の大きさであり、したがってほとんど素材は空《から》である。

◆光子　光の粒子。質量も電荷もなく、つねに毎秒三〇万キロメートルで移動する。

◆行動主義　「行動」を意味する米語 behavior に由来。行動を研究対象とし、観察を方法とする心理学の立場。例えば思考のような直接観察できないものは、この分野の研究対象から除外される。

◆光年　（毎秒三〇万キロメートルで移動する）光が一年間に進む距離。およそ九兆四四〇〇億キロメートルに相当する。

◆周期律表　ロシアの化学者ドミトリー・メンデレーエフが構成した化学元素の表。原子番号が増す順に配列され、また、化学反応特性の類似した原子が同じ列に並ぶようにまとめられている。

◆重力　ある物体を他の物体のほうへ引き寄せる。それらの物体の積に比例して増加し、両者の距離の二乗に反比例して減少する。

◆**循環型宇宙**　始まりも終わりもなく、一連のビッグバンとビッグクランチが続く宇宙。

◆**初期条件**　ある運動態系の進行の最初における状態〔と進行速度〕。

◆**生気論**　生物系は、分子とその相互作用の総体に還元することはできず、魂とも生体組織とも区別される生命原理をもっているという考え方。

◆**生態圏**　地球上の生物が進化する大地、水、空気の環境。

◆**線形系**　初期状態の変化速度に比例する変化速度を最終状態にもたらすような系

◆**潜在的粒子**　空間の隣接領域でエネルギーの借用によって作られる粒子。エネルギーの借用はエネルギーの量子論的あいまいさのおかげで行われる（➡**不確定性原理**）。この借用は、ほぼ瞬時に返済されねばならず、したがって、潜在的粒子はきわめて短時間に消滅し、われわれの探知器ではとらえられない。潜在的粒子はつねにその潜在的反粒子を伴って現れる。

◆**全体論**　還元主義と対立する哲学の考え方。還元主義者は、全体が基本的要素に分解し、分析しうると説くが、全体論者は、全体こそ基本的なものであり、全体はその構成要素の研究からは導きだせない、また、全体はしばしば構成要素の総和よりも大きいと考える。

◆**創発（特性）**　構成要素の特性を用いては、定義したり説明したりできない複雑な系の特性について言われる。言い換えれば、全体は構成要素の総和よりも大きい。

◆**造物主**➡デミウルゴス〔**造物主**〕

◆**相補性（原理）**　デンマーク人物理学者ニールス・ボーアが唱えた原理。物質と放射は同時に波でも粒子でもありえるので、〈自然〉にかんするこの二つの記述は、たがいに相補的であるとされる。

◆**タキオン**　光より早く進む仮説的な粒子。

◆**中性子**　三個のクォークからなる中性の粒子で、陽子とともに原子核を作る。遊離状態では、約十五分で崩壊するが、原子核の中では陽子と同じように安定している。

◆**チューリング（テスト）**　機械が知能をもっているかどうかを決めるために、イギリスの数学者アラン・チューリングが提案したテスト。

◆**蝶（効果）**　ある動態系の初期状態の微細な変化がその後の系の展開を完全に変えることがあるような現象。

◆**超新星**　重い星（太陽の質量の一・四倍以上）が燃料を燃やし尽くして迎える爆発的な死。

◆**超ひも（理論）**　物質の素粒子はきわめて小さなひも（10^{-33}センチメートル）の振動の表れであるとする理論。

◆**強い核力**　クォークをまとめて陽子と中性子を作り、陽子と中性子をまとめて原子核を作る〔強い相互作用〕。

◆**定常宇宙理論**　宇宙はどの時点でも、どの場所でも同一とする宇宙論理論。宇宙の膨張によって銀河の間に生まれる空所を埋めるために、この理論は物質のたえざる創造を前提としなければならない。

◆**デミウルゴス〔造物主〕**　プラトンによれば、時空の中に存在する至高の〈存在〉であり、時空の外部に存在する永遠で不変の存在。〈善〉が支配する〈イデア〉の世界の設計図にしたがって物質世界を作り上げる。

◆**電子**　もっとも質量の小さな安定した素粒子。マイナスの電荷をもち、陽子、中性子とともに原子の構成要素である。

◆**電磁気力**　原子、分子を一つにまとめている。また、反対の電荷をもつ粒子が引き合い、同じ電荷の粒子が反発し合うようにさせる。

◆**特殊相対性**　アインシュタインが一九〇五年に発表した、相対的運動にかんする理論で、時間と空間の密接な関係を明らかにする。この両者はもはや普遍的なものではなく、観測者の運動に左右される。この理論はまた、エネルギーと質量の等価性も明らかにする。

◆**ニュートリノ**　きわめて質量の小さい、電荷をもたない素粒子。通常の物質との反応はきわめて弱い。

◆**反粒子**　物質の構成要素であって、電荷が反対であることを除いて、粒子と同じ特性をもつもの。

◆**光・波の二重性**　光や物質が、時に粒子として、また時に波として振る舞う事実。

◆**非線形（系）**　初期状態の変化速度に比例しない変化速度を最終状態にもたらすような系。

◆**ビッグクランチ**　宇宙が重力の影響で自己崩壊する最終段階。宇宙が、重力の作用で現在の膨張運動を逆転させるに足りるほどの大量の物質を含んでいるかどうか、まだわかっていない。

◆**ビッグバン**　約百五十億年前、大爆発の結果として、極度に高温、高密度の最初の宇宙が存在し始めたとする宇宙理論。

◆**ヒト（アントロピック）原理**　「人間」を意味するギリシャ語anthroposに由来。宇宙は、生命と意識の発生を目標としてきわめて精密に調整されてきているとする考え方。

◆**不確定性（原理）**　ドイツ人物理学者ヴェルナー・ハイゼンベルクが主張した。それによれば、粒子の速度と位置を同時に正確に測定することは、どんなに測定機器の精密さを高めても、不可能である。それが量子論的あいまいさである。不確定性原理は粒子のエネルギーと寿命にもあてはまる。エネルギーのあいまいさは粒子と潜在的反粒子の存在を可能にする。

◆**不完全性（定理）**　オーストリア系アメリカ人数学者クルト・ゲーデルの定理。それによれば、どんな算数の系も、その系に含まれる公理を使っては決定不可能な、つまり証明も反論も不可能な提言を含んでいる。

◆**フラクタル（図形）**　次元が整数ではない図形。

◆**ブラックホール**　強い重力のために物質も放射もそこから逃げ出せない、自己崩壊する物体。

◆**プランク（時間）**　10^{-43}秒に等しい。これは、存在しうる最も短い時間間隔である。

◆**プランク（の長さ）**　10^{-33}センチメートルに等しい。これ以下の長さでは、これまでの物理学は有効性を失う。これは、超ひもの長さでもある。

◆**分子**　電磁気力によって結ばれる二ないし数個の原子の結合。

◆**並行宇宙**　われわれの宇宙と並行して、ただし完全に断絶して存在しているので、観測することの不可能な宇宙。量子力学といくつかのビッグバン理論は、これらの並行宇宙の存在を予測している。

◆**放射能**　あるタイプの原子核が弱い核力で崩壊し、亜原子の粒子と健康に有害なガンマ線とを放射するプロセス。

◆**マッハ（の原理）**　オーストリア人物理学者エルンスト・マッハの仮説。それによれば、物体の質量は、宇宙内の全物質の配分によって決定されている。

◆**メソン**〔中間子〕　一個のクォークと一個の反クォークからなる粒子。

◆**唯物論**　物質の他には何も存在せず、精神そのものも完全に物質であると主張する哲学の説。

◆**陽子**　三個のクォークからなる、プラスの電荷をもつ粒子。中性子とともに原子核を作る。

◆**弱い核力**　放射能を生じさせる〔弱い相互作用〕。

◆**量子重力（理論）**　現代物理学の二本柱である量子力学と一般相対性理論を統一するはずの（未完成の）理論。この理論ができれば、現在のわれわれの認識の限界をなしているプランクの壁を越えることになる。

◆**量子力学**　原子の構造と振る舞い、原子と光との相互作用を記述する物理学の部門。そこでは確率が本質的な役割を演じる。この理論では、粒子のエネルギーその他の特性は、素量値の倍数ずつの不連続な変化しかしない。量子力学から予測される現象として、量子論的あいまいさ、粒子‐光の二重性、潜在的粒子などがある。

◆**量子論的あいまいさ➡不確定性（原理）**

◆**量子論的真空**　エネルギーのあいまいさのゆえに、きわめて短い生と死のサイクルの間に現れる潜在的粒子と反粒子によって満たされる空間。

◆**惑星**　恒星のまわりを回る軌道をもつ、その恒星系の物体。内部にエネルギー源をもたず、その放射は、恒星の光の反射によるものである。

仏教用語解説〔50音順。行間◆印は本用語解説項目〕

◆**意識**　仏教では、いくつかの意識レベルを区別する。粗野なレベル、繊細なレベル、きわめて繊細なレベルである。最初のレベルは脳の働きに対応している。二番めのレベルは、われわれが直観的に意識と呼んでいるもの、つまり、とりわけ自己の性質について自ら問う意識をもち、自由意志を働かせる能力である。三番めの、もっとも本質的なレベルは、「精神の根本的な輝き」と呼ばれる。

◆**エゴ➡自我、エゴ**

◆**生まれかわり、転生**　意識の流れが体験する次々と継起する状態であり、死とバルドと誕生がその境目をなす。

◆**外観**　外的現象の世界。現象はわれわれには現実の存在を備えているように見えるが、現象の本当の性質は空性である。これらの外観に対するわれわれの知覚、理解の仕方が次第に変容するにつれて、〈悟り〉への道の段階が進んでいく。

◆**解放**　苦しみと輪廻から解き放たれる事実。これはまだ仏性の最終的完成ではない。

◆**覚者➡ブッダ〔覚者〕**

◆**カルマ〔業〕**　サンスクリットで「行為」を意味し、一般に「行為の因果性」と訳される。仏陀の教えによれば、人々の運命も、喜びも、苦しみも、宇宙の知覚も、偶然に支配されているのではなく、また全能の存在の意志によって定められているのでもない。すべては人々の過去の行為の結果である。同様に、人々の未来は、現在の行為の肯定的な、あるいは否定的な質によって決定される。われわれの一般的な世界の見方を決めるカルマと、われわれ一人一人の体験を決める個人的カルマが区別される。

◆**観念論**　現象世界は精神の投影に他ならないとする考え方。

◆**空性**《くうしょう》　生物〔有情〕・無生物〔非情〕の現象の非実在性であり、現象の真の性質であるが、無とはまったく違う。空性の明晰な認識とすべての生き物に対する平等な慈悲の現れは、同時に起こる。

◆**苦しみ〔苦〕**　「四つの尊い真理」〔四聖諦《ししょうたい》〕の最初の真理。その四つとは、（1）苦しみの真理、人は条件づけられた存在のサイクルのどこにもこれが存在することを認めなければならない。（2）苦しみの原因の真理。根は否定的な情動にあり、人はこれを取り除かねばならない。（3）道の真理（精神的修行）、人はこの道を歩んで、解放にたどり着かねばならない。（4）苦しみの滅尽の真理。これは修行の結実であり、ブッダの境地である。

◆**現象**　精神と感覚を通じて意識に現れるもの。

◆**幻想**　無知によって歪められた普通一般の知覚のすべて。

◆**業➡カルマ〔業〕**

◆**肯定的行為➡否定的・肯定的行為**

◆**行動➡洞察、瞑想、行動**

◆**固有の、内在的な存在**　現象に付与されている特性で、この特性によって、現象は独立し、それ自体で存在し、固有の局所的な諸特性を備えた対象となりうるとされる。

◆**悟り**　〈悟り〉は仏性の同義語であり、精神的修行の最終的完成、限りない慈悲と結びついた、すぐれて内的な認識である。われわれの精神と現象世界の相対的なあり方（事物がわれわれに見える姿）と究極的なあり方（それらの本当の性質）の完璧な理解。この認識は、無知の根本的な解毒剤であり、したがって苦しみを消滅させる。

◆**サンサーラ〔輪廻〕**　無知と、それによって生じる葛藤の情動が引き起こす苦しみと欲求不満が支配する、さまざまな状態のサイクル。空性に到達して、否定的な情動をすべて克服したあとで初めて、精神の本質を見抜き、サンサーラから身を解き放つことができる。

◆**自我、エゴ**　われわれはたえざる変化の流れの中にあり、他の生き物、世界全体と相互依存している。それにもかかわらず、われわれは、保護してやり、満足させてやるべき、変化しない実体が自分の中にあると想像している。このエゴを分析すれば、それが虚構の実体であることが明らかになる。

◆実在論、物象化➡固有の、内在的な存在

◆慈悲　あらゆる生き物を苦しみから、また苦しみの原因（否定的行為と無知）から解き放とうとする意志。愛（すべての生き物が幸せと幸せの原因を知るようにとの願い）や、利他の喜び（他者の良い性質を喜ぶ）や、今述べた三つの感情を敵味方なくすべての人々を対象にして広く平等に注ぐ平静な心を補うものである。

◆執着　その二つの主な現れは、自我の実在性への執着〔我執〕と外的現象への執着〔法執〕である。

◆循環型宇宙　それぞれ四つの段階を含むサイクルによってできている宇宙。第一段階は宇宙の形成、二番めは進化、三番めは破壊である。四番めは真空の期間である。二つの宇宙の連続性は、「空間粒子」と呼ばれる表出潜在力によって確保される。それぞれのサイクルは継起するが、反復はしない。

◆スートラ　弟子たちが書き写した仏陀のことば。

◆精神　仏教にとって、精神の通常の形は、幻想によって特徴づけられる。次々と継起する意識の瞬間が、精神に見かけの連続性を与える。精神は、絶対的な形を取るとき、空性、明晰（すべてを知る能力）、自然にわき上がる慈悲という三つの性格で定義される。➡意識

◆絶対的真理➡相対的／絶対的真理

◆線形的思考➡論証的（線形的）思考

◆相対的／絶対的真理　相対的な、あるいは約束事としての真理〔世俗諦〕はわれわれの現実の世界体験に対応し、絶対的な真理〔勝義諦〕は最終的な分析の結果に対応する。この分析によって、現象は内在的な存在を欠いていることがわかる。

◆ダルマ　このことばには多くの意味がある。広義では、すべての認識しうるものを意味する。多くの場合、ブッダ〔覚者〕たちと高僧たちの教えの全体を指す。ダルマには二つの側面がある。一つは、これらの教えの媒体で

ある文字で書かれたダルマ、もう一つは、精神的修行の結果である実現のダルマである。

◆**中道**《マディアミカ》　仏教のもっともすぐれた哲学。こう呼ばれるのは、ニヒリズム〔損減〕と現象の実在性信仰〔増益〕という二つの極端を排除するからである。

◆**転生➡生まれかわり、転生**

◆**洞察、瞑想、行動**　洞察は、あらゆるものの空性についての非概念的な、直接的理解である。瞑想はその空性に適応していくことであり、空性をわれわれの精神に融合することである。行動は、そこから生まれる利他的な行いである。

◆**内在的な存在➡固有の、内在的な存在**

◆**二元性／二元論**　仏教では、主体（意識）と客体（心象と外的世界）の区別、自己と他者の区別を指す用語。二元性の消滅が〈悟り〉の特徴の一つである。

◆**ニルバーナ**〔涅槃〕　無知や幻想の終わり、したがって苦しみの終わりでもある。小乗の立場に立つか、大乗の立場に立つかによって、ニルバーナにはいくつかのレベルがある。

◆**認識（五つの）**〔五智〕　〈悟り〉の五つの側面。「すべてを等しくする」認識〔平等性智〕、「鏡に似た」認識〔大円鏡智〕、「すべてを識別する」認識〔妙観察智〕、「すべてを完成させる」認識〔成所作智〕、「絶対空間」の認識〔法界体性智〕。これらの五つの認識は、〈悟り〉の実現を妨げる二つのベール、つまり目を曇らせる情動のベール〔煩悩障〕と現象の究極の性質の認識を覆い隠すベール〔所知障〕が消失するとき、姿を現す。

◆**涅槃➡ニルバーナ**〔涅槃〕

◆**バルド**〔中有〕　「中間状態」を意味するチベット語。夢のバルド、目覚めた状態のバルド、死の瞬間のバルドなどがあるが、多くの場合、バルドは死と再生の中間状態を指す。

◆**否定的・肯定的行為**〔不善行・善行〕　他人を助けるなら、その行為は肯定的と言われ、他人と自分自身を害するなら、その行為は否定的と言われる。身体、心、ことばによる一つ一つの行為は果実をもたらす種のようなものである。

その結果はそのあとの人生に現れるし、しばしば来世に現れることもある。

◆**否定的な（あるいは目を曇らせる）情動**　（サンスクリットでクレーシャ）。自我への執着はわれわれの精神を乱し、曇らせ、制御できなくさせる。そこから生まれる一切の精神現象を指す。主として、欲望、憎しみ、うぬぼれ、嫉妬である。これらは苦しみの原因を形作る。➡ベール（二つの）

◆**物象化**➡実在論、物象化

◆**ブッダ**〔**覚者**〕　目を曇らせる情動のベール〔煩悩障〕と認識を覆い隠すベール〔所智障〕という二つのベールをすっかり取り去った者であり、あらゆるものの究極の性質の認識〔如所有性〕と現象の多様性の認識〔尽所有性〕の両方を極めた者である。

◆**ブッダの性質**　ブッダの性質は、「実体」ではなく、無知のベールをすっかり取り去った、根本的意識の究極の性質である。どんな人間にも、精神の性質の完璧な理解の状態に達する潜在力がある。それは、仏教で言う、存在の「根源的な善」にあたる。

◆**ベール（二つの）**　二元的な精神を曇らせるもの。目を曇らせる情動のベールは三つの毒、無知と欲望と憎しみの働きであり、解放の妨げとなるし、認識を覆い隠すベールは現象の究極の現実についての無知であり、全知の妨げとなる。

◆**菩薩**　慈悲の道に分け入った者。〈悟り〉に達して、すべての生き物たちをさまざまな存在のサイクル、サンサーラから解放できるようになる誓いを立てている。

◆**道**　存在のサイクルから自らを解き放ち、ついでブッダの境地に達することを可能にする精神的修行。

◆**無常**　粗大な無常と微細な無常の二種類がある。粗大な無常は、目に見える変化に当てはまる。微細な無常は、何物も、およそ考えられる限りのどんなに短い時間でも、前と変わらず同じままであることはないという事実である。

◆**無知**　生き物〔有情・衆生〕と事物〔法〕に現実の、独立した、内在的な存在を付与して、それらをとらえる、誤ったとらえ方。

◆**瞑想**　事物の新しい知覚になじみ、自分のものとしていくプロセス。分析的瞑想と観想的瞑想とに区別される。前者は、省察の対象（例えば無常の概念）や、伸ばしたいと願う資質（愛や慈悲）を主題とすることができる。後者は、精神の究極の性質に気づき、概念的思考の彼方にあるこの性質の中にとどまることができるようにする。
➡洞察、瞑想、行動

◆**目覚めたるあり方**　混迷から完全に解き放たれた非二元的な精神の性質。

◆**目を曇らせる情動**➡否定的な（あるいは目を曇らせる）情動

◆**輪廻**➡サンサーラ〔輪廻〕

◆**論証的（線形的）思考**　相対的現実に条件づけられる想念の通常の展開。

◆**論理**　正しい認識の手段（サンスクリットでプラマーナ、チベット語でツェマ）。「約束事としての」有効な認識と、絶対的に有効な認識とが区別される。前者は、事物の外観についてわれわれに教え、後者は、現象の究極の性質をとらえることを可能にしてくれる。両者いずれも、それぞれの範囲内で有効である。二つの領域は、直接知覚しうるか、推論によって導かれるものすべてと、信頼できる証言に基づいて結論しうるものすべてを覆う。

謝辞

この本を生むきっかけを与えてくれた方々にまず感謝の念を捧げる。アンドラ夏期大学に私たちをお招きくださり、私たちの出会いと対話の始まりを導いてくださったマリーア＝エインジェルス・ヴィラーナと、本書の試みを促し、読者のために一番ふさわしい形を整えるのを助けてくれた版元ニコル・ラテスとクロード・デュランに感謝する。

私たちの心からの謝意はまた、対話のテープを起こし、原稿にしてくれたクリスチャン・ブリュイヤ、原稿を読み直し、何度も手直ししてくれたカリス・ビュスケ、ドミニック・G・マルシャル、さらに入念な校正を手伝ってくれたソフィー・ランドウスキー、ジェラール・ゴデ、ヤーネ・ル・トゥムラン、ユベール・ドクレールに向けられる。

本書の趣旨に深い関心を寄せ、その内容に不可欠な示唆と批判を惜しみなく与えてくれた親しい友人・知己たち、ミシェル・ビトボル、フランシスコ・ヴァレーラ、ジャン＝フランソワ・ルヴェル、ワルスタン・フレッチャー、アベール・ゲルシェンフェルト、ミゲル・ベナサヤグにも、お礼申し上げる。グエン・タン・ナムのコンピュータ関連の協力もまた貴重なものだった。

私たちの質問に答えて、初歩的な知識を得るのを助けてくれた方々、本書の制作と販売促進に加わってくれた方々、私たちを励まし続けてくれた方々にも深く感謝したい。その方々のお名前は、ブライアン・グリーン、ロラン・ノッタル、カトリーヌ・ブルジェ、アンヌ・ファヴィエ、クリスチーヌ・モラン、スザンナ・リー、ヴィヴィアン・クルツ、マーク・トレイシー、フランソワーズ・グランジラール、ジャンニ・グリュゾン、エレーヌ・ブーレ、ロランス／ブリュノ・バルデーシュ、ラファエル・ドマンドル、ジャン・ストーヌ、ルネ・デュボワである。

科学者がとりわけ深甚な謝意を伝えたいと思うのは、研究休暇の一年間受け入れてくれたパリ＝ムードン天文台、銀河系外天文学部門と宇宙論部門のジョルジュ・アルシアン、シャンタル・バルコウスキー、フランソワ・アメールであり、またパリ天体物理学研究所のベルナール・フォール、ブリュノ・ギデルドーニである。

本書邦訳出版にあたっては、
(株)佐多商会 並びに江戸京子氏より、翻訳出版助成を受けた。

掌の中の無限

——チベット仏教と現代科学が出会う時

われらが母たちに

マチウ・リカールによる序文

私の人生をどのように送るか。私はどのように人と交わって生きるか。私は何を知りうるのか。おそらくこの三つの問いが、私たちの一番大きな関心を表しているだろう。理想としては、私たちの人生における行為が一瞬一瞬を燃え立たせる充足感をもたらし、悔いることなく死を迎えさせてくれるはずであり、他の人々と一緒に生きることで、普遍的な責任感が生まれるはずであり、知識は私たちを取り巻く世界と私たちの精神の本質を明らかにしてくれるはずだ。

これらの問いから、科学、哲学、芸術、政治、社会活動、また精神性《スピリチュアリテ》が生まれた。しかしながら、こうした活動を人為的に区分けして切り離してしまうと、人間の生は次第に干涸らびたものになるほかない。もし利他主義にはぐくまれた智慧を伴わなければ、科学も政治も諸刃の剣となるし、倫理は目が見えず、芸術は軽薄なものになり、感動は粗野なものに、精神性は偽りのものになる。知識がなければ、智慧はしおれるし、倫理がなければ、これらの活動すべては危険なものになり、精神的変革がなければ、それらは意味のないものになる。

十七世紀から現代までの大部分の人間にとって、科学とは次第に知ることの同義語になっていった。その一方で、情報の蓄積の指数関数的な増大は一向にやむ気配がない。それと並行するように、宗教的実践は、世俗的・民主的社会では衰退し、国家宗教が支配する社会では過激化した。本来なら宗教の本質をなすべきもの——愛と共感〔慈悲〕——は、歴史の偶然に翻弄され、悲劇的な偏向の道をたどった。

偉大な宗教的伝統というものは、教義あるいは生活体験どちらの面でも、形而上的な概念に加えて、倫理の規則を提示してきたし、それによって人々は、導く光とも窮屈な枠ともなる目印を与えられてきた。現在、こうした目印は次第に薄れて見えにくくなったので、大半の人々は、たとえ慣習上、どれかの宗教に属しているとしても、自分の考えや行いの拠り所を宗教の教えに求めることはもうない。彼らが好んで頼るのはむしろ科学の「光」であり、テクノロジーの効果だ。テクノロジーこそ未来のあらゆる問題を解決するだろうと彼らは期待しているのだ。

しかし、すべてを知りうるという科学の思い上がりは幻想にすぎないと考える人たちもいる。つまり、科学は基本的に自ら定めた研究領域に限界づけられている。テクノロジーは計り知れぬ恩恵を与えたとしても、少なくともそれと同じくらい甚大な被害ももたらした。おまけに、科学は人間の生き方については何も教えてくれない。

科学はそれ自体、良くも悪くもない道具である。科学を賞賛したり、悪魔視したりするのは、「力」を称えたり、とがめたりするのと同様に、意味がない。腕力は人を殺しもすれば、命を救いもする。科学者は平均的人間より良くも悪くもないので、自分の発見から生じる倫理的問題についてはみんなと同じように悩む。

科学は智慧を生まない。これまでに明らかになったのは、科学は世界に働きかけることはできても、世界を制御することはできないということだ。同じように、科学は人間の手から逃れる。科学のさまざまな応用が進むと、それぞれの分野で飛躍的な発展を遂げる。ある現象が、その構成要素の単なる総和よりも強大なものになることがあるのだ。そうした事態に直面して、世界の正しい活用の仕方を見出すのは、すぐれた人間性だけである。だが、こうした人間の長所は「精神の科学」からしか生まれない。精神的探求による方法は、余裕に基づいた贅沢なやり方ではなく、それ以外にないやり方なのだ。

どんなに長く調査研究に没頭するとしても、生活の質をより良くしようとするならば、特別な努力をその方向に向ける決心をしない限り、私たちはただの一歩も前進することはできない。精神性は科学の厳密さをもって事にあたらねばならないが、しかし、科学はその内部に精神性の芽をもち合わせていない。

現在、あるタイプの精神性《スピリチュアリテ》に対する関心がよみがえりつつある。それは、重苦しい教養中心の態度から離れて、観想体験を実践することに重点を置くタイプである。西洋が仏教に関心を示していることに、メディアは興味をそそられ、また、こうしたブームの原因と今後の展開を分析する研究も現れている。中でも、フレデリック・ルノワールの二つの著作『仏教と西洋の出会い』および『フランスにおける仏教』[1]と、もう一つ、私自身と私の父である哲学者ジャン＝フランソワ・ルヴェルとの対話[2]〔『僧侶と哲学者』〕を挙げておきたい。

それと同時に、この二十年の間に、ダライ・ラマ〔一九三五―〕と他の仏教思想家の主導の下に、科学と仏教との対話の橋が架けられた。一九八七年以降、精神科学者アダム・エングルと神経生物学者フランシスコ・ヴァレーラの主導の下に、ダライ・ラマと著名な科学者（神経医学者、生物学者、精神科医、物理学者、哲学者）が集まって、話し合う企画が定期的に催された[3]。〈マインド・アンド・ライフ〉（精神と生命）と題されたこれらの企画から、幾冊かの本が生まれ、フランス語に翻訳されたものもある。『架け橋』『精神が身体と対話するとき』『眠る、夢見る、死ぬ』[4]、また仏教学者アラン・ワラスの『科学と仏教』[5]のような、掘り下げた研究もある。こうした意見交換が試みられたのは、結局は異なる位置に立つ二つの視点を仲良く折り合わせる手段としてではなく、また形而上的に絶対妥協できないことを再確認する討論の場としてでもない。これらの機会は、知の連続性、現象と意識の本質を認識するための重要な役割を担ったのである。本書で展開される議論も、この対話の精神を受け継いでいる。

科学と仏教の大きな違いは、それぞれの目標にある。仏教にとって、知識の獲得は何よりも治療を目的として行われる。重要なのは、無知の特殊な形がもたらす苦しみから解放されることである。無知とは、私たちが自分の存在の中心にあると想像している「自我」と外部の現実についての誤った考え方である。

仏教は、もし間違っていることが証明されるなら、いつでも自分の考え方を改める用意がある。それは、自分が発見した深遠な真理を自ら疑っているのでもなければ、二千五百年にわたって積み重ねてきた観想科学の成果が突然無効になることを予測しているのでもない。そうではなくて、仏陀の教えは絶対的な教義ではない、ということなのだ。その教えはむしろ、案内人の跡に従って歩くことを可能にする旅日記のようなものとしてある。それは完全に経験に基づいているのであって、啓示に基づいているのではない。ダライ・ラマが述べているように、「科学の新しい発見を知って、問い直しをするのではなく、改訂版を作る」(6)。仏教は知識を求めるとき、矛盾から逃げることなく、矛盾を糧とする。何世紀もの間、ヒンドゥー教哲学者と行なってきた数多くの形而上的論争や、科学や他の宗教と交わし続けている対話によって、仏教はその哲学的見方、論理、世界観を研ぎ澄まし、明確にし、拡大することができた。

仏教の開かれた態度は、安易な日和見主義とは無縁である。仏教が提示する哲学の全体は壮大なものであり、観想の修行にかんする論考は深い示唆に富むものであり、また精神的な修行にはたゆまぬ不屈の意志が必要である。「早く完成に達することを願わず、最後の呼吸の一息まで瞑想せよ」と言ったのは、チベットの偉大な隠者ミラレパ〔一〇五二―一一三四〕である。

〈悟り〉にいたる内的変革は、哲学的探求の作業、あるい現象を記述する科学の研究とはまったく別のものである。仏教は〈悟り〉の科学であり、その点では、地球が丸くとも平たくとも、何の変化も生じない。

この序のあとに続く対話の目的は、科学に神秘主義の彩りを与えることでも、仏教を科学の発見で補強することでもない。仏教の観想的方法と必然的に変わらざるをえない科学理論との間には表面的に少なからぬ類似点があるが、私たちはこれを明らかにしようとしたのではなく、科学を人生のより広いとらえ方の中に位置づけようとしたのだ。また、西洋の伝統には実在論《リアリズム》（諸現象はそう見えるとおり堅固に、現実として存在しているとする通常の見方）があり、近代科学の発見はそうした事物の内在的現実への根深い執着とは矛盾する。そこでこの本では、仏教にはこの矛盾対立を解決する力があることを明らかにしようとした。またそうすることで、仏教は現代の思考と行動のための枠組みを提示することができるのだ。

量子物理学の始祖の一人であるヴェルナー・ハイゼンベルク〔一九〇一―一九七六〕が書いている。「私が思うに、合理的理解と世界を一つにする神秘的体験との二者を総合し、諸々の矛盾を乗り越えるという野望は、口に出して言うか言わぬかは別にして、現代の神話であり、宝探しである(7)」。

この本はまた、二つの人生を反映している。仏教徒として生まれ、自分の科学的知識を自分の哲学的源流と付き合わせて考えたいと願う天体物理学者の人生と、仏教の僧侶となり、自分の個人的体験によって現実に対する二つのアプローチを比べるように導かれた西洋の科学者の人生。

チン・スアン・トゥアンはベトナム、フランス、アメリカという三つの文化の合流点に身を置いている。彼は一九四八年、ハノイに生まれる。植民地戦争の最中であり、ベトナム北西部ディエン・ビエン・フーでのフランス軍敗北の六年前である。サイゴンのフランス系小中学校、高校を卒業。フランス文化の影響を強く受け、一九六六年、フランスに渡って物理学を学ぼうと決意する。物理学には世界の性質にかんして自分が抱く疑問に答えてくれる可能性があると考えたらしい。しかし、同じ年、ドゴール将軍がプノンペンで行なった、米軍の東南アジアからの即時撤退を勧告する演説で、彼の計画は挫折する。ベトナム政府はフランスと断交し、ベトナム人のフランス留学の可能性は失われる。スイスのローザンヌ大学理工学校で一年過ごしたあと、アメリカに渡り、天体物理学者にとってのメッカ、カリフォルニア工科大学に入る。そこには、一九六七年においては世界最大の、直径五メートルの望遠鏡がパロマ山天文台にあった。銀河と宇宙の膨張を発見したエドウィン・ハッブル〔一八八九―一九五三〕の存在は、キャンパスを広く覆っていた。トゥアンの修業時代は、多くの新しい天体現象の発見に溢れた天体物理学の熱狂時代と重なった。彼も自ら述べている。「この知的酵母がふくらんでいく中、私が天体物理学者になるのは、避けがたいことだった」。それ以降、彼は宇宙の観察を続け、銀河形成の偉大な専門家の一人となった。高く評価されている一般向けの著書(8)を何冊か書き、現在、ヴァージニア大学で教えている。

一方、私も科学研究を志した。パストゥール研究所の、ノーベル医学賞受賞者フランソワ・ジャコブ教授〔一九二〇－〕の細胞遺伝学研究室で、数年間、研究生活を送った。当時、そこには刺激に満ちあふれた知的沸騰状態があった。一九六七年、チベットのすぐれた師たちに会いにインドに出かけた。私はそのうちの一人、カンギウル・リンポチェの弟子となった。その後数年間、科学研究を続けながら、毎夏、ダージリンにあるこの賢者の庵・僧院を訪れ、その霊感に満ちた雰囲気に浸った。しかし一九七二年、博士論文を仕上げたあと、ヒマラヤに定住する決心をした。インドで暮らし、ついで、ブータン、ネパールと移り、二番めの師、キエンツェ・リンポチェの下で十二年間を過ごした。中国による占領のあと今も続く悲劇的な状況下にあるチベットにも、師に同行して行くことができた。現在は、カトマンズ近くのシェチェン僧院に住んでいる。

トゥアンとは、一九九七年のアンドラ〔ピレネー山脈東部にある公国。フランス元首とスペインのウルヘル司教の共同統治下にある〕の夏期大学で初めて会った。壮大なピレネー山脈の風景の中、二人は山を歩きながら、わくわくするような議論を重ねた。この友情に満ちた意見交換で時に合意し、時に対立する中から、この本は生まれた。

第1章 道の交わるところで

科学と仏教との対話などというものに存在理由があるのだろうか。それを知るには、これら二つの認識の道がそれぞれどんな研究の領域をもっているかをはっきりさせ、またついで、仏教（そして精神性《スピリチュアリテ》一般）が、科学の領域が残している空白の場所を埋めるために有効に貢献することができるかを調べる必要がある。この空白はとりわけ、倫理、人間変革、私たちの精神の認識、真の精神的達成の次元に存在する。近代物理学の基本的な問題と同じ種類の問いに、仏教は最初から関心を寄せてきたが、この関心は科学にとって意味があるのだろうか。科学は現実を探索するときに使う基本原理を仏教に貸し与えることができるだろうか。

天体物理学の黄金時代

T〔チン・スアン・トゥアン〕ぼくは仕事上いつも、現実、物質、時間、空間とは何かという問いについて考えざるをえません。こうした問いに向かうたびに、仏教はどのようにこれらの概念に対応しているのか、合理的方法によって理解された現実は観想によってとらえられた現実にどんな具合につながるのか、ぼくはつい考えてしまうんです。この二つの見方は一致するのか、対立するのか、それともまったく関係がないだけなのか。仏教の経典を学んだことがないので、これについて考えるのに必要な基礎知識が、ぼくにはないんです。

一九六〇年代は天体物理学の黄金時代と言えます。化石放射〔宇宙背景放射〕（ビッグバンの名残の熱）とクエーサー〔恒星状天体〕（宇宙の果てに位置し、太陽系とほぼ同じ大きさで一つの銀河全体のエネルギーを放射する、異様な輝度をもった天体）が発見されたばかりでした。ぼくがアメリカに着いたときは、人工衛星による太陽系探索の絶頂期でした。宇宙探査機マリナーが伝える火星表面の最初の映像を教室のスクリーンに見たときの興奮は、今でもよく覚えています。荒涼とした不毛な火星の砂漠は、火星には知的生物が存在しないことを人類に告げていました。十九世紀の天文学者が見たと思った運河は、砂嵐が作りだした光学的幻影でしかなかったんです。こうした知的興奮状態の中で、ぼくは天体物理学者になるしかなかったわけです。それからというもの、地上の、あるいは軌道上に打ち上げられた、より高性能な望遠鏡のおかげで、ぼくは宇宙を観察し、その性質、起源、進化、運命について考え続けてきたんです。

さて、マチウさんの場合、科学者としての経歴において、どこに満たされない点があったんでしょうか。パリの生物学研究室を離れてネパールのチベット仏教僧院に行くというのは、少なくとも普通ではない歩みですよね。

パスツール研究所からヒマラヤの僧院への移動はどのようにして起こったのか

M〔マチウ・リカール〕私としては、この展開は、人生の意味を夢中になって追いかけているうちに、自然な連続の中で、進んでいったように思います。いつも一番自分を熱く燃え上がらせるものを追いかけ、この貴重な人生の一瞬たりとも無駄にしないよう精一杯努めて、石から石へと跳び移り、谷から谷へ、より美しいほうへと越えていきました。何年もの間、傑出した人々の下で過ごせて、本当に幸運でした。それは、あとでことばに言い表すことができないと思ったほど、単純であり、直接的であり、もちろん、深い経験でした。人間的・精神的な完成の姿は、目の前にすると明らかですが、それを、頭に浮かんでくる普通のことば、知恵、知識、善意、高貴、率直、厳格、誠実などで表そうとするのは、どうしても無理があります。

私が思うに、誰にとっても一番大事なのは、あまり遅くならないうちに、人生で自分の本当にやりたい仕事に打ち込むことです。たしかに科学研究はおもしろかったけれど、全体の構図を知らぬままに、点描法の画面に絵の具の小さな点を添えるだけだという印象がありました。人生が与えてくれるただ一度の、宝物のような機会をそこに費やす価値があるのだろうか、と思ったのです。それに対して、仏教の道においては、出発点、到達すべき目標、活用すべき手段、乗り越えるべき障害、そういったものがこの上なく明確でした。つまり、自分の精神を分析して、精神というものがほとんどの場合エゴイズムの支配下にあることを、また、そのエゴイズムの原因が人間の本当の性質と世界の性質に対する根本的な無知にあることを見抜くだけで十分だったのです。自分がこうした状況の下にあると知れば、確かな道は一つしかありません。人間にとってもっとも急を要するのは、自分自身と他者の苦しみを終わらせること。それを成功させる方法は、愛と慈悲をはぐくみ、〈悟り〉への道を進んで、無知を根絶することです。歳月の経過とともに、私の中に変革が起こり、たぐい稀な喜びが生まれるのがわかったのです。希望と不安から解き放たれ、この喜びをさらに深く感じるにつれ、私は熱心に歩み続けました。

T では、なぜ科学者と対話しようとするんですか。

M 現実の性質を探るのは、仏教哲学者の第一の務めです。もちろん、私は自分が経験豊かな科学者であるとか、仏教のすべてを語る資格のある解説者であると思っているわけではありません。私にできるのは、ただ自分の強い関心を引いたいくつかの考え方を、及ぶ限り科学者と分かちもつことなのです。

T 天体物理学者は、現在、宇宙の歴史をその起源までというか、ほぼその近くまでさかのぼってたどれると考えています。そして宇宙の進化は、二十世紀の初めに現れた物理学の二大理論によって記述されます。無限に小さなものは量子力学によって。これは二〇～三〇年代に登場した学問で、原子・亜原子〔原子構成要素〕のレベルでの物質の振る舞いの非直観的で実に奇妙な様相を発見しました。無限に大きなもの、宇宙の構造そのものは、一九一五年、アインシュタイン〔一八七九―一九五五〕が考えた一般相対性理論[1]によって説明されます。これは、空間と時間にかんする伝統的な考え方をくつがえしたんです。

しかし、科学の世界でいつも私を失望させる事実があったんです。ぼくは十九歳のとき、当時、世界の科学のメッカであったカリフォルニア工科大に行きました。ノーベル賞受賞者や、その他科学アカデミーの会員など、極めつけの大物に出会いました。ぼくは無邪気にも、そういう人たちの才能、創造力からして、彼らは人生のほかの面、人間関係においても、すぐれた人たちだと思っていました。胸が痛む失望を味わいましたね。実に偉大な科学者、その専門での天才でありながら、普段の生活では最低の人間でありうる。この不均衡はぼくには大変なショックでした。科学がもはや言うべきことばをもたぬ場所、とりわけ倫理の場に出向いて、科学を補完するのが、仏教なり、その他の宗教だと、ぼくは思っています。

観想生活の基準

M　知識を積み上げるだけでは足りないでしょうね。わが師であるキエンツェ・リンポチェのことばに、「力をもちたい、有名になりたいというだけのために知識を拾い集めようと努めるとすれば、それは施しを受けるだけのために歌う歌手の態度と同じです。こういう知は何の役にも立たない。自分にも他人にも。ことわざにもあるように、《知識が増えれば、うぬぼれも強まる》。まず自分の中に深く根を下ろしている否定的な傾向を抜き取らなければ、どうして他の人々を助けられるでしょう。こんな思い上がりを育てるのは、お笑いの種です。村のみんなを大晩餐会に招こうとする乞食の思い上がりと同じです(2)」とあります。

観想生活の成功の証はたくさんあるけれど、一番大事なのは、数カ月、数年経つうちに、私たちのエゴイズムが弱まり、利他の心が成長したかどうかなのです。もし執着心、憎しみ、思い上がりや妬みが前と同じように強いままなら、その人は時間を無駄にしたことになります。自ら道に迷い、他人をも欺いたのですから。それに対して、自然科学によって得られる知は、建設的か破壊的かはともかく、世界に作用する力はあるけれど、科学者自身にはあまり影響を与えないでしょう。明らかに、科学の知識はもともと善意とか利他の心と結びついてはいないので、その中に道徳的価値はありません。

科学者としての質と人間としての質の不均衡

T　科学の歴史には、偉大な科学者ではあるけれど、人間関係の面ではどう見ても誉められない行動を取った人たちが溢れていますよ。例えば、ニュートン〔一六四二―一七二七〕がそうでしょう。彼はおそらくアインシュタインと並んで、過去最高の物理学者だろうけれど、ロンドン王立協会の専制君主でした。ライプニッツ〔一六四六―一七一九〕が独力で微積分を考えだしたのに、自分の発明を盗んだと見当違いな告発をし、また、ライバルの天文学者ジョン・フラムスティード〔一六四六―一七一九〕に破廉恥な扱いをしました。もっと悲しいのは、ドイツの物理学者フィリップ・レーナルト〔一八六二―一九四七〕とヨハネス・シュタルク〔一八七四―一九五七〕の場合ですね。二人ともノーベル物理学賞受賞者だけれど、ナチズムとその反ユダヤ政策を熱烈に支持し、「ドイツ物理学」が「ユダヤ物理学」よりすぐれていると主張したんです。

時々、残念ながらきわめて稀ではあるけれど、一人の人間が科学的天分と鋭い倫理・道徳感覚をあわせもっていることがあります。アインシュタインの場合がそうでした。アメリカの雑誌『タイムズ』は彼を二十世紀最高の人物とみなしました。第一次大戦中、ドイツ皇帝の怒りにも屈せず、彼はためらうことなく戦争反対の請願に署名しました。ナチズムの台頭のさなか、熱心なシオニスト〔ユダヤ国家再建運動支持者〕になったけれど、同時にユダヤ国家の構想がアラブ人の権利の問題へつながっていくことをちゃんと指摘しています。ただ、アメリカに亡命すると、彼は堅い平和主義の信念をもっていたにもかかわらず、ヒトラーに対する軍事行動を説きました。そして彼のルーズヴェルト大統領への手紙は、最初の原爆製造を推進するマンハッタン計画のきっかけになりました。ヒトラーを倒すのは急を要することだったからです。広島と長崎の壊滅的破壊のあと、彼は核兵器禁止のために精力的に闘いました。マッカーシズム〔一九五〇年代初頭、米上院議員マッカーシーによる反共攻撃。いわゆる〈赤狩り〉〕に反対して立ち上がり、あらゆる形のファシズムと人種差別を攻撃するのに自分の華々しい名声を活用しました。しかし、アインシュタインの個人生活には陰の部分もあります。家庭に無頓着な父親、時に浮気な夫であり、最初の妻と別れ、彼女との間にもうけた障害のある娘の面倒を見ることはしませんでした。彼は自分でも書いているけれど、人間として一種のひびが入っている。「私のような種類の人間にとって、その成長の過程で決定的な転換が生じることがある。そのとき、個人だけにかかわる一時的なことがらへの関心が次第に薄れ、事物の知的把握に全力を注ぐようになる」とね。

科学研究の結果について

M　大切なのは、ある科学者を非難したり、別の科学者を賞賛したりすることではないですよね。科学的天分と人間的資質との間に相関関係がないことが問題なのですから。このことを確認すれば、科学をその本来の位置に戻してやり、人生のより広い視野の下に眺めることができるはずだし、また、科学の利用の問題をより鋭い形で提起できるはずです。精神性というのは、私にとっては人間改革のプロセスであり、単なる科学の補完物ではなく、人生第一の必需品なのです。

科学の世界の問題もそこにあります。人間変革は、全力でそれに取り組む人にとっても易しいことではないし、まして、それに二義的な重要性しか与えない人にとっては、なおさらです。ほとんど実現のチャンスはないといってよいでしょう。科学という方法が、人生の中心にあるべきものを後方に追いやり、任意選択、つまり選択してもしなくてもいい場に遠ざけてしまうとしたら、全体が暗い影に覆われることになります。意図は不明確、手段はしばしば不適切、結果はあいまいになってしまう。もし広い視野に立つ、人生に対して肯定的な動機がないとしたら、可能なものの限界を極めようと夢中になって、望ましいもの、不可欠なものを調べることがなおざりになってしまいます。

多くの科学者は、自分の仕事が探査や発見にあり、その発見の利用には自分は責任がないと考えているようです。こういう立場は幻想であり、盲目であり、もっと言えば、自己欺瞞です。知は力を授け、力は責任感を必要とする。私たちの行為の直接・間接の結果に対する責任感です。素晴らしい意図の下に行われた科学研究（いつもそうであるとは限らないけれど）が、政治家、軍人、実業家によって疑わしい目的のために使われる例がよく見られます。科学と権力と経済の、こうした相互浸透を知らないはずはないのに、ほとんどの科学者は、「逸脱」を予測できるような研究の妥当性を疑いもしません。多くの場合、原爆の父たちがそうであったように、悪が達成されてはじめて、彼らは疑惑に悩まされるのです。基礎科学の前提である中立性という影に隠れることすらせず、生物兵器やその他の残酷な道具の開発に承知の上で協力する科学者さえいます。

T　科学者があえて承知の上で大量殺戮・破壊兵器の製造計画に取り組むのは、許されないことです。ベトナム戦争時、私が大きなショックを受けたのは、アメリカの一部の優秀な科学者が、中にはノーベル賞受賞者もいたのに、新兵器開発を目的とするペンタゴン〔米国防省の俗称〕の委員会「ジェイソン機関」の作業に加わっていたことです。これらのすぐれた頭脳が可能な限り多くの人間を殺す軍備計画を練るために毎月集まっていたと考えると、ぼくは身震いした。

M　一九三六年から一九七六年まで、スウェーデン政府は「下等」と判定された六十万人の断種を実施しました。一九三二年から一九七二年にかけては、アラバマ州の四百人のアメリカ市民が、みな低所得者と黒人だったけれど、ただ梅毒の長期にわたる進行を研究するだけのために、公衆衛生局によって知らぬ間にモルモットのような扱いをされました。患者には無償の医療とその他のわずかの恩典（埋葬費としての五千ドルも含まれていました）が約束される代わりに、定期的に衛生局に行き、検査を受けることになっていたのです。ところが実際は、およそどんな治療も施されませんでした。つまり、これは立派な医者・科学者が行なった、治療せずに放置した場合の梅毒の進行の研究だということで、彼らはその研究の結果を、やはり立派な医学雑誌に発表していたのです。これによって二十八人の患者がこの病気で、そして百人が合併症で死亡し、四十人の妻と十九人の乳児が感染してしまいました。この研究は、ジャーナリストのジーン・ヘラーによって暴露され、突然、中止されました。ところが、この研究に関与した衛生局のメンバーの誰一人、いささかも反省の念を表さず、何の謝罪もしませんでした。彼らはナチスの医者ではなく、自由な国の役人や研究者、市民だったのですよ。最終的には犠牲者に少額の補償金が支払われたけれど、告訴された医者は一人もいません。一九九七年になってようやく、クリントン大統領がアメリカ国民の名において謝罪のことばを述べました。

一九七八年、吉村寿人博士〔一九〇七—一九九〇〕は、「環境適応医学」にかんする彼の功績に報いるための日本最高の勲章〔勲三等旭日中綬章〕を授けられました。第二次大戦中、その吉村博士は旧関東軍第七三一部隊の研究班長で、連合軍と中国人の捕虜に対する実験に従事しています。彼の環境適応の研究とは、とりわけ捕虜を凍った水に漬け、手足の凍り始める時間を調べるというものでした。また別の実験では、中国人の子供にカルブンケル〔皮下や皮脂腺にできる炎症性の腫れ物〕の細菌に汚染されたチョコレートを与え、どれくらいの期間で死ぬかを調べていました。こうした例は、人類の運命を改善するために科学が展開している莫大な努力に比べれば例外ではあるけれど、科学にはもともと倫理はないことを示すものです。人間が、科学に倫理を付け加えるしかないのです。

T　科学者は自分の研究の結果に対して無関心でいることはできないと、ぼくは確信しています。科学者はその責任を取るべきです。とくに、軍人、政治家、実業家が研究を利用して、戦争をしたり、権力を強化したり、金儲けをしたりして、貧しい人たちを搾取し、環境を破壊する結果になるのだとしたら、なおさらです。

M　そもそも、武器取引こそ、豊かな国の偽善のもっとも腹立たしい形態の一つでしょう。世界の武器の九五パーセントは、国連安全保障委員会の五つの常任理事国が製造して、販売しているのですから。これまた、倫理と責任感の完全な敗北と言えます。

豊かな国々の資源の浪費についても、事情は同じです。六十億米ドルあれば、全世界の基礎教育費がまかなえるのに、毎年、百二十億ドルがヨーロッパとアメリカの香水の購入に使われ、四千億ドルが世界の麻薬の消費に、七千億ドルが軍事支出に使われている(3)。

T それでも、こうしたとんでもない愚かしさのゆえに基礎研究を非難するわけにはいかないし、また、人間の知性を咎めるわけにもいかない。どちらも道具にすぎないのですから。

倫理。その根底と弱さ

M たしかに、研究の成果を悪意で、あるいは軽率に利用するというところに、結局、倫理の弱さが反映されているのでしょうね。でも、それは言い訳になりません。例えば、遺伝子工学とか核エネルギーなどのように、科学研究の応用は大衆の熱狂的反応を引き起こすけれど、倫理は大衆一人一人にとってそう大きな関心事にはなりません。それは専門家の検討委員会に委ねられてしまっていて、その及ぼす力は、政治の御都合主義や、まして市場経済の絶対神聖な至上命令に比べれば、微々たるものでしょう。

最近の例に、アメリカの製薬会社グラクソがあります。この会社は、もし南アフリカとタイの政府が自らエイズ治療の三種組み合わせの薬を製造し、一般市民の手が届く値段で流通させるなら、両国を告訴すると脅しました。グラクソはこうやって、何百万人もの患者がさらに数年生き延びる可能性を奪おうとしたのです。ここで、利他の心が破廉恥にも堂々と捨てられたのは、明らかです。しかし、豊かな国では、エイズ対策研究の資金に事欠くことはないし、これらの薬を貧しい国に自由に大量生産させたとしても、あの会社の売り上げには何の影響もないはずです。なぜなら、いずれにしてもアジアやアフリカの病人には、アメリカ製の薬を買う手立てがないのですから。私の暮らしているネパールでは、非公式の推定で、人口の五パーセントから一〇パーセントがエイズ・ウイルスに感染しています。でも、三種組み合わせの治療を受けている人は一人もいません。この治療薬はまだ輸入もされていないのです。グラクソが専売権をもつこの治療には、一月三五〇〇フラン〔約六万二〇〇〇円〕もかかるのに、勤め人の平均月収は三五〇フラン程度なのです。まともな科学者なら、こんな胸の悪くなるような商業戦略にぞっとするでしょう。これは要するに、危機に瀕している人々に救いの手を差しのべていないということです。

もう一つ際だった例があります。明らかに住民の生存条件が深刻な被害を受けているのに、大気を汚染するガスの放出の制限に政府はまったく無能なことです。この現象に歯止めをかけられるのは、各個人の決意に基づいた世界中の人々の反応だけです。おそらくその意味において、仏教のような教義中心ではない精神的な方法が、可能性としては有効な働きをするはずです。

T　どんなふうに？

M　私が言う「教義中心ではない」方法とは、「進歩」のための競争を断罪して、ただ昔のライフ・スタイルに戻ればいいというやり方ではありません。ましてや、人間の幸福には年間経済成長やテクノロジーの成果で評価される進歩が不可欠だという考えを信じ込むやり方でもありません。もし人間の目的が、人生に深く満足することであるとするなら、どうしても必要なものと、なくても済ませられるものとがあるはずです。世界に対しての仏教の見方は、私たちの人生の目的や活動に序列をつけ、自分の生をしっかりと引き受けることを可能にしてくれます。幸せと苦しみのメカニズムにかんする仏教の分析によって、エゴイズムと利他の心とがそれぞれ人間をどこへ導いていくのかが、はっきりと示されるのです。

T　でも、どうしてそれが倫理に通じるんでしょうか。

M　実は、倫理の根底にあるのは、とても簡単なことなのです。良いことも悪いことも、それ自体としては存在しません。他人にとっての、あるいは自分にとっての幸せや苦しみという基準でのみ、良いことと悪いことがあるのです。もし私たちが自分の中に利他的な態度を芽生えさせ、他の人々のためになる生き方をしっかりと身につけるなら、この利他の心は私たちの判断のもっとも確実な導き手となります。そうすれば、私たちは毎日の生活に向かい合いながら、幸せをさらに生みだし、苦しみをさらに和らげる行為がどういうものであるかを、もっと簡単に知ることができるでしょう。これは道徳理論や定められた規則というよりは、直接的な経験です。身についたこの経験が、私たちの行為の動機となる思いにたえず注意を払うよう促します。精神は、水晶に似ています。水晶は置かれた場所の色合いを帯びる。しかし水晶自体は無色です。私たちの行為はたとえその外見がどうであれ、その本当の性格を決めるのは私たちの意図のほうなのです。

憎しみや貪欲さ、思い上がりや妬みから行動する人たちを非難するのではなく、あるいは、そうした破壊的な情念を人生の避けがたい不可抗力の要素として大目に見るのでもなく、それらを、もし人が望めば追い払える悪の徴候として扱うことが大事なのです。つまり仏教というのは、きわめて実践的なものです。科学研究は私たちに情報をもたらすけれど、どんな内的変革にもつながりません。それとは反対に、精神的努力、つまり観想的努力は、私たちの世界のとらえ方、世界への働きかけ方を根底から変えるところまでいきます。例えば量子物理学の場合のように、私たちの意識が現象世界の現実全体から分離しえないことを知るだけでは十分ではありません。意識がこの全体性の一部となっていることを体験によって認める必要があるのです。このように、潜在的な結果に終わりかねない理論的認識から直接的経験へと移行するのが、倫理問題の鍵と言えるでしょう。倫理が私たちの内的資質を反映し、私たちの行動を導くなら、倫理は当然、私たちの思考や言動の中に表現されるし、他の人々の心に働きかける力の源にもなるのです。

智慧を体現した人の重要性について

T　すると、理論と体験の一致ということになるわけですか。

M　ええ。そのとき、経験の力が最大限に活かされます。諸々の現象が相互に依存している(4)という科学的な発見だけでは足りないのです。私たちの精神がこの発見の結果を自分の中に取り入れ、私たちの生がそれによって変わる必要があります。仏教の修行を極めた人は、相互依存性の体験的認識が、すべての人々に対する抑えがたい慈悲となって現れ、自分の存在が細い神経の隅々まで変わることを知っています。例えば、ダライ・ラマに会った人は、彼とほんのわずかの時間を共にしただけで、愛と慈悲についてどんなに多くの話を聞くよりも教わることを知るでしょう。

具体的に修行がどのように進められるかと言えば、順次段階を追っていくやり方です。まず師の教えを聞き、自ら学び、そのあと、内省へと続き、瞑想によって新しい事物のとらえ方や新しい態度を自分の存在の中に溶かし込むことで、頂点に達する。この場合、瞑想するというのは、この新しい世界のとらえ方に慣れること言います。理解から瞑想が生まれ、瞑想は行為によって表現される。こうやって認識から内的実現へ、ついで体験された倫理へと滑らかに移っていくのです。

西欧の社会からは、賢者はほとんど生まれません。社会が作りだすのは、偉い学者からなる倫理委員会です。私が暮らすチベットの社会では、どの点から見ても非の打ち所のない人間的資質を備えた人物でなければ、こうした委員会のメンバーに入れるなど、およそ考えられません。精神的指導者が、精神性の教育にはすぐれていても、エゴイストで、怒りっぽく、自惚れ屋、あるいは悪い父親であるなどとは想像もできない話です。もしそうだったなら、誰もその人のところに教えを乞いに行こうとは思わないでしょう。

科学の責任について

T　西欧では、「賢人委員会」のメンバーの選出基準は、何よりも専門の業績に基づいていますよね。人間的資質はそれほど重要な考慮の対象にはならない。しかし、「真の」賢人なら、知性と心の両面で最高の資質をもたねばならないのは明らかです。

もっと大事なのは、精神性への取り組みは人生における行動方針を与えてくれるということです。ぼくの専門分野で言えば、科学は倫理次元の多くの問題に直面していて、こうした問題は二十一世紀にはさらに広がっていくはずです。核拡散、環境破壊、クローニング、遺伝子操作、またおそらく、あるタイプの人間の選別など。ならば、研究に制限を加えるべきでしょうか。それに答えるには、深い考察が要ります。というのは、創造し、研究する自由もまた、残しておくべきだからです。想像力を養うには、束縛を受けずに自己表現できることが必要です。そうでないと、その力は死んでしまいます。全体主義体制が、例えば中国や旧ソ連で、どんなに破壊的な結果を科学活動にもたらしたかは、よく知られていますね。旧ソ連におけるルイセンコ事件は、その典型的な例です。生物学者のトロフィム・ルイセンコは、スターリンと共産党の支持の下で、あらゆる反対勢力を抑え込むことができたから、一九三二年から一九六四年までの間、遺伝子は存在しないという説を、実験による証明なしに押しつけることができたし、それで、ソ連の生物学と遺伝学の進歩を何十年も遅らせてしまったんです。

もう一方で、社会は、ある種の研究が暴走しかねないことを自覚すべきです。遺伝子「組み換え」は、いわゆる「優秀な」種を残し、「外れた」、「劣った」個体を除くという優生学のテーマを復活させることも可能にします。トランジスターの発明でノーベル物理学賞を受けたウイリアム・ショックレー〔一九一〇—八九〕は、知能指数〔IQ〕に基づいた生殖不能計画の推進に晩年を費やしていたんですよ。

ぼくが思うに、科学者はある種の研究に取り組む前に、その及ぼす道徳的結果を十分に検討すべきです。そのとき、決定の基準になるのは何か。マチウさんと同じようにぼくも、それは仏教の言う利他の心と普遍的な責任感に違いないと思います。科学者は、他人に苦しみを及ぼさないように、自分の研究の方向を定めるべきです。残念ながら、それは言うに易しく、行うに難いので、科学者が自分の研究の波及効果を予測するのは大変難しい。有名な例を挙げれば、アインシュタインが特殊相対性理論を研究して、質量とエネルギーの等価を発見したとき、この発見が原爆の製造や広島、長崎の住民の殺戮に通じるとは、とうてい想像もできなかった。

子羊ドリー

M　もう一つ例を挙げましょう。クローン羊、ドリーの誕生に、みなよく考えもせず、大騒ぎしました。問題は遺伝学や核物理学そのものにあるのではなく、それをどう使うかにあります。一九五二年、アメリカの副大統領アドレイ・スティーヴンソンが、こんな演説をしました。「自然は中立です。世界を砂漠にしたり、砂漠に花を咲かせる力は、人間が自然から引きだしたものです。悪は原子の中にではなく、人間の精神の中にあります」。科学は生命を守ることも、武器を発明して生命を破壊することもできるのです。向かうべき方向は、科学研究に制限を加えることではありません。それは望ましいことではないし、まず不可能です。そうではなくて、研究者や、指導者、政策決定者を導くべき人間的資質をもっと重視することです。知性、富、体力、美、権力についても同じことですね。それらはみな道具であり、それ自体中立だけれど、良い目的にも悪い目的にも使われうる。仏教の修行の本質的側面の一つが利他の心を育てることにあるのは、そのためなのです。

T　科学それ自体に価値観はありません。どう応用するかで良くも悪くもなる。クローニングはそれ自体悪くはありません。例えばそれは、重傷の火傷を負った皮膚の細胞、アルツハイマー病やパーキンソン病患者の脳細胞、化学療法で破壊されたガン患者の骨髄細胞などに代わる、新しい細胞を育てる可能性を開くし、それによって大きな苦しみを和らげることもできます。

そこでマチウさん、ぼくはクローニングに対する仏教の柔軟な態度について尋ねたいのだけれど、これは、仏教が〈創造主〉の概念をもっていないという事実と関係があるんでしょうか。クローニングは他の大宗教すべてがこぞって非難していますよね。カトリックも、プロテスタントも、イスラムも、ユダヤ教も。その理由は、この行為の中に〈神〉に取って代わろうとするプロメテウス的誘惑を見るからです。〈創造主〉がなければ、これはもう冒瀆ではなくなりますね。

M 仏教のクローニングに対する態度を柔軟と言うべきかどうかは疑問だけれど、独断的でないことは確かですね。クローニングの問題は、人間も動物も、生きているものが苦しみを避け、幸せになる基本的権利を尊重するかどうかにあります。クローンは年齢が違う本物の双子にほかなりません。ですから、功利的な目的でクローンを作りだすのは、子供を臓器バンクに提供する目的で生殖を行うのと同じくらい野蛮なことです。自分自身を生きながらえさせるために自分をクローン化しようという考えは、極端に肥大したエゴの滑稽な表れでもあります。スポーツ選手、映画スター、あるいはペットの犬をクローン化し、いつまでも手元に置こうとするのは、愛や善意と何のかかわりもない幼稚な執着です。私たちは人間のもつ並はずれた潜在力を正しく評価するよう学ばねばなりません。世界は本来、うつろうものであって、事物の恒常性、永遠性という幻想に何としてもしがみつこうとするのは、無益な欲求不満の元になるばかりです。それに対し、クローニング研究が組織や器官の培養の新技術に役立ち、多くの苦しみを和らげるということにかんしては、私も賛成です。病んだ肝臓を、その細胞の一部から育てた健康な肝臓と取り替えない理由があるでしょうか。遺伝子工学の進歩、あるいは他の専門分野の進歩が恐ろしいのではなく、それを利用するための不明瞭で無責任な動機が恐ろしいのです。

T ぼくがよく考えたのは、仏陀は何よりも実践的な哲学を教えたのではないかということです。つまり、人間の第一の目的は、日々の生活を通じて、自分をより良くすることであり、宇宙の起源とか物質の構成とかはどうでもよいと。

M ある弟子が単なる好奇心から仏陀に、宇宙の起源はどうなっているかと尋ね、また、精神の進歩には何の影響ももたないその他の質問を続けたとき、仏陀は沈黙を守ります。仏教は何よりも〈悟り〉への道だから、この目的にいたる知識と、（それぞれはつまらないものではないにしろ）この目的にかんしては無視しうる結果しかもたらさない他のさまざまな知識との間に、優先順位をつけるのです。

仏教の〈悟り〉とは何か

T　仏教で言う〈悟り〉とは、どんなものなんでしょう。

M　一切の誤解が終わりを告げ、同時に無限の慈悲に浸されることです。それは、科学の場合のようなデータの蓄積ではなく、人間の精神や世界の相対的なあり方（事物が私たちの前に現れる現れ方）と、究極的なあり方（その真の性質）を理解することです。このような認識は、無知に対する根本的な解毒剤となるものです。無知というのは、単なる情報の欠如ではなくて、ゆがんだ現実観のことです。この見方によって、私たちは、事物が堅固で、永続的なものであり、自我というものが本当に存在していると信じ込んでいます。そのために、一時的な快楽や苦痛の緩和を永続的な幸福と取り違えてしまうのです。この無知はまた、他人の苦しみの上に自分の幸せを築く方向へ私たちを向かわせます。私たちは自我を満足させるものに執着し、自我に災いしそうなものを嫌う。すると、やがてさまざまな内面の出来事が絡まり合って、私たちの精神に次第に大きな混乱を引き起こし、完全に自己中心的な行動を取るようになる。無知が永続すれば、私たちの内的平安は破られる。仏教が説く知識は、苦しみの究極の解毒剤なのです。こうした見方に立てば、星の光度や距離を知ることが絶対的な有効性となるわけではないことを、また、それを知ることがより良き人間になれる方法でもないことを認めるしかありません。

T　ぼくはそう確認したから、仏教は、われわれの道徳的・精神的進歩や毎日の生活行動に対して直接影響しない知識を二義的なものにしているんだなと、考えるようになったんです。ところで、宇宙の起源とか、その運命、あるいは時間と空間の性質を知ることは、われわれがニルバーナ〔涅槃〕に達するのにどのような助けとなるんでしょう。

自我（エゴ）と空性《くうしょう》

M　宇宙にかんするいくつかの点について、仏陀に尋ねた人の話が伝えられています。仏陀は葉を一つかみ手にとって、その人に聞きました。「私の手の中と、森の中とでは、どちらの葉が多いか」と。「もちろん、森のほうが多いです」。その人がそう答えると、仏陀は続いて、「だが、私の手の中の葉こそ、苦しみの消滅に通じる知識にあたるものだ」と言いました。仏陀はこうして、ある種の問いの無駄なことを示したのです。世界は、森の木の葉と同じくらい沢山の、限りない研究の場を提供してくれる。もし人生において何にもまして願うのが〈悟り〉に達することであるなら、そのことに集中し、この願いの実現に役立つ知識のみを自分の手の中に集めるほうがいい、と。

　無知を吹き払うには、外界と自我の性質、つまり私たちが「現実」と呼んでいるものを正しく理解することが不可欠であると、体験が教えてくれます。それゆえ、仏陀はこの理解を教えの中心に置いたのです。同様に、彼は、現象界には唯一の第一原因があるという考えを何度も論駁しています。それから、現象に対する私たちの知覚の仕方と現象の真の性質との違いについて、またこうした誤った知覚の及ぼす有害な効果について強調しています。暗闇で一本の縄を蛇と見間違えると、無益な恐怖心が生まれるけれど、この縄に光をあて、その真の性質を知るなら、もはや私たちの恐怖はなくなります。そこで、仏教の探求は、自我も外界の現象も独立した形では存在しないこと、また「自我」と「他者」の区別は幻のレッテルにすぎないことを確認させるところまで導いていきます。それが、仏教の言う「空性《くうしょう》」[5]、つまり固有の存在の欠如です。他方、何としても現象に第一原因を見出したいとするのは、知覚するものすべてを物象化したがる私たちの精神の傾向を反映しているにすぎません。私たちは現象に、内在的存在を、つまり事物の普段の知覚に対応する堅固な現実を与えがちです。こういう第一原因という概念は、二千年以上にわたって、西洋の宗教的、哲学的、科学的思想を支配してきました。

T　たしかに、十九世紀までの古典的科学は、事物には内在的実在性があり、それが因果関係の厳密な法則によって規定されていると考えてきましたね。これは、いわゆる「理科」として学校で教えてきたものです。二十世紀初めに生まれた量子力学は、物質の構成要素の内在的実在性というこの考え方をゆるがせ、ある種の因果性の概念を疑問視しました。でも、仏教の空性《くうしょう》という概念は、無というか、あらゆるものの不在を思わせはしないでしょうか。もし事物が「空《くう》」であるなら、どうやって事物は動いているんでしょう。

M　仏教で、空性こそ事物の究極の性質であると教えるとき、それは、現象とその働きには自立した恒常的な存在はない、という意味なのです。つまり、空性は独立した実体のようなものではなく、事物の存在するあり方なのであって、これは分析によって明らかにされます。西欧における初期の仏教注釈者が考えたような、虚無や現象の不在とはまったく違います[6]。空性の概念は、そうではなく、新たな考え方を組み立てる支えとなるべきものなのです。だからこそ、仏陀は、わざわざ「空の空」という言い方をします。実際、存在、非存在という概念は、それぞれたがいの関係においてはじめて意味をもつものであって、もし現実の存在について語ることができなければ、非存在について語るのも、ばかげたことになる。ナーガールジュナ〔三九頁参照〕の『智慧の完成要諦』には、こう述べられています。「空に執着する者は治療不能の者である[7]」と。なぜ治療不能かと言えば、空性についての瞑想こそ、事物の性質にかんする間違った考え方や堅固な現実への執着から解放してくれる治療法ではあるけれども、もしこの治療法そのものが「空性」への執着の元になってしまったとしたら、もはや救済は不可能になるからです。この本は次のように結ばれています。「したがって、賢者は存在、非存在のいずれにもとどまらない」。

こういう背景の下で、仏教哲学は、物質の分割不能な粒子と意識との各瞬間の存在・非存在を分析することに専念してきたわけです。仏教によれば、こうした事物の非実在性の分析は、精神探求の道の一部をなしています。なぜなら、それによって、諸現象の内在的存在への私たちの思い込みを一掃できるからです。

T 現象界の認識の目的は、自我の認識にあるんでしょうか。

M その二つは結びついています。というのも、これは一つの総合的なアプローチで、自我‐世界の二元性は、そこでは諸現象の非実在性の中に消えてしまうからです。私たちの精神の性質の認識と、諸現象の性質の認識とは、相互に照らし合い、補強し合うので、究極の目的は一つ、苦しみを消し去ることなのです。

東洋哲学に対する無理解について

T 西欧で仏教への関心が高まってきているのは、そのためではないでしょうか。

M 仏教の分析と観想の方法は、わかりにくい哲学体系を打ち立てたり、ひたすら思索に打ち込んだりするという目標とは、およそかけ離れたものです。その目指すところは、苦しみの源である心の混沌状態から私たちを解き放つことなのです。仏教による認識は、何よりも実践的なもので、はっきりした心の変容をもたらします。

数年前から仏教哲学が関心の的になっているのは、私には自然なことに思われます。これは、例えば、ギリシャの大哲学者の未知の文書を納めた箱が発見された、というのに似た状況かもしれません。こうした関心は単に一時的な流行ではなく、むしろ正当な知の探求心の表れだと、私は思います。フランスの哲学者ロジェ＝ポル・ドロワ〔一九四九―〕が『インドの忘却――哲学的記憶喪失』[8]で明らかにしたように、仏教やその他の東洋哲学はあまりにも長い間、西洋の思想家たちに無視されてきました。彼らは、ヨーロッパ以外にはまともな哲学は存在しないと決めてかかったのです。どうして他の哲学がギリシャ哲学と同じ資格で、西欧の学校で教えられないのでしょうか。ギリシャ哲学には、特別に羨ましがられるところなどないはずなのに。外観の背後に堅固な現実は存在するか。現象界の起源はどこにあるか。生物と無生物の関係はどんなものか。時間、空間、自然の法則はたしかに存在するのか。これらの問題について、仏教形而上学は二千五百年前から、考え続けているのですよ。仏教の文献には、論理学、知覚論、さまざまなレベルの現象界の実在性の分析ばかりか、さらには、さまざまなタイプの「心的現象」や、私たちの精神のまた別の側面について、驚くほど細かく探る心理学の論著で溢れている。マンゴーの木の下で夢想にふける幻想家のイメージとはおよそ違うものです。

「精神の科学」としての仏教

T　では、仏教は精神の科学だと言えるのでしょうか。観察と測定に基づき、数学という言語を使う自然科学と同じ意味での科学でしょうか。

M　科学が本物であるかどうかは、かならずしも物理的測定や複雑な数学方程式とは関係ありません。ある仮説が内的な実験〔体験〕によって証明されるということはありうるし、それが厳密さを欠くわけでもありません。仏教の方法は、まず分析から始まり、しばしば「思考上の実験」を行います。これは物理的現実の中で行うことはできないにしても、概念的には反駁しえないものです。こういう手法は、科学では広く用いられてきました。

T　思考だけで行われる実験は、物理学ではたしかにきわめて有効ですね。アインシュタインや他の偉大な物理学者たちも、よく使っています。それも、単に物理の原理を証明するためだけでなく、ある物理的状態の解釈における矛盾した結果を明るみに出すためにです。アインシュタインは、時間と空間の性質を研究するために、光子にまたがっている自分の姿を想像しました。重力について考えるのに、真空中を自由落下するエレベーターに乗っている自分を思い浮かべたんです。

ぼくの理解では、近代物理学はさまざまな発見を重ね、それに伴い不可避の形而上的問いかけを続けていくうちに、仏教（または他の宗教や哲学）の中に思いがけない対応物を見出しているように思います。でも、なぜ仏教は近代科学、とりわけ物理学と天文学に関心をもつんでしょう。テクノロジーを好む傾向とは無縁だと思われるけれど。

なぜ科学と仏教の対話か

M　仏教の主要な関心事は、もちろん、近代科学ではありません。しかし、仏教が科学に興味を引かれるのは、現実の分析において、現代物理学が提起しているのと同様な問題を、はるか昔から考えてきたからなのです。例えば、分割不能な自立した粒子は、マクロ世界を築くのに役立つ「ブロック」〔物質を構成する最小単位〕を構成することができるのか。粒子は究極の実在性をもっているのか、それとも人間が頭で考えたレッテルに還元されるのか。あるいは、物理法則はプラトンの〈イデア〉〔人間の知覚によっては知ることのできない物の本質〕のように、それ自体、存在しているのか。仏教では、諸現象の相互依存というものが、現実の外観のもっとも適切な記述であるとみなされています。他方、全体性の概念（つまり諸現象の間の相互依存と、現象と現象を見る主体との間の相互依存）は、量子物理学の創始者、ニールス・ボーア〔一八八五―一九六二〕とハイゼンベルク以来、否応なく受け入れられてきたけれど、この二十年間で、実験によっても確かめられましたね[9]。だから、この考え方は近代物理学のもっとも基本的な発見の一つと言えます。仏教と物理学、この二つのアプローチの成果は、表面的な類似にとらわれないよう注意すれば、私たちの世界観の本質的な側面を深めるのに役立つと言えるでしょう。

仏教は何よりもまず直接体験に基づく探求だから、教義に凝り固まることがありません。教義から離れることが、おのれの根底そのものを疑うことにはならないのです。仏教では、本物の真理規範を有するものなら、どんな現実の見方でも受け入れる用意があります。仏陀は、弟子たちに自分自身の体験によって意識と世界との相互依存に改めて気づき、それまでの現実に対する見方を根底から変えるよう勧めました。盲目的で、独断的な信仰の危険性に警戒するよう教えたのです。「私の教えが有効かどうかを、天然の金塊の純度を調べるときに、石でこすり、ハンマーでたたき、溶かしてみるのと同じようにして調べなさい。私の言うことを、私を敬う気持ちだけで受け入れてはいけない」。だから、仏教の本質は、信じることではなく、知ることなのです。とりわけ、自我とは活発に刻々と変わるとらえがたい諸連係の全体の物象化にすぎず、何ら基盤をもつものではないことを、内観的な分析に基づいた個人的な体験によって理解するように導かれるのです。

T　仏教には独断論がないことを、ぼくはいつもすばらしいと思っています。それに、こうした寛容で開かれた態度があったから、仏教が根を下ろした社会では、他の信仰と平和的に共存できたんでしょうね。チベット仏教の経典には、今述べられたような分析があるんでしょうか。

M　弟子たちがまとめた仏陀のことば百巻や、九世紀以来、サンスクリットからチベット語に訳されたインド人の注釈書（二一三巻）に載っていますよ。それから、何千巻ものチベット人の注釈書にも述べられています。[10] 仏陀が生きたのは、キリストの五世紀前です。[11] 仏教は七世紀からインドで衰退し始め、十二世紀頃、この国から消えました。その後、アジアの多くの国々に引き継がれました。この移転の結果、チベットには、きわめて豊かなスコラ哲学的な伝統と観想の伝統が生まれたのです。チベットの文献はサンスクリットと中国の（古典的な）文献のあとに続くものとして、東洋で一番豊かなものです。注釈に加えて、仏教とヒンドゥー教との形而上的な論争も収められています。論じられているのは、とりわけ、創造主の存在ないし非存在、魂の不滅、プラトンの〈イデア〉に相当する一般的本質などです。こうした論争は、今日もなお僧院で続いていて、私たち二人がこれから話し合うはずの多くの問題について、仏教の立場をさらに明確にする役割を果たしているものと言えます。ただ、ここで何よりも強調しておきたいのは、こうしたどんな思索も、もし、苦しみの原因をその根元から絶つという強い意志に基づいた利他精神がなければ、死語にすぎないという事実です。

第2章 存在と非存在——宇宙に始まりはあるか

明らかに、そもそもの始まりという概念が、あらゆる宗教と科学の本質的な関心である。約百五十億年前に宇宙が時間・空間とともに生まれたとするビッグバン理論は、観測対象としての宇宙を一番よく説明する理論である。仏教はこの問題に対してまったく違う取り組み方をする。始まりがあることが本当に必要なのかと問い、始まりがあって存在するようになったとされるものの実在性について考える。物理学の考えるビッグバンとは、一番最初の爆発なのか、それとも始めも終わりもない無数の宇宙の連続の中の、一つの個別のサイクルの始めなのか。一体、私たちの通常の考え方の枠を使って、起源とか、起源の不在とかいう概念を理解できるだろうか。こうした概念は、現象を物象化しようとする、つまり、現象を固有の実在性をもった「事物」とみなそうとする、私たちの傾向を反映しているのではないだろうか。

ビッグバン説はどのようにして支配的になったか

T 今度は、現実の認識について考えてみましょう。まず、無限に大きなものについての話から始めたいと思います。われわれの認識の現状では、宇宙の起源を一番うまく記述している理論は、ビッグバン理論です。宇宙は約百五十億年前に、想像を絶するほど小さくて、高温、高密度の状態を起点にしたすさまじい爆発から生じ、それと同時に時間と空間が生まれたと、考えられています。宇宙はそれ以来、膨張状態にあり、たえず薄まり、冷却してきたというわけです。

こういう理論が誕生するにいたったのは、アメリカの天文学者エドウィン・ハッブルが、一九二九年に、宇宙に存在する大部分の銀河が、わが銀河、〈天の川〉からどんどん離れていく、まるでわれわれの天の川がペストにでもかかったようにそれらが離れていくことを観測したあとのことなんです。さらに奇妙なことに、遠い銀河ほど急速に離れていく。十倍遠い銀河は、十倍のスピードで遠ざかる。このことから導かれる結論は、すべての銀河は最初の地点からそれぞれの現在の位置に達するまでにぴったり同じだけの時間を要した、ということなんです。起こった出来事の逆の流れを想像してみましょう。すべての銀河が、その経路を逆方向にたどると、同時刻に空間の同一点で出会うことになりますね。そこから、極度に凝縮された状態の大爆発、ビッグバンと、それに続く宇宙のたえざる膨張という発想が出てきたんです。こうして、科学に始まりという概念が導入されました。ビッグバンは、いわば天地創造という宗教的概念に取って代わったことになると言えます。

ビッグバン説は、なかなか受け入れられなかったけれども、何人かの科学者は、原初の爆発という考え方を真剣に受け止めました。ベルギーの司教座聖堂参事会員ジョルジュ・ルメートル〔一八九四―一九六六〕は「最初の原子」という言い方をしていますね。ロシア系アメリカ人の物理学者ジョージ・ガモフ〔一九〇四―一九六八〕の場合は、宇宙の最初の三十万年の間、その温度と密度はとてつもなく高いものだったから、現在ある構造のどれも――つまり銀河、星、生命などが――形成されず、そこには素粒子と光しかなかったという解釈を出しました。ガモフによれば、この高温で高エネルギーの原初の光は、今もなお、われわれのところに届いているけれど、百五十億年の間、宇宙の膨張によって運ばれるわが銀河を追いかけるのにエネルギーを消費したため、著しく冷やされているはずだ、となります。

化石放射〔宇宙背景放射〕

M いわゆる化石放射〔一〇頁参照〕ですね。

T まさしく、「天地創造」の火の余熱です。でも、一九六五年に偶然に発見されるまで、誰もこの化石放射を探そうと努める者はいなかったようです。この遅れには二つの理由がありました。一つには、ビッグバン説には、神学的意味の暗示があるために（一九五一年、法王ピオ十二世は、ビッグバンを聖書の「光あれ」と同じものとみなしました）、天文物理学者には具合が悪かったんですね。

M それはおもしろいですね。私からビッグバン説を聞いたチベットの博識の友人は、びっくりしてこう言いました。「宇宙と時間と空間が、無から、原因もなく、大きな《バーン》から始まったのですか。それなら、自分自身の原因である「創造主」の存在を想定することになりますね」と。

T この遅れのもう一つの理由は、三人のイギリスの天文学者、ハーマン・ボンディ〔一九一九―〕、トマス・ゴールド〔一九二〇—〕、フレッド・ホイル〔一九一五—〕らによる宇宙理論が幅を利かせていたからです。この理論だと、天地創造の概念を回避できる。いわゆる「定常宇宙」（ステディ・ステイト〔定常状態〕）説で、この宇宙には始まりも終わりもなく、平均すれば時間と空間の中でつねに同じ状態に見える、という考えです。

しかし観察された事実によって、たちまちこの理論では説明がつかないことが明らかになりました。六〇年代初頭、クエーサー（宇宙の果てに位置し、きわめて凝縮された体積でとんでもないエネルギーを発する天体）と電銀河（そのエネルギーの大部分を電波として発する）の発見があったんです。そしてこのクエーサーと電銀河の数は、どうも宇宙の年齢が増すにつれて減少していくらしい。こうした進展は、定常宇宙という仮説と矛盾することになります。しかも一九六五年、化石放射の発見によってとどめの一撃が加えられました。つまり、ホイルと彼の同僚たちの理論は、高温、高密度の始まりの可能性を遠ざけていたので、宇宙全体を浸している原初の熱の名残の放射を説明することができなかったんです。それで、ビッグバン理論が、世界の始まりの新しい表現となっていきます。この説で初めて、銀河の後退運動、化石放射、星の化学的成分のような、一見したところ脈絡を欠いた観測事実の説明がついたわけですからね。

M　この理論はたしかに宇宙の進化にかんしては説得力があるけれど、ビッグバンの因果関係という問題は解決してくれないと思います。仏教では、時間と空間は、現象世界に対する私たちの理解に関連した概念にすぎないので、それ自体存在してはいません。したがって仏教では、何物も（たとえ時間と空間の外見上の始まりさえも）、原因も条件もなしに現れ出ることはできません。言い換えれば、何物も非存在から存在へと移ることはできないし、その逆もありえない。だから、ビッグバンというのは、始まりも終わりもない連続の中の一つのエピソードでしかありえないのです。

T　それは、ビッグバン「以前に」起こったことを問題にしているわけですね。ぼくは「以前に」を括弧に入れます。もし時間がビッグバンとともに現れるとすれば、時間の概念は定義されません。

プランクの壁と既知の物理学の限界

M たとえ定義されなくとも、原因なく現れることはありえないのでは？

T 科学で、天地創造の瞬間にまでさかのぼることができるでしょうか。不可能なんです。当面の問題として、プランクの壁と呼ばれる認識の壁があります。プランク〔一八五八―一九四七〕はドイツの物理学者で、最初にこの問題に取り組みました。この壁は、「プランク時間」と呼ばれる、10^{-43}秒後に突然現れます。ゼロが43並んで、そのあとにやっと1がくる。宇宙はそのとき、水素原子の十億分の一の十億分の一の千万分の一の小ささでした。その直径は、プランクの長さ、つまり、10^{-43}センチメートルでした。

M なぜそういう特定のサイズなのでしょう。それは極限値というか、屈折点をなしているのですか？ そうした「極限値」には絶対的な値があるのでしょうか。何か固有の存在を備えた堅い「壁」を相手にしているような感じがするけれど。

T プランクの時間・長さは、内在的な極限をなしているのではなく、われわれが無知であるゆえに、突然現れるものです。われわれには今のところ、二十世紀の二大物理学理論、量子力学と相対性理論をどうやって統一するかが、わかっていないんです。前者は、無限に小さなものを記述し、重力が支配的な役割を演じていないときの原子と光の振る舞いを説明してくれます。また後者は、無限に大きなものを記述し、二つの核力と電磁気力が中心的な働きをしていないときの宇宙とその宇宙論スケールでの構造を理解させてくれます。まさにそこに問題があるので、われわれはまだ、原初の爆発の10^{-43}秒後、プランク時間に起きる状況、〈自然〉の四つの基本的な力[1]が同等に働くときの物質と光の振る舞いを記述できていないんです[2]。

M どうしてミクロコスモスの基本的性質とマクロコスモスの基本的性質の間に、本質的な違いがなければならないのでしょう。後者は前者の拡大にすぎないと思いますが。要するに、見方の問題のはずです。

T そうそう、ぼくもそう言っているつもりなんです。プランクの壁は、認識の基本的な境界をなしているのではなく、われわれが量子力学と相対性理論とを両立させられないでいることのしるしです。プランクの壁の後ろに、物理学者のまだ知らない現実が隠れている。一部の物理学者は、われわれのこの世界ではかくも強く結ばれている空間‐時間のペアが、そこではこわれてしまうと考えています。時間は存在を停止するのです。以前、現在、以後という概念はまったく意味を失うんです。パートナーである時間と切り離されると、空間はもはや不定形の量子論的な泡にすぎなくなる。その湾曲とトポロジー〔位相幾何学〕はカオス的となり、もはや蓋然性としてしか記述されない。すべてが偶然性の下にあることになります。

別の物理学者たちは、超ひも理論を研究していて、量子論的な泡は存在しないと断言します。この理論によれば、物質の素粒子は、プランクの長さに等しいサイズの微少な「ひも」の振動から生じる。これらの超ひもよりも小さなものは存在しえないから、この長さ以下の空間の変動という問題はもう出てきません。この理論は量子力学と相対性理論の統一の可能性を期待させる道を開いてくれるように見えるけれど、まだ厚い数学のベールに包まれたままで、実験によって検証されているわけではありません[3]。ともあれ、およそ百五十億年前に宇宙とその空間‐時間を誕生させたのは、量子論的な泡の中の、揺れ動く形のどれかではありますね。その前は、空間がどのような形でか、多くの時を過ごしたと言うわけにはいきません。時間が存在していなかったのだから。無限の持続でさえプランクの壁の後ろに隠れることができるんです。

M 無限の持続というのは、「始まりのない」という意味ですか?

T どんな仮説も許されます。10^{-43}秒という時間は、われわれの知っている物理法則をゼロ時に外挿〔拡大適用〕した結果にすぎません。しかし、これらの法則は、この認識の壁の向こう側では足場を失うんです。つまり、われわれの知っている物理は、ビッグバンの10^{-43}秒後に始まる。[4] 物理学者は、宇宙は真空から生まれた、という言い方をするけれど、その真空とは、われわれが想像するような、静かで穏やかで、一切の実体と活動を欠いた真空ではないんです。量子論的な真空は、完全に物質を欠いているとしても、エネルギーで沸きかえっている。われわれが真空であると考える空間は、種々の波の形で記述しうるエネルギー場がたえず通り抜けているわけです。[5]

原初の真空のエネルギーは、それから、天体物理学者が「インフレーション」と呼ぶ猛烈な膨張へと宇宙を駆り立てます。この膨張は、無限に小さな時間のうちに宇宙の各部分の体積の目もくらむような拡大をもたらします。ビッグバン後、10^{-35}から10^{-32}秒の間に、宇宙は水素原子のサイズの十億分の一の千万分の一の小ささから指数関数的に大きくなり、オレンジ一個のサイズになるんです。

それと同時に、宇宙はどんどん薄まり、冷えていき、やがて複雑系に近づいていきます。宇宙の歴史は、複雑系への長い上昇過程を表しているんです。最初、宇宙はダンテ〔一二六五―一三二一〕が想像したどんな地獄よりも熱く、いかなる構造も形をなすことができませんでした。そして宇宙の冷却の結果、さまざまな構造が現れました。ここで真空のエネルギーがまた介入してきます。物質を生みだすんです。アインシュタインが、おそらく科学史の中で一番有名な公式、$E=mc^2$によって、このメカニズムの鍵を与えてくれました。エネルギー量は物質粒子に変換しうるんです（質量mは、エネルギー量$E \div c^2$に等しい。cは真空中の光速）。

素粒子（例えば、クオークや光子）は最初の真空から現れ、組み合わさって原子、分子を作り、最後には星を形成しました。そして星は何千億と集まって、銀河となり、観測される宇宙の何千億という銀河が寄り集まって、宇宙全体の広大な絨毯を織りなしました。無限に小さなものが無限に大きなものを生みだしたわけです。

これらの銀河のうちの少なくとも一つ、〈天の川〉には、〈太陽〉と呼ばれる星の近く、〈地球〉なる惑星上で、分子が組み合わさって、DNA鎖となり、生命、意識へとたどり着き、ついに、自分の周囲の世界について、また自分を生みだした宇宙について問うことのできる人間にまで到達しました。これが、言ってみれば、現在、天体物理学者が考える宇宙の歴史の要約なんです。[6] 仏教の宇宙観というのは、どういったものでしょう。

相対的真理と絶対的真理。仏教によれば物事に始まりはあるか

M　仏教では、現象が、非存在から存在へと移行するという意味で、「生まれる」ことはありません。現象は私たちの「相対的真理」によって存在しているけれど、究極の現実性をもっていません。相対的というか、約束事としての真理は、私たちの世界についての実際の体験、私たちの世界のとらえ方、つまり、事物に客観的な現実性があるとみなすとらえ方に対応しています。仏教からすれば、こうした認識は偽りなのです。結局のところ、現象には固有の存在はありません（あるのは、「絶対的真理」です）。そうすると、〈天地創造〉というのは、間違った問題の立て方ということになります。少なくとも、固有の存在を備えた宇宙が無から創造されるというような断言はできません。創造という問題は、人が現象を物象化するから出てくるものなのです。とはいえ、仏教の立場は、現象界の展開を排除するものでもありません。現象が非存在でないことは明らかだけれど、その存在の仕方を調べてみれば、現象をそれ自体で存在する自立した実体の集まりとみなすわけにはいかないことに気づきます。だから、現象が存在するのは、ちょうど夢や、幻想、蜃気楼が存在するのと同じで、はっきりと見えても、固有の存在はないのです。鏡に映った像とまったく同じで、鮮明に現れるけれど、自立した実在性を欠いている。二世紀のインドの大哲学者ナーガールジュナ〔龍樹。一五〇頃―二五〇〕がこう言っています。「現象の本質は、その相互依存から出てくるのであって、それ自体としては何物でもない」と。現象の移り変わりは恣意的なものでもなければ、神の裁定のようなものに決定されているのでもなく、全体的な相互依存、相反的な因果性に基づく因果律に従っているのです。

だから、〈起源〉の問題は、現象の実在性、時間と空間の存在の実在性という考え方の上に成り立っているわけで、それに対して、絶対的真理の視点から見れば、創造もなければ、持続も停止もないと言えるわけです。この逆説で明らかなのは、現象界は幻であるということです。現象界は無限の様態で外に現れることができます。その究極の性質が空《くう》だからです。外観の相対的真理の視点から見れば、条件づけられた世界、サンサーラ〔輪廻〕は「始まりがない」と言えますね。どの状態も、その前の状態によって必然的に引き起こされているのですから。

そこで教えてもらいたいのは、ビッグバン説というのは、無からの創造に近いのか、それとも潜在性の一つの表現に近いのか、あるいは本当の始まりとみなすべきなのか、それとも宇宙の進展の一段階とみなすべきなのか、ということです。

T すでに話に出たように、われわれの知っている物理学は、プランクの壁を越えると足場を失います。ビッグバン以前、無限の時間があったかもしれないし、また、単なる時間の不在だったかもしれない。あるいは、循環型宇宙の場合は、ビッグバンは無限のサイクルの中の新たなサイクルの始まりにすぎないかもしれない。いずれの場合でも、ゼロ時から始まる無からの宇宙の創造という問題は、出てきません。この説は、〈天地創造〉の問題を排除する一つのやり方でもあるんです。でも、それもこれも純粋な思弁にすぎないので、観察や実験という根拠に裏づけられてはいないんです。

M ビッグバンを、まだ形を取っていない無限の潜在性から突然出てきた現象界の発現と考えてもいいわけですね。仏教ではこれをイメージ化して、「空間粒子」と呼んでいます。この表現は具体的な実体ではなく、「空間」の潜在性を指すものです。物理学者の言う真空が、物象化さえしなければ、これに近いかもしれませんね。でも、仏教では、無からの創造はありえないのです。七世紀にインドの大学者シャーンティデーヴァ〔寂天〕はこう書いています。

「もし存在が非存在の時にあるのでなければ、いつあるのだろうか。
存在が生まれてこない限り、非存在は消えないだろうから。
また、非存在が消えない限り、存在が生まれてくることはない。
同様に、存在は非存在に移ることができない。
なぜなら、もしそうなると、同じ一つのものが二重の性質をもつことになるから[7]」。

T 「ゼロ」が「何か」になることのできない理由は、ゼロがその虚無の状態を捨てずに、変身することができず、また、その状態を捨てて、変身することはなおさらできないからです。

M 物理学では、この表出の潜在力は真空のエネルギーによって与えられるとしています。

T するとそのエネルギーの具体的顕在化ということですか。

M 問題はこうなります。どのようにこの真空は作られたか。まず一つの無があったのか、ついで、突然の不連続と、エネルギーに満ちた真空と、同時に、時間と空間の出現があったのか。

M 存在していなかった何かの中に位置する原因のない不連続？　それはまた奇妙な始まり方ですね。

ビッグバンにせよ、どこかのある別の宇宙の「始まり」にせよ、原因も条件もなしに突然現れるわけにはいかないと思います。それは、現象界が唯一の第一原因をもたねばならないという意味ではなくて、現象界が無から生まれるということはありえないという意味でです。もう一方で、そしてこれが仏教の大事な点ですが、現象と時間は、それ自体として、真に「始まる」ことも、「止む」こともありえません。固有の実在性をまったくもっていないからです。私たちがある起源について語るとき、すぐ「何か」の起源を考えてしまいますね。宇宙の始まりと終わりという考え方もそうで、これは相対的真理に属しています。しかし、絶対的真理の視点からは、こうした考え方は何の意味ももちません。例えば、映画館のスクリーンで火事を見て、火を付けたのは誰かを知ろうという問題は出てきませんし、映画とはどういうものか知らない未開人でない限り、スクリーンに水をかけようとは思いません。どの宗教も哲学も、天地創造という問題につまずきました。科学は、自分では必要としない創造する神という観念を排除して、問題を切り抜け、仏教は始まりという観念そのものを排除して、問題を切り抜けました。

なぜゼロではなく、何かがあるのか

T 十八世紀の偉大な数学者で物理学者のピエール・シモン・ド・ラプラスにかんする、例の小話を覚えていますか。彼がナポレオンに『天体力学』を捧げたとき、皇帝は彼が一度も〈設計者・神〉の名を挙げなかったことを非難した。ラプラスは答えていわく、「陛下、私にはその仮説は要らないのです」と。ただ、問題が一つ残ります。なぜ宇宙が存在するのか、なぜ法則が存在するのか、なぜビッグバンがあったのか、という問いです。ライプニッツの例の問いです。ライプニッツいわく、「なぜゼロではなく、何かがあるのか。何かがあるよりもゼロのほうが単純であり、簡単なのに。おまけに、もし事物が存在しなければならないとすれば、なぜ今あるこのような存在の仕方であって、他の仕方でないかを説明できることが必要だ」。

すべては空《くう》であるから、何でもありうる

M ナーガールジュナのあの有名なことばを、その答えにしてもいいですね。「すべては空《くう》であるから、何でもありうる」。彼の『智慧の完成』に、はっきりと書かれています。「事物は現れるとき、空である。空であるから、現れる」と。仏教によれば、空は単に現象の究極の性質であるばかりか、それらの現象を無限に展開することを可

能にする潜在力でもあります。わかりやすく単純なイメージを使えば、大陸も、樹木も、森林も、空間がその展開を可能にするから、外に現れることができるのです。もし空《そら》が石でできているなら、何も起きないはずです。同じように、もし現実が不変で、つねに同じであり、現実の属性もまたそうであるとするなら、およそどんな小さな変化もありえないはずです。そうすると、現象が現れることもありえない。事物に固有の実在性がないからこそ、無限に外に現れることができるわけです。すべてがそれ自体空《くう》であることを理解すれば、相対的な、つまり約束事としての真理の働きを一層よく理解することができます。この過程は恣意的なものではなく、因果性の法則は原因と結果との間の自然の調和を内に含んでいます。これが仏教の説く空です。虚無とは違って、現象には、自立した、恒常的な存在がないということです。

T　実際、空の観念を虚無に結びつける人が大勢いますね。十九世紀には、仏教はニヒリズムであると非難されています。

M　それは重大な誤解です。ニヒリズムと唯物的実在論という、どちらも極端で、間違った二つの視点があります。後者は、仏教で言えば「永遠主義」で、不変の物質の存在と、この物質の堅固な構成要素の存在を前提とする、物象化中心の見方です。さらに言えば、ライプニッツが「なぜゼロではなく何かがあるのか」と問うとき、彼の疑問は何かが実際にあることを想定しています。まず、客観的現実の存在について問うことから始めるべきでしょう。仏教の中道によれば、ゼロ（ニヒリズム）もないし、何か（唯物的実在論）もない。ライプニッツに向かって、こう問い返してもいいのです。「現象が可能である以上、どうして何もないということになるのか」と。はっきりと見えるけれども、固有の存在を欠いている現象は相互に依存していて、その本質は常識に逆らいます。なぜなら、それは存在しているとも、存在していないとも言えないからです。知性には限界があり、単純な概念だけで現実の性質をとらえることはできません。論証的な思考を超越する直接的な認識だけが現象世界の性質を理解することができるのです。そのときは、主体・客体という考え方がもはや意味をもたない、非二元的な立場に立っていることになります。

T ここで、量子力学の哲学的意味について論じるときの、基本的な問題に話を戻してみたいと思います。ぼくは先ほど宇宙の歴史の科学的見方に触れたけれど、今度は仏陀の宇宙観について少し話してくれませんか。

現象の実在性への執着と「自我」への執着の結びつき

M 仏陀が生まれた頃、ヒンドゥー教は神秘的で象徴的な宇宙観を提示していました。紀元前五二八年、仏陀は〈悟り〉に達すると、観想的体験の光に照らされて、世界が相互依存という特徴をもつこと、また、世界の性質には、恒常的で、自立した現実が欠けていることを理解しました。この相互依存には、当然、意識も含まれます。このことを理解するとき、私たちの人生観、私たちの幸せと苦しみに計り知れない影響が生じてきます。私たちは諸現象のつかの間の相互作用を恒常的な実体として考えているけれど、まさにそのために、私たちは長年にわたって「自我」という観念を信じ込んできたし、また、事物には固有の特性があると思い込んできたのです。こうした固定化は、私たちの悩みの源である無数の衝動、強く引かれたり、反発したりする衝動を正当化します。これにより、事物が私たちに見えるあり方と、実際のあり方との間には、不均衡が生じてきます。そういうわけで、「自我」という観念は、精神の一時的な偏向にすぎないと言えるのです。しかし、もし現象がただつかの間の、相互依存の形でしか存在しないことを知れば、私たちはもはやそれまでのように現象に執着しなくなるでしょう。誤りから解放されるのです。だから、認識は解放者です。「ニルバーナ」と呼ばれるものは、道を間違えた知性の思考の一掃にほかなりません。『スートラの華』にはこうあります。「解放とは誤りの一掃である」。

仏教の宇宙論

T　二十世紀の科学もまた、相互依存という概念を発見していますよ。でも、ぼくの最初の質問に戻りますが、仏教はわれわれの宇宙の形成について記述しているんでしょうか。

M　ちゃんとあるのですよ、ただし、その記述は教義の体裁は取っていませんが。記述のある面は今ではもう古くなっているけれど、瞑想の修行と結びついた形でやはり象徴的な意味をもっています。外部との関係では、これらの記述は、仏教が取り入れた当時の思想に対応しているけれど、仏陀その人はこれを説いてはいませんし、この宇宙論では、「現実」観念の仏教的分析は再検討されていません。そこでは、宇宙形成という概念は相対的真理、外観の領域に属しています。相対的真理を表すことばでは、仏教は「空間粒子」という言い方をするけれど、これは物体ではなく、表出の潜在力を表しているのです。それからまた、サンスクリット語でプラーナという五つの息吹きというか、エネルギーの形をした「満ちた空《くう》」という表現が使われます。これらのエネルギーは、五色の光という形で外に現れ、次第に空気、水、地、火、空間という五つの要素に物質化されていきます。それらの組み合わせが「スープ」、つまり諸要素の大海を生みだし、それがかき混ぜられると、原初のエネルギーの働きで、天体、大陸、山脈、そして最後に生物が作りだされます。こうやって、無限に存在する宇宙のうちの一つが形成されることになります。最初の創造というのは考えません。唯一の原因、という考え方が認められないからです。

T　そうした世界の始まりの記述は、イメージ化された表現であるとはいえ、宇宙誕生の近代的な考え方と驚くほど響き合うものがありますね。神々の愛と憎しみの結果としての世界、という発想からは、かけ離れたものです。とりわけぼくが強い関心を抱くのは、科学にも仏教にも「満ちた空」という、よく似た概念があることです。

M　たしかにそうですが、でも、大きな違いが一つあります。科学は宇宙 - 客体について語ります。しかし仏教では、これから話すけれど、宇宙は意識から独立してはいません。だから、〈世界は意識の反映にすぎないという）観念論に陥らずに、主体と客体は相互に形作られると言えるのです。具体的に言うと、仏教では、循環型宇宙を想定します（ただし、ストア派の考える宇宙のような反復型や循環型ではありません）。個々のサイクルは、形成、継続、破壊、「非表出」状態（二つの宇宙の間の中間的空《くう》）に対応する四つの期間で構成されています。空間粒子が一つの宇宙からもう一つの宇宙への連続性を保証していて、サイクルの継続には始まりも終わりもないのです。

T その見方には、宇宙は「呼吸する」と言うヒンドゥー教の影響はないでしょうか。呼気に相当する拡張運動と、吸気に相当する収縮運動。

M なかなか詩的なイメージだけれど、ヒンドゥー教の一部の派では、循環型宇宙のほかに、一つあるいはいくつかの創造者としての不変の存在を想定しています。これは仏教から見れば、無益であり、非論理的です。

ビッグクランチと循環型宇宙

T 循環型宇宙という考え方は、近代宇宙論にも現れていますよ。もしわれわれの宇宙が十分な物質をもっているなら、ある時が来れば、この物質の重力の牽引力が膨張の過程を停止させ、銀河の後退運動を逆向きに変えることができます。そのとき、ビッグバンの反対、ビッグクランチ、「大圧縮」が起こるはずです。そして星はすさまじい熱で蒸発し、物質は素粒子に分解します。宇宙はその一生を終えて、極度に小さく、高温、高密度の状態で、壮大な光のフィナーレを迎えるんです。そこでは、時間と空間はもう一度まったく意味を失います。はたして、自分自身に向かって崩壊する宇宙は、フェニックスのように自分の灰からよみがえり、あるいは新しい物理法則とともに、新しいサイクルを始めるのか。それは誰にもわかりません。すでに話してきたように、現在の物理学は、プランクの時間、つまり、極限の温度と密度を扱うとき、足場を失うんです。

M　仏教の見方では、一つのサイクルの終わりは、激しい最終爆発（連続する七つの猛火が次第に激しくなり、目に見える宇宙を焼き尽くす）という形を取り、そのあと、宇宙は空《くう》に吸収され、そこから新しいサイクルが現れることになります。

T　近代宇宙論では、宇宙が新たなサイクルに再出発するとすれば、いくつものサイクルが続くことになるけれど、同じ形は取りません。宇宙は次第にエネルギーを蓄積し、その結果、どのサイクルも前のサイクルより長く持続し、宇宙の最大サイズは次第に大きくなります。これは、先ほどマチウさんの話にも出た、反復しない循環型宇宙の考え方に似ていますね。しかし、もしわれわれの宇宙に、重力がその膨張を止めるのに十分な物質が含まれていないとしたら、宇宙は時間の尽きるまで希薄になり続け、そうすると、循環型ではなくなります。いずれは、星はもっている核燃料を燃やし尽くし、消える。そうすると星が天空に輝くことはなくなるから、世界は凍りついた、暗黒の長い夜の中に沈む。熱は次第に失われ、温度は限りなく絶対零度に近づいていくけれど、零度にはけっしてならない。われわれの知っているような生命は、維持するエネルギーがないので、もう存在できなくなります。はるかに遠い未来において、宇宙は放射と素粒子の巨大な大洋にすぎないものになるはずです。イギリス系アメリカ人物理学者フリーマン・ダイソン〔一九二三―〕は、そのとき、電子と反電子の雲が意識の物質的媒体となるだろうと推測しています。最近の情報では、膨張運動が逆向きに変わるには、現在われわれの知っている物質のおよそ五倍の量が必要とのことです。でも、宇宙の全物質を調べ上げるのは容易なことではありません。膨大な量の「暗黒物質」〔ダーク・マター〕（全体の九〇パーセントないしは、それ以上）が存在するからです。これらは、いかなる放射も発せず、ただ周囲への重力効果によってしか外に現れない物質です。天文学者はいわば光を奪われ、文字どおり暗闇の中にいるというわけですね。

遠い銀河にある超新星（星の大爆発）の最近の観測からすると、どうやら宇宙の膨張は、もし重力だけがかかわっているなら、減速するはずなのに、逆に加速しているようなんです。つまり、宇宙には「反重力」の力が存在しているらしいんです。もしこの結論が正しいなら、宇宙は永遠に膨張することになる。ただ、ビッグクランチなしに、別なふうに新しいビッグバンが起これば別ですが。しかし、遠くにある超新星の特徴はまだよくわかっていないので、この結論は今のところ議論の余地があるでしょう。

起源の不在という考え方は、概念を用いる精神にとって想定可能か

M 始まりなき変貌の連続としてとらえられる宇宙は、単に物質の宇宙だけではありません。意識もまた、始まりをもたないのです。仏教によれば、物質／意識の二元性は間違った問題の立て方となります。なぜなら、物質も意識も独立した実在性をもたないのですから。現象と意識の最初の起源の不在という問題は、仏教で言う「想定不可能なこと」〔不可思議なこと〕の範疇に入ります。これは、人間を超える神秘を理解できずに、ただ沈黙してあきらめるといったことではなくて、私たちの通常の概念ではとらえられないものにかかわることです。この始まりという考え方が「不可思議」なのは、それが時間的、空間的に私たちから遠く離れているからではなくて、概念を操作する精神が、それ自体、因果による出現物の一部であり、そこから現れ、またそれを豊かにしているからなのです。だから、精神が因果性の鎖の「外部に」位置して、自己の起源を決定することはできないわけです。

T まるでゲーデル〔一九〇六―一九七八〕の不完全性の定理みたいに奇妙な感じですね。あの定理では、ある体系が一貫していることを、その体系の中にとどまったままで、証明することはできない。それをするには、そこから出なければならない。現在の科学は、いずれにしても、時間の起源とともに始まる意識と物質の共存ということについて、何も言うことができないでいます。

仏教にとっての無知の根源

M　この不可思議な特質は、現象の究極の性質、空、相互依存と結びついていて、現象を自立した実体として知覚させる「物象化」幻想を一掃してくれるものです。このような究極の性質は、どんな概念も超えているので、不可思議なものと呼ばれるわけで、もちろん、無知と同義語ではありません。それどころか、こうした概念を超えた、非二元的な、直接的な認識形態は、〈悟り〉の特徴をなしているのです。

ある仏教の教え（タントラ〔密教〕）では、より内的な観想レベルでの現象の表出について分析します。それによれば、現象の原初の性質は、主体と客体、時間と空間の観念を超えています。しかし、現象世界が原初の性質から発生するとき、精神はこの統一性を見失い、意識と世界の間に人為的な区別を立てる。ついで、精神はこうした自己と非自己の分離を固定化し、そうやって、無知の世界、サンサーラが生まれる。このサンサーラの誕生は、特定の時期にさかのぼるのではなく、私たちが思いをめぐらすたびごとに、世界を物象化する無知の表れなのです。

第3章　大いなる時計職人を求めて——組織者原理は存在するか

創造とそのあとに続く進化の道筋を完璧に取り仕切ったと思われる創造主という原理の存在を、ここで仮定してみたくなる。全能の原理はすべてを説明してくれるから、私たちが、宇宙という信じがたいほどの複雑系や、生物体や、それらの驚くべき調和の出現について疑問を発する必要はなくなる。そうなると、私たちの起源や私たちの運命の問題は解決済みとなるだろう。創造者としての〈神〉の存在を前提として考えるかどうかで、世界の大宗教の間に根本的な違いが生じる。仏教にとって、第一原因を考えることは意味がない。科学においては、およそ十五ほどの物理定数と宇宙の初期条件との正確極まりない照合を、まったくの偶然の結果と解釈する人もいれば、ある組織者原理の実現とみなす人もいる。しかし、このような科学の考え方はどれも、分析に耐えられるものだろうか。科学の考えは、必然的であり、論理的だろうか。

空間と時間の中で、人間はどんどん小さくなる

T　十五世紀以来、人間は空間の中でどんどん小さくなっていきましたね。一五四三年、ポーランドの司教座聖堂参事会員ニコラス・コペルニクス〔一四七三―一五四三〕は、地球をその中心的な座から外し、太陽のまわりを回る単なる惑星の地位に格下げしました。それ以来、コペルニクスの亡霊がずっと暴れ回っています。もしわれわれの惑星が世界の中心を占めていないなら、間違いなくわが太陽こそ中心のはずでした。ところが、アメリカ人天文学者ハーロー・シャプリ〔一八八五―一九七二〕が、太陽はわれわれの銀河を構成する何千億もの星のうちの、はずれにある一つの星にすぎないことを発見したんです。天の川そのものも、今ではわかっているけれど、観測可能な宇宙の何千億もの銀河の一つにすぎません。銀河の半径は、およそ百五十億光年に及んでいる。人間は、宇宙の広大な浜辺の一粒の砂にすぎないんです。人間は時間のスケールの中でも小さくなりました。宇宙の百五十億光年を一年と数えるカレンダーでは、文明人が登場するのは、十二月三十一日の二三時五九分ですよ。こうして人間は無意味なほどの存在にまで小さくされ、十七世紀に、パスカル〔一六二三―一六六二〕の恐怖の叫び声が上がります。「この無限の空間の永遠の沈黙に私は恐れおののく[1]」。

宇宙には意味がないのか

その三世紀のち、この声を受けて、フランスの生物学者ジャック・モノー(2)〔一九一〇—一九七六〕が言いました。「人間は、たまたま生を受けたこの無関心で広大な宇宙の中で途方に暮れている」と。そしてアメリカの物理学者スティーヴン・ワインバーグ(3)〔一九三三—〕はこう言います。「宇宙を理解するにつれ、宇宙はわれわれにとって意味を失うように見える」と。

ぼくにとって、人間は無関心な宇宙にたまたま生を受けたのではありません。それどころか、両者は密接な共生関係にあります。宇宙がこんなにも大きいのは、われわれの存在を可能にするためなんです。

M 気をつけたほうがいいですよ。今の言い方は少しベルナルダン・ド・サンピエール〔一七三七—一八一四。フランスの小説家〕に似てはいませんか。「カボチャが切り分けられるのは、家族で食べられるようにできているからだ」という……。

T たしかに、目的論的な議論には気をつけるべきですね。大体、科学は、現象を〈目的因〉とか〈企て〉という表現で説明するのを、一貫してきっぱりと拒否するところから生まれたものです。そういう概念はむしろ宗教の教義に似つかわしい。とはいっても、近代宇宙論が発見したのは、どうやら人間の存在は、どの原子、星、宇宙銀河の特性の中にも、また宇宙を規定するどの物理法則の中にも書き込まれているらしいということです。もし宇宙の特性や法則がほんのわずかでも違っていたとしたら、もうぼくたちがここでこうやって語り合うことはなかったはずです。宇宙は最初から、観測者の出現に必要な条件の萌芽を含んでいたらしい。フリーマン・ダイソンによれば、「宇宙はどこかで人間の登場を知っていた(4)」そうです。

M 宇宙のどの要素にも人間の存在の反映があるということは、両方の相互の共存可能性を示していますね。でも、そのことと、究極目的という考え方を組み入れるのとでは、天地の違いがありますよ。

ヒト原理によって、生命と意識の出現を可能にするために宇宙定数が完璧に調整された

T　それでも、宇宙は生物の出現のために完璧に調整されているように見えます。人はどのようにしてそのことに気づいたか。もちろん、実験室でビッグバンを再現することはできないけれど、天体物理学者は、コンピュータと方程式を使い、宇宙のモデル、つまり「玩具宇宙」を作り上げて、〈創造者〉を演じることができるんです。わが宇宙にしろ、他のどんな物理系にしろ、その進化は、いわゆる「初期条件」とおよそ十五ほどの「物理定数」と呼ばれるものによって決定されることを知る必要があるでしょう。

ボールが地上に落ちるまでに描く曲線は、きわめて正確に記すことができます。そのためには、物理学者はニュートンの重力の法則と、初期条件、つまりボールが手を放れた瞬間の位置と速度のデータを用います。一方、ニュートンの重力の法則は、重力の強さを決める「重力定数」と呼ばれる数に規定されています。同様に、「強い核力」と「弱い核力」、「電磁気力」の強さを支配する他の三つの数があります。次に、光の速度があり、また原子のサイズを決めるプランク定数があります。さらに、陽子《プロトン》、電子《エレクトロン》など素粒子の質量を特徴づける数がありますね。これらの定数は、その名の示すとおり、空間、時間の中では変化しません。われわれはきわめて遠くの銀河を観測することによって、そのことをこの上なく正確に検証することができたけれど、今のところ、なぜそれらの定数が別の値ではなく、その値なのかを説明してくれる、いかなる物理理論もないんです。それらの数はわれわれに与えられており、われわれはそれらとともに生きるしかないんです。

M　本当に何の説明もないのですか？

T　まったくの偶然という説については、またあとで取り上げるので〔五七頁参照〕、それは別にして、たしかに一つ、超ひも理論というのがあります。これによると、素粒子は無限に小さなひもの振動だそうです。それで、いろいろな粒子の質量と電荷は、どれも、ひもの振動の仕方によって決まるというわけです。しかし、これは問題を置き換えるだけのことにすぎません。この理論は、なぜひもの振動が別の値ではなく、この値を取るのかを説明しないからです。[5]

M これらの物理定数は他の宇宙では違っていることもありうるのですか？

T 今の物理学の現状では、宇宙が違えば定数も変わることを否定する根拠はどこにもないんです。これらの定数は宇宙の進化に決定的な役割を演じています。なぜなら、銀河、星、わが地球の質量と大きさだけでなく、生物についても、つまり木の高さとか、バラの花びらの形とか、蟻やキリンや人間の重さ・大きさも、みなこの定数が決めるからです。もしこの定数が別の値をもっているとしたら、われわれのまわりのすべては一変しているはずです。宇宙の初期条件について言えば、これはとりわけ、宇宙が含む物質の量や、その初期膨張率にかかわってきます。そこで、天体物理学者たちは、さまざまな玩具宇宙を作ってみた結果、ほんのわずかでもこれらの物理定数と初期条件をいじれば、宇宙には生物がいなくなることに気づいたんです。

M どのくらい変えると、そうなるのですか？

T 正確な数字は、取り上げる定数と初期条件次第ですね。でもとにかく、微細な変化が宇宙の無生物化をもたらすんです。例えば、宇宙の物質の初期密度を考えてみましょう。物質は、最初の爆発の推進力に対抗する重力の牽引力を働かせて、宇宙の膨張を減速させます。もし初期密度が高すぎれば、宇宙は百万年後、一世紀後、あるいは一年後にも、自己崩壊するでしょう。この時間の長さは、星が、その核錬金術で生命に必要な炭素のような重い成分を作りだすには、あまりにも短すぎるんです。逆に、もし物質の初期密度が足りなければ、重力が弱すぎて、星は形成されません。星がなければ、重い元素も生命もない。だから、すべてがきわめて微妙なバランスの上に成り立っているんです。

もっとも驚くべき例が、宇宙の始まり（プランク時間）における宇宙の密度の場合です。この密度は10^{-60}の桁の精密さで定められなければなりません。つまり、ゼロが六十個並んだあとの数字を一つ変えるだけで、宇宙は無生物の世界になってしまいます。生命もなければ意識もないなら、ぼくたち二人も、ここにいてこんな議論をするはずがないんです。宇宙の初期密度の決定の驚嘆すべき精密さは、百五十億光年の距離に置かれた一センチメートル角の正方形の的に矢を射ることができる精密さに匹敵すると言えるでしょうか。その他の物理定数と初期条件についても、決定の精密さがこれほど目覚ましいものではないにせよ、結論は変わりません。つまり、生命と意識を可能にするように精密に決定されているんです。

このように、人間（宇宙の中に、他に意識が存在するなら、その意識でもいいけれど）は、どうやらまた第一の地位を取り戻すようです。つまりコペルニクス以前の太陽系の中心ではなく、宇宙の構図の中心です。人間はもはや無限の空間の広大さを怖れるべきではありません。その広大さこそ人間の存在を可能にしているんですから。宇宙が広大なのは（およそ百五十億光年の半径があると推定されます）、時間が進むにつれ、大きくなり続けているからです。宇宙の年齢は、星が核錬金術の仕事に取りかかり、生命に不可欠な化学元素を作りだし、人間にいたる複雑系の段階を上昇できるような時間（少なくとも何十億年もかかります）を与えるために必要なものだったんです。

だから、宇宙は、生命と意識を自分の中に住まわせることができるように、また、その調和を評価しうる観測者が現れるように、極度に精密に調整されていると思われます。これが、「人間」を意味するギリシャ語のアントロポスから来た、いわゆる「ヒト原理」です。ぼくが今述べたのは、ヒト原理の「強調」版と言えるものですが、〈自然〉の中に何らかの意図を想定しない「穏健」版もあるんですよ。もっとも、これは同語反復に近いので、この版の場合、「宇宙の特性は人間の存在と両立するものでなければならない[6]」というだけのことですから、そうすると、ヒト原理の「ヒト」という修飾語は不適切ですね。一方「強調」版は、宇宙はもっぱら人間に向かって進むことを意味しているんです。実は、こうした議論は、宇宙のどんな形の知性にもあてはまります。近代宇宙論は、こうして、人間と宇宙との深いつながりを再発見したわけです。フランスの詩人で劇作家のポール・クローデル〔一八六八―一九五五〕の希望のメッセージは、パスカルの恐怖の叫びに答え、こうした世界の新たな祝福の証言です。「無限の空間の永遠の沈黙はもう私をおびえさせない。私はこの空間にゆったりと心を預け、静かに歩む。私たちが住むのは、人も通れぬ荒々しい砂漠の辺鄙な片隅ではない。世界のすべてが私たちには和やかで親しい」。

仏教によれば、現象と意識は始まりのない時間以来、共存している

M 仏教にとって、ヒト原理は大して意味をなしません。意識が現れるために、宇宙を完璧な精密さで調整したとする組織者原理、あるいは何らかの目的因をわざわざもちだす必要などないと私は思います。無生物界と意識の両立可能性は、その両者が最初から始まりのない宇宙に共存しているという事実によるだけのことです。私が言いたいのは、宇宙が定常状態にあるということではなく、始まりのように見えるもの、例えばビッグバンは、止むことのない過程の中の一つのエピソードにすぎないということなのです。私たちの現在の宇宙の条件は、過去や未来の宇宙の条件と調和を保っています。なぜなら、出来事の連鎖は、宇宙の原因と結果の連続性と一貫した性質をもたらしているからです。

宇宙は、意識が現れるために、偉大な時計職人の男（女かもしれない）によって調整されて作られたのではありません。宇宙と意識は、始まりのない時代から共存しているから、たがいに相手を排除することはできないのです。ヒト原理にしろ、どんな目的論的理論にしろ、それらの考え方は、一方を他方に先行させ、他方が存在できるために一方が存在すると主張している点が、ポイントですね。しかし、宇宙の全体性と現象の中心にある相互依存性を考えるならば、問題は合目的性より統一性のほうです。だから、宇宙で観測される条件と、生命および意識の存在

を可能にする条件とが両立するのは、何も驚くようなことではありません。問題を合目的性としてとらえるヒト原理は、一つのクルミを半分に割って、「信じられない、まるでこの半分がぴったりと合わさるように、あとの半分が作られたみたいだ」と言うのに等しいのです。

偶然か必然か

T　仏教には、意識と物質の始まりなき共存という仮説があるから、生命と意識を説明するためのヒト原理が要らないというのは、わかります。しかし仮に、その仮説が有効ではなく、物理定数と宇宙の初期条件のこのきわめて精密な調整を説明しなければならないと考えてみましょう。この調整が偶発的なものか、それとも必然的なものか、モノーの表現を借りれば、偶然に起因するのか必然によるのか、問うてもいいはずです。

まず、偶然の仮説を取り上げてみます。この調整を説明するには、物理定数と初期条件のあらゆる可能な組み合わせをもった無数の他の宇宙の存在を想定してみる必要があります。すると、それらはすべて負けで、唯一わが宇宙だけが勝つことになる。もし無限回にわたって、くじを引くとすると、最後には大当たりを取ることになります。

M　そうした他の宇宙というのは、物理学者の言う並行宇宙のことですか？

並行宇宙説

T　そう。「並行宇宙」という奇妙な概念は、物理学においていくつかの場面で登場してきたものです。アメリカの物理学者ヒュー・エヴァレットの研究から生まれた量子力学の一つの可能な解釈によれば、宇宙は二者択一の選択の機会が訪れるたびに、ほとんど同一の二通りの姿に分かれるそうです。ある宇宙は、ある一つの原子の一つの電子だけの位置が違うために、われわれの宇宙とは区別されます。また別の宇宙はさらにもっと異なる。マチウさんがここにいてぼくと話す代わりに、散歩に出かけたはずの宇宙が一つある。チベットが中国に侵略されなかったはずの宇宙、人間が月面を歩かなかったはずの宇宙がある。さらにまた別の宇宙は、もっと根本的に違っている。それらの宇宙は、違った物理定数、初期条件、物理法則をもっている。宇宙が分裂するたびに、マチウさんもぼくも分裂するんです。これらの並行宇宙はたがいに切り離されているから、それらの間には何の連絡もない、というわけです。

M 意識ある存在の場合にその仮説をあてはめて考えると、頭の中に一つの思考が浮かぶたびに、あるいは脳の中で原子が一つ動くたびに、私たちの意識の流れが二つに分裂することになりますね。そうすると、個人の意識の流れという考え方は意味を失ってしまいます。

T それは、並行宇宙に対抗する、おもしろい論拠ですね。ぼくも、選択あるいは決定のたびに宇宙が二つに分かれるという考えは、とても変だと思います。われわれの身体と精神が、意識しないうちに、そんなふうに分割されるとは、どうしたって考えられません。

M その並行宇宙の考え方だと、私たちの思い、私たちの決定の一つ一つに、一つの宇宙をそっくり創造する能力が実際にあることになります。一方に、私が右へ行く決心をした宇宙があり（私は実際にそうしました）、もう一方に、私が左へ行く決心をした宇宙がある（私はそうしなかった）ことになります。ということは、「私は左へ行くこともできた」という潜在的な思いつきは、もう一つの宇宙を生みだすことになってしまいます。こうした宇宙は、不妊症の女に息子がいるというのと同じほど、非現実的ではないでしょうか。

仏教では、世界の多元性というか、存在の仕方の多元性を考えるけれど、たがいにいかなる連絡もない並行宇宙という考え方には賛成しません。なぜなら、こうした断絶は現象の全体的相互依存と矛盾するからです。もし刻々と、宇宙にある粒子の数だけ宇宙ができるなら（これらの粒子はたえず状態を変え、その変化のたびごとに少なくとも二つの宇宙が生まれることになります）、この過程は因果性の概念を根底から崩すはずです。というのは、同じ原因と同じ初期条件で、同時に二つの反対の結果が生じる可能性があるからです。

T　まさしくそれが量子力学の場合なんです。並行宇宙は「真の偶然」と呼ばれるもの、つまり、原因の不在と推定される状況を表しているんです[7]。選択はすべて実現されるはずだから、もうそうなると、本当の選択というものはなくなってしまいます。道徳的責任という観念はもう成り立たなくなる。こうして、この並行宇宙の世界では、罪人は堂々と陪審員の寛大さを要求するはずです。たとえ彼がこの宇宙で罪を犯したとしても、それと並行する宇宙では、彼のもう一人の分身はやらなかったわけですから。

宇宙の全体性は分割しうるか

M　その理論には、そうした多元的宇宙ではたがいに連絡が取れないということも含まれているでしょうね。もし連絡できるなら、両立できない情報が共存することになるからです。例えば、私という存在が同時刻に、一つの宇宙では生きていて、もう一つの宇宙では死んでいるというふうに。こうした連絡断絶は、宇宙の全体性を決定的に分断してしまいます。ところで、現象の全体性というものは、量子物理学によって（あとで触れるベルの定理〔八六頁参照〕とＥＰＲ実験〔八四頁参照〕によって）、また全体的相互依存の仏教哲学によっても明らかにされています。この全体性はこうした分断化とは相容れないのです。過去未来がいつまでもたがいに結ばれている無限の現象からは、一体、何が「出てくる」でしょうか。現象が相互依存の形態でしか存在しないとしたら、それらを消滅させることなく分断するのは、不可能でしょう。両立不能な宇宙は、こうした無限の全体性の中では共存できません。また、仏教では、現象世界は究極の現実性を欠いていると考えるけれど、だからといって、たがいに排除し合う現象の共存を認めるわけではないのです。

並行宇宙理論が想定する、あらゆる可能性の同時実現というのは、したがって真の偶然を含んでいます。もし現象が、このように原因が不在でも表出されうるとしたら、何でもよいものから、何でも生まれることが可能になってしまいます。もし真の偶然がなく、現象が全体的相互依存によって規定されるなら（これは絶対的決定論とは違います。原因と条件の数が無限なのですから）、二者択一のどちらもが実現することはありえません。

T　ぼくもその考えに賛成ですね。この並行宇宙という考え方には無理があると思う。どうしてわれわれが気づかないのに、われわれの意識や個性が複数のコピーに分裂しうるでしょうか。しかし、多元的宇宙という考え方は、また別の構図の中にも現れています。すでに挙げた循環型宇宙という考え、これには仏教も好意的のようですね。これによると、ビッグバンのあとにビッグクランチが続き、そのあとに別のビッグバン、以下同様となります。これらの宇宙は、時間の中で並行するのではなく、継起して（時間には、多元的なビッグバンとビッグクランチを通じて、連続性があることを認めるとして）存在します。宇宙が自分の灰から再生するたびごとに、物理定数と初期条件の新たな組み合わせで、再出発するんです。そして、ほとんどすべてのサイクルは不毛の宇宙、つまり、生命と意識の出現とは両立できない宇宙を生むけれども、時折、わが宇宙のような宇宙が、偶然にも当たりの組み合わせをもつことになります。しかし今のところ、天文学の観測では、宇宙には、その重力で銀河の後退運動を逆転させ、ビッグクランチまでもっていくに十分な量の物質がない模様ですね。新しい秩序ができるまで、宇宙の膨張はずっと続くのです。

ブラックホールから新しい宇宙が出現するか

でも、物理学者たちは想像力豊かだから、ビッグクランチなしに新たなビッグバンが起こりうるというシナリオ(8)を出してきました。アメリカ人の物理学者リー・スモーリン〔一九五五―〕は、ビッグバンとブラックホールの中心のいずれも、その特徴が物質の極限的高密度であることにヒントを得て、ブラックホールの最深部で想像を絶する爆発が起こり、わがビッグバンと同様に新しい時空領域を作りだし、そこから新しい宇宙が現れると考えています。この新しい宇宙は、われわれの宇宙とは完全に接続が切れているものです。なぜなら、ブラックホールの中心からは、どんな情報も出てくることはできず、わが宇宙には届かないからです。今のところ、このシナリオは実験で確かめようがなく、科学というよりSFの世界に近いものですね。

M　その新しい宇宙は、おそらく情報伝達の点ではわが宇宙と接続を絶たれているだろうけれど、因果関係という点では、そうではないでしょう。だって、ブラックホールはわが宇宙の中にあるのですから。連続性があるはずですよ。

メタ宇宙の中の泡宇宙

T　ビッグバン説によれば、並行宇宙理論の変種を考えだすこともできます。ロシアの物理学者アンドレイ・リンデ〔一九四八—〕が書いたシナリオでは、原初の量子論的泡の無限のゆらぎのどれもがそれぞれ一つの宇宙を生みだすので、わが宇宙は無限の他の泡からなるメタ宇宙の中の一つの泡にすぎません。他の泡に意識ある生命が住めないのは、それらの定数と物理法則がそれを許さないからだそうなんです。

完全な偶然という仮説にかんしては、まあこんなところでしょうか。個人的には、並行宇宙の考えは受け入れがたいと思っているんです。そういう宇宙は観測できず、したがって検証不可能なので、宇宙観測者であるぼくの感性には抵抗を与えます。実験による検証がなければ、科学はたちまち形而上学にはまり込むでしょう。

M　でも、科学者の活動の中で、形而上的主張はいつも重要な役割を演じてはいませんか。たがいに両立しないけれども、実験の結果で説明可能な仮説がいくつか出された場合、物理学者にそのうちのどれかを選ばせるのは、いつも形而上的次元の好みでしょう。例えば、観測できないものは存在しないと主張するのは、一つの形而上的立場です。この非存在を証明することがさらに必要になってきます。

T それがぼく自身の形而上的先入観であることは、認めます。しかし、科学においては、観測というものが、つねに最後には理論の運命を決定してきたんです。例えば、アインシュタインの重力理論がニュートンの理論に取って代わったのは、ニュートンの理論では説明できない観測事実を相対性が説明したからです。たとえ相対性理論がどんなに美しく、調和の取れたものであっても、実験による検証がなければ、受け入れられなかったはずです。ぼくの立場は、いわばパスカル的な賭けであり、ぼくがそこに賭けた動機の一部は、「オッカムの剃刀」とも呼ばれる経済原理にあるんです。この呼び方は、十四世紀に生きた神学者で哲学者のウィリアム・オブ・オッカムから来ているものです。この原理は、事実の説明に必要ではない一切の仮説を徹底して排除することにあり、現象の簡単な説明は複雑な説明よりも正しい可能性が高いと考えます。これを今の場合にあてはめれば、自意識を持つ宇宙を一つもつだけのために、なぜ無数の不毛な宇宙を作る必要があるのか、ということになります。

M それではまるで、ある〈創造者〉がいくつもの失敗作のあとに、私たちの住む良い宇宙を作ったというふうな言い方になりますね。その言い方もやはり、生命と意識の創造が一つの目的となっていると想定することになると思います。しかし誰の目的でしょうか。意識をもった存在の目的？　では、彼はどこから来たのでしょうか。〈創造者〉の〈創造者〉から？　もしそうでなければ、彼は自分自身以外の原因をもっているのでしょうか。彼はずっと原因のない自分自身として存在してきたのでしょうか。でも、もし原因に始まりがなければ、どうして結果に始まりがあるのでしょうか。こうした難問に対する唯一の解答は、最初の意志を想像することではなく、始まりのない時間以来、生命現象と非生命現象が共存していると考えることです。そうすれば、その両者は決して根本的に両立不能ではなくなります。

宇宙の調和と美しさと複雑さは創造者原理に有利な証となるか

T　あらゆる立場、あらゆる時代の神学者や哲学者を悩ませてきた問題がもちだされてきましたね。もちろん、ぼくには答えようがありません。これは形而上的な賭けというものです。偶然性の仮説にぼくが異を唱えるもう一つの理由は、世界の美しさ、調和、統一がすべてたまたま生まれただけだとは思えないからなんです。宇宙は美しい。赤い夕日、バラの花びらの優雅な輪郭、星の誕生の華やかな映像、銀河の渦巻き状の腕のエレガントな線は、われわれを心底感動させます。宇宙が調和に満ちているのは、宇宙を律する法則が時間や空間の中で変化しないからです。

M　その美しさの論法は、ちょっとあいまいだと私は思います。美しいかどうかは、まったく相対的なものですから。バラの花びらは、詩人にとっては美しいけれども、虫にとっては食べ物であり、鯨にとっては何でもないものです。銀河の渦巻きは、二十世紀にごく少数の人間が眺めるようになるまでは、誰にとっても美しくはなかったはずです。もし宇宙が、その美と調和を味わいうる観測者の出現のために調整されていたとするなら、その美しさは、宇宙のあちらこちらに散在する何人かの賢い人間の目の前に現れるだけで十分です。人間の住んでいない、住むことのできない惑星の美しさとか、誰も眺める者がいなく、賛美者の登場を待ちわびる銀河の美しさなど、何の役に立つと言うのでしょう。

T　たしかに、一見したところ、それは「オッカムの剃刀」に抵触しているように見えます。しかし、これらの惑星や銀河は、原則として、いつかはわれわれか、あるいは宇宙人の知性によって観測される可能性がありますよ。

M　そのような究極目的は、はなはだ人為的なもののように思えるのですが。

T　偶然に反対するぼくの賭けの最後の論拠は、宇宙の奥深い統一性です。物理学の進歩につれて、それまで完全に別々であると考えられてきた現象が統一的に理解できるようになってきました。十七世紀に、ニュートンは天空と地球を統一しました。同一の普遍的な力である重力が、果樹園のリンゴの落下と地球を回る月の運動とを律しているというものです。十九世紀には、スコットランド人のジェームズ・クラーク・マクスウェル〔一八三一—七九〕が、電気と磁気が同一の現象の二つの異なる側面にすぎないことを明らかにしました。彼はそのあと、電磁波が光の波であることを理解することになります。そして二十世紀の初めには、アインシュタインが時間と空間を統一し、この二十一世紀の曙には、物理学者たちは〈自然〉の四つの基本的な力をただ一つの超力に統一しようと必死で取り組んでいます。宇宙は「一」に向かって進んでいるんです。

M 究極目的がないからと言って、調和がないことにはならないし、「人間は宇宙の無関心な広大さの中をさまよっている」わけでも、あるいは、宇宙には意味がないわけでもありません。世界と意識の相互依存のおかげで、この意識を利用し、認識へ向かって前進することが可能になり、たしかに、全体に意味を与えることができるのですから。

T 誤解のないように言えば、ぼくは人間が宇宙の究極目的であるとは思っていません。宇宙は進化し続け、人間もそれに合わせて進化します。だから、生命の複雑性へ向かう上昇がまだ終わっていないことは確かです。それでもやはりぼくには、人間にまでいたる宇宙の進化が一連の幸運な偶然、さいころの当たり目にすぎないとして、起こらないことも十分ありえたと考えるのは困難なんです。ぼくが言う偶然は、ジャック・モノーが指摘したものとは違います。あの生化学者が偶然について語ったとき、彼が考えていたのは、原子核を形成するためのクォーク同士の偶然の出会い、星の熱を供給するための星の中心部の原子同士の出会い、星間分子と惑星を形成するための、星の燃焼の産物である原子同士の出会い、ＤＮＡの絡まった螺旋構造を生みだすための、原始の海の有機分子同士の偶然の出会い、といったものです。ぼくにとって、本当の偶然は、物理定数と初期条件の選択の中にあるので、粒子や分子の出会いの中にはないんです。定数が決まりさえすれば、あとは物質が自己のうちに意識の開花の芽を含んでいるから、宇宙の成長に従って、人間へと向かう道筋ができたんだと思っています。

ぼくはだからといって、ニュートンやラプラスのように完全に決定論的な宇宙を支持するつもりも、まったくありません。ぼくたち二人がこうやって議論しているという事実が、宇宙の最初の瞬間から決められていたと考えるのは、ばかげている。ただぼくが言いたいのは、いったん物理法則が定まれば、法則は〈自然〉が刺繍するための横糸を与えてくれるということです。原子の世界での量子論的あいまいさ、マクロ世界でのカオス、偶発的な現象（六千五百万年前に、小惑星が地球に落下し、ディノザウルスを殺し、その結果、わが哺乳類の出現が可能になったような）が、〈自然〉をその決定論の拘束から解き放ち、発明の才を発揮させて、この複雑系を作らせたとぼくは思います。ジャズ演奏家が自分のインスピレーションと聴衆の反応に合わせて、テーマの合間に即興で新しいフレーズを入れていくように、〈自然〉はのびのびと遊び心を発揮して、宇宙の始まりから定められた物理法則で演奏し、新曲を作っているわけです。(9)

要するに、偶然性と並行宇宙理論をしりぞけ、唯一の宇宙としてわが宇宙があると想定するなら、パスカルのように創造者原理のほうに賭けるべきだとぼくは思うんです。

M　いいでしょう。では、その創造者原理について検討してみましょう。まず最初に、その原理は創造する意志を想定するのですか。

T　創造者原理は、定数と初期条件が自意識をもつ宇宙にたどり着くようにそれらを調整したはずです。それを〈神〉と呼んでも、呼ばなくてもかまいません。ぼくにとっては、それは〈人格神〉ではなく、〈自然〉に遍在する汎神論的な原理です。アインシュタインはこう書いています。「世界は合理的に、あるいは少なくとも知性によってとらえうるという、宗教的感情にも似た確信が、およそどんな科学的作業の根底にもあることは、間違いない。この確信が私の〈神〉の概念を作っている。スピノザの〈神〉と同じである」と。

それに近代科学は、「古典的な」〈神〉の存在を証明するために、過去の西欧の哲学者や神学者が用いた論法に新しい光をあてています。まず、複雑系を楯に取る論法では、ただ一人の創造者しか、かくも複雑で構造化された宇宙を作ることはできないと主張します。時計はある一人の時計職人の作品でしかありえない、自然に組み立てられることはない。本が書かれるには、テーブルの上にインクとペンと紙を投げるだけでは済まない、というわけですね。しかし、この論法は現代の科学では具合が悪い。つまり、非常に複雑なシステムが、既知の物理学や生物学の法則に従ってまったく自然な進展から生じうることが明らかにされたんです。そうすると、誰も時計職人としての〈神〉に助けを求める必要はないということになります。

次に、「宇宙論的」論法ですが、これはプラトン、アリストテレス、トマス・アクィナス、カントが用いた論法、すなわち、すべてのものには原因がある、という論法です。ところが、偶発的な原因の無限の連鎖などありえません。連鎖は、〈神〉である最初の原因で止まらざるをえないからです。

M それはまたへんてこりんな論法ですね。どんな理由で、原因の連鎖が時間と複雑系の中で無限であってはいけないのでしょうか。何か自然の法則に反するのでしょうか。「もう沢山だ、無限に時間をさかのぼるのはやめにしよう、原因のない創造者のところに移動しよう」と言うには、いくつめの原因でやめればよいのですか?

T たしかに、宇宙論的論法は線状の時間概念の上に成り立っていますね。第一原因の問題を片づけるために、循環する時間をもちだした人たちもいるんです。これは、出来事AがBの原因となり、それがCを引き起こすという具合に続く線状の図式に代わって、AがBの原因となり、それがCを引き起こし、今度はCがAの原因となるという、一部の哲学が言う循環型の図式です。蛇が自分の尾をくわえるように、円環は閉じます。もう第一原因は要らなくなるわけです。

M　これもまた奇妙な考え方ですね。第一原因と同じく、閉じた輪という考え方も、無限の観念に耐えられない人たちの逃げ道にすぎないように私は思いますが。

T　物理学では、量子力学の到来が、「すべてのものには原因がある」という主張に疑問を投げかけました。一九二七年、ヴェルナー・ハイゼンベルクは、例の「不確定性原理」によって、亜原子の世界には不確実さとあいまいさが内在していることを証明しました。このあいまいさのために、われわれは、一個の粒子のエネルギーとその寿命とを同時に知ることはできないとされています。この考えでは、存続時間のきわめて短い（いわゆる仮想）粒子について言えば、そのエネルギー量と結びついた不確実さは莫大であり、そのために、粒子は〈自然〉という銀行からエネルギーを借り、いかなる原因も必要とせずに、ひとりでに、予測不能な仕方で物質化されることが可能になります。

M　そこでもまた、粒子は原因なしに物質化されると言うのは、線形因果性の単純化された図式を一歩も出ないことになりますね。ＡがＢを与える、という図式です。しかし、ＢにとってのＡをとらえられないことは大いにありえます。Ａが容易に分析可能ないくつかの要因に限定されるわけではないからです。どんな現象であれ、他の現象の全体から完全に切り離せるものではありません。もしＢが、現象間の相互依存の働きによって宇宙全体の存在から（無数の原因と変動する関係から）生じるとすれば、その明確な原因がつかめないからといって、Ｂがただぽんと出てきたとは言えないはずです。

時間の中にいる〈神〉と時間の外にいる〈神〉

T　いずれにしても、今ぼくがこうして話しているときも、ぼくたちのまわりの空間は、幽霊のように、はかない存在の粒子で溢れています。宇宙は、粒子と同じように、理論的には第一原因なしに、量子的なゆらぎによって、真空からひとりでに出現することが可能なんです。原因と結果という考え方でさえ、宇宙が相手だと通常の意味を失います。この考え方は時間の存在を前提としているんです。原因は結果に先立つ、と言うのですから。一方、時間と空間は宇宙と同時に現れました。もし時間が存在しないとすれば、「そして〈神〉は宇宙を創造した」とはどういう意味になるでしょう。宇宙創造という行為は、時間の中でのみ意味をもちます。〈神〉は時間の中にいるのか、外にいるのか。時間は、アインシュタインが言ったように、絶対のものではないですね。時間は伸び縮みします。そうなると、〈神〉はもう全能ではなくなるんです。なぜなら、〈神〉は加速運動あるいはブラックホール近くのような強烈な重力場によって引き起こされる時間のゆらぎの影響を受けるからです。時間の外にいる〈神〉は全能だとしても、もうわれわれを救うことはできなくなります。なぜなら、われわれの行動は時間の中に位置しているからです。もし〈神〉が時間を超越しているなら、彼はすでに未来を知っていることになります。でも、彼はあらかじめすべてを知っている以上、どうして人間の悪に対する闘いの行く末を気にかけるでしょう。

M この考え方でいけば、〈神〉は不変だから、したがって創造することができないか、それとも、〈神〉は時間の中にいるから、したがって不変ではないか、そのどちらかですね。これが、第一原因という考え方が導く矛盾の一つでしょう。

T ぼくの話したスピノザ流の創造者原理というのは、だから、「古典的な」〈神〉とはかなり違うんです。それは、宇宙をその最初に調整した創造者の原理であって、人格化された〈神〉の原理ではないんです。

M もし創造者原理をもちだすなら、それをあいまいなままにしておくわけにはいかないですね。それについて何か言えなくてはなりません。

T 繰り返して言うと、それは形而上的な賭けなんです。科学はそれについて何も言うことはありません。科学は、われわれが偶然と必然のいずれかを選ぶ手助けはできないんです。

M　でも、それについて何も言うことがないのに、何かの存在を想定するわけにはいかないでしょう。もし創造者原理に何の特性もなく、それが存在してもしなくとも、どちらでもいいのなら、そのようなものはなしで済ませられる、つまり、「オッカムの剃刀」を借りて排除してもいいわけですね。一体その原理はひとりでに生まれたのでしょうか。種々の原因の帰結なのでしょうか。つねに変わらぬ存在？　全能者？

T　今、マチウさんが挙げたのは、〈神〉の特質ですよね。全知、全能など。たしかに、この組織者原理は、創造主〈神〉と同一視したくなるものです。実際、物理学者が語るのは、〈神〉ではなく、むしろ物理法則なのに、これらの法則には、奇妙にも〈神〉の特性を思わせる特性があるんです。普遍的であり、わが小さな地球から広大な銀河まで、時間、空間のどこででもあてはまります。法則は絶対的です。なぜなら、それを発見した者に左右されないからです。ベトナム人であれ、アメリカ人であれ、同じ法則を発見するはずですよ。法則は非時間的です。法則は、時間に従う世界と、たえず変化する現象とを記述するけれども、法則自体は時間とともに変化はしません。われわれは、非時間的な法則によって記述される時間的な宇宙の中で生きているというわけです。法則はどこでもすべてにあてはまるから、全能です。法則が物質という対象に作用するとき、物質は自分の固有の状態を法則に「知らせ」ないのだから、法則は全知です。法則はあらかじめ「知っている」。したがって、物理法則の特性は〈神〉の特性なんです。

仏教による創造者原理への反論

M　それらの法則が、創造者ないしは組織者原理の存在を示唆したり、要求したりする根拠が私にはよく理解できないのです。それに、法則に何らかの究極目的がある理由も見あたりません。相互依存の性質をただ反映しているだけではないでしょうか。

T 物理法則と初期条件の精密極まりない調整のおかげで、宇宙に生命と意識が住めるようになったことは、相互依存という概念で説明できる。そのことは、ぼくも認めます。しかし、なぜゼロではなく、何かがあるのか、という問いに、その概念がどうやって答えるかが、ぼくにはわかりません。

M 創造者原理の存在を想定しても、その問題は何も変わらないでしょう。なぜゼロではなく、創造者原理があるのか。また、組織者原理とは何を意味するのか。組織者原理とは、全体が機能するようにその全体を構想した存在のことなのでしょうか。

T 大事なのは、この原理が、観測者をもつ宇宙を創造しようとしたということです。

M しようとした？　それでは、創造者原理は自らのうちにあらゆる力をもっているはずですね。

T ぼくはそう思います。

M それなら、その原理は自分以外の他のどんな力にも従わないのでしょうか。

T もし他の力に従うなら、もう全能ではなくなります。

M その場合に、彼は創造することを決めるのか、決めないのか、どちらでしょう。

T まあ、決めるのだとしましょうか。

M もし創造することを決めるのなら、彼は全能ではありません。なぜなら、彼は創造欲の影響を受けているからです。おまけに、彼はそのとき変化したわけですから、不変性を失います。つまり、前は創造欲をもっていなかったのに、今はもっている。もし彼が創造することを決めずに創造するとしたら、彼はやはり全能ではありません。なぜなら、創造するかしないかの自由をもっていないからです。こうして、彼の全能性は論駁されます。二番めに、このような原理は、原因なく生まれたのか、それともそれ自身の原因をもっているのか、どちらでしょう。

T ぼくの考えでは、原理そのものが、その原因です。しかし、またここで、科学の外に出てしまいますね。

M　もしそれ自身が原因であるなら、それは必然的に不変だと言えるでしょう。それ自体で存在しているものは、変化するいかなる理由もないのですから。他のものによって生みだされたものだけが変わることができます。しかし、もしその原理が不変であるなら、創造することはできません。なぜか。永続するものはつかの間のものを生みだすことができないからです。その上、もしその原理が創造するなら、もはや不変ではありません。なぜなら、創造とは変化をうちに含んでいるからです。つまり、創造行為があるからです。創造したあとでは、原理はもう同じものではなくなります。前は創造者ではなかったのに、あとでは創造者になった、というのなら、原理はその不変性を失ったことになるのです。恒常性の概念は、種々の出来事や条件の継起をすべて不可能にしてしまいます。不変の創造者は二つの状態にはなりえないのです。要するに、もしその原理が創造するなら、その創造によって今度は自分が変わらねばなりません。どんな行動〔作用〕も相互作用を含んでいるからです。どんな原因も一方向にだけ働くのではないから、因果性は必然的に相反的です。そこでもまた、創造者はその不変性を失い、それと同時にその永遠性を失います。何物も不変のものを変えることはできません。染料で空間を染めるわけにはいかないのと同じです。つまり、自分以外の原因をもたないものは、相手が何であれ相互作用をもつことはないのです。

T　どんな出来事にも原因がなければならないとすると、無限にさかのぼっていく……。

M　そういうふうに無限に続くのは、西洋の形而上的な信条、すなわち、何をおいても物事に「始まり」を定めたいとする宗教・科学両方の信条には逆らいますね。始まりを見つけたいというこの欲求の背後には、私たちの精神が普段知覚するのと同じように、あらゆるものは実際に堅固に存在しているという確信があるのですから。

T　前に説明したように、量子力学では、宇宙の第一原因という概念を回避することができるんです。事物の「始まり」はもはやどうしても必要なものではない。

M　もし始まりが不要なら——私はそれに賛成だけれど——、組織者原理も不要でしょうね。どうしてその原理は始まりのない現象を組織できるのでしょうか。せいぜいできるのは、流れを次々と変えるぐらいです。

　では三番めの論拠を述べます。もし創造者原理が現象世界の全体を組織するのなら、その原理は世界のあらゆる原因を自分のうちに含んでいなければなりません。さもなければ、彼の創造の外部に何かが存在することになるからです。

T　きわめて論理的ですね。

M　ところで、因果性の法則の根底にあるのは、もしある出来事が起こらなければ、何らかの原因か条件が欠けている、というものです。もし種が発芽しなければ、それは、種が悪いから、あるいは湿度、温度などが足りないから、といった理由になります。すべての原因と条件が揃わなければ、結果が出ることは不可能なのです。逆に、すべての原因と条件があるなら、結果は必然的に生じなければならない、となります(10)。もし生じないとすれば、まだ何かが足りないことになるわけです。したがって、もし創造者原理が自分のうちに宇宙のすべての原因と条件をもっているとすれば、その原理はたえず宇宙全体を創造しなければなりません。いわば、永久ビッグバンです。

T　ただの一瞬も止まらない、と。

M　そのとおりです。もし創造者原理がストップするとすれば、それは、その原理が本質上、創造のすべての原因を内蔵するのを止めることを意味します。そうなると、原因の一部をもつ他の原理の助けが必要になり、創造にブレーキをかける調整者原理といったものに依存することになります。いずれにしても、原理は全能性を失ってしまいます。すると、二つの可能性しか出てきません。原理がすべての原因と条件とをもってはいないので、けっして創造できないか、それとも、すべての原因と条件をもっているので、すべてを創造し続けるかです。

T　それもやはり、おかしなことですね。

M　この議論を要約すれば、こうなります。「たとえ創造者が創造したくなくても、原因と状況が完璧に揃えば、彼には創造を停止する力がない。創造しないことについて無力なので、彼は創造する。これらの原因と状況の全体が揃わなければ、たとえ創造したくとも、彼にはその力がなく、何も創造しない[11]。［…］もし創造者が自分では望まないのに、地獄の苦役であるかのように結果を生みだすとすれば、彼はもはや自由ではなく、依存している。またもし自分で望んでいるとしても、自分の欲求に依存しているから、彼の独立は揺らぐことになる。仮に創造者がこうしたすべての苦しみを創造するのだとしても、他人を苦しみの中に突き落とすのは、聖者のやることではないのだから、彼は聖なる神ではありえないだろう[12]」。

ある人々は、創造者は世界を次々と創造することができるのだと言っています。この主張もまた、宇宙の原因は多様であり、創造者は創造の始まりにおいてこれらすべての原因をもっていないことを意味するものです。それに、一体彼はこれらの原因をどこから出してきたと言うのでしょうか。

さらに別の人々は、創造行為は非時間的であり、彼が現時点で世界を創造するのは、過去にそうしたのと、またこれからそうするのと同様であると主張しています。私たちは創造を出来事の継起として思い描くけれど、創造者の視点から見れば、それらは実は同時に行われる、というものです。この主張は、創造者原理の反駁を免れません。この原理は宇宙の原因のすべてを内蔵し、したがってたえずこの宇宙の全体を創造するはずだからです。おまけに、もし過去、現在、未来の宇宙の出来事が創造者の目からは同時であるとするなら、これは絶対的決定論に行き着きます。この視点は、無知を一掃し、「悟り」に達することを目指す、人間変革の努力をすべて無益にしてしまうものです。

反対に、始まりも終わりもない相互依存関係の働きによる諸現象の出現は、絶対的決定論からは自由です。なぜなら、こうした関係にかかわる原因と条件は無限個あり、唯一の第一原因にさかのぼることは不可能だからです。

T　カオス的あるいは偶発的な現象、さらには量子論的なあいまいさは、たしかに、完全に決定論的な宇宙という考え方に反論していますね。

M 結局、もしすべての原因だけでなく、すべての結果も創造者の中に存在するのなら、すべてがすでにそこにあるのだから、もう創造について語ることすらできなくなるのです。その上、私たちの議論もすべて、それらの結果が私たちの世界に表出し、現実化していくプロセスの一部となってしまいます。

一部のヒンドゥー教哲学者はこう言っています。創造者は、創造の各段階で、自分の同一性を変わることなく保ちながら、その段階に対応する原因となる、と。ちょうどダンサーが同一の人間でありながら、異なる衣装をまとい、さまざまな振り付けを踊るように。これは、創造者が宇宙の唯一の原因であるという考えと矛盾します。なぜなら、唯一の原因は、さまざまな結果をもたらすことができないからです。その一方で、変化する外観をもったこの単一性は、真の単一性とも、不変の単一性ともみなすことができません。もし結果が断続的なら、その原因が永遠であることは不可能です。

まとめると、仏教によれば、外観世界の視点から見れば、各瞬間がたえざる停止と始まりなのです。現象は因果律によってつながり、根本的に変わるものだからです。絶対的真理の視点から見れば、過去、現在、未来のすべての出来事は、固有の存在をもっていないという点で、みな同一です。だから、本当の始まりもなければ、終わりもない。もし何も本当には「生みだされ」ないのなら、停止の現実性について尋ねる理由もないはずです。すべてを作りながら、自分は何によっても作られていないような創造者原理の概念を立てる必要はないのです。

仏教は、創造者原理を徹底して排斥するのに、どうやって宗教的寛容と折り合いをつけるのか

T すると、仏教は創造者である〈神〉を断固否定するから、一神論の宗教とは対立するわけですね。普通、仏教が与える寛容のイメージには合わないような気がしますね。この立場で、しかも他の宗教を尊重するには、どう

やっているんでしょう。

M　どんなに開かれた寛容の心をもっていても、仏教は自分の受け入れられない形而上的見方を認めることはしません。だけど、この世に生きる者のさまざまな性質や傾向に対応する、人間変革のそれぞれの道は尊重します。また、人々がそれぞれどんな〈神〉の概念を抱くかで、その変革の道は変わってきます。ダライ・ラマのことばを引用しましょう。「もし〈神〉を人格神としてではなく、存在の根底として考えるなら、この神なる存在の根底にも慈悲のような特質があると理解することができます。もし〈神〉をそのように理解するとしたら、仏教の考え方や修行と比較して考えることが可能になります[13]」。けれどもそれは、地球上に存在するあらゆる宗教や信仰の形、科学、あるいはあらゆる人間中心思想や不可知論を融合するといったことでは、まったくありません。それは、寛容から外れてしまいます。「私は普遍的な宗教を求める立場は取りません。それが正しいとも思いません。もし違いを無視し、共通点を探して、比較をしすぎると、まさに私たちが向かいつつある危機に直面することになります[14]」と、ダライ・ラマは続けて言っています。

形而上的立場は、明確に表明されるべきです。この点について疑念をかき立てるような態度は慎まねばならないでしょう。もし自己の立場が間違っていて、そのことがはっきりと認められるなら、仏教はいつでも自分自身の過りを認めます。不寛容というのは、真理をあまりにも確信しすぎて、それをみんなに無理矢理、力づくでも押しつけようとすることです。自分に適切なことがかならずしもみなに適切ではないことを理解するために、十分に開かれた精神をもつ必要があるのです。ダライ・ラマは言います。「ある料理が美味しかったからといって、《私には美味しいから、みんなもこれを食べるべきだ》と言ってはいけません。みんなそれぞれ、自分の体質に合わせ、一番健康に良い食べ物を摂るべきなのです[15]」と。

宗教的実践の面で、〈神〉への信仰は、ある人々には創造主に対する親近感を与え、彼らが愛と利他の心をはぐくむよう励まします。だから彼らは感謝の念を表し、すべての人々に対する〈神〉の愛に自分も加わるのです。また、他の人々にとっては、相互依存や因果律の深い理解、それに、他者をより良く助けうるための〈悟り〉への意志が、愛と慈悲をはぐくむためのより強力な霊感の源となります。結論として、ダライ・ラマの言葉をふたたび引きましょう。「精神の道に分け入るとき、その修行がその人の心の発達、体質、精神的傾向にぴったり合うものであることが大切です。[…]そうすることによって、内的変革、内的平安に到達し、精神的に成熟した人間、善良で、思いやりに満ち、欠けるところのない、晴れやかな心の人になれるのです。これが、精神の糧を求めるとき、考慮すべき基準になります(16)」。

第4章 一粒の砂の中の宇宙——現象の相互依存と全体性

相互依存という概念は、現実の核心に触れていて、計り知れない意味をもつ。問題は単純かつ根本的である。ある「物」——ある「現象」と言うほうがいい——は、自立して存在しうるか。もしそうでなければ、宇宙の諸々の現象はどのようにして、またどの程度まで連係しているのか。物理学において、EPR現象〔八四頁参照〕とフーコーの振り子の実験〔八九頁参照〕は、全体性が現実の本質そのものをなすことを示唆している。もし事物が「それ自体として」存在しないとしたら、私たちは日常経験のレベルにおいて、どういう結論をそこから導くことができるだろうか。仏教にとって、その答えは、相互依存という考え方の中にあり、そこには、意識も「自我」の解体も、そしてまわりの世界の堅固な現実への私たちの執着も、すべて捨て去ることが含まれている。

現実の中心にある相互依存

T それでは、仏教は創造者原理という考えを認めず、並行宇宙の概念も排斥するわけですね。仏教は、宇宙に生命と意識が住むことを可能にしている物理定数と初期条件の精密極まりない調整を、いわゆる「諸現象の相互依存」で説明しています。この考え方をもっと詳しく教えてもらえますか。

相互因果性。モノは自立的に存在しうるか

M 世界は孤立した原因と条件から生じる個々の現象で構成されているという、世間一般の世界観は、仏教では「相対的真理」あるいは「偽りの真理」と呼ばれています。日常の経験からすると、事物は、まるで自らの力で存在し、内在的な同一性をもっているかのようであり、独立した客観的現実性があると、私たちは信じがちですね。だけど、このような現象のとらえ方、つまり、ものを考える人間が通常の知覚レベルでたがいに成立させる主観相互間の合意は、単に観念的な作り物にすぎず、たとえ常識によって認められているとしても、分析すれば崩れてしまうものなのです。

仏教は、独立した実体の存在に異議を唱え、相反的な関係および因果性という考えに行き着きます。つまり、出来事というのは、他の要因との関連において、それに依存してのみ出現するのです(1)。この相互依存の考え方は、空《くう》

と同義語です。空とは、現象世界の否定ではなく、現実を構成するような自立した実体の不在を表すことばなのです。人がある現象を体験するとしても、だからといって、それに固有の存在があると思う必要はありません。こう言ったとしても、仏教はニヒリズムにとらわれているのではありません。むしろ、世界をたがいに結びついた、たがいによく似た出来事の果てしない流れとしてとらえます。私たちは普通この流れを認識するとき、その全体のうちの一部分の側面だけを幻想的な見方で定着させるから、それが自分とは完全に切り離された、自立した実体であると信じてしまうのです。

T　「出来事の流れ」という考え方は、近代宇宙論の見方に通じるものがありますね。もっとも小さな原子から宇宙全体まで、その間には銀河、星、人間が位置しているけれど、すべては動き、進展する、不変なものは何もない、という見方です。ビッグバン理論のおかげで、宇宙は歴史をもつようになったんです。

M　事物が動くだけではありません。そもそも私たちがそれを「事物」として知覚するのは、その現象をある角度から眺めるからなのです。だから、私たちはつい、世界にはさまざまな特性があると考えてしまいます。しかし、実はその特性は、宇宙の全体性と、その全体性の一部であるにすぎない意識との関係から生じる外観にほかならないことに、注意する必要があります。現象というのは、状況に応じて表出される、単なる出来事なのです。仏教は約束事としての真理、普通の人間がとらえる真理、あるいは学者が探知する真理といったものを否定はしません。因果律にも、あるいは物理や数学の法則にも異議は唱えません。ただ、仏教が主張するのは、事物の根底を探れば、世界が私たちの前に現れるあり方と、内在的存在を欠いているその究極の性質との間には違いがあるということなのです。

T　では、その事物の究極の性質は、相互依存とどのようにつながるのでしょうか。

仏教による相互依存の定義

M 相互依存ということばは、「共‐出現によって存在する」という意味のサンスクリット語、プラティーテュヤ・サンウトゥパーダの翻訳で、その意味としては、たがいに補い合う二つの解釈ができます。「あれがあるがゆえに、これが出てくる」、つまり、それ自体としては何も存在しないという意味と、「これは生みだされたものであるから、あれを生みだす」、つまり、何物もそれ自身の原因にはなりえないという意味です。「現象は○○との依存関係で現れる」と言うことによって、ニヒリズムと唯物論的実在論《リアリズム》という二つの極端な立場を排除することができるのです。実際、現象は現れる以上、存在しないわけではないけれど、「依存関係において」現れる以上、自立した存在を備えた実在性を得るのではありません。だから、依存関係から何かが生まれるとしても、そこには、永遠とか、無とか、世界への出現とか消滅とか、あるいは、それ自体で存在する何かの存在や非存在などということばが指示する極端なものは、含まれないと理解すべきです。

ある事物が出現するのは、関係づけられ、条件づけられるとともに条件づけ、ともに現存し、ともに作用し、たえざる変化の中にある場合に限られます。そしてこうした相互依存は、現象の非恒常性〔無常〕と深く結びついていて、宇宙の組織者の存在が介入することを前提としないタイプの変化をもたらします。川は一滴の水ではできないし、家の骨組みは一本の梁ではできません。何もかも無数の他の要因に依存しています。それがサンスクリット語の「タントラ」ということばの意味でもあって、連続性の観念、すなわち「すべてが一つの全体に結びつき、何物も個別にやって来ることはないという事実[2]」を示しているのです。つまり、事物がひとりでに存在したり、生まれたりするのは、不可能だということです。もしそれが可能なら、事物は無から現れることになるわけですが、聖典にあるように、「十億の原因があっても、存在しないものを存在させることはできない[3]」。無は決して何かの基盤にはならないのです。

他のすべてから独立して存在するものという概念について考えてみましょう。この概念は、その存在には外部の原因がないことを前提としています。それは最初から存在しているか、まったく存在していないかのどちらかのはずです。この存在は不変で、自立しているから、何物にも作用しないし、何物にも作用されない。一方、現象の表出には相互依存が必要だという論法は、反対に、現実を構成する自立した粒子という観念も、自分以外の他の原因をもたない恒常的で全能の創造者という観念も、ともに退けます。その上、この相互依存には、当然ながら意識も含まれます。客体は、客体であるためには、主体に依存してもいるのです。オーストリアの物理学者エルヴィン・シュレーディンガー〔一八八七―一九六一〕はこの問題に気づいて、こう書いていますよ。「われわれは、理解しようと試みる自然の領域の〈認識〉から〈主体〉を無意識のうちに除外している。われわれは、われわれ自身の人格を引き離し、一歩退き、世界には属さない観客の役割を引き受ける。まさにそのことによって、この世界は客観的世界となるのだ[4]」。

相互依存とヒト原理

T　仏教では、あらゆる現象の相互依存のゆえに、生命と意識はわれわれの宇宙に出現したというわけですね。そうすると、ヒト原理はまったく必要ないということですか？

M　ヒト原理というのは、方向性も目的性もない相互依存を述べる議論に、方向性を与え、目的論的に表現する、一つの表現法です。ヒト原理の「穏健」版では、「宇宙は、われわれが存在するから、今の姿なのだ[5]」となるけれど、これは究極目的を想定していないから、すでに相互依存の考え方のほうに近いでしょうね。この考えでは、「外部の」現象と意識とは相互の「協力において」存在している――これはアラン・ワラスのことばです[6]。仏教にとって、次々と宇宙が継起することには始めも終わりもないし、同様に、生命出現の時期が一回ではなく連発していることにも始めも終わりもありません。だから、宇宙と生命は最初からずっと両立しているし、したがって宇宙と意識も両立しているのです。宇宙は進化しているけれど、いつでも、どこでも生命の誕生を可能にするわけではありません。一方、生命が私たちの歴史のある時期に現れたという事実は、生命がわが宇宙以前の別のいくつもの宇宙に現れていた可能性を何ら排除するものでもありません。ビッグバンのように華々しく、ドラマチックな段階が、ある一つの連続体の存在と両立しないことはないのです。原因とその結果の間に必然的に調和があると想定すれば、一つのサイクルから次のサイクルへの連続性が保証されて、幕の後ろで糸を引く存在に頼らずに、カオスの中に複雑系が出現するのを可能にします。

相互依存は、現象（「私たちの」宇宙）と、現象がその前に姿を現す主体（意識）との相互依存でもあり、さらには、部分と全体の関係でもあります。部分は全体に属し、全体は部分の中に現れているのです。

相互依存と空性

T 部分と全体のその関係こそ、宇宙の美しさと調和の根源でしょうね。

M 結局のところ、相互依存のもっとも精妙な形は、「指示作用〔あるものに名前を付けて呼ぶこと〕の基盤」と現象の「指示作用」との依存の相互関係です。ある現象の位置、形、大きさ、色、あるいはその他の外見的な特徴は、「指示作用の基盤」にすぎないし、それらの特徴の全体が「実体」とか自立した対象を構成しているわけではありません。この指示作用は頭の中の構築であって、それによって現象には実在性があるとみなされることになります。私たちの毎日の経験では、ある対象が私たちの前に現れるとき、現れるのはその名辞的存在ではなく、存在それ自体です[7]。ところが、多様な原因と条件から生じたこの「対象」を分析しても、それ自体の独自性を取りだすことはできません。また、私たちがそれを経験している以上、その現象が存在しないと言うこともできません。しかし一方では、それが現実そのものに対応していると言うこともできないのです。結論は、その「対象」は存在している（ニヒリズム的な物の見方に陥ってはいけません）、しかし、その存在の仕方は純粋に名辞的であり、約束事としてある（そう考えることによって、ニヒリズムとは反対の、自立した、したがって永遠の実体という極端な見方も避けられます）、ということです。自立した存在はもちえないが、まったく非存在でもない現象は、因果律に従い、肯定的あるいは否定的な結果へと導く作用、機能をもつことができます。だから、私たちは自分の行為の結果を予測し、そうやって世界との関係を築くことができるのです。あるチベットの聖典の一節には、こうあります。

「空は、機能性の不在ではない。
それは、実在性、絶対的存在の不在である。
依存関係における発生は、内在的な現実を含まず、
幻にも似た世界を含む。
空と、依存による発生との意味を理解するとき、
この唯一の基盤の上に、同時に、しかも矛盾なく、
外観と空の概念を据えることができる」。

相互依存と科学。アインシュタイン－ポドルスキー－ローゼン（ＥＰＲ）逆説と現象の全体性

T　相互依存についての今の話は、打てば響くようにぼくにはよくわかります。だって、科学もやはり、現実が全体的で相互依存的であることを、科学独自の技術で発見したからです。しかも、亜原子の世界とマクロの世界、いずれもそうなんです。亜原子の現象が相互依存的であるという事実は、アインシュタインと彼のプリンストンの

二人の同僚、ボリス・ポドルスキーとネイサン・ローゼンが一九三五年に提起した有名な思考実験によって明らかにされました。この実験は、三人の頭文字を取って、ＥＰＲ逆説と呼ばれているものです。ただ、それを逆説と言うのは、アインシュタインが、粒子を基に成立している分割された現実、相互に連結していない分割された現実を考えていたからにすぎません。この逆説は、現実を全体的なものと解釈するなら、たちまち消えてしまいます。この実験を理解するには、光が物質と同じく二重の性質をもっていること、つまり、相互に依存している物理世界では、「光子」、「電子」、「物質」は古代ローマ神ヤヌスのように、二つの顔、つまりある時は粒子の顔、またある時は波の顔を見せることを知る必要があるんです。測定器具で実際に観測を行わない限り、ぼくが「光子」と呼ぶ現象は、決定論の世界の厳密性に従わず、明確に定められた軌道もなく、波の側面を現します。この波は空間のあらゆる方向に広がる。ちょうど、池に石を投げると、円い波紋が広がって、水面を覆うのと同じですね。だから、光子は同時に空間のどこにでもあると言えます。量子力学では、実際に観測をしない限り、光子がある定められた瞬間にどこにあるかを予測することは決してできないことになっています。せいぜい、ある場所に位置する確率を推定できるくらいです。また、大海の波と同じように、光子の確率の波（一九二六年、シュレーディンガーによって計算されたもの）は、場所によって異なる振幅をもっています。したがって、光子に出会うチャンスは、振幅が大きければ最大になり、小さければ最小になります。けれども、振幅が大きな場合でも、かならず光子に出会えるかどうかは、確かではないんです。例えば、四回のうち三回、十回のうち九回というふうにしかならない。確率一〇〇パーセントになることは決してありません。実際に観測を行うまでは、亜原子世界の現実は蓋然性なんです。しかしアインシュタインは徹底した決定論者でしたから、量子力学が偶然性に重要な役割を与えたことをどうしても受け入れられなかった。「神様はさいころ遊びはしない」とも、彼は言っていますね。彼は何とか量子力学の欠陥、その確率論的な現実解釈の欠陥を見つけようと努めたんです。彼がＥＰＲ実験を考えついたのは、そのためです。

この三人の思考実験者はこう言います。二つの光の粒AとBに分割される一個の粒子を考えてみよう。対称性によって、この二つはつねに反対方向に向かう。測定器具を据えつけ、検証するとしよう。もしAが北へ向かうなら、Bは南に探知される。ここまでは、見たところ何も異常な点はない。しかし、そう言うのは、量子力学の奇妙さを忘れることになる。Aは、探知器にとらえられるまでは、粒子の外観ではなく、波の外観を呈していた。この波は位置を突き止められないから、Aがどの方向にも位置する一定の確率が存在する。Aはとらえられてはじめて、粒子に変身し、自分が北へ向かうことを「知る」。しかし、もしAが前もって、自分がどの方向に向かうか「知らなかった」としたら、Bはどのようにして、Aの行動を「見抜き」、同じ瞬間に反対方向でとらえられるように自分の行動を合わせることができたのか。これは、Aが直ちにBに自分が選んだ方向を知らせることができたと認めるのでなければ、まったく意味がない、と。ところで、アインシュタインが大事にしている相対性理論は、「どんな信号も光より早くは伝わらない」ことを前提としています。彼は「神様はテレパシー信号は送らない」と言っていました。そこで、彼は結論したんです。量子力学には現実の完璧な記述はできない、とね。彼はこう説明します。Aは自分がどの方向を選ぶか知っていて、Bと分かれる前にその情報をBに伝えるはずである。したがって、Aの特性は観測行為から独立した客観的現実をもつはずである。Aはどの方向にも位置しうるという、量子力学の確率論的解釈は間違っており、量子論的不確定性の下には、内在的で、決定論的な現実が隠れているはずだ、と。アインシュタインによれば、粒子の軌道を決定する速度と位置は、観測行為とは独立に、その粒子にかんして局在化されています。彼はいわゆる「局所実在論」に同意していたんです。彼の論法はこうです。量子力学は、粒子の定められた軌道を説明できなかった。それは、「隠れた変数」と呼ばれる補助的なパラメーターを考慮に入れなかったからだ。それゆえ、量子力学は不完全だった、とね。

だけど、アインシュタインは間違っていたんです。量子力学が構想されて以来、この理論——また、その確率論的な現実解釈――は、毛一筋ほどの傷も見せていません。数々の実験によってその正しさが証明されているし、これから新たな枠組みが構築されるまでは、原子と亜原子の世界を説明できる最高の理論の地位を保つはずです。

M アインシュタインの時代には、ＥＰＲ効果は実験で確かめられていなかったのですか？

遠く離れた粒子間の瞬時の相関関係

T ＥＰＲ図式は、長いこと思考実験の段階にとどまっていたんです。具体的な実験の仕方がわからなかったからね。一九六四年、ＣＥＲＮ《セルン》〔欧州原子核共同研究機関。第16章注(3)参照〕のアイルランド人物理学者ジョン・ベルが、「ベルの不等式」で知られる数学定理を組み立てました。この定理によれば、アインシュタインが考えたような、粒子にかんする局在化され、隠れた変数がもし存在するとしたら、実験による測定で検証される、と。これによって、論争は形而上的な場から具体的な実験の場へ移行することが可能になりました。一九八二年、オルセー大学のフランス人アラン・アスペと彼のグループは、ＥＰＲ効果を調べるために、光子のペアについての一連の実験を行いました。ところが、そこでわかったのは、どうやっても「ベルの不等式」があてはまらないということでした。アインシュタインが間違っていて、量子力学が正しかった。アスペの実験で、光子ＡとＢは十二メートル離れていたのに、Ｂはつねに直ちにＡのすることを「知っていた」んです。

M その現象が瞬時のものであり、ＡからＢへ情報を伝える光の信号がその距離を走る時間をもたなかったと、どうしてわかるのですか？

T ＡとＢをとらえる探知器とつないだ原子時計が、それぞれの光子の到着時をきわめて正確に計ることができるんです。二つの到着時の差は、何百億分の一秒よりも小さい（ゼロに近いのだけれど、現在の原子時計の精密さでは、10^{-10}以下の時間を計れません）。一方、10^{-10}秒では、光はＡとＢを隔てる十二メートルよりはるかに短い三センチメートルの距離しか進めません。さらに、二つの光子を隔てる距離を増しても、結果は同じなんです。光が情報を伝えるためにこの距離を駆け抜ける時間がなかったことは確かなのに、AとBの行動はつねに瞬時に相関しています(8)。

年代的に一番最近の実験は、スイス人のニコラ・ジザンとジュネーブの彼の共同研究者たちが行ったもので、まずペアの光子を作る。次に、光ファイバーで一つをジュネーブの北へ、もう一つをジュネーブの南へ送る。十キロメートル隔てて、測定器具が置かれている。光子はそれぞれの光ファイバーの先端に着くと、その先の二つの可能な行程、一方は短く、他方は長い行程のうちからアトランダムに選択しなければなりません。そこで観測の結果、いずれの場合も、二つの光子はまったく同じ選択をしていました。二つは平均すると、二回に一回は長い行程を、そして二回に一回は短い行程を選んでいたけれど、その選択はつねに同一だったんです。このとき、二つの光子が光で連絡し合うことはできませんでした。なぜなら、それらの応答時間の差は三百億分の一秒より小さかったことに、スイスの物理学者たちは確信をもっていたからです。このごくわずかな時間では、光は両方の光子を隔てる十キロメートルのうちの九センチメートルしか進めなかったはずなんです。

古典物理学では、AとBはたがいに連絡が取れないのだから、両者の選択は完全に独立していると教えます。ところが、そうではないんです。相関関係はつねに完璧なんです。Bがつねに直ちにAのすることを「知る」という事実を、どうやって説明すればよいでしょう。アインシュタインのように、現実は光子一つ一つで分割され、局限されていると想定するなら、これは逆説になる。しかし、もしAとBの距離のいかんにかかわらず、両者が全体的現実の一部をなしていると認めるなら、この問題は解決されます。AはBに信号を送る必要はなく、二つの光の粒（というか、少なくとも測定器具が光の粒としてとらえる現象）は、たえず不思議な相互作用と関係を保っているからです。二つめの粒子がどこにあろうと、それは最初の粒子と同じ現実の一部をなしているということです。

M たとえその二つの粒子が宇宙の両端にあったとしても?

T そうなんです。このように、量子力学は、位置を特定するという考え方をいっさい排除します。空間に全体論的な性格を与えるんです。「ここ」「あそこ」という概念はもはや意味がない。「ここ」は「あそこ」と同じだからです。物理学者はこれを「不可分性」と呼んでいます。

M その確認は、物理学者が現実や私たちの通常の世界認識について理解する際に、ものすごく大きな影響を及ぼすでしょうね。

T まさにそうなんです。一部の物理学者たちは、分離できない現実という概念をなかなか受け入れられず、こうした実験やベル定理の欠陥を見つけようと試みました。しかし、これまでのところ、彼らはまだ成功していません。量子力学の誤りはまだ一度も指摘されたことはなく、EPR現象はわれわれに現実が全体的であることを示唆しているんです。(9)

M 仏陀はその説教の一つで、現実を真珠の組み合わせ飾りとして述べています。真珠の一つ一つに他のすべての真珠が映っているし、真珠でその正面が飾られた宮殿も、宇宙全体も映っている。つまり、現実の各要素の中に、他のすべてが現れている。このイメージは、相互依存の考え方を明らかにするものです。この考えでは、宇宙のどこにあろうと、全体から切り離された存在はただの一つもありえません。

けれども、行き過ぎた実在論の表現を用いるのは控えるべきでしょう。EPR相関関係は、「粒子」――これは、事物の現実に対する私たちの執着を反映し続けている考え方――を基にしているけれど、実はそれは、ミクロ物理世界、観測機器、私たちの見解の間の相互作用の結果生まれる相関的な現象であるにすぎません。物理学者は、たとえ全体性について語っても、つい物象化的な見方に戻ってしまいます。もちろんそれはよくわかります。ただ、その見方が、普通の人間としての彼らの根強い現実認識をますます強めるのでしょうね。

フーコーの振り子

T　もし亜原子スケールでの現象が、仏教の用語を借りて「相互依存的」であるように見えるとすれば、ここでフーコーの振り子の実験についても話してみたいですね。フランスの物理学者レオン・フーコー〔一八一九―一八六八〕は、相互依存が粒子の世界に限られるのではなく、ミクロコスモスと同じようにマクロコスモス、つまり宇宙全体にも広がっていることを明らかにしたんです。

彼は地球が自転していることを証明しようと思いました。一八五一年の彼の有名な実験で、今でも世界中の多くの科学博物館で再現されている実験ですが、彼はパリのパンテオンの丸天井に振り子を吊したんです。一度揺らすと、振り子は注目すべき振る舞いをする。その振動面が時間とともに回転するんです。振り子を南北の方向に揺らして、何時間か待つと、振り子は東西の方向に振れるようになる。もしわれわれが南極か北極にいるとすれば、振り子は正確に二四時間で完全に一回転するはずです。パリでは緯度の関係で、一日に一回転の何分の一かだけ回ります。

なぜ振り子の振動面が回転するのか。フーコーは、この運動はそう見えるだけだと答えました。つまり、振り子の振動面はとどまっており、地球が回っているのだと。彼は地球の自転を証明して、満足しました。しかし、フーコーの答えは不完全でした。というのは、運動というのは、固定された基準との関連でのみ記述しうるからです。つまり、絶対的運動は存在しないということです。ガリレオはすでに、「運動というのは、無いに等しい」ことを理解していました。運動は、それ自体存在するのではなく、他のものに対して相対的に存在する。地球は、回らない何かに対して「回る」。しかし、この何かをどうやって見つけるか。基準点、例えばある星の不動性というものを調べるには、振り子をその方向に揺らせばいいんです。もしその星が不動なら、振り子の振動面にとどまるはずですね。振動面はとどまっていることは、わかっています。もし星が動くなら、ゆっくりと振動面からそれていく。既知の天体を、もっとも近いものからもっとも遠いものまで、試してみましょう。振り子の振動面を太陽のほうに向けるなら、太陽は数週間後には知覚できるほど振動面から外れます。数光年の位置にあるもっとも近い星も、数年後には同じことになります。二百万光年のところにあるアンドロメダ銀河のずれ方はそれより小さいけれど、これもいずれは振動面から外れます。調べられる物体がより遠くなるにつれ、面の範囲内で経過する時間が長くなり、偏向は次第にゼロに向かう。何十億光年先の、知られている宇宙の果てにある、もっとも遠い銀河団だけが、振り子の最初の振動面に対してずれないんです。

M どうして特権的な振動面があるのでしょう?

今ここで起きていることは宇宙全体に依存している

T 特権的な面などありません。すべての方向が同等なんです。最初にどの方向に振り子を揺らしたとしても、その振動面は近い天体に対してではなく、その方向に探り当てることのできる一番遠い銀河団に対して、一定しています。これらの実験から導きだされる結論は、驚くべきものです。フーコーの振り子は、その動きをおのれの局所的な環境に対応してではなく、もっとも遠い銀河たち、つまり宇宙全体に対応して調整しているんです。主立った宇宙の質量のほぼ全体が、近い星たちではなく、これらの遠い銀河たちの中にあるからです。言い換えると、地球で進行するドラマは広大な宇宙で決定される。わが微細な惑星上で起きることは宇宙の全構造に依存しているわけです。

マッハの原理。ある物体の質量は宇宙全体の影響から生じるなぜフーコーの振り子はこのような振る舞いをするのか、今のところ答えはわかっていません。超音速の速度単位に名を残したオーストリアの哲学者で物理学者のエルンスト・マッハ〔一八三八－一九一六〕は、それを物質とその影響力の遍在性に類するものと考えました。彼によれば、ある物体の質量――その慣性、つまり運動に対するその抵抗を測る量――は、その物体に対する宇宙全体の影響力の結果です。これはマッハ原理と呼ばれています。車を押そうと力を入れると、その動きに対する車の抵抗は、宇宙全体から生じる。しかし、マッハは、重力とは区別されるこの不思議な普遍的な影響力を定式化しなかったし、それ以後、まだ誰もそれはできていません。しかし、ＥＰＲ実験が亜原子世界についてそれを明らかにしたのとまったく同じように、フーコーの振り子の実験は、マクロ世界にはわれわれの知っている物理学が記述するのとは全然別の性質の相互作用が存在することを、われわれに認めさせずにはおきません。それは、力もエネルギー交換も介入させずに、宇宙全体を結びつける相互作用です。各部分はその中に全体を含み、全体は各部分に依存しているわけです。

M　仏教にとって、それは相互依存の定義そのものです。それは、空間的、時間的な近さの問題でもなければ、相互連絡の速さの問題でも、距離とともに減じる物理的力の問題でもありません。諸々の現象が相互依存的であるのは、全体的現実の中で共‐存在し、その全体が相反的因果性に基づいて機能しているからなのです。私たちは、「あれがなければ、これはありえないし、あれが変わらなければ、これは変わりえない」という命題に戻ることになります。こうして、すべては何らかの仕方で、必然的にすべてと結びついていることに、次々と気づいていきます。そうした関係が、私たちの現実を形作り、私たちの人生、粒子、銀河の条件を決定しているのです。

T　そうした相互依存の見方は、たしかにぼくが話した二つの実験の結果とぴったり合いますね。ＥＰＲ実験も、フーコーの振り子の実験も。またマッハの慣性も、物理学で知られている四つの基本的な力では説明がつきません。これらは、物理学者にとっては、非常に厄介な悩みの種なんです。

もし事物が「それ自体として」存在しないのなら、私たちは人生において、そこからどんな結論を引きだせるか

M ここに科学の方法と仏教の方法との違いがはっきりと見て取れるように思います。多くの科学者にとって、諸現象の全体性を明らかにするのは、あなたの言うように、悩みの種かもしれないけれど、それも結局は、頭脳にとって刺激的な情報がもう一つ増えただけのことで、彼らの人生の流れにはほとんど影響を与えないはずです。それに対して、仏教徒にとって、諸現象の相互依存ははるかに大きな影響を及ぼすのです。それによって、仏教徒は自分の世界認識を根本的に再検討し、たえずこの新しい認識を頼りに、自分の執着心や恐怖心や嫌悪の情を弱めていく。そして相互依存の理解は、私たちの精神が「自我」と「他者」の間に築いた幻の壁を突き崩していく。これを理解すれば、うぬぼれとか、嫉妬心とか、貪欲とか、悪意などは、ばかばかしいものになるのです。もしすべての無生物だけでなく、すべての生物、人間が結びついているとすれば、私たちは他人の幸せと苦しみに密接にかかわりがあると感じるはずでしょう。他人の苦しみの上に自分の幸せを築こうとするのは、無節操であるばかりか、非現実的です。普遍的愛の感情（仏教では、それは、すべての人に幸せとその原因を知って欲しいという願い、と定義されます）と慈悲（すべての人に苦しみとその原因から解放されて欲しいという願い）が、相互依存の直接的な結果となります。相互依存を自覚すれば、こうして内的変容のプロセスを生み、それは〈精神の悟り〉への道を通じて、続いていきます。そうでなく、私たちの認識を実践しないとすれば、それは耳を塞いだ音楽家か、水を飲んで溺れるのを怖れて、喉の渇きで死んでしまう泳ぎ手のようなものです。

「現象の相互依存＝普遍的責任」という等式

T 諸現象の相互依存は普遍的責任に等しい――、実に見事な方程式ですね。あのアインシュタインのことばと

照応してますよ。彼は言います。「人間は、われわれが宇宙と呼ぶ全体の一部、時間と空間で限定された一部である。人間は自分、自分の思考、自分の感情を、まるで自分以外の宇宙から切り離された出来事のように体験するが、それは人間の意識における視覚上の幻影のようなものだ。この幻影はわれわれにとって牢獄に等しい。われわれを自分の個人的欲望に閉じこめ、われわれの愛情を一番近い何人かの人間だけに限定するからだ。われわれの仕事は、この牢獄からわれわれを解き放ち、生きとし生けるもの、美しく輝く自然の全体を含むよう、われわれの共感〔慈悲〕の輪を広げることだ」と。

「ベールで覆われた現実」？

実のところ、物理学の言語では、現実の全体的・全体論的性格をどう表現すればいいのか、まだわからないんです。もう一つの現実をもちだす人々もいます。例えば、フランスの物理学者ベルナール・デスパニャは「ベールで覆われた現実」という言い方をしています。(10)

M　その「ベールで覆われた現実」が、要するに、外観の背後に隠れている堅固な現実である、とは考えないことを条件にしたいですね。もしそうでないと、また現象世界を物象化することになりますからね。逆に、「ベールで覆われた」という表現が、「実体のない」あるいは「概念では理解できない」という意味なら、仏教も同意するでしょう。

T　デスパニャが、「ベールで覆われた現実」を「実体のないもの」と呼ぶとは、ちょっと思えませんね。彼にとってそれは、われわれの知覚能力と測定機器ではとらえられない現実なんです。相互依存が根本的な法則であることに、ぼくも一〇〇パーセント賛成です。しかし、科学はまだそれを表現できていないんです。

M　相互依存は、力も伝達も必要としません。ただ諸現象の共存だけでいいのです。相互依存はまた、諸現象の単なる相互作用ではなくて、現象が表出するための条件そのものです。その対極に、たがいに共通点をもたない、局限された実質的存在の概念があり、この考え方では、これらの実体がそれぞれもっている独自の特性の影響によって、たがいに相手を変化させる因果性のプロセスを想定することになります。これは全体性の概念とは相容れません。

私たちはみな星屑でできている

T ハイゼンベルクはそういう全体性の考え方に賛成で、こう書いています。「世界は出来事の複雑な織物として現れる。その中で、さまざまな種類の関係が交代し、重なり合い、組み合わさり、そうやって全体の枠組みが決まる」(11)と。付け加えて言うと、科学はこの宇宙規模のつながりのもう一つの側面を発見しました。われわれはみな、ビッグバンの子供であるということです。宇宙の通常の物質の全質量の九八パーセントを構成する水素とヘリウムの原子は最初の三分間で作られました。大海の水と人間の身体の水素原子はすべて、この原初のスープが起源です。だから、われわれはみな、同じ血統に属しているんです。複雑系と生命の発生に必須の、宇宙の物質の残りの二パーセントを占める重い元素にかんして言えば、それらは星の中心部での核錬金術、つまり、超新星の爆発の産物です。われわれはみな星屑でできている。われわれは野獣の兄弟、野の花のいとこであり、みな宇宙の歴史の刻印を受けているんです。単に呼吸するという行為も、これまで地球上に生きてきたすべての人々とわれわれを結びつけます。例えば、一四三一年、ジャンヌ・ダルクの火炙りのときの煙で散った何百万の原子核、紀元前のユリウス・カエサルの最後の息に由来するいくつかの分子を、われわれは今も吸っているのですから。

M 仏教にとって、重要なのは、分子的なつながりではなく——というのは、結局、そうしたつながりは私たちの幸せや苦しみに大した影響を与えないからですが——、これほどまでに私たちに近い生き物たちが、幸せになりたい、苦しみから逃れたいという、私たちと同じ願いを抱くという事実です。

でも、EPR効果に戻れば、すべての「粒子」——それがどんな意味をもつにせよ——が、ビッグバン（おそらく場合によっては別のビッグバンたち）の特異性と密接に関連があったのだから、今もなお、そのつながりはあるに違いないですね。だから、全体性というのは、昔から、そしてこれからもずっと現象の自然な条件なのです。

一粒の砂に宇宙を見よ

T　それは、EPR効果にかんする興味深い解釈ですね。確かなのは、われわれがみな遺伝子的につながっていることです。われわれはたとえ人種や肌の色が違っていても、およそ百八十万年前にアフリカに現れたホモ・ハビリスの子孫なんです。星の子である現代人は、広大な黒い空間に浮かぶ、わが惑星、こんなにも美しく、しかしこんなにももろい惑星の感動的な映像を初めて見たとき、自分の宇宙の出自を一番強烈に感じたはずです。この全体性があるからこそ、われわれはみな地球に対して責任があり、われわれがもたらしている生態学的荒廃から地球を守らなければならないと言えるんでしょう。イギリスの詩人ウィリアム・ブレイク〔一七五七—一八二七〕は、宇宙の全体性を見事に歌っていますよ。

「一粒の砂に宇宙を見よ、
一本の野の花に天国を見よ、
掌の中の無限をつかめ、
そしていっときの中の永遠をつかめ(12)」。

たしかに、宇宙全体が一粒の砂の中に入っています。どんなに小さな現象を説明するにも、宇宙の全歴史が介入してくるんです。

M ブレイクの詩を聞いて、仏陀のあるスートラの四行詩を思わずにはいられません。

「見よ、一つの原子の中に、
そしてどの原子の中にも、
諸々の世界の全体を。
不可思議はかくのごとし[13]」。

全体性と全知

また仏教の聖典によれば、仏陀は、空間の中、時間の中にある宇宙のすべての現象の性質と多様性を、まるで自分の手のくぼみに入れているように、はっきりと、刻々と知り、また、一瞬を永遠に、永遠を一瞬に変えることができる、と言っています。ウィリアム・ブレイクはこれらのテクストを読んだのではないか、時代を超えて、そこから霊感を得たのではないかと思いたくなりますね。これらの詩句をよく考えてみると、仏陀の全知は全体性の完璧な認識であると言えそうです。仏陀を一人の〈神〉と考える必要はありません。〈悟り〉に達するなら、その中に全体性が包み込まれ、刻々と事物の全体とその性質を知るようになることを理解するだけで、十分なのです。まさにこの全体性が全知を可能にします。インドの哲学者で詩人のアスヴァゴーサ〔八〇－一五〇頃〕が書いています。「完璧な観想に達すれば、宇宙の絶対的統一をとらえる洞察力が得られる[14]」と。その反対にあるのが、認識の細分化、したがって限定化という形で現れる根本的無知です。そうなると、私たちはもはや現実のある側面しか理解できず、現実の究極の性質を見失ってしまいます。

T　世界の無限性を思うと、おそらく宇宙に存在しているはずの他の形の知性のことに考えが向かいますね。観測可能な宇宙は千億の銀河を含み、それぞれの銀河は千億の星を含んでいます。もしそれらの星の大半がわが太陽のように十ばかりの惑星の一群を率いているとすれば、宇宙の惑星の総数は、百兆の千億倍になります。これほど多くの惑星の中で、地球だけが生命と意識を宿している惑星だとは、とうてい考えられないような気がします。地球外の文明の存在は、きわめて興味深い神学上の問題を提起するはずですね。例えば、キリスト教の観点からすれば、人間を救うために〈神〉が自分の子イエス・キリストを地球に送った。生命と意識が存在する各惑星を、そこで進化をとげた生き物の救済のために訪れる、数多くのイエス・キリストがいるんでしょうか。

無数の世界と一本一本の草にもいるブッダ〔覚者〕

M　仏教では、さまざまな形の生き物が進化を続ける十億の世界の話が出てきます。これらの世界の大半に一人のブッダ〔覚者〕がいて、生き物たちにどのようにして〈悟り〉に達するかを教えると言われています。ブッダは、山の頂上に石を投げるようなやり方で生き物を救うのではなく、苦しみの原因を探し当て、そこから解放される手立てを教えるのだと。

T　イタリアの哲学者ジョルダーノ・ブルーノは十六世紀の末に、すでにそうした問題を提示しています。彼は、無数の生命の形が住む無数の世界を含む、無限の宇宙という考えを主張したんです。そして彼はその大胆な説の付けを自分の命で支払います。ちょうど今から四世紀前、法王庁は彼を火炙りの刑にしました。仏教が二千年以上も前に、この種の問題を提起していたとは、興味深いことです。

M　仏教ではさらに、こうも言います。一本の草にも、塵一つにも、一個の原子にも、どのブッダの毛穴の一つにも、無数の世界がある。それらの世界が小さくなることも、毛穴が大きくなることも要らない。言い換えれば、相互依存によって、どの要素も他のすべてを含むけれど、だからといって、大きさを変える必要はないということです。

T 驚くべきイメージですね。こうして対話を続けていて、ぼくが感心するのは、仏教が難しい概念を詩的なイメージを使って見事に表現していることです。時には常識に反するもの、普通の言語表現の枠に収まらないものも、楽々と伝わるんですね。

仏教では、世界は、意識によってとらえられなくても存在するんでしょうか。

〈中道〉、ニヒリズムでも観念論でもなく

M そうです。私たちを取り巻く世界は、私たちがそれを意識していなくても、消えはしません。でも、問題の立て方が良くありませんね。一方で、意識は存在し、相互依存の一部をなしているのだし、他方では、意識がなければ、現実とは何かを考えたり、述べたりはできないのですから。現実とは一体何かという問いは、かならず挫折します。なぜなら、意識が現実の本質について考える瞬間から、意識はすでに相互依存の一部、相互の条件づけの一部となるからです。つまり、現実は新たに「私たちの」現実となるのです。この立場は、約束事としての現実、私たちが知覚する現実を否定はしないのだから、ニヒリズムや観念論ではありません。また、それ自体によって存在する現実は私たちにとって何の意味ももたないのだから、実在論や唯物論でもありません。これは、仏教が〈中道〉と呼ぶものです。

あるチベットの注釈者は、こう説明しています。

「このように、二つの木片をこすり合わせて付いた火がその木を燃やしてしまうように、超越的認識の火は、万物の非現実性を隈なく見抜き、現実、非現実の両方にかかわるあらゆる概念の密林を跡形もなく燃やし尽くす。そのとき、概念の全構築物は智慧の中に姿を消す。これが、あらゆることばから解き放たれた大いなる〈中道〉である[15]」。

同じことをナーガールジュナは、その主著『中論[16]』の次の一節に要約しています。

「存在すなわち永遠主義、
無すなわちニヒリズム。
だから、賢者がいるのは
存在の中でも無の中でもない」。

ナーガールジュナの『サガラに必要とされるスートラ[17]』では、仏陀の次のことばを伝えています。

「賢者は相互依存から生じるものをじかに知り
もはやどんな極端な見方にも頼らない。
彼は知る、事物には原因があり、

事物は状況に依存し、
原因も状況もなしには、何も存在しないことを」。

ナーガールジュナは、続けてこう言います。

「他のものに対応して現れるものは
どの点でも、そのものではない。
しかし、それと違うものでもない。
こうして、それは永遠でも無でもない」。

仏陀によれば、現象の究極の性質は、だから、外観と空の統合なのです。

「一点の曇りもない
鏡に映るように、
非実質的な反映が現れる。
ものすべて、このようであることを知るように」。

第5章 現実という蜃気楼——素粒子の存在について

素粒子の分析など、私たちの日常生活に大した影響を及ばさないように見えるのに、なぜ仏教は素粒子に関心を抱くのか。しかし、もし私たちを取り巻く世界の実在性、あるいは非実在性について尋ねるなら、世界の「基本的ブロック」を構成するものの性質を探ることは重要である。現象の「実在論的」見方を再検討しようとするのは、仏教だけではない。コペンハーゲン学派〔一〇八頁参照〕による量子力学の解釈もやはり、原子が「モノ」ではなく、「観察しうる現象」であると考えるように、私たちを導く。これは、さまざまある中でもとりわけ胸躍らせる議論だ。なぜなら、一気に私たちを物質と呼ばれるものの核心に突入させるからである。つまり、もし現実の「堅固さ」が再検討されるなら、その他の概念の障壁も、やはり崩れ落ちるかもしれないし、また、そうなるはずなのだ。

波と粒子。物質の相補的側面

M 諸々の現象がもっている全体性という考え方は、内在的な特性をもち、自己決定する、分離した実体という考え方と対立しますね。光の例を挙げましょう。光は時に波として、時に粒子として現れます。これら二つの現れ方は、一個の石と、それが湖の水面に落ちるときに広がる波紋とが違うように、まったく違います。

T 実際、光の二重性の発見は物理学者にとっては、大変な驚きだったんです。さらにもっと驚くべきは、物質もこの二重性をもっていることです。われわれが電子と呼んでいるものや、他のどの素粒子も、同じように波の側面をもつことができるんです。

M 通常の世界では、光というのは、物の形と色を見せるものですね。でも、日向で目を閉じて座る者にとって、光は熱として感じられる。機器を使って光をとらえる物理学者にとって、光は数学的機能、つまり数と方程式の総合です。近づき方が違えば、記述も変わるのです。現実はどこにあるのでしょう。私たちは過渡的な現象を生みだす相互作用の全体を相手にしているだけのことであり、このたえざる変貌の流れの背後に、自ら自己を決定する内在的な現実の存在を想定する理由はどこにもない。こう言ったほうが、正しいのではないでしょうか。

T 光にいろいろな側面があることは、光が波と粒子という二つの相補的な側面を表すことを受け入れるなら、説明がつきますね。ニールス・ボーアは、この考え方を「相補性原理」と呼びました。彼は相補性に、ある現象とそれを測定する機器との間の避けられない相互作用の結果を見たんです。彼にとって、二重なのは「現実」ではなく、実験における相互作用の結果でした。(1) だから、光が内在的現実をもっていない理由は、光がもっぱら波だったり粒子だったりすることではなくて、状況によってどちらかの外観を呈するためだと言ってもいいわけです。

マチウさんの言った例に戻れば、色の説明をするには、光の粒子的側面の助けを借りればいい。マチウさんの僧衣が赤と黄色に染められているのは、衣を構成している原子が青と緑を吸収し、黄と赤を反射するからです。光子が衣で反射され、われわれに黄色と赤に見えるようにする周波数とエネルギーで、われわれの目に入ってきます。もしマチウさんの衣が太陽の光を変えずに反射させるだけなら、太陽の白い色しか見えないはずですよ。

太陽の熱について言えば、これもやはり光の粒として説明できます。一つ一つの光の粒がエネルギーをもち、天気の良い日には、無数の光の粒がわれわれの皮膚に当たり、そのエネルギーを伝え、それが熱に変わるんです。

測定機器を使う物理学者について言えば、彼は光を波として、あるいは粒子として見ます。もし光が波として現れるなら、その波長（波の二つの山、あるいは二つの谷の間の距離）とその振動数（空間の一定地点における波の山の毎秒あたりの通過数）によって特徴づけられます。もし光が粒子として現れるなら、そのエネルギーによって特徴づけられるんです。

粒子の特性は内在的なものか、それとも世界の残りの部分に依存してのみ存在するのか

M　そうやって、観測可能ないくつかの特性を記述することだけはできます。(2) しかし、それらの特性が同時に共存することは不可能ですね。光子が同時に波であり、粒子であることはけっしてありえません。シャーンティデーヴァは、千三百年近く前にこう書いています。「他の要素の協力によって現れ、他の要素がなければ消えるもの、そういう反射光にも似た人為的な現象が、どうして現実の性格をもつだろうか(3)」と。だから、それらの粒子の固有

の現実は存在するかという問いに答える必要があります。人は、光の性質を知っていると言えるでしょうか。そもそも、そのような性質は存在するのでしょうか。そういう粒子の「特徴」は非恒常的な〔無常の〕現象の理解の仕方にすぎない、という答えに行き着くのではないでしょうか。電子とは、その電荷のことか、そのスピン（回転運動）のことか、その質量のことか。それらの特性の総体が、電子と同一とされるのか。電子は、特性の所有者として特性の外部に存在するのか。もし電子がそれらの特性のどれでもないとすれば、あとに電子の何が残るのか。要するに、それらの特性は、電子を構成しているのか、それとも私たち自身を含めた、世界の残りの部分に依存して、初めて現れるのか[4]、ということです。

チャンドラキールティの七つの論点

仏教の古典的な問いの一つに、こうあります。「粒子がその特性をもつのは、農民が牛をもつようなものだろうか、それとも、人間が自分の身体をもつようなものだろうか」。前者の場合なら、電子とその特性ははっきり区別される存在だということになり、後者の場合なら、特性は電子の一部をなすということになりますね。つまり、電子はそれらの特性をもつと主張するのは、人間が二つの身体、つまり自分である身体と自分が所有する身体の二つをもつと言うのと同じです。他方、もし電子がそれらの特性のどれでもあるなら、特性の数だけ、電子があるはずです。そうすると、電子という存在は多様になります。

まとめると、インドの哲学者チャンドラキールティ〔月称。六〇〇〜六五〇頃〕の論法[5]を当てはめて使えば、電子が存在しない理由は、こうです。一つ、電子はその特性ではない。二つ、電子はその特性と別のものではない。三つ、電子はその特性の基盤ではない。四つ、電子はその特性の基盤を形作らない。五つ、電子はその特性の実際の所有者ではない。六つ、電子はその特性の単なる総体ではない。七つ、電子はその特性の形態ではない。もし電子がその特性と同一とされず、また特性と切り離せもしないとすれば、それらの特性は人間が考えたレッテルにすぎず、それらの存在は、約束事としての性質をもつだけです。アラン・ワラスがこう書いています。「それらの特性はまったく内在的な存在をもたない。とはいえ、まったく存在しないというのではない。われわれが見極めるさまざまな実体は、われわれとの関係において存在していて、われわれが割り振る機能を果たしている。しかし、そういう実体の存在は、われわれがそう定義しているとおり、われわれがそれらに押しつけた言語上、概念上の指示に依存している」(6)と。

T　電子の電荷、スピン、質量について言えば、それらの特徴を測定する必要があります。また、測定されない場合は、電子は波の外観を呈し、粒子としては記述されません。したがって、電子に質量や電荷があるとは言えないわけなんです。

M　だから、その観測の結果が「物体」の内在的な特性を明確に映しだすと主張するのは、軽率でしょうね。その姿が明らかになるのは、私たちの観測によるのですから。

量子論的あいまいさ。現実が取る形は私たちの存在と分かちがたく結びついている

T　測定器次第で、電子は粒子として現れたり、波として現れたりします。粒子として現れた場合は、電荷、スピン、質量をもち、波として現れた場合は、それらの概念には意味がないわけです。観測行為もまた、前に話に出た量子論的あいまいさの原因になります。これは、ハイゼンベルクの不確定性原理、つまり、電子の位置と速さとを同時に精密に決定することはできないという原理によって表現されるんです。電子であると想定されるものの位置を突き止めるには、電子に光を当てなければなりません。光のエネルギーはその波長によって決まり、波長はその電子の位置を突き止める精密さの度合いを決定します。光のエネルギーが増せば、光の波長は小さくなり、電子

の輪郭は明確になる。しかし、この光の光子はそのエネルギーを電子に伝えるので、エネルギーが増すほど、電子の動きをかき乱します。こうして、われわれはジレンマに立たされるんです。高いエネルギーの光子で照らして電子の位置のあいまいさを減らすほど、電子の動きを乱し、その動きのあいまいさを増やすことになります。反対に、電子をよりエネルギーの低い光で照らすなら、電子の動きのあいまいさは減るけれど、その位置のあいまいさを増やすんです。決定するという行為そのものが不確定を生むわけです。だから、観測行為がまったくない状況の下で存在する「客観的な」現実について語るのは、意味がない。それは決してとらえられないからです。つかまえられるのは、観測者とその測定機器に依存する電子の主観的な現実だけです。この現実が取る形は、われわれの存在と絡み合っている。われわれはもはや、原子の世界の騒然たるドラマを前にした受け身の観客ではなくて、完全な演技者なんです。

M すると、光を、波か、あるいは粒子として記述しうるという事実から明らかになるのは、たがいに排除し合うそれらの特徴のいずれも、光子であると想像される出来事に固有のものではない、ということですね。同時に石であり、かつ波であるようなもの、同時に位置の定まった物体であり、空間に拡散した現象であるようなものはない、と。

T というか、もっと正確には、ハイゼンベルクのことばを借りれば、「この二つのイメージはたがいに排斥し合う。あるものが同時に粒子（つまり、極小の体積に閉じこめられた実体）と波（つまり、広い空間に開けた場）ではありえない、二つは相補的である」[7] ということです。

M そう言われても、つまり仮にそのような現実があるとしても、その粒子の究極の性質は、よくわからない。粒子も、波も、宇宙のどんな他の実体も、それ自体では存在しません。粒子は、観測される前から、そこにあったと断言できるのでしょうか。

T　測定が行われる前は、確率の波についてしか語れません。

M　もし粒子というものが、内在的で、かつ恒常的な現実性をもつ何かであり、しかも、もしそれが観測される前に存在していないとすれば、それをわざわざ存在にいたらせることはできないはずです。一般に粒子にはあると思われている《あらゆる現実の特質を自らのうちに含んだもの》が、どのようにして突然、非存在の無から存在へと移行できるのでしょうか。粒子の現れを説明するには、粒子には固有の存在がないとするか、あるいは、無からの創造か、そのどちらかです。

T　それでも、波はたしかにあった。何かはあったんですよ。完全な空白ではなかったんです。

M　仏教では、完全な空白については語りません。語ればニヒリズムの見方になってしまいます。そうではなくて、「固有の存在の空白」という見方をします。それゆえ、状況によって、実験の枠組みによって、現実には存在しない現象が時に粒子として、時に波として現れることができるのです。

コペンハーゲン派の解釈。原子が形作るのは事実の世界ではなく、可能性の世界である

T　ぼくたちの今の議論は、実は、アインシュタインが量子物理学のコペンハーゲン派の解釈を相手に行なった議論です。その解釈はニールス・ボーア、ヴェルナー・ハイゼンベルク、ヴォルフガング・パウリ〔一九〇〇—五八。オーストリアの理論物理学者〕によって提起されたもので、この学派名は、ハイゼンベルクとパウリが頻繁に訪れていた物理学研究所（ボーアが所長）がコペンハーゲンにあったから、付いたものです。この解釈では、おおよそこう言っていました。「原子が形作る世界は、モノとコトの世界というよりは、むしろ潜在性と可能性の世界である」。これはもう、アインシュタインの独断的実在論とは水と油です。

ボーアとハイゼンベルクは唯物論的存在論に反論する

ハイゼンベルクは、アインシュタインの批判をこう要約しています。「コペンハーゲン派の解釈は、観測から独立していること、あるいは観測の合間に起きることを記述しない。しかし、何かが起きているには違いない。われわれはそれを疑えない［…］。物理学者は、自分が作ったのではない世界、たとえ科学者が不在だとしても、そこに存在して、本質的に不変であるような世界について研究するものと考えるべきだ」。

ハイゼンベルクは、これに対して答えます。「この批判が要求しているのが、またもや古色蒼然たる唯物論的存在論であることは、容易に見て取れる。しかし、コペンハーゲン派解釈の観点から、これにどう答えられるだろうか。［…］連続する二回の観測の合間の量子論的プロセスの中で《生ずることを記述する》よう求めるのは、形容矛盾である。その理由は、《記述する》という単語は、古典的概念の使用に基づいているが、こうした概念は二回の観測を隔てる合間には適用できないからである。［…］唯物論の存在論は、われわれを取り巻く〈世界〉の直接的《現実》という類の存在が、原子レベルのサイズにまで一般化されうるという幻想の上に成り立つ。ところが、こうした一般化は不可能である」[8]と。

M 仏教哲学者なら、その解釈に諸手を挙げて賛成するでしょうね。

T ぼくもハイゼンベルクの側に立つ者ですね。すでに話したように、実験の結果は、いつも量子力学に分があるので、まだ一度もその欠陥は証明されていないんです。アインシュタインは間違った道を選んだので、彼の唯物論的実在論には無理がありました。ボーアとハイゼンベルクによれば、われわれが原子とか電子の話をするとき、それ自体で存在し、位置や速さのように定められた特性をもち、やはり定められた軌道を描くような、現実の実体を想像してはいけないんです。「原子」という概念は、さまざまな観測を論理的に一貫した図式にまとめるための便利な手段にすぎません。ボーアはこうして、実験・観測の結果や事実を超えて進むことは不可能であるとしたわけです。彼はこう言いました。「われわれの自然の記述の目的は、現象の実際の本質を明らかにすることではなく、ただ、われわれの存在の多くの側面の間の関係をできる限り発見することである(9)」と。

物理学は私たちに世界の性質について教えてくれるが、ただし私たちが言えることについてだけである

M　その点で、フランソワ・ジャコブと一致しますね。彼はこう主張していました。「物理学者による原子の記述は、ベールを脱いだ現実の、正確で不変の反映ではない。それは一つのモデル、一つの抽象なのであり、世界の統一された表象を作り上げるために、何世紀にもわたって物理学者たちが、いくつかのまとまった現象について努力を傾けた成果である。原子の記述は、発見とも言えるし、創造とも言える(10)」と。それでもやはり、大半の人が、原子を、もし十分に小さな測定機器が手に入れば、とらえることのできる小さな球として思い浮かべているのです。

T　シュレーディンガーも、原子とその構成物をそのようにモノと考えることには警告を発しています。「粒子を恒常的な実体としてではなく、瞬時の出来事として見るほうがいい。これらの出来事は時に連鎖を作り、それが恒常的な物であるという幻想を与えるのだ(11)」と。

M　松明をぐるぐる回すと、目には火の輪に見えるけれど、輪は「物」ではないですね。現象世界は、相次ぐ二つの瞬間の間でさえ、同じままにとどまることのできない出来事で構成されているのです。そうでなければ、いつまでも固定しているはずですね。これらの瞬間は、点でつながっているので、持続をもたないし、これらの出来事はしたがって、固有の存在をもちえません。どう考えても、「出来事・粒子」の諸特徴の全体がいつかはわかるようになる、とは言えないわけです。この出来事は、相互依存の働き、つまり、「固有の存在の欠除」によって、そのように見えるだけなのですから。

T 観測行為による相互依存？

M 現象と、それを見る主体との間の相互依存でもあるし、また、宇宙のあらゆる現象の間の相互依存でもあります。ここで大事なのは、現象の外観的特徴は、それら自体に属するものではないという点です。例えば、「質量はエネルギーと等価であり、エネルギーに変換される」と言うとき、それは、質量が粒子という出来事と不可分の特性ではないという意味です。

T そうですね、物質の性質は、光の性質と同じで、不変ではない。エネルギーは物質に変換可能です。これは、粒子加速器の中でたえず起きていることです。そしてこのエネルギーは、物質から（アインシュタインの例の公式$E=mc^2$によって〔三八頁参照〕）、あるいは運動から生まれます。運動から生まれる場合は、ある物の特性が物に変換しうることを意味します。逆に、物質はエネルギーに変換可能です。例えば、太陽が輝くのは、そのためです。太陽は、その水素の質量のほんの一部（〇・七パーセント）を光に変換して、地球上の生命を養い、支えているわけですから。

M それならば、たがいに排斥し合うそれらの特性のいずれもが、光子、あるいは粒子と呼ばれる現象を形作ることは基本的にないという結論になりますね。仮にもしそうなら、それらの特性はつねに現れているはずです。もし仮に一方から見れば、猫、もう一方から見れば、犬、見るのを止めれば、波になるような、そんな動物がいたとしたら、その動物の実在性を、どう考えればいいのでしょう。

T そういう観点に立てば、まさにそのとおりです。

M だから、現実というのは、私たちが物に貼り付けている堅固な概念には対応していないのです。ある現象が外に現れるには、固有の存在を備えた、隠れた現実から発する必要はありません。何かが内在的に存在するはずだとか、あるいは完全に非存在であるはずだとか思わせるのは、概念上の限界のせいであって、私たちはそれを乗り超えなければならないのです。その真ん中に中道があって、蜃気楼と夢のイメージはそれを象徴するものです。幻であるからといって、現象が機能しないことはありません。鏡に映った像は、現れたり消えたり、さまざまに形を変え、多様な情報を伝えることができます。しかし、鏡には、本当には何も「存在した」わけではないのです。

T　プラトン派の哲学者なら、鏡の世界は現実世界の反映にすぎないと答えるでしょうね。しかし、粒子の側面、波の側面、いずれも根本的なものではないことに変わりはありません。その意味で、光も物質も内在的で不変の属性はもっていないと言えますね。それらの属性は、観測者と彼の測定機器に依存していて、その意味では、「幻のもの」とみなすことができるでしょう。何しろ、恒常的ではないんですから。

世界は、出来事と関係の総体にすぎないのか

M　物理学では、電子は諸関係の働きにすぎず、いかなる根本的側面ももたないと、言ってもいいのでしょうか。

T　もし諸関係というのが、観測者と観測される対象の相互作用、素粒子間の相互作用と変換（例えば陽子と電子が組み合わさって、中性子とニュートリノを出す）や、あるいは物質と光の相互作用を指すのなら、ぼくはそう言ってもいいと思います。

M　諸関係と私が言うのは、はっきり見分けられ、内在的に存在する物同士の関係の意味ではなくて、個々の現象の外面的な特性が、意識を含めた諸現象全体から生じるというような、たがいに条件づけられた無限の関係のネットワークのことなのです。

T　ハイゼンベルクのことばを思いだしますね。「世界は出来事の複雑な織物のように見える。その中では、いろいろな種類の関係が入れ替わり、積み重なり、組み合わされ、そうやって全体の横糸が決められる」(12)。

M　彼は、出来事と言っているのであって、客観的実体とは言っていないですね。粒子が現象の全体性から切り

離されているように見えるのは、ただ私たちが実験のしきたりによってそれを研究し、切り取るからにすぎません。しかし、この全体性のどの一部を取ってみても、その特性のどれも、根本的なものではないのです。それを特徴づけるものは何もないからです。

T その特性を内在的に、どんな測定からも独立して特徴づけるものは何もありません。現象は、それを検証する条件と不可分です。量子力学のコペンハーゲン派の解釈によれば、「客観的現実」について語るのは、まったく意味がないんです。

「形は空《くう》であり、空は形である」

M それは空の定義そのものですね。仏教には、有名な根本的なことばがあります。「形は空であり、空は形である[13]」〔色即是空、空即是色〕。ここで、「空」は現象そのものを指します。外に現れた現象の本性は、空だということです。この空のおかげで、つまり、自立した存在がないからこそ、現象は表出し、変貌することができるわけです。これは、近代物理学が述べることと矛盾しているでしょうか。

T いや、その二つの見方は、表現の仕方は違うけれど、折り合いが付くでしょう。今の指摘から、六〇年代に流行した理論を思いだしました。それは、素粒子というものはないという主張だったんです。粒子はみな、他のすべての粒子で構成され、どの粒子の中にもあらゆる粒子が少しずつ入っているという説です。つまり、AはBとCで構成され、BはAとCで、CはAとBで構成される。例えば、ヘンリー・スタップが書いています。「素粒子は、独立した存在をもつ分析可能な実体ではない。それは本質的に、他の物たちに広がる諸関係の働きである[14]」とね。ただ、〈ブートストラップ〉と呼ばれるこの理論は、実験による証明ができず、今は人気はありません。より基本的な粒子の序列をもった図式——分子、原子、電子、原子核、陽子、中性子、クォーク——のほうが、原子、亜原子の現象にかんするわれわれの観測をうまく記述するようですね。

M　それでも、ベルナール・デスパニャやミシェル・ビトボルのような物理学者は、その図式を批判していますね。それは人間の粗雑な知覚を過度に一般化し、現象を物象化する傾向と結びつけたものだ、と。ビトボルの主張では、量子論的現象は、「粒子タイプのどんな要素も想定しない代替モデルを使って、少なくとも同じくらいよく」説明できる(15)。彼は、シュレーディンガーの「現代原子理論は、前例のない危機に突入した(16)」ということばを受けて、こう述べています。「スクリーンへの粒子衝突〔テレビのブラウン管の中の電子がスクリーンに衝突して光を発する現象を始めとして、各種の粒子がスクリーンに衝突して作用を起こす現象〕も、泡箱で見られる飛跡〔液体中に生ずる泡によって、荷電粒子の飛跡がとらえられる。泡箱は一九五二年、アメリカのグレーザーが考案した〕も、さらに付け加えれば、トンネル効果〔力の作用が障壁をなしていて古典力学的に考えれば粒子が通過できないはずの場所を、電子や原子核はトンネルを抜けるかのように通過するという量子力学上の効果〕顕微鏡で得られる見事な画像も、それらが証明すると思われているものを証明しない。〔…〕広い意味の量子物理学において、原子レベルでの対象を個別化する可能性はある特定の実験状況に限られること、また、それらの条件が満たされなくなった瞬間から、その可能性は完全になくなることを、われわれは忘れてはならない。ある状況では、例えば粒子の電荷は、その粒子の位置をあたかもただ一つの点に特定できるかのように記述することはできないのである(17)」と。彼はまたクワイン〔一九〇八―。アメリカの言語哲学者〕も引用しています。こちらは、量子論は物理学に完全な方向転換を強いて、「みなにやさしく愛されてきた素粒子の存在論だけでなく、《何があるのか》という疑問の意味、存在論的疑問の意味そのものをも脅かしている(18)」のではないかと自問しています。

物理学者ロラン・ノッタルにかんして言えば、彼の指摘はこうです。「一部の哲学者はさらに先へ進み、物質から精神まで、あらゆる事物の非存在そのものを結論づけた。西洋思想と物質の科学にかんしては相対性の歴史をコペルニクスにまでさかのぼることができたが、東洋思想における相対性の最初の発言は、二千五百年以上前のシッダルタ・ゴータマ〔仏陀〕にさかのぼるようだ。仏教哲学には、あらゆる事物の空性《くうしょう》にかんする、本物の相対論的思索がある。空性は事物の非存在そのものの帰結であり、事物の存在はただ相互の関係にのみある。このような直観は驚くばかりである。これは、相対性の原理に基づく科学が掲げる、はるか彼方の目標、おそらく達することのできない目標の内的映像とみなすことができよう。そこには、いかなるニヒリズムも、現実や存在の否定もなく、むしろ存在の本質そのものについての深い見方がある。もし事物が絶対的には存在せず、しかしそれでも存在しているとすれば、事物の本質は、それらを結びつける関係の中に求めるべきである。存在するのは、ただ事物間の関係であり、事物それ自体ではない。事物そのものは空であり、それらと世界の残りのものとの関係の全体に帰すべきである。事物とはこれらの関係である。［…］未来の物理学は、現在、単なる哲学的見解に属するものを方程式で表すことに成功するであろうか[19]」。

マクロコスモスはミクロコスモスとは根本的に異なるのか

T 世界のあらゆる現象を、素粒子によって説明しようとする還元主義の手法が、多くの成功を収めたことは否定できないし、スティーヴン・ワインバーグのような一部の物理学者たちは、熱烈に還元主義を擁護しています[20]。だけど、この手法には限界があるんです。とりわけ、構成要素の総和では特質が説明できないような部類のシステムに現れる特性にかんしてはね。現実をとらえる別のやり方、マチウさんが先ほど挙げた方法などが必要だと思います。

客観的現実の不在に話を戻せば、粒子の世界では、とりわけ実験上、それがはっきりしてきます。原子・亜原子の世界では、現実が確率によって記述されるとしても、われわれは、日常生活の次元ではこの不確定を感じることはないですよね。しかし、突きつめて考えれば、このテーブルや、この本のようなマクロの物体も、量子論的あいまいさを免れない粒子でできているんです。それならなぜこの本が、突然テーブルから消えて、庭の隅に現れないのか、となりますが、量子力学の法則が言うには、原則として、そのような出来事は起こりうるが、その確率はきわめて低いので、永遠の時間がなければ目撃できません。では、なぜそんなに低い確率なのか。それは、マクロの物体はあまりに多数の原子（本はおよそ10^{25}の原子を含み、土はおよそ10^{50}の原子を含んでいます）でできているので、偶然の効果は打ち消されるからです。本が庭で見つかる確率は無限に低い。というのは、莫大な数の原子は大きな質量、したがって大きな慣性をもたらします。普通の物は、それを観察しようとして光を当てても、ほとんど撹乱されません。光が与える推力が微弱だからです。そのため、これらの物の速度は、その位置とともに可能な限り機密に測定できます。量子論的あいまいさは消え失せます。では、量子論的あいまいさが支配するミクロ世界と、不確定性が失効するマクロ世界との境界はどこにあるんでしょう。今のところ、物理学者はまだこの境界を定めることができないでいます。日に日に量子論世界の境界を押し広げようと努めてはいるんですが。これまでのところ、炭素原子六十個からなるフラーレンの分子が、波の行動を示した、もっとも重く、もっとも複雑な物体です[21]。

M　それは、おそらくその境界が存在しないからでしょう。不確定性は消えることはなく、ただ私たちのマクロの条件では知覚できなくなるだけです。同じように、日常生活で私たちが時空の相対性の効果を知覚できないのは、光速に比べてきわめて遅い速度でおたがいの間を移動するからであって、相対性そのものはちゃんと存在しています。自転車は走りだすと、本当は少し小さくなるのだけれど、その変化はあまりにも微少だから、止まっている人は気づかないのです。

　この本が突然テーブルから消える可能性は、たとえどんなに小さくともあるわけだから、マクロ世界とミクロ世界の間に根本的な違いがないことは明らかです。私たちのスケールで言えば、たとえ人間の感覚では不確定性を感知できないような特殊な状況の中に私たちがいるとしても、だからといって、世界の量子論的本質に疑念が生じるわけではないのです。先ほど名前の出た量子物理学の理論家ヘンリー・スタップは、こう書いています。「ベルの定理の重要な点は、量子論的現象が引き起こすジレンマを明らかにマクロ世界にまで拡大することだ。[…]そこから、われわれの通常の世界観は、マクロのレベルでも、はなはだしい欠陥があることがわかる」[22]と。

量子物理学は実在論的立場に疑問を突きつけるか

実在論者の大問題は、量子力学の発見とマクロ世界の日常の現実との折り合いをつけることです。物理学者はその二つの間で揺れ続けて、粒子だ、実在の物だと言ったり、相補性だ、非局所化だと言ったりしているけれど、これに折り合いをつけるには、量子力学から結論を引きだして、自分の世界観を変えるだけで済むのです。

マクロコスモスはミクロコスモスでできているし、前者は後者の延長にほかならないのに、どうしてその両者の間に存在論的な違いがあるのでしょう。ミクロコスモスがマクロコスモスになると、一体、何が現れてくるでしょうか。そこから現れるのは、一つの構造、つまり、ある種の連続性を備え、諸現象を変えることのできる諸機能から生じる関係の全体です。しかし、それらの機能は、その構造にも、それを構成する要素にも、実在性を付け加えてはくれません。もし粒子が「モノ」でないなら、粗大な現実についても、たとえその外観と量がどうであれ、やはり「モノ」ではないということになります。

T　その場合、今度は、なぜ、どのように、マクロコスモスが機能しているかを問うことができます。われわれは、明確に定まった位置と速度をもつマクロの物に囲まれています。この物は、ハイゼンベルクの不確定性原理に従わず、原子・亜原子の世界で現れる波‐粒子の二重性をもっていません。偶然は、マクロのレベルでは打ち消されるんです。だからマクロの物は、波のように同時にどこにでもあることは不可能です。すでに言ったけれど、マチウさんの腕時計がぼくのポケットに入っているとか（ぼくがスリの名人なら別ですよ）、月が火星のほうに散歩するなんていうことは、起こらないわけです。

M　そうした堅固さは見せかけにすぎないのではないでしょうか。これは時間と空間のスケールの問題です。仏教では、それは、諸関係の一時的安定化にすぎないと見ます。百年続く夢は、一分続く夢と同じように現実性をもつことはないのです。

私たちが世界を記述するやり方は、日常の経験では、マクロのスケールでしか世界を観察できないという事実によって条件づけられています。このスケールでは、ずっと高い安定性が働くことになります。もし私たちがたえずミクロの世界を目にしているとしたら、外部世界にはまったく安定性がないと思うことは、大いにありえます。私たちがとらえるこの世界は、一〇〇パーセント、私たちが立つ視点によって決まるのです。ロラン・ナッタルのような一部の物理学者たちの言い方では、古典物理学と量子論的現象の表面的両立不能性は、「スケールの相対性(23)」の問題にすぎません。

仏教の分析で使われる例を一つ取り上げてみましょう。テントの例です。テントを解体して、布地と支柱とロープに分ければ、もうテントは存在しません。しかし、資材はそこにちゃんとあります。布地を裂いてみる。糸が残り、さらにそれを繊維に分解し、それから分子にする。分子は原子、粒子に分割でき、それらの質量は最終的に、数学の公式で記述されるような、手で触れることのできないエネルギーと等価です。数学の公式がこのエネルギーに名目上の存在を与えるわけですね。ここでもまた、私たちは存在と非存在の中間にいるので、知性はお手上げとなります。判断力が万物の非実在性を結論づけるなら、たちまち自らの拠り所も、対象も失われることになります。分析が自らを定めるべき対象も拠り所も失うとき、分析は表に現れず、すべての精神的構築は、まるで水面の波のように静まるのです。

十億の粒子は、ただ一個の粒子と同じように固有の実在性をもたない

こうした移行、テントから粒子の非実在性への、あるいは逆に粒子からテントへの移行には、どこにも不連続はないから、ミクロコスモスとマクロコスモスの本質的区別を立てる根拠にはなりえません。それではなぜ、私たちはテントを、より高度の実在性を備えたものとしてとらえるのでしょうか。それは、おおよその類推をするだけで、そこからさらにきちんと調べはしないということにすぎないからです。仏教の注釈書にあるように、「批判的精神で吟味しなければ、目の前に現れるままに、事物を軽率にも受け入れてしまう(24)」。数の多少は関係ありません。十億の粒子も、その中のただ一つの粒子と同じように、固有の実在性をもってはいません。粒子の非現実性は、マクロの現象の非実在性の十分な証拠です。すでに死んでいる者を、二度殺すには及ばないのです。

ナーガールジュナは、『ラトナマラ』の中ではっきりとこう言っています。「私たちが世界から遠く離れれば離れるほど、世界は現実に見える。近づけば近づくほど、手で触れられる現実を欠いた蜃気楼のように、つかまえられない」と。現象の堅固さは、私たちがそれを正面から見ない限り、明白そのもののように見えるけれど、分析の対象にすれば、たちまち消え失せてしまいます。もし素粒子が、布でも杭でもなく、熱でも色でもないとすれば、「私」でも「他者」でもないことになります。このように素粒子は、私たちの頭の働きではつかまりません。頭で考えるから、私たちは世界に適応できず、世界を物象化して、自分で苦しみを作りだすのです。シャーンティデーヴァが論証的思考を超越する認識について語るとき、彼が言おうとしたのは、そのことです。「現実も非現実も、もはや精神の前に現れなくなるとき、そのとき、他のおよそどんな動きもなくなるので、概念から解放された精神は安らかに静まる(25)」。

T そうすると、素粒子の実在性にかんして、科学の見解と仏教の見解の間に根本的な矛盾はないと、ぼくは思います。われわれは素粒子を、測定機器との、あるいは観測者の意識との相互作用の働きによって、はじめて物質

化される潜在性と考えるべきです。完全に独立した現実とか、元来は対象に帰属するような測定とかを想定して、それを観測のプロセスから切り離すことはどうしてもできませんね。だから、現実を主体と客体に分断することは、不可能です。これがコペンハーゲン派の見方で、大半の物理学者はこれを受け入れています。

素粒子の概念は、もちろん原子の概念と結びついています。仏教もこの原子という概念を考えだしたのではないでしょうか？

原子の歴史

M　紀元前数世紀、ギリシャ哲学の時代に、仏教はこの原子、つまり語源的には「分割できない粒子」という概念の論理的分析に専念していました。ここでちょっと、最初にこの概念を表したギリシャ人、レウキッポスとデモクリトスの考え方をおさらいしてくれませんか。

T　この原子という考え方は、科学の歴史でもっとも基本的な概念の一つですね。アメリカの物理学者リチャード・ファインマン〔一九一八－一九八八〕は、次のようにさえ言い切っています。「もし大異変が起きて、すべての科学的知識が消えることになるとして、未来の世代に残すべき唯一の概念は、《万物はたえざる運動を続ける小さな粒子、すなわち原子でできている》というものだ」と。

この考え方は、紀元前六世紀頃、ギリシャの哲学者レウキッポスとデモクリトスが、すべての物質は不可分で永続的な粒子で構成されているという革命的な考えを取り入れたときに、始まります。彼らは、これを原子〔アトム〕（ギリシャ語でアトモス、つまり「分割できない」もの）と呼んだんです。この考えは実験で検証できないために、二十一世紀もの間、哲学的提言の姿にとどまり、アリストテレスの例の、水、空気、土、火の四大元素の陰に隠されていました。一六〇〇年頃になってやっと、アトム説が浮かび上がってきます。一八六九年、ロシア人のドミトリー・メンデレーエフは、化学元素を原子量順に並べるというすばらしい発想を得ました。同じ特性をもつ元素が、まるで魔法にかかったように、七つのグループごとに同じ欄に並び、今日の周期律表というものを形作ったんです。このような配列は、どの化学元素も同じタイプの原子でできているのでなければ、理解不可能なものです。ただ、メンデレーエフがその表を作成したとき、現在リストアップされている九十二の元素のうち六十三しか知られていませんでした。しかしメンデレーエフは、自分の表の正しさを完璧に信じていたので、ためらわずに空欄をそのままにしておきました。彼の正しさは歴史によって認められ、それらの空欄は、新しい元素の発見につれて、埋まっていったんです。

分割しえない粒子に対する仏教の反論

M 物質の究極の構成要素をなすはずの、不可分で恒常的な粒子という考え方は、ギリシャ哲学初期の時代に、インドではすでに存在していたはずです。当時、仏教哲学者がそれに反論しようと努めていますから。その反論は、粒子が不可分であるためには、大きさをもたない一点に縮小されなければならないというものでした。

T それは、きっとイメージだったんでしょうね。だって、彼らはまだ数学的な点の概念を知らなかったでしょうから。

M その概念は、次のような仏教の分析の中に含まれています。分割しえない粒子が物質を形作るのに役立つと認めるとして、そのためには、それらの粒子は結びつく必要があります。しかし、分割しえないと想定された二つの粒子が、接触することができるでしょうか。ここで、これが思考上の実験であることを心にとめておく必要があります。

二つの分割しえない粒子が接触するところを想像してみます。粒子のどの部分も、同時にか、あるいは徐々にか、接触するのでしょうか。後者の場合なら、例えば、一つの粒子の西側が他の粒子の東側に触れるでしょう。しかし、もしこれらの粒子に西側と東側があるとするなら、粒子には部分がありうることになり、もう分割不能とは言えなくなります。そしてもし、粒子には側も部分もないとするなら、当然、粒子には大きさがないことになります。その場合、それらの粒子が他の粒子と接触する唯一の方法は、融合することです。しかし、もし二つの粒子が融合できるのなら、どうして三つではできないと言えるでしょう。山であれ宇宙であれ、ただ一つの粒子と融合できることになるはずです。そうすると、粗大な現実は、固まることも、広がることもできなくなります。こうした不条理による論法で、仏教哲学者は、分割しえない点としての粒子は宇宙を築くことはできないという結論を導くのです。

T　粒子は、物質を形成するのに、接触する必要はないという反論もあるはずです。

M　その場合は、仏教哲学者は続けて言います。二つの粒子の間には空いた空間があり、粒子には大きさがないのだから、無限の数の粒子が、そしてついには宇宙全体が二つの粒子の間に陣取ることができるはずだ、と。彼らは、分割しえない粒子という概念をこのように論駁して、不可分で、恒常的で、独立し、自分以外の原因をもたない粒子が現実を形作る、という考え方を粉砕するのです。

T　そんなに洗練された概念の組み立てがあるなんて、本当に驚きますね。まして、どうやらギリシャ人とは無関係に展開されてきたようですから。ギリシャ人の前でしょうか、あとでしょうか。

M　ほぼ同じ時期、紀元前六世紀ですね。この見方は、その後、紀元後七世紀まで、仏教徒とヒンドゥー教徒の論争、また仏教の異なる学派の間の論争から生まれた数多くの哲学論文を通して、練り上げられてきたのです。仏陀はどう言ったかというと、信者の理解力と資質に合わせて、説き方を変えています。ある者には、物質は存在すると言い、またある者には、物質は「外には見えるけれども、非現実である」と言いました。なぜかというと、仏教では、いつも変わらず、このような思索の治療的側面、つまり、現実への執着がもたらす苦しみから私たちを解放することを目指し、〈悟り〉への道の一段階となることが、何よりもまず優先されるからです。

T 科学の概念で言えば、すでに見てきたように、物質というのは、恒常的な現実をもたず、とりわけエネルギーに変換しうるという意味で「非現実」と形容することができます。

原子の考え方がギリシャとインドでほぼ同時期に現れたとすれば、その二つの思想の流れの間に、何らかの接触や影響があったんでしょうか。インドでレウキッポスやデモクリトスにあたるのは誰でしょう。

M およそ二千五百年前の、仏陀その人、それから、彼の主要な注釈者たち、ナーガールジュナとアーリヤデーヴァ（二世紀）〔聖提婆（せいだいば）。龍樹の直弟子。一七〇—二七〇頃〕、ヴァスバンドゥ（四世紀）〔世親。インドの大学僧。『唯識三十頌』の著者。三二〇—四〇〇頃〕とチャンドラキールティ（八世紀）が、こうした問題を論じています。彼らの前には、ヒンドゥー教が、物質は隣接して並ぶミクロの要素で構成されると言っています。また別の人々（その中には私が今挙げた人たちより唯物論的な仏教徒も含まれるけれど）は、原子は山と積まれた小麦の粒のように並び、わずかの接触点しかもたないと考えました。彼らによると、物質が連続しているように見えるのは、単に私たちが十分細かく調べられないからにすぎず、ちょうど、草原が無数の個々の草からなるのに、大きな緑の広がりに見えるのと同じだということになります。

T 物質を構成する隣接した原子という考え方は、現代物理学が言うところとそんなに違ってはいないですね。われわれは今、原子がほとんど空洞であることを知っています。核だけで、原子の質量の九九・九パーセントを占めるけれど、核の体積は、原子の千兆分の一しかない。残りは、電子の旋回する雲が占めるばかりです。物質が連続しているように見えるのは、人間の目が、一億分の一センチメートルの原子スケールでは、何も見ることができないからなんです。

M 仏教哲学者とギリシャ哲学者の交流にかんして言えば、たしかに交流はありました。ギリシャ文化に属したバクトリア〔アジア西部、現在のアフガニスタン、トルキスタン地方にあった古王国〕の王ミリンダと仏教僧ナーガセーナが、紀元前一六三年から一一五年にかけて交わした議論〔一七三頁参照〕がその証拠です。[26] けれども、相互の影響がどのようなものであり、どの程度のものであったのかは、よくわかっていません。ただ、デモクリトスの原子概念のほうが未熟だったことは確かですね。彼は、それぞれの相性によって結びつく「鉤つき原子」にこだわっているけれど、五世紀の仏教論理学者ディグナーガ〔陣那〕なら、こう反論したはずです。原子に鉤があるなら、部分がある、したがってもう不可分ではない、と。

T　原子の哲学的概念は、少しずつ科学的な概念になっていきました。しかし、十九世紀の中頃の時点では、科学はまだ、原子が物質の不可分の要素的粒子であるという、レウキッポスとデモクリトスの根本的な公準に決着をつけていません。実は、先のメンデレーエフの仕事は、逆のことを示唆していました。つまり、化学元素が原子量の順に周期律表に並ぶという事実そのものが、それらの原子には複雑性の程度に違いがあり、もっとも重いものはもっとも複雑なものであることを示唆していたんです。そうであれば、原子は、さらにもっと要素的な粒子で構成される内部構造をもつはずでした。そのあとに続いた実験が、その見解を確認します。イギリス人のジョゼフ・トムソンは一八九七年、気体中の放電を研究して、原子がそれぞれマイナスの電荷をもつ点としての粒子を含んでいることを発見したんです。各原子の中の粒子の数は、原子量に見合うものでした。この新しい粒子は「エレクトロン」〔電子〕と呼ばれましたが、これはギリシャ語で「琥珀」の意味です。ギリシャ人は琥珀をウール地でこすると、不思議な牽引力をもつことを知っていたんです。

しかし、一番驚くべき発見は、もう一人のイギリス人物理学者アーネスト・ラザフォードが、一九一〇年に得た結果です。高いエネルギーの粒子を金箔にぶつけると、大部分の粒子はまるで何もないかのように、金箔を通り抜けるのに、ごくわずかの粒子（〇・〇一パーセント）ははね返され、出発点に戻ることに、彼は気づいたんです。それは、あたかも一発の銃弾が一枚の紙によってはね返されるようなものです。ラザフォードの実験以前には、物理学者たちは、原子が固体のほぼ全空間を占めると考えていました。ちょうど隙間なく箱に詰め込まれたリンゴのように。もしそうであるなら、ラザフォードが金箔に向けて発射した粒子はどれも、リンゴのように柔らかい金の原子の中を突き抜けてしまい、はね返るはずはなかったんです。実験の結果は、原子には、粒子を反射することが可能な、硬い、高密度の核が存在するに違いなく、その核は、原子の全体積に比べて、ごくわずかな体積しかないに違いないことを教えていました。大部分の粒子は核に当たらず、無事に通り抜けたわけですから。現在、われわれは、原子の体積に比べると、原子核はサッカー場の中の一粒の米ほどに微少な空間しか占めていないことを知っています。したがって、われわれのまわりの物質はすべて、このソファも、椅子も、壁も、ほとんど空洞なのです。ほとんど空っぽのこの壁をマルセル・エーメ〔一九〇二―六七。フランスの小説家・劇作家。『壁抜け男』など幻想的な作品が多い〕の壁抜け男のように通り抜けることができないのは、原子同士が電磁気力によってくっついているからなんです。

だからここでまた、空《くう》の概念が現れます。前に出た原初の空、宇宙とその物質的中身を生んだと思われる空ではなくて、原子の空です。実に驚くべきことに、レウキッポスとデモクリトスもまた、原子という考え方を取り入れたとき、空について論じているんですよ。

M けれども、その空は、現代物理学のエネルギーに満ちた空とも、仏教で言う空性《くうしょう》とも随分違いますね。空性は「何か」の不在ではなく、「固有の性質」の不在なのですから。

T たしかに、原子説は、一般に唯一の現実、原子の現実を記述するものと考えられているけれど、デモクリトスもレウキッポスも、二重性の関係においてこの説を提起したんです。つまり、粒子と、物質を欠いた空間とが、同じ一つの現実の中に相補的に分かちがたく結びついている、と。ギリシャの歴史学者シンプリキウスは、彼らの見方をこう表現しています。「レウキッポスとデモクリトスは、無限の空間の中にある無限個の世界は、無限個の原子を基にして形作られていると、主張する」[27]。ギリシャの哲学者は、このように空間が原子を囲んでいると考えたけれど、それに対してラザフォードは、原子の内部に空間があることを発見したんです。

M　実は、それはほとんど同じことでしょう。「原子」という単語を「核」で置き換えればいいのですから。しかし、原子核自体も、分割できない実体ではないですね。

T　そのとおりです。今では、原子核が強い核力で結びついた陽子と中性子でできていることが、わかっています。陽子と中性子は、その電荷を別にすれば、きわめてよく似た粒子です。陽子は、電子とは反対のプラスで、同じ値の電荷をもつ。中性子は、その名の示すように、電荷がない。陽子と中性子は質量がほぼ同じ、電子の約二千倍です。中性子は、物質に安定性を与え、生命体がわれわれの目の前でたえず崩壊する事態を防いでくれます。もし原子核が陽子だけで作られているとしたら、爆発してしまう。同じ符号の電荷をもつ粒子は反発し合うからです。マチウさんの後ろの本棚の本も、テーブルの上のティーカップも、庭のバラの花も、あっという間に解体してしまう。

クォークは物質の「ブロック」か

不可分の粒子の存在に対する仏教の反論は、亜原子物理学の概念や発見の一部とは合致するけれど、別の一部とは対立するんです。亜原子世界の粒子の特性を今のところ一番うまく説明する理論、「標準《スタンダード》理論」では、「クォーク」と呼ばれる分割しえない粒子の存在[28]を主張します。これが、粒子そのものの基礎的なブロックを作るとされるんです。この名前は、アメリカの物理学者マレー・ゲルマンが、ジェームス・ジョイス（一八八二―一九四一）の小説、『フィネガンズ・ウエイク』の「マスター・マークのための三つのクォーク」という句の音の響きが気に入って、一九六三年に付けたものです。「マスター・マーク」のためと同様、陽子や中性子を形成するには、三個のクォークが必要です。クォークの電荷は分数です（±1/3あるいは±2/3）。その三つの総和が陽子の電荷（＋1）、あるいは中性子の電荷（0）に等しくなければならないからです。

クォーク理論は、広く受け入れられています。これまでわかっている数百の粒子の特性を見事に説明するからです。これらの粒子のほとんど大部分は、きわめて短い時間しか生きていません。それはわれわれのまわりの物質の中には現れず、加速器の中での粒子の衝突のときに生まれるものです。メンデレーエフが化学元素を周期律表に並べたのと同じように、ゲルマンは、彼のクォーク理論で、六〇年代に瞬く間に増えた粒子の「動物園」を説明することができたんです。

M そうなると、せっかく量子力学の波‐粒子相補性やコペンハーゲン派解釈が出たのに、また粒子物象化説に戻るみたいですね。

T たしかに、クォークは本当に存在するのか、それとも粒子の世界を整頓するために作られた理論上の存在なのかという問題が残っています。クォーク狩りは六〇年代に頂点に達したけれど、分数の電荷をもつ粒子の証拠を挙げることは、どうしてもできなかったんです。一九六八年、物理学者たちは、スタンフォード大学の三二〇〇メートルの長さの線形加速器を使い、超高エネルギーの粒子の束を陽子に向けて発射しました。陽子を破裂させ、クォークを飛びださせることを狙ったんです。しかし、うまくいかなかった。それでも、粒子が陽子に当たって跳ね返る様子から、陽子には構造があり、三つの点の存在からなることが明らかになったんです。

なぜ自由な状態にあるクォークを観測できないのか。われわれは、三つのクォークを、強い核力として働くひもにより陽子の中でくくられているものと考えることができます。われわれの直観に従えば、もしひもの一本を引っ張る力を強めていけば、そのひもはちぎれて、クォークの一個が飛びだすはずです。しかし、ひもを引っ張るとき、そのひもにはエネルギーが加えられ、このエネルギーは、ひもがちぎれるとき、解き放たれることを忘れてはいけません。エネルギーと物質の等価性によって、放たれたエネルギーは一組のクォーク／反クォーク（反クォークはクォークと同じ特性をもち、電荷が反対符号である点が違います）を生み、そのとき、二つのことが起きます。一つは、こうして生まれたクォークは、飛びだしたクォークの代わりとなり、直ちに陽子を再形成する。もう一つは、反クォークは飛びだしたクォークと結びつき、メソン〔中間子〕と呼ばれる新しい粒子を形成する。結局、クォークを解き放つことには成功せず、ただ中間子を作りだしただけだったんです。クォークは、決して自由な状態にはならないし、われわれの目にクォークが見えることもありません。陽子からクォークを取りだそうと努めるのは、磁石の極の一つを分離しようと試みるみたいなものです。磁石を二つに切っても、北極と南極が別々になるわけではなく、それぞれ北極と南極をもつ二つの磁石ができるだけですから。

M　もしクォークが反クォークと相互作用を起こして、中間子を作るなら、そのクォークは同一性を失いますね。それでもやはり、クォークは物質の基本的構成要素とみなせるのでしょうか。

T　まさにその基本的構成要素というのが、ゲルマンの説の前提でした。クォークはさらにもっと小さな存在で構成されているという仮説をわざわざ出さなくても、陽子、中性子、その他何百もの粒子の特性を理解し、論理的図式に従って粒子の世界を秩序づけられるわけですから。ここでもまた、「オッカムの剃刀」〔六二頁参照〕です。科学の方法論は、もっとも多くの事実を最小限の仮説で説明することにあります。説明できない現象が残っているのでなければ、新しい仮説を入れるべきではないでしょう。

M　クォークがさらにもっと小さな存在で構成されているという前提は今のところ必要ないと言われましたが、そのことと、クォークが物質の基本的な、もともと分割しえない「ブロック」であると断言するのとでは、全然別の話ではないでしょうか。たしかに、メンデレーエフの周期律による分類のおかげで、化学元素の特性を簡単に論理的な図式で説明できるようになりました。しかし、だからといって、それらの元素の原子が分割しえないことにはならなかったはずですね。せいぜい言えるのは、現在私たちが実験できる衝突のエネルギーでは、クォークは分割できないということくらいです。しかし、それでクォークが本質上、分割しえないことになるのでしょうか。

クォークに大きさはあるのですか？

T クォークは、どうやってもけっして見えないのだから、その大きさなどまったく見当もつきません。ただ、陽子よりはもちろん小さいはずです。陽子のサイズは十兆分の一（10^{-13}）センチメートルです。クォークの不可分性は、もちろん、この理論の前提なんです。

実在論批判

M そうした原子の記述は、「実在論」の信奉者にとっては、おそらく安心できる面があるでしょうし、マクロ現象を私たちが知覚する際のイメージによって現実を記述するのに便利な表象を提供してくれます。しかし、忘れてならないのは、クォークもまた波‐粒子の相補性に従っているということです。そうすると、またこうした粒子の実在性にかんする最初の議論に戻ってしまいます。

仏教からすれば、現象を物象化するからこそ、人間が現象を知覚する仕方と現象の本質との間にずれが生じるのです。こうした物象化に基づく姿勢は私たちの常識と深く結びついていますが、多くの科学者や科学哲学者もそれを指摘していますよ。彼らは原子論の絶対主義的な一般化や単純すぎる表現法に対しては、たびたび警戒のことばを記しています。ハイゼンベルクはこう言いました。「原子はモノではない」、「唯物論の存在論は、このような形の存在、われわれを取り巻く世界の直接的《現実》を、原子サイズのレベルにまで一般化できる、という幻想の上に成り立っている。ところが、この一般化は不可能である」(29)。

また、ビトボルの場合は、こう書いています。「原子論は、現象をもっともうまく説明する方向へと向かう手続きの表現ではない。むしろ、現象を先取りし、現象の定義に参与する実験活動を導く、暗号解読格子そのものである」(30)、「原子論は、実は、現れるものを形あるものの世界の上に据えようする、より広い傾向をもった一つの特殊なケースである」[31]と。

こうした引用をするのは、実在論批判は、多数派ではないにしても、現代科学における重要な潮流であることを指摘したいからです。仏教哲学では、この流れはつねに主流でした。たしかに、現代人の多くにとって、量子物理学にかんするコペンハーゲン派の解釈や、ＥＰＲ実験が証明する諸現象の全体性が示す結果を、すべて受け入れるのは、なかなか難しいでしょうね。しかし、もし現象の本質がそのようなものであるとするなら、それを理解することで、マクロの現実、つまり、私たち自身とまわりの世界に対する私たちの考え方は根底から変わるはずです。

まさにそれが、仏教の基本的な方法なのです。単に知の方法としてではなく、人間的変革の実践としてもです。空性の理解へといたる分析は、一見、きわめて知的に見えるかもしれなけれど、そこから生じる直接的認識は私たちを執着から解き放ち、したがって、人間の生き方に深い影響を及ぼすのです。

第6章 夏雲を貫く稲妻のように——現実の中心にある非恒常性〔無常〕

現象の非恒常性〔無常〕は、単に私たちの瞑想のテーマとして、自分に残された人生の時間を上手に使うように促すだけではない。それは、私たちが現実を理解する上でもっとも重要な点である。世界の隠れた性質にかんする私たちの見方も、私たちの行動も、この非恒常性の影響を受けている。宇宙には不変の実体は存在するのか、しないのか。もし不変なものは何もないとしたら、どうして私たちが「モノ」と呼ぶものが内在的な存在をもちうるのか。このような分析は、当然、物質のブロックを構成すると思われている素粒子の分析からまず始められ、ついで、宇宙全体にまで続けられるべきである。宇宙は、ビッグバン説、あるいは始まりも終わりもない一連の宇宙という仏教理論で、進展し、たえず変化する性格をもつようになった。

現象の非恒常性〔無常〕。その粗大な側面と微細な側面

M　仏教からすれば、相互依存は現象の非恒常性〔無常〕と深くかかわっています。仏教では、粗大な〔普通の感覚でとらえられる〕非恒常性――季節の変化、山の浸食、青春から老年への移行、感情の揺れ――と、考えられる時間の最小単位のレベルで起こる微細な非恒常性とは、区別されています。無限小の各瞬間でさえ、存在するように見えるすべてのものは変化しているし、どこでも変化が起きていることを認めるなら、宇宙が堅固でそれぞれ区別される実体でできているのではなくて、たえざる相互作用の中にある活発な流れであることを、私たちは理解するようになります。これまでわかったのは、「物質」と呼ばれるものは、多様な側面――波、粒子、質量、エネルギーといった――同一時には共存できない側面の下で検討されるべきだということですね。つまり、現実のいかなる要素も、不変の実体であるとみなすわけにはいかないようです。科学では、例えば粒子とか、クォークなどの永続性をどう考えるのでしょうか。

不滅の粒子は存在するか

T　物理学者たちは、粒子の仰天するような多様性を説明するのに、いくつかのタイプのクォーク、どれも詩的に「香り」と「色」と呼ばれる二つの特性で識別されるクォークを検討しなければなりませんでした。この二つの

ことばは、ポタージュの香りや空の青とは何の関係もない抽象的な性質を指すんです。代わりに「勇気」とか「調和」と呼んでも良かったようなものです。クォークには三つの族があり、どの族も二つの香りと三つの色をもつことができます。それで全部で十八種類のクォークがあるわけなんです。通常の物質、原子核の陽子と中性子でできた物質、われわれの身体や花を構成する物質は、「アップ」と「ダウン」という二つの香りだけでできていて、他のタイプのクォークは、高エネルギーの粒子加速器〔三二四頁参照〕の中だけにしか現れません。今の質問に答えれば、同族のクォークは、たしかに香りを変えることができます。例えば、アップ・クォークはダウン・クォークに変わりうるし、その逆も可能なんです。クォークはまた、族を変えることもできるけれど、それは、電荷も変える場合に限られます。

M つまり、クォークは変化することがある、と。

T そうです。それでその結果、クォークが構成する陽子と中性子に変化が生じるんです。アップ・クォークがダウン・クォークに変わるとき、陽子は中性子に変わり(1)、陽電子（電子の反粒子）とニュートリノを放出します。ニュートリノというのは、通常の物質とはほとんど反応しない質量がゼロか無視しうる粒子ですが、ぼくが話しているこのときにも、宇宙の最初の時間に生まれた何千億ものニュートリノが、刻々とわれわれの身体を通り抜けているんです。

M すると、クォークは、その性質は不変ではないし、その存在は永遠でもない。「究極の粒子」という概念から、すでにはるかに遠ざかったわけですね。それでも物理学者は、ある種の粒子は、そのまま放っておけば、永遠であると考えています。そんな状況は、単に理論上のもので、自然においては実現不能なのにね。

T それは、物質の不滅性の問題ですね。たしかに、存在が知られている数百種類の粒子の中で、本当に不滅のものは、片手の指で数えられます。そのままに放っておくと、つまり、他の粒子の衝突を受けなければ、電子と光子とニュートリノだけが永遠のはずです。

M どうやってその永遠性を証明するのですか？

T もちろん、永遠性の測定はできないけれど、ほぼ永遠を表すほど長い時間の限界を実験で確定することはできるんです。物理学者の間で「標準理論」の名で知られている物理理論は、現在、粒子の世界をもっともうまく記述しています。この理論は、電子、光子、ニュートリノが死ぬという仮説を必要としないんです。陽子については、最近の説では、宇宙の年齢の十億倍の千億倍と推定される寿命が予測されています。それを検証するには、物理学者は、陽子が死ぬのを目にするまでに必要な10^{30}年を待つわけにはいきません。しかし、量子力学では、陽子はいつでも崩壊する可能性があるんです。陽子の寿命が10^{30}年だとすれば、同じ場所に陽子を10^{30}個集めるだけで、一年に一個の陽子が死ぬのを見られるはずです。もっといいのは10^{30}個ではなく、10^{33}個の陽子を同じ囲いの中に集めれば、毎日、そのうちの何個かが崩壊するのが見られるはずです。それを実現するために、アメリカと日本の物理学者が巨大なタンクを五千トンの水（水は陽子の格好の源です）で満たし、陽子の崩壊を観測したんです。しかしこれまでのところ、誰もまだ陽子が死ぬのを見ていません。どうやら、陽子の寿命は、理論の予測よりも長いようですね。人間の寿命に比べれば、10^{30}年は、永遠のようなものでしょうか。

M それでもやはり、本当の永遠ではないですよ。

T 原子核のもう一つの構成要素である中性子は、自由な状態にあれば、十五分ほどしか生きられず、そのあとひとりでに陽子に変わり、電子と反ニュートリノを放出します。だけど、原子核の中に閉じこめられている限り、中性子もほとんど不滅なんです。これは、われわれの健康にとっては、幸いなことですよ。さもなければ、われわれの身体は十五分で崩壊するはずです。加速器の中に現れる他の数百種類の粒子について言えば、それらの粒子は不安定で、瞬きする間しか、つまり百万分の一秒か、それ以下しか生きられないんです。

M たとえ電子とニュートリノが、理論上、不滅であり、ひとりでに崩壊はしないとしても、変化しないわけではありませんね。それに、十分なエネルギーをもつ他の粒子をぶつければ、その性質が変わるはずですね。

T そのとおりです。これまでぼくが言ったのは、粒子の自然死の場合です。他の粒子をぶつけ、影響を与えれば、消滅させることができます。電子と相互に作用する陽子は、ニュートリノを放出して、中性子になるわけですから。太陽光の光子の場合はどうでしょう。物質、例えばこのテーブルの木と反応して、光子はそのエネルギーの一部を失います（熱に変わります）。そのとき、その性質は変化していますね。光子がその全エネルギーを失い、消えてしまうこともあります。その代わり、テーブルが暖められる。

M 光子が消える？ 光子の不滅性が致命傷を受けるわけですね。そうすると、あらゆる粒子が変化し、いずれ消えることは、明らかですね。

T そういう言い方もできるでしょう。物質の粒子が、不安定で自然に崩壊するにせよ、あるいは安定しているにせよ、他の粒子との相互作用は、その性質を変え、あるいは消滅させるんです。それでも、繰り返して言うと、そのままに放っておかれた、安定した物質は、変化しないんです。この花瓶が、目の前で一遍に消えてなくなるなんてことはありません。

M しかしそれも、時間と知覚の鋭敏さの問題にすぎないのでは？ 安定していると言っても、物質は、知覚できない仕方で刻々と変化しています。そうでなければ、いつまでも古くならないはずですよ。

T たしかに、自然のままにあるものはすべて、時間とともに古くなり、劣化していきます。家具のニスはその光沢を失い、手入れされない城館は廃墟になります。例の熱力学第二法則ですね。宇宙の無秩序の総量は、つねに増加する、少なくとも決して減少しません。

微細な非恒常性はあらゆる変化の元である

M　もしそういう微細な非恒常性がなければ、現在も未来も、事物が変化するということはありえないでしょう。もしあるものが、たとえ短い間でも元のままであり続けることができるとしたら、いつまでも現在の状態に固定されるはずです。そうなれば、何も起こらないことになります。あるものの解体の原因は、その出現そのものです。だから、非恒常性は、因果律のプロセスの中心にあるわけです。大事なのは、どんな粒子も、あるいは宇宙全体の中にあるどんな他の存在も、何も、絶対的な普遍性をもたないという事実なのです。これこそ、現象の本質を解明する一番重要な点です。なぜかというと、真の問いは、現実がそれ自体で存在しているような不変の要素によって成り立っているかどうかを知ることなのですから。もし物質の基本的要素とみなされるクォーク――たとえすでに十八種類あるとしても――が、不変であるとするなら、それが存在するには、それ自体以外の他の原因は必要としないはずですね。だけど、ナーガールジュナが指摘しているように、「もし現象が独立しているなら、原因と条件に左右されることはありえない」し、「もし原因と条件に左右されないなら、因果律が働くことはありえない」のです。何かがそれ自体の原因であることはないし、外部の原因から生じるものは、必然的に恒常的ではありえません。仏教の結論では、現実はたえざる変化の中にあります。目に見える世界のレベルだけでなく、時間と空間の無限に小さなもののレベルでもそうです。クォークが物質の「不変の基本的なブロック」だとされているけれど、その本質は、頭の中の構築物にすぎません。クォークも、そしてクォークで構成されるという凝集体も、同じように恒常的ではないのです。

T　クォークは亜原子の粒子の振る舞いを説明するための、精神の構築物とみなすことができる――ぼくはそこまでは認めたいと思います。

M　したがって、現実というものには、一般にあると思われている堅固さはない、と。

T まったくそのとおりです。しかもいくつもの意味で。まず、物質はほとんど空《くう》だと言えるでしょう。このテーブルはわれわれの目には中身の詰まった、堅固なものとして現れているけれど、実は空間でできているにすぎないのですから。

現象に固有の存在はない。「架空のハンマー」の思考実験

M 仏教には、まさにテーブルに着想を得た思考実験があるのです。ただしそれは、原子の内部における空間ではなく、原子核を含めたすべての現象の固有の存在の空間が対象となります。私の先生であるキエンツェ・リンポチェ（一九一〇—九一）が残したことばを訳してみましょう。あえて触れておいたほうがいいと思うけれど、彼はチベット語しか話さず、現代科学にかんしては、ただの一行も読んだことのなかった人です。「このテーブルを見るとき、われわれはこれを堅固で明確な実体としてとらえている。しかし、この実体は、本当に単なるレッテル、頭で決めた名前以外のものだろうか。テーブルをつかみ、架空のハンマーでたたき壊してみよう。まず一枚の板と四本の足にばらし、ついで、おがくずに、最後に原子に分解しよう。それらの原子は、分析すれば、自立した不変の実体として存在しているのでないことは明らかだ。このテーブルの現実は、どこへ行ってしまったのか。もし原子に固有の現実がないとすれば、ましてや多数の原子からなるものに現実があるだろうか。そうすると、テーブルという概念は、それ自体として存在するどんな実体も表さない、一つの考え方にすぎないと、結論せざるをえない。テーブルは、われわれの目の前に現れているが、結局のところ、実在性をもたない」。

「架空のハンマー」による、この頭の体操からどんな結果が得られるでしょうか。仏教の目的は、物理学の目的とは違います。目の前に現れるもの、つまり、人々、出来事、事物、私たち自身といったものの実在性に対する私たちの執着を一掃することが目的なのです。なぜそうするかというと、私たちが不変で堅固なものとしての事物に

執着するときから、事物それ自体が私たちに喜びや苦しみをもたらす力をもつと、思ってしまうからです。こうして私たちは、物体や生き物に、私のものか他人のものか、きれいか汚いか、愉快か不愉快かなどの性格を付与するけれど、それは頭でこしらえたレッテルにすぎないのです。仏教論理学の大成者ダルマキールティ〔法称《ほうしょう》。六〇〇―六六〇〕がこう説明しています。(2)

「自分が在るとき、他者の意識がある。
自分と他者から執着と反発が生まれる。
そしてこの二つの組み合わせから
あらゆる悪が発生する」。

こうした見方に立って、仏教の方法は、粒子の質量と電荷を決定することを目指すのではなくて、事物の堅固さと不変性の概念を打ち破ることを目指します。そうやって、私たちがもはや苦しみの原因となる幻想の中にはまり込むことのないようにするのです。

超ひも理論。世界は振動するひもの大交響曲にほかならないか

T　物質の基本的なブロックに話に戻して、最新の理論について触れておきたいと思います。これは二十世紀の傑出した二大理論を統一しようという、野心的な理論です。一般相対性理論は無限に大きなものを記述し、量子力学は無限に小さなものを記述するけれど、この二つの理論は両立不能に思われるので、われわれが宇宙を理解するときの大きな妨げの一つになっています。しかし、これから触れる統一理論は、自然の四つの基本的な力（電磁気力、強い核力、弱い核力、重力）を一つの超力に統一することを可能にする量子論的重力理論です。宇宙のすべての現象を記述することのできる、この究極の理論は、「超ひも」理論と言われています。

この理論によれば、粒子というのは基本的要素ではなくて、無限に小さなひもの振動なんです。その長さは10^{-33}センチメートル、これはプランクの長さにほかなりません。このひもの長さを原子の大きさと比べるなら、一本の木を宇宙全体と比べるようなものです。力を伝える物質と光の粒子は、世界の諸要素を結びつけ（例えば、光子は「電磁気力」を伝え、重力子は「重力」を伝えます）、この世界が変化する元になっていますね。こうしたことはすべて、これらのひものさまざまな表出を示しているにすぎません。バイオリンの弦の振動が、さまざまな音とその倍音を生みだすのとまったく同じように、ひもの音と倍音は、自然の中に現れ、われわれの測定機器にとらえられると、陽子、中性子、電子などの形を取るわけです。

振動のエネルギーは、粒子の質量を決定します。振動のエネルギーが大きければ、質量も大きくなります。同様に、粒子の電荷と「弱い核力」と「強い核力」は、ひもの振動の仕方によって決まります。ひもはすべて基本的に同一で、その振動が違うだけです。例えば、陽子は、振動する三本のひものトリオで、それぞれのひもがクォークに相当します。音楽家がブラームスの曲を演奏して、われわれを魅了するように、三本のひもの共振は、いわば陽子の音楽を奏で、その音楽がわれわれの測定機器にとらえられるとき、質量、プラスの電荷、スピンによって表されることになります。また、陽子、中性子、電子の複合体である原子は、その音楽を生みだすのに、自分のオーケストラの中に多くの音楽家をかかえています。こうして、ひもは、われわれのまわりで歌い、振動しているので、世界は大交響曲にほかならない、ということになるわけです。

カメレオンのように、超ひもはどんな粒子にもなれる

M そうした変化は、明らかに、ひもはそれ自体、陽子でも、中性子でも、電子でもないことを示していますね。それは、物質にかんする仏教の結論とぴったり重なるものです。つまり、物体の性格は、それに固有のものではない、と。あるのはただ、たえず変化している流れであり、それは、いろいろな現れ方をする。

T そうなんです。粒子はもはや固有の存在をもたない。なぜなら、同一のひもが、違う振動数で振動する、その振動の仕方でいくつもの顔を見せるからです。ひもは、ある振動の仕方では光子として現れます。振動の仕方を変えると、今度は重力子の衣をまとうんです。

M もし粒子がひもの振動にすぎないとすれば、ひもそのものには不変の存在があるのでしょうか。たとえひもでも、波‐粒子の相補性を免れるとは思えないけれど。

T ひもは、基本的存在としてのクォークに取って代わるけれど、実験の条件によって、波に見えたり、ひもに見えたりするはずです。大きさのない数学的な点ではなくて、見かけ上ではただ一つの次元に広がる無限に細いひもの形をしているようです。とてつもなく細いスパゲッティにもちょっと似ているかもしれません。あんまり小さいものだから、どんなに高性能な測定機器にも点としてしか見えない。でも、「隠れた」次元ももっています。この理論のあるバージョンでは、ひもは十次元の宇宙にある、つまり九の空間次元と一つの時間次元。また別のバージョンでは、宇宙には二十六の次元がある、二十五の空間次元と一つの時間次元。われわれは三次元の空間しか知覚できないのだから、残りの六ないしは二十二の空間次元は、内側に巻き込まれ、もう知覚できないほど小さなサイズ（10^{-33}センチメートル）にまで縮んでいると想定するしかない。

M そうすると、そのひもはどんな性質をしているのでしょう。

T ひもは、そのエネルギー（振動数）と張力（バイオリンの弦の張力のような）によって特徴づけられると考

えていいでしょう。同じように振動する二本のひもは、もしその張力が違えば、違う粒子を作りだします。エネルギーが同じでなくなるからです。

M そのひもは分割できないのでしょうか、それとも切ったり、くっつけたりできるのでしょうか。

T ひもは平穏に別々の生を送るわけではないんです。動き回り、相互に作用し合い、つながり、さらに分かれたりするけれど、その長さは、プランク長さである10^{-33}センチメートルより小さくはなれません。一本のひもの両端は、そのままであることも、つながって輪を作ることもあります。二本のひもが結びついて、一本のひもになることもできます。

M そうやって分析を進めて、終わりがあるのでしょうか。仏教では、結局最後は、物体は孤立した実体の非実在性の中にかならず消え失せてしまうのです。ひも理論はやはり、分離した、それ自体で存在する、触れることのできるような実体がどこにあるかを特定するという考え方を、反映しているのかもしれませんね。

T そうですね。粒子がその内在的な実質を失い、その代わりに今度は、ひもが現れたということでしょう。

M 現象を物象化したくて、ひも理論の数学的装置に実質的な価値を与えていると言えなくもありませんね。

T 忘れていけないのは、今のところ、超ひも理論は、実験で確かめられるチャンスをほとんどもっていないことです。確かめるには、今日のもっとも強力な加速器で生みだせるよりもはるかに大きなエネルギーを使わなければなりません。また一方では、この理論は数学の厚いベールで覆われていて、しかもベールは厚くなる一方だから、理論は現実からますます遠ざかります。物理学は、実験に根を下ろさない限り、形而上学にすぎないんです。

M 先日、「ひも」理論の専門家の一人、ブライアン・グリーン(3)〔一九六二―〕と話す機会があって、ひもは宇宙全体と無関係に、それだけで存在しうるものかどうか尋ねてみました。彼いわく、「ひもとひもの住む宇宙とを分けるなんて、そもそも考えられないでしょう。宇宙はひもの反映ですから」。

T もしその理論が正しいなら、ひものない宇宙は考えられないですね、たしかに。

M なぜひもが振動するかも、問題になりますね。

T 量子論的不確定性によれば、ひもは完全静止の状態にはなりえません。なりうるとすれば、ひもの位置と速度が完璧な精密さでわかるはずだけれど、それは不可能だからです。

現実の「究極の塊」を見つけようとする試みはかならず失敗に終わるのか

M それでは、どうして、ひもの振動の仕方が変化しうることになるのでしょうか。どんなふうに振動するかが、ひもの唯一の特徴なのだから、ひもには不変の特性は何もないことになりませんか?。これもブライアン・グリーンのことばだけれど、「ひもはたがいに作用し合うことがあり、その相互作用が振動の仕方に影響を及ぼす」そうです。粒子の特性（電荷、質量、スピン）が、ひもの振動の仕方にだけかかっているのなら、粒子に固有のものではないことになりますね。でも、そういった特性は、ひもに固有のものでもないようです。何しろ、ひもの振動は変化することがあるのですから。これに対するグリーンの答えは、「あなたの言うとおりだろうね。ひもというのは、カメレオンみたいなんだ。どんな粒子の顔にもなりうる。だって、粒子は、その内部のひもの振動の仕方にほかならないのだから」、というものでした。

ひもであれ、粒子であれ、それ自体以外の、他の原因をもたない要素からなる現実体は、不変の実体の存在を前提とするはずです。しかし、もしひもが状況を単純化してくれて、「種々の粒子には内在的な特性がある」という考え方をお払い箱にしたとしても、そのひもは、他の物には変われない原理上の実体ではないような気がします。ひもは、たしかにプランクの長さをもっているけれど、グリーンによれば、別の宇宙では、プランクの長さが変わってこない理由は、どこにもないそうです。

仏教は、分離し、場所を特定され、断片として存在する現実に対しては異議を唱えます。そういう立場からすれば、ひもも、あるいは点としての不可分の粒子も、認められないし、現実の「究極の塊」を見つけようとする試みはすべて失敗に終わったと言ってもいいような気がします。

T　場所を特定され、分断された現実という考え方は、全体的相互依存の概念の上に立つ全体論的方法とは対照的だけれど、これは、やがて還元主義を生むことになりました。この還元主義が、西欧の科学思想に大変な影響を及ぼしていくんです。(4) 還元主義とは、宇宙の振る舞いを基本的な粒子（そういうものが存在すると、責任をもって主張するわけです）の振る舞いに還元し、粒子の特性を理解すれば、粒子で構成されるすべてのものの特性が理解できると期待する立場です。この方法は見事な成功を収めたし、また科学の目覚ましい進歩の原点にあるものですが、ＥＰＲ実験について論じたときに確認したように、限界もあります。

非恒常性の宇宙論。ヘラクリトスからアインシュタインまで

ここで非恒常性〔無常〕という概念に戻ってみます。これまで二人で主に物質の「内在的存在の欠如」という側面について論じてきました。非恒常性というのは、たえず進展している宇宙、つまり静止している物体ではなくて、たえず相互作用している活発な流れでできている世界の特徴でもあるんです。たしかに、このたえざる変化という考え方は、現代の宇宙論全体に見られます。

でも、ビッグバン理論に固有の進化説は、化石放射が発見された一九六五年になって、はじめて本当に認められるようになったものです。五〇年代には、平均すれば宇宙は不変であり、空間的にも時間的にも変化しないと主張する、定常宇宙説(5)が優勢でした。不動の世界という考え方と、変化し、変動する世界という考え方の対立は、すでに紀元前五世紀に古代ギリシャに現れています。宇宙はたえざる生成の中にあり、すべては始まりも終わりもない

運動と流出にほかならないとするヘラクリトスと、変化というものは、永遠の、連続する「一」としての〈存在〉とは両立しえないと主張するパルメニデスとの対立です。

M　パルメニデスの見方では、もし何であれ変化するとすれば、以前には存在しなかった何かの出現が可能になるはずだが、存在していないものは何も存在し始めることはできないから、変化は不可能だ、ということになります。この見方は、事物の真の存在に執着する思考に典型的なものです。なぜなら、この論法でいけば、あらゆる結果はその原因の中に前もって存在しなければならない、新しいことは何も現れることができない、ということになるわけだからね。これに対し、仏教の答え（パルメニデスの主張に似た見方を弁護するヒンドゥー教哲学者に対して発せられた答え）は、「もし結果がその原因の中に前もって存在するのなら、どうして木綿の種を着ないのか」となります。

T　また、アリストテレスは、変化という考えと非変化という考えの両方を、彼の宇宙発生論に組み入れていますよね。彼によれば、変化は、不完全、生命、損傷、死が支配する地球と月に結びつき、非変化は、他の惑星、太陽、星の世界、すなわち完全で、不動で、永遠の世界に結びついている。しかし、十七世紀のニュートンは、万有引力の理論を導入して、アリストテレスの天と地球の区別を白紙にしました。同じ重力の法則が、果樹園のリンゴの落下の運動と、太陽を回る惑星の運動を同時に律していて、天は地球と同じように変化している、というわけですね。

M　それでもやはり、ニュートンは『光学』の中に書かずにいられませんでした。「〈神〉が最初に、しっかりして、どっしりした、硬くて、外から何も入り込めず、動き回り、形と大きさとその他の特性をもち［…］、決してすり切れたり、壊れたりしない粒子の助けを得て物質を作った。どんな力であれ、通常の力である限り、〈神〉ご自身が最初の創造で一つのものとして作ったものを分割することはできない」と。だからニュートンは、現実の真ん中に恒常性という概念を据えたわけです。

宇宙の非恒常性

T たしかに、ガリレオから、ケプラー〔一五七一―一六三〇〕、ニュートンにいたるまで、西欧の科学の創始者たちには、完全で、不動で、永遠の宇宙をもたらした創造主〈神〉という考えがしみ込んでいます。しかし彼らは、時には、自分の形而上的信条に逆らって、科学のもたらす結果を受け入れざるをえなかった。一九一五年、アインシュタインは、相対性理論の方程式から動的宇宙を認めざるをえないことを発見します。つまり、宇宙は膨張しつつあるか、自己崩壊するかのどちらかである、と。ちょうど、空中に投げられた石が、上がるか、落ちるかのどちらかであるようにね。静止宇宙を唱えるのは、石が空中に宙づりのままでいられると言うのと同じなんです。ところが、当時の観測の結果は、宇宙が静止しているとみなすほうが有力だった。それに力を得て、アインシュタインは、空間の運動の原因である宇宙の重力効果を相殺する、反重力[6]を自分の理論に組み入れることにしたんです。その後ハッブルが一九二九年に宇宙の膨張を発見します。アインシュタインはこのとき、自分の理論の変更を生涯最大の過ちとみなさざるをえなくなりました。

科学が発達するにつれて、宇宙はたえざる変化の中にあること、また不動の宇宙という考えにはもう市民権がないことが、こうして明らかになっていきます。ビッグバンとともに、宇宙には歴史があるし、始まりと終わり、過去と現在と未来があると言えるようになったわけです。

M 始まりが言えるのは、私たちの宇宙についてだけですよ。しかし、もし、相次いで生起する一連の宇宙たちという仮説に立つなら、たとえ私たちのこの宇宙に始まりがなくとも、それら一連の宇宙は歴史をもてることになります。

T　循環型宇宙はたしかに可能ですね。いずれのケースでも、ニュートンの静止宇宙は、今や時代遅れの理論のレベルに格下げされていますよ。星が生まれ、燃料の水素とヘリウムを燃やして一生を送り、そのあと核錬金術から生じる化学元素を含むガスを星間環境に放出して、死ぬ。このガスは重力の影響で崩れ、新世代の星を生む、そして、それがまた繰り返される。何百万年、いや何十億年にもわたって、この生と死のサイクルが相次いで起こるわけです。四十五億年前に、つまり、ビッグバン後百十五億年経って現れた太陽は、すでに第三世代の星ですよ。銀河は進化の過程にある何千億もの星の群れだけれど、これもやはり時間とともに変化しなければなりません。

おまけに、空間の中で動かぬものは一つもありません。重力の働きで、宇宙のあらゆる構造、すなわち星も銀河も、たがいに引き合い、「落下する」。こうした落下運動は宇宙の膨張運動と連動しているんです。実際、地球は幻想的なバレエ団の一員なんですよ。地球はまずわれわれを毎秒三〇キロメートルの速度で太陽一周の年次旅行に連れて行く。太陽のほうは地球を毎秒二三〇キロメートルの速度で天の川周遊旅行に連れて行く。天の川は毎秒九〇キロメートルの速度で隣のアンドロメダ銀河に向かって落下する。でも、それで終わりではありません。われわれの銀河とアンドロメダを含む、宇宙の外れに位置するグループは、乙女座星団に向かって毎秒六〇〇キロメートルほどの速度で落下するし、乙女座星団は、今度は「グレートアトラクター」と呼ばれる巨大銀河団に向かって落下する。アリストテレスの静止して、不動なる天は、もう死んだんですよ。すべては移ろい、変わり、姿を代えているということです。

これまで見てきたように、亜原子の世界もこの規則を免れません。われわれのまわりの物質は静かで、動かないように見えるけれども、原子内の空間では、電子の雲が渦を巻いているんです。われわれを取り巻いている空間は空っぽで、活動していないとみんな思っているけれど、信じられないような数の「仮想的」粒子で溢れかえっています。そういった粒子は、とてつもないリズムで現れては消えています（その寿命はプランク時間の10^{-43}秒です）。

今こうやって話しているときにも、一立方センチの空間に、十億の十億倍の一兆倍の仮想的粒子があるんですよ。疑いもなく、いたるところ、非恒常性だらけですね。

仏教の瞑想の中心にある非恒常性〔無常〕

M 仏教の場合、次のステップは、その非恒常性〔無常〕の概念を私たちの物の見方に取り込むことにあります。仏陀は言っています。「象の足跡が何よりも際だって目につくのと同じように、無常こそ仏教徒が瞑想の対象にしうる一番重要な想念である」と。マクロ世界の非恒常性は誰の目にも明らかだけれど、微細な非恒常性についての内省は、はるかに深い影響をもたらすものです。現象の内部にはもともとそれ自身の変革の酵母があり、不変の実体といったものは、宇宙のどこにも存在しえません。そもそも、こうした現象と意識の変幻自在こそ、変革のプロセスを可能にし、最後には〈悟り〉へと導くのです。

第7章　生き物ごとに違う現実——知の雪が溶けるとき

私たちが同一のものを違ったふうに見ることがあるのは、容易に理解できる。しかし、外観のベールの陰に隠れている「モノ」の本質は何だろうか。私たちはそれに近づけるのだろうか。その現実とは何なのか。実在論を信じる物理学者にとっては、たしかに「純粋で、硬い」現実〔実体〕があり、それを素粒子とか、超ひもということばで記述することで、いずれ人が認識できるようになる。別の物理学者にとっては、現実は永遠にベールに覆われている。仏教にとっては、実在でもなく、非存在でもない単なる外観が、形をなして現れ、生き物ごとに違ったふうに知覚される。生き物は、過去に蓄積されたそれぞれの傾向をもっているからだ。

もし素粒子が「モノ」でないとすれば、素粒子の総和はより現実的でありうるだろうか。研究者は自分の科学の哲学的基盤に十分関心を払っているか

M もし個々の素粒子が「モノ」でないならば、どうして素粒子の総体が、それ以上に現実的であることができるのでしょう。実は、物理学者の「現実」というのは、彼が探索を試みる対象と探索の手段、つまり、彼の道具と彼の思考との分かちがたい関係から生じるわけですね。とすれば、どのようにしても、現象は、あらかじめ存在する固有の特性をもった、独立した実体に向かって開かれている一つの窓だとは主張できないはずです。その点を押さえると、あなたがた物理学者がマクロ世界について抱いている認識も、変わってくるのではないでしょうか。

T 量子力学のもたらす哲学的帰結について、まじめに考えた物理学者はほとんどいませんね。大多数の研究者にとって、量子力学は、ことのほか見事に働く物理理論であるだけのことなんです。この理論は、比類ない精密さで、亜原子レベルの物質の振る舞いや、物質と光との相互作用を説明してくれます。だから、量子力学は、トランジスター、レーザー、マイクロチップ、コンピュータ、その他、われわれの生活様式に大きな変化をもたらす、とてつもない器具を作れる有効な道具とみなされているんです。ところが、研究者の多くは、そこから先は考えず、自分たちの科学の哲学的基盤には関心がない。

M つい最近、フランスの物理学者、ジャン＝マルク・レヴィ＝ルブロンが同じ意味のコメントを記しているの

に気づきました。「宇宙論であれ、素粒子物理学であれ、統計力学であれ、ほとんどの理論にかんして、物理学者たちは今日、広く意見の一致を見ているが、だからといって、幻想を抱いてはいけない。この合意は、何よりも理論装置にかかわるものだ。つまりそれは、われわれの世界経験を説明するための数学による表現形式の全体と、われわれの観測にかんする説明と予測を導き出すことを可能にする、計算手続きとにかかわるものにすぎない。〔…〕しかし、この合意は、理論の解釈と概念の意味にかんして、多くの問題を残したままである。科学共同体の表側の統一の背後には、深刻な知的不一致があり、しかもその相違は明きらかには示されないことが多いが、実は、はなはだしいものなのだ。〔…〕こうした考え方の多様性は、大半の研究者が自分の専門以外の分野にかんして示す無関心や慎重さのために、ほとんどいつも隠されている」[1]。彼はそう書いているのです。

ベルナール・デスパニャの「ベールで覆われた現実」

T　そうした状態は、たしかにあまり健全ではありませんね。量子力学は、現象の計算の面ではすばらしい進歩を遂げたけれど、その哲学的根底のレベルでは大して進まなかったと言えます。だけど、ごく一部の物理学者は、この問題を検討しています。例えば、フランス人のベルナール・デスパニャ、ミシェル・ビトボルがそうですね。量子力学の「不可分性」という考え方については、ＥＰＲ現象を論じたときに取り上げた〔八三頁参照〕けれど、この考え方の不可解な点を説明するために、デスパニャは「ベールで覆われた現実[2]」という言い方をします。これも前に触れましたね。彼に言わせれば、科学は、たしかに経験に基づく現実を記述するが、通常の空間‐時間の中に組み込まれない独立した現実については、大づかみな言及しかしない。このベールで覆われた現実は、われわれの知っている物理学では記述できないし、われわれが組み立てることができるどんな概念的枠組みからもはみだしている。不可分性のお陰で、独立した現実〔実体〕を場所の定められた物体として記述しようとするあらゆる試みは成り立たないし、われわれの時空が「それ自体」存在するという考えにも深刻な疑いがかけられる、というわけです。

外観の背後に隠れているものは本当に存在するか

M 私たちの知覚のベールの背後におのずと存在している現実の基層という、その考え方は、仏教哲学が大いに論じてきたテーマです。その結論は、私たちの概念では現実はとらえられない、というものです。なぜなら、現実が非存在でもなく、また固有の存在を備えてもいないという事実は、どうしても通常の知性の限界を超えてしまうからです。私たちがいつも前提としているのは、たしかに「何か」が存在している――私たちが共通して現象界を知覚するのが、その証拠です――ことと、科学者が熱中して続けている種々の実験が、それぞれにこの「何か」の固有の特性の発見のための各段階にあるということですね。それらの特性が繰り返し観測できる以上、堅固な現実が存在するという断定をそこから下すには、ほんの一歩踏みだすだけでよい、ということになります。

T そうですね。実際には、「現実」は、同じ神経システムをもつ同種の生物に対してだけ、同じものとして現れることを神経生物学が証明しています。他の種は、世界を違ったふうに知覚します。例えば、魚、鳥、昆虫の研究で、これらの生き物は、事物の色と形を人間とはまったく違ったふうに見ていることが明らかになっています。現実が、それを知覚する神経システムによって変更されるのは避けられないことです。

月と虹

M そうした知覚の仕方のどれか一つ、例えば人間の場合を分析してみると、確言できるのは、人間はある条件の下でのみ、ある現象を何度でも同じように観察し、判定するということだけです。でも、「モノ」の現実は、そうやって人為的なレッテルを貼られた最初のあり方を超えることはありません。こうした実験をどんなに繰り返しても、観察の対象がそれ自体存在し、固有の特徴をもっていることを明らかにするにはいたらないのです。例えば、眼球に指を強く押し当てると、月が二つ見えます。千回これをやっても同じだけれど、そう見えたからといって、その二重の月が、ほんのわずかでも存在することにはならないはずです。

T　ベルナール・デスパニャは、そういう現実を、川の真ん中にある小島の住民が見る虹と比較しています。この七色の虹は、住民の目には、虹の下にあるすべてのものと同じくらい現実であるように見えます。虹の一方の端にはポプラの木があり、反対の端には農家の屋根がある。小島の住民は虹の実在性を疑いません。たとえ目を閉じても、あるいはよそへ行っても、虹がまったく同じ場所にあると思っています。しかし、もし彼らが島を出て、虹から目を離さずに車で移動できるとすれば、虹の位置は固定されているのではなく、またその両端は、いつもポプラと農家の位置にあるわけではないことに気づくはずです。虹の位置は、観察者の位置によって変わるんです。この比較で浮き彫りになるのは、マクロの物体でさえ固有の存在をもっていないこと、また、観察者がその物体の現れ方に一番重要な役割を演じていることです。すでに見てきたように、亜原子の世界では、同一の現象が、波の外観を呈するか、粒子の外観を呈するかを決めるのは、観測者なのです。われわれが作用を及ぼす現実の性質は、経験に基づいているんです。観測者から独立した現実は、ベールがかかっていて、われわれにはつかまえることができません。

M　たしかに、思考から完全に独立して存在するような現実を説明できる理論など、ありえないですね。それでもあえて真の現実の存在を原理として掲げるとすれば、それは純粋な形而上学の話になります。そのような存在は、人間の思考では絶対にとらえられません。それは、同時に円であり、かつ正方形であるような幾何図形と同じくらい非現実的です。

虹の例は仏教でよく使われるものです。現実の堅固な存在に執着する人たちは、虹を追いかけて、つかまえ、その色で着飾りたいと願う子供のようだと言われます。光鮮やかだけれども、触れることのできない虹は、空性《くうしょう》と現象の結びつきや、さらには相互依存を象徴しています。虹は、雨の帳と日光が組み合わさってできるので、実際には何も新しく存在したわけではありませんが、どれかの要素が欠ければ、虹は消えるけれど、なにも本当に存在をやめたわけでもありません。また、どれかの要素が欠ければ、虹は消えるけれど、なにも本当に存在をやめたわけでもありません。虹が現れるには、「ベールで覆われた現実」に支えられる必要はないのです。私の先生であるキエンツェ・リンポチェは、このような現象の本質の理解を、次のような観想の修行と結びつけています。「現象は、すべて虹のようなものだ。触れることのできる現実などまったくない。空《くう》でありながら、現象世界の形で現れるという、現実の本当の性質に一度気づくなら、精神は幻影の影響から解き放たれる。想念が現れるにつれて、おのずから消えるに任せることができるようになれば、想念は、鳥が空《そら》を渡ると同じように、跡を残すことなく精神を通り抜けていくだろう」。

「現実」は、永遠に私たちの認識の外にあるのでしょうか。もし私たちが、あくまでそれ自体で存在する「モノ」を現象界から出現させようとするなら、そのとおりだし、もし「モノ」の究極の性質、固有の存在の欠如を知ろうと努めるなら、違うと言えるでしょう。

人はみなほぼ同じものを知覚することを、どのように説明すればよいか

T ぼくを戸惑わせることが一つあります。もし現象界の背後にどんな現実もないとしたら、われわれがみな、大体において同じものを知覚するのを、どうやって説明すればいいんでしょう。そして、もしマクロの対象の特性——空間における虹の位置のような——が精神の構築である面もあるとすれば、われわれの行うさまざまな実験の結果がすべて一致しているように見えること、また、対象の性質についてわれわれの見解が一つになることを、どのように理解すればいいんでしょう。もし空間における位置が、部分的にはわれわれの主観性の反映であるなら、

時間と空間も、やはりそうであるはずです。だって、アインシュタインが、両者が緊密に結びついていることを教えてくれたのだから。でもその場合、ある対象が日常の世界において、きちんと定まった位置、誰の目にも同じ位置を占めているという事実にかんして、異なる人間が主観的に一致することを、どうやって説明すればいいんでしょう。

現象の相対的性質と究極の性質

M　その質問には二つの側面があります。一つめは、現象の究極の性質そのもの、二つめは、その現象を私たちがどう知覚するか、その知覚の仕方です。まず、現象の究極の性質は、知覚の仕方がどうであれ、固有の存在の欠如、つまり、相互依存にあります。これは主観性とは無関係です。経験上、事物が完全に存在しないのでないことは明らかですね。でも、もっと注意深く検討すべきなのは、その存在のあり方のほうです。そこのところで、知性はその限界に行き着きます。なぜかというと、知性は、「存在し、かつ存在しない」という、この究極の性質を概念的にとらえることができないからです。知性の観点から見れば、現実の本質は「決定できない」ことになります。その本質は一切の概念を超えているので、現実を二元論によらず、概念にもよらずに直接にとらえることができるのは、〈悟り〉の体験となるわけです。ナーガールジュナの『超越的認識』には、こう書かれています。「現象は生まれるのでも止むのでもなく、存在するものでも存在しないものでもなく、行くことも来ることもなく、一でも多でもない。現象はあらゆる概念的定義を超える」と。

二番めの側面、すなわち、私たちが現象を知覚する仕方は、意識を介入させるものです。意識は全体的相互依存の一部をなしていますからね。なぜ同じ種に属する生き物が現象をほとんど同じように知覚するのでしょう。「私があるモノを見るとき、いつも同じように見えるし、みんなにも同じように見える」と考えても、それで、そのモノの知覚可能な特性が、そのモノの本質の、不可欠の構成要素をなすと証明したことにはまったくなりません。知覚が安定しているように見えるのは、意識と一連の個々の現象との間にたえず相互作用が働いているからです。仏教では、私たちの世界を知覚する仕方は、特殊人間的なものなのです。人間がみなほぼ同じふうに世界を知覚するという事実は、意識と身体が、言ってみれば、同様の構成になっているからです。人間の世界は、昆虫の世界とはまったく違うし、昆虫の世界は鳥の世界とは違いますね。

生き物ごとにある世界。知覚の多様性

T 神経生物学者なら、世界は、違う動物の種によって、別々に知覚されると言うところですね。例えば、動物の目は、違う色の光とか、人間には見えない光線を感じ取ることができます。犬は暗闇でも目が見えるけれど、これは、犬の目が人間の目よりもよく赤外線を感知するからです。鳩は人間よりもよく紫外線を感じる。コウモリは視覚によってではなくて、自分の発する超音波を聞いて、自分の位置を知る。彼らの世界像が人間の世界像と大きく違うのは、間違いないですね。生物学者は、こうした違いは、自然淘汰の結果だと考えています。つまり、それぞれの種が自分の環境に一番適した知覚方式、つまり、生存、生殖、繁殖にもっとも役立つ方式を発展させたというわけです。[3]

M それは、ほぼ同じ対象を同じ場所に見る場合の話ですね。だけど、「対象」と「場所」の概念そのものが、それを知覚する生き物のタイプによって、かならず違ってきます。感覚と意識の働きの相対的類似性は、世界の知覚を同じものにもすれば、違ったものにもするけれど、そうした知覚を究極のものとみなすことはできません。仏陀は、『サマーディ・ラージャ・スートラ』の中でこう言っています。

「目、耳、鼻は有効な認識手段ではないし、
舌も身体も同じことだ。
もし感覚受容能力が本物の認識を与えてくれるとするなら、
至高なる〈道〉は、何も教えてくれるには及ばない」。

一杯の水、コウモリ、宇宙飛行士、そしてブッダ

仏教の経典には一杯の水の例が挙げられています。私たちはそれを飲み物として、あるいは顔を洗う液体として知覚するけれど、狂犬病にかかった病人にとっては強い恐怖の原因となるものだし、電子顕微鏡を用いる物理学者にとっては分子の総体だし、魚にとっては住処になるのです。

T　確信的唯物論者なら、反論するでしょうね。それらの知覚の背後には共通の基層がある、その一杯の水には固有の実体がある、とね。

M　それ自体で定義される現実が存在するに違いない、そう考えたくなるのは当たり前ですね。だけど、本当にそうでしょうか。目に見えるままの観察可能な現実を否定しようとか、現実は精神の投影にすぎないと主張するとか、そういうことではないのです。ただ、仏教が言いたいのは、現実「それ自体」はない、ということです。現象が存在するのは、他の現象に依存してはじめて可能になるし、他の現象もまた相互依存によって存在しうる。これは、原子の粒子についても、意識についてもあてはまることです。

コウモリにとって水とは何か。平らだったり、波打ったりする音響の良い「表面」なのでしょうか。哲学者のトーマス・ネイジェル〔一九三七—〕が指摘しているように[4]、動物が世界を知覚する様を再現しようとする試みがいくつかなされています。例えば、コウモリの知覚システムの働きを細部にわたって記述することはできるとしても、コ

ウモリの世界がどんなものかを人間が思い描くことは、あっさりとあきらめるしかありません。コウモリの超音波飛行を理論的に解明したとしても、それでコウモリの経験がわかるわけではないのです。物理学者が色の記述をしても、色を見る経験を目の見えない人に共有してもらえないのと同じです。

深海の闇の中で動かずにいる潜り手から見れば、水は、宇宙船の外に出た宇宙飛行士が無重力状態で移動する空間と同じような、空っぽな空間ではないでしょうか。その場合、水はもうどんな特徴ももっていません。

目覚めたる者、ブッダにとって、水は空性《くうしょう》と外観の統一として知覚されます。この見方だけが正しいものとみなされます。他のどれも、分析には耐えられないからです。実際、他のどんな水の知覚も、数多くの人生の間に蓄積された、人間の習慣的傾向から生まれたものです。こうした傾向は、無知と混乱に起因します。この混乱が除かれると、現象の限りなく多様な側面には固有の存在がなく、その究極の性質は空性であることが、わかるのです。だからといって、世界の現れ方が変わるのではなくて、ただ、世界は現象の無限の純粋さの展開として知覚されるだけです。「無限の純粋さ」とは、美しいものと醜いもの、純粋なものと不純なものとを精神が習慣的に区別するその境界が消えて、現象の究極の性質についての二元論によらない認識が生まれるということです。いわゆる「不純な」普段の世界は、誤解の産物にすぎないので、蜃気楼のきらきら光る水のように、真実のかけらもありません。無知そのものも、実際には存在しないいつかの間の単なる覆いです。もしこういう状況を自覚するなら、「不純な」知覚はすべて消えてしまいます。

多様な知覚の基にあるのは、現実的な存在か、物体に内在する特性か、精神の単なる投影か、それとも何もないのか

T でも疑問は残ります。それらの知覚の根底は何でしょうか。

M 仏教によれば、固有の存在を備えた対象も、また空性だけでも、現象の出現を可能にする根底にはなりえません。

前者の場合、つまり現実的な存在を備えた根底がある場合を考えてみましょう。まず、もし水について二つの異なる知覚があるときには、別々の自立した二つの対象を扱うことになるという、ばかげた可能性を除きましょう。もし知覚が異なるなら、その二つの知覚には、何の共通の基盤も、相互の関係もないはずです——花瓶の知覚が柱の知覚と無関係なように。

水のある特性、例えば水の流動性は、その水の知覚の根底になりうるでしょうか。もし水がおのずと定義されうるものならば、その特性はすべての人に同じように、認識能力や、(仏教で言えば)それぞれのカルマ〔一六五頁以下参照〕の傾向とはかかわりなく、受け入れられるはずですね。(その逆は正しくありません。つまり、もし私たちがあるものをみな同じように知覚したとしても、それだけで、それが独力で存在することにはなりません)。仏教によれば、深い瞑想の段階では、意識は「無形の」世界を経験することができます。その世界では、意識は空間か、あるいは意識自身しか知覚しません。そのような世界では、流動性という概念は、もちろん何の意味ももちません。

水は、固有の存在を備えた精神の単なる投影でもありえません。主体は客体との関係において定義されるのだし、もし主体(精神)が実際に存在するのなら、精神が投影する幻の客体も存在しなければならなくなります。両者はともに現実か、ともに非現実かのどちらかになってしまいます。

では、後者の場合、つまり空性だけであるとした場合を考えてみましょう。もし知覚の根底が完全に空であるなら、それらの知覚には原因がないことになり、空いた空間を含めて、何でも、どんなふうにでも、外に現れることができます。天空の真ん中に花が現れてもいいということになってしまいます。

だから、固有の存在を備えた対象も、純粋な空性も、現象の出現の根底にはなりえません。外部の対象にも、内部の意識にも限定されない「単なる外観」だけが、分析によって反駁しえない根底を表すのです(5)。こうして、外観と空性の不可分の統一にまた戻ってくることになり、この統一こそ、現実的な存在と虚無という概念的両極端を超越するものとなるわけです。二つの真理——現象の相対的真理とその空性の究極の真理——の不可分性が、可能な唯一の真理であり、ブッダの完璧な認識をもつにいたったすべての人が知覚する真理なのです。

始まりなき時間以来、意識が蓄積してきた傾向の具現化から、さまざまな世界の結晶化が始まる

現在の瞬間に知覚される外部の対象が、精神の単なるこしらえものでないことは間違いありません。でも、私たちの「風景」の全体、つまり私たちの世界像は、太古以来の意識によって蓄積された諸傾向が実現した結果です。この実現によって、同じ種に属する生き物は、現象の全体を大体同じように知覚するわけです。

何物もそれ自体では存在しないから、そうした種によっててんでんばらばらの現象群は、たがいに拒むことも、排除することもなく、共存することができます。だから、異なる種の生き物たちは、並行した、異なる「非現実」を生きているのです。それで、私たち人間が「同じ一杯の水」と呼ぶものを彼らが知覚するときに、さまざまな仕方が生じるわけです。ただし、「同じ」と言っても、私たちの感覚の半透明なスクリーンの後ろに「本当の」水がある、という意味ではないことを理解しなければなりません。ここで「同じ」という意味は、過去の無数の生におけるさまざまな意識の働きが、相互依存する現象の、同一ではないけれど類似した結晶化をもたらしたということです。こうした結晶化は、固有の存在を欠いているとはいえ、知覚から生じる概念化のプロセスを反映していて、はるか昔からそれらの意識が働いてきたその働き方に従って、大体のところ、たがいによく似ているわけです。こういう考え方は、「世界は完全に私たちの外部に存在する」という考えに固執する常識には、もちろん反するでしょうけれどね。

〈中道〉。観念論でも唯物論でもなく

T　まさか、もしわれわれがいなければ、世界は存在しないと仰るつもりではないでしょうね。

M　もちろんです。「唯識《チッタマトラ》」と呼ばれる仏教観念論の一派は、精神のみが究極の現実であり、現象は精神の投影にすぎないと主張するけれど、この立場は、もっとも根源的なものとされる〈中道《マディアマカ》〉哲学によって反駁されました。マディアマカ派によれば、現実の正しい見方は、意識をもつ現象ももたない現象、そのいずれもが、絶対的存在を欠いた現象の相互依存であるという見方です。たしかに、人が眠ったり、気絶したりしても、世界がそっくり消えることはないですね。しかし、私たちの意識と「外的」現象の相互作用は、「私たちの」世界を形作る特殊な関係のネットワークを決めているのです。一方、この特殊な世界は、一つの要素、とりわけ意識が欠けると、消滅してしまいます。

つまり、木の枝は、それを眺める私たちがそこからいなくなれば雲散霧消しますが、現象世界は、もっと広い展望の下で考えられるべきだということです。その世界は、生き物の意識と、現象の表出の無限の潜在力との共存に基づく、長い成熟の産物なのです。その潜在力は空性に本来備わっているものです。私の先生のキエンツェ・リンポチェはこう言いました。「鏡に像が映ったとき、その像が、鏡の一部なのか、他の場所にあるのかは言えない。同様に、外部の現象の知覚は、精神の中にも外にもない。現象は実のところ、存在しながら、存在していない。だから、事物の究極の性質の認識は、存在と非存在の概念の彼方に位置している[6]」と。

それで、ナーガールジュナはこう慎重な言い方をしたのです。「私はいかなる概念も前提としないから、誰も私の見解に反論できはしない」と。何も主張しないのは、理性の逃亡ではなくて、現象の究極の性質は概念で固定されたり、定義で限定されたり、堅固な現実や虚無のカテゴリーの中に閉じこめられたりもしないという事実を認めることなのです。

物理学の目的はもはや現実そのものの記述ではなく、伝達可能な経験の記述である

T そうすると、仏教では、独立した現実は、たとえベールに覆われたものでも、存在しないと言うんですね。その主張は、ボーアの言うところと一致するものです。原子、亜原子という物は、固有の特性は何ももっていない、と彼は言いました。それらは、観測されていないときには、たとえ思考上でも、一定の速度とか、時々刻々こまかく場所を変えていくその軌道とかを定めることは不可能なんです。だから、量子論的物体を、つねに測定しうる特性を備えているものとみなすことは、許されません。ハイゼンベルクによれば、「量子力学では、軌道という考え方そのものが存在しない」(7)。そういうわけで、量子力学は、物体という概念を根底から相対化し、出来事という概念に従属させるんです。出来事とは、器具によってなされる測定のことです。原子、亜原子という対象は、だから観測機器とともに不可分の全体をなすんです。物理学の目的は、もはや現実そのものの記述ではなく、「伝えることのできる人間的経験」、つまり、観察と測定という経験の記述ということになります。

形而上的偏見と科学の逆説。仏教の中道は科学的実在論と量子力学との対立を解消することができるか

M たとえ量子力学が反対を唱えたとしても、実在論を信じる科学者は、彼らの知的風景を条件づけずにはおかない文化的影響を受けているはずなので、やはりどこかに「本当の」現実があるという考えへと、何度でも戻ってきますね。この点が、仏教徒との大きな違いなのです。普通よく量子力学には逆説がたくさんあると言われるけれど、それは、私たちがこの量子力学に西洋哲学の概念を無理矢理貼り付けようとするからにすぎません。W・H・ズーレック〔一九五一—。ポーランド生まれのアメリカ人物理学者〕がこう書いています。「量子力学の唯一の失敗は、われわれの先入観に働く場所を与えるための枠組みを提供しなかったことだ」(8)と。仏教の世界観は、現実と虚無との中間の道を取ります。相対

的真理と究極の真理の関係を明らかにするこの世界観は、二つの対立を解決して、現代物理学の典型的逆説を解消し、現代の生活や思想や行動の枠組みを与えるのに適していると言えるでしょう。

T　科学者は、ある一定の社会的、文化的状況の中で自分の研究を行なっています。自分では認めまいとしても、彼は自分の属する社会の形而上的偏見を、意識するかしないかは別にして、共有しないわけにはいかないんです。科学は西洋に生まれたから、何よりも物象化された堅固な現実を重視する形而上的固定観念に支配されてきました。これは、避けられないことでした。ボーアやシュレーディンガーのような量子力学の創始者たちが、西洋の科学と東洋の哲学思想の思想的統一を唱えたのは偶然ではないと、ぼくは思います。彼らは、西洋の図式に従って理解された量子力学が免れえない多くの逆説から脱出する出口を東洋思想の中に見つけたんです。それはハイゼンベルクにとっては、「第二次大戦以降における物理学への日本の大きな貢献は、おそらく、極東の伝統的哲学思想と量子理論の哲学的本質との間に、ある種の近縁性があることを示唆している(9)」という言い方で表され、一方、ボーアにとっては、「原子理論の教えるところと並行して〔…〕われわれは、仏陀や老子がすでに直面した認識論的問題に向かうべきである。それには、存在の一大ドラマの中に、観客であり役者でもあるというわれわれの状況をうまくはめ込むよう努めることだ(10)」という表現に示されます。

M　魚が水についてもつ知覚は、水についての「魚の」現実ですね。今度は、二つの知覚を想像してみましょうか。一つは、視界がクォークのサイズであるような生き物の知覚、もう一つは、目に見える一番小さなものが銀河であるような精神の知覚です。世界とその現実にかんするこの両者の知覚は、まるで違うはずですね。この二つの違う光景の背後には、客観的な存在としての基準となるような現実も虚無もありません。

T　それでも、ぼくが望遠鏡で宇宙を、つまり銀河や星を観測するとき、他のすべての観測者と同じ現実、同じ光の特性、同じ銀河後退速度、同じ星の光度と色を見ながら、測定しますよ。物理定数は空間においても時間においても変わらないわけですから。望遠鏡もやはり時間をさかのぼる機械だから、今ぼくが観測している銀河の中の電子の質量と電荷が、ここ地球という小さな片隅で測定されるのとまったく同じ値をもっていることに、ぼくは確信があります。銀河の光は、百億年前に銀河間旅行のスタートを切ったはずなのにね。

M それこそ、仏教で言う「合意で認められた相対的真理」です。世界は、たしかに偶然や恣意に委ねられてはいません。たとえ現象が自立した現実をもっていないとしても、現象は「単なる外観」の形で存在し、さまざまな名付けの対象となり、まったくの無ではないから、因果の法則に従う作用を働かせます。そしてそれらの法則は、私たちの測定と計算によって明らかにされる数、定数、特性を説明してくれます。このような状況の中で、私たちが電子と定義する現象の塊が不変であることは間違いないですね。だから、人々がそれを同じように測定するのは当たり前です。反対に、全然確かでないのは、電子がもつとされる特徴は本来の特性であるから、人間とは異なる生き物によっても同じように知覚されるという考え方です。

「出来事」とみなされる現象

現象についてせいぜい言えるのは、現象は出現して、一定の機能を果たすということぐらいです。この「単なる外観」以外は、何も分析には耐えません。もし百人の人たちが同じ映画を見たとします。この場合、理論的には、彼らは細部にわたって完全に一致してその映画について述べることができます。またその映画のコピーを千本作ることもできます。その人たちが映画を見たこと、そして映画が存在したことは、どうしたって否定のしようがありません。でもだからといって、その映画の中身に大いに実在性が増すことにはならないわけです。

ここでまた、相対的真理と絶対的真理という概念に戻ってきます。相対的真理というのは、現象がそれとわかる特徴をもって私たちの前に現れる、その現れ方に対応しています。一方、絶対的真理は、それらの特徴に固有の存在が欠如していることに対応しています。ということは、現象の究極の性質である空性は、あらゆる記述と概念の彼方にあることを意味しています。『プラジュニャー・パーラミタ』にはこうあります。

「事物がそれ自体としての存在をもたぬことを完全に理解すること、
それが至高の超越的認識の実践である」。

T　科学において実験という方法が可能になるのは、現象という現実の知覚が何人もの人間の間で等しく、一致していることです。測定と実験は、さまざまな機器と技術を用いた別々の研究チームによって繰り返され、確認されなければなりません。それで初めて、その結果は有効であるとみなされるんです。

M　その手続き方法は、異なる人たちの合意によって、科学をその正当な地位に据えてくれますね。しかし、正当な地位というのは、つまり、約束事としてのレベルでの諸現象を構成する諸関係について、推定し、秩序づけ、またその諸現象に対する働きかけの可能性を開き、増やしていくきっかけを作るための、単なる試みとしての地位のことです。仏教は、現象を「出来事」とみなします。サンスクリット語のサンスカーラは、「物」あるいは「寄せ集め」の意味だけれど、その最初の意味では「出来事」とか「行為」を指すのです。

T　その語源は、前にぼくがボーアの量子力学解釈について言ったことと完全に重なりますね。「物体」という概念は、「測定」、つまり「出来事」の概念に従属している、と。

意識の「眼差し」としての現実。慈悲は認識から生まれる

M　現実は、つねに観測者と観測されるものとの相互作用によって決定されるというのが、仏教の見解です。全

体と部分の相補性によって、「部分」の姿が現れることもあれば、全体の姿が現れることもある。観測者は、観測と全体との、つまり意識と意識を含む全体との特殊な相互作用のほかには現実をもたない、さまざまな姿の中から一つのスペクトルを分けてとらえるにすぎないのです。だから、私たちが現実と呼んでいるものは、意識の「眼差し」にほかなりません。

普通の精神の持ち主にとって、事物が現れる姿とその真の性質との間には違いがあるので、私たちの個人的な経験から見れば、その違いは、苦しみと幸せの混じり合ったものとして見えてくるでしょう。しかし、認識の道の先まで行けば、直接じかに現象の究極の性質を感じ取り、そのとき、外観と現実の不均衡が消滅する不変の智慧が得られることになります。この智慧から、無知のために苦しみの底に沈む人々への無限の慈悲が、自然に湧いてくるのです。

第8章　私たちを生みだす行為——個人の運命と集団の運命

カルマという概念は意味をもつのだろうか。カルマは、因果律と、また宿命論とどんな関係があるのだろうか。もし仏教において、自我と人格が幻のものであるなら、誰が輪廻転生することになるのだろうか。

カルマの概念。私たちを形作り、私たちの世界を形作る行為

T ちょっと尋ねたいのだけれど、個人の運命は、因果律の仏教的解釈の中にどのように組み込まれているのですか。個人の運命は、「カルマ」と呼ばれるものによって決定されているはずだったのでは？

M 語源的には、カルマの意味は「行為」です。私たちのすること、言うこと、考えることは、道徳的な意味で重要であるというだけでなく、私たちを作り上げ、私たちの世界を形作りもします。私たちの世界像は、太古以来の人間の意識が経験してきた積み重ねの全体から生まれているのです。また逆に、意識は、人間の身体構造、脳と神経システムの構造によって条件づけられています。ここにもまた、相反的因果関係という概念が見られるわけです。前に話したように、人間の世界認識は、ミツバチやコウモリの認識とはまったく違います。私たちの意識の働き方は、だから、「私たちの」宇宙と呼ばれているものと密接に結びついています。過去の無数の人生における同様の経験があるから、人間集団が同じ世界の知覚を共有することになるのです。集団のカルマと個人のカルマは区別されます。集団のカルマは人間としての私たちの一般的な世界の知覚だし、個人のカルマは私たちの個人的な経験と結びついています。

T 宇宙の別の惑星上に住む生物は、人間とは同じ経験をしてこなかったはずだから、人間とはいささか異なる現象世界の知覚をもつことになるんでしょうか。「いささか」と言うのは、われわれはみな、大筋において同じ宇

宙の歴史をもっているからです。ビッグバン、銀河、星、惑星の形成、それから生命の出現…、もし地球以外のどこかに生命が存在するとしての話だけれどね。われわれはみな、ビッグバンの過程で、星のるつぼの中で作られた化学元素でできています。われわれは星屑なんです。もしわれわれがＥＴと呼んでいる生き物が存在するとしたら、彼らはそのエネルギー源として別の星をもち、違う惑星に住むわけです。そこでの生物学的進化は違う道をたどったかもしれないけれど、結局のところ、細部の違いでしかない。地球上に住む多くの生物の種についても、同じことが言えます。つまり、彼らは同じ宇宙の歴史を共有しているけれど、ただ、彼らの意識の程度は、それほど高くないだけのことです。(1)

無数の世界が変化している

M　私たちは自分の世界の知覚の仕方から離れられないから、進化したどんな知性の形態も、自動的に私たちと同じように世界を知覚すべきであるのは明らかだと、そのように感じています。でも、蟻と人間が世界を知覚する仕方は大いに異なると私は思います。コウモリにとって、ビッグバンはどんな意味をもつでしょうか。人間以外の他の知性の形態は、人間にとっては完全に理解不可能な世界認識をもっているかもしれないのです。私たちは第四次元としての時間ですらなかなか理解できないのに、超ひも理論の物理学者は十とか十一の次元の話をしています。もし原子のスケールで事物を知覚する意識があったとしたら、どんなふうに世界を見るか、想像できますか？

ブッダ〔覚者〕は、現象にはどんな確かな実体もないことを知っているので、私たちとは完全に異なった世界の見方をします。前にも言ったけれど、観想の道の最終段階に達した者は、現象を「無限の純粋さ」の展開として知覚します。ということは、現象には固有の実体があるという幻想から解放されているのです。また、現象を「完全に等しいもの」として知覚します。ここで言う「等しいもの」とは、すべての現象は等しく固有の存在を欠いているという意味です。この知覚は、私たちの通常の世界の知覚とは根本的に異なります。この違いから見れば、星と星の間の距離とか、星を構成する化学元素などは、そんなに大事なことではありません。例えば人が王様になる夢を見るとします。そこで大事なのは、その夢が現実であるかどうかを知ることです。王様の服のスタイルや色、ボタンの形などは、どうでもいいことです。

仏教の経典には、いろいろな形の生命が進化する無数の世界が書かれていて、しかもきわめて豊富なイメージで述べられています。まあ物理的実在性は別にして、つい比較してみたくなります。なかなかおもしろいですよ。それらの世界のあるものは、たえず旋回する車輪の形をしていたり（渦状銀河？）、ライオンの口に似ていたり（ブラックホール？）します。平らな世界があり（二次元？）、火を吐く火山に似た世界（超新星？）もあります。渦巻き、炎の雲、光のカーテン、螺旋、樹枝、楕円、光線の束、金銀の組み合わせ模様、純粋な光、川、円盤の形をした世界があり、そのどれもが多くの別の世界を含んでいるのです。

T 世界の知覚は、地上に生きている、あるいは宇宙の中に存在する、さまざまな種によって変わるだけでなく、時間が働き、新しい条件が現れるにつれても、また変わるでしょうね。世界のモデル（簡単にするために、「世界」と言っておきます）は、文化と時代を通じて、交代してきました。どの世界も、社会のメンバーに共通の言語を与え、集団の起源と進化への信仰を植えつけることによって、その社会の統一に貢献しています。われわれは、われわれが今知っているとおりの存在だし、一つの世界は、一人の人間のようなものです。生まれ、盛りを迎え、衰え始め、消えていき、次の人間が取って代わる。よくあることだけれど、衰退と消滅は、もはや古い世界とは合わない新しい思考と見方をもった、より力強い文化との接触によって引き起こされるものです。こうして、人類は神話的世界を知り、地球中心世界、太陽中心世界、そして今はビッグバン世界を知るようになったけれど、これが最後ということは絶対にないですね。われわれが終わりという単語をもっているのは、不思議かもしれない。仏教世界のイメージは、まったく驚くべきものですね。仏陀はすでに、まったく異なる環境にあってわれわれと同じようには進化しない、人間ではない形態を考えていたんでしょうか。

無形の状態

M 仏教の古典的宇宙論では、六つの階級の存在が挙げられていて、そのうちの二つしか、私たちには知覚できないことになっています。人間と動物です。他の四つは、私たちの知っている生命の形態とは何の関係もありません。「無形の」状態もあります。私たちにとって、これらの記述の多くのものは、物理的現実にはまったくあてはまらないのです。

T そうした存在は、われわれと同じ現象世界を見るんでしょうか。言い換えると、彼らは、地球上に生きる種たちの集団的カルマを共有しているんでしょうか。

M すべては程度の問題ですね。「無形の」世界は当然ながら、私たちの世界とはあまり共通点はもたないはずです。なぜなら、世界は、意識のさまざまな状態に対応していますからね。対象として広大な空間しかもたない場合や、意識そのものしかもたない場合もあるし、あるいは、まったく対象をもたない場合もあります。人間の意識からかくも離れた状態を経験する存在の知覚など、想像のしようがありません。

T 集団的カルマと個人的カルマは、両方とも、過去の出来事によって決定されるのだから、やはりある種の決定論に戻ることにはなりませんか？

私たちは数知れぬ自由な決断の結果である

M いいえ、違います。カルマというのは宿命ではなくて、因果の反映なのです。因果は私たちの行いだけでなく、行いの基にある意図も含んでいます。一定数の原因と条件が揃った場合、それらの結果に偶然が関与するのではなくて、私たちは、自由意志のお陰で事態の流れに介入できるのです。だから、私たちは、過去と未来とが堅く結びついた塊をなすような絶対的決定論の虜になることはけっしてありません。この自由意志はつねに、私たちの人生の体験に創造性がかかわるようにしてくれます。『アングッタラ・ニカーヤ』は、次のような仏陀のことばを伝えています。

「私の行いは私の所有物であり、
私の行いは私の遺産であり、
私の行いは私を生む子宮であり、
私の行いは私の隠れ家である」。

カルマは、必然性というよりはむしろ潜在力、信用状、負債に似ていると言えます。あるいは、意識を介入させる自然の法則とみなしてもいいでしょうか。この法則によれば、プラスの思考や行為は幸福に導き、マイナスの思考や行為は不幸に導きます。石は重力の影響で落下するけれど、石に新たに力を加えるなら、例えば飛んでいる石をつかまえて、さらに上に放ったりしたなら、話は別になります。同じように、ある行為が快適な、あるいは厳しい結果を生む前に、カルマのプロセスを修正することができるのです。つまり、マイナスの感情がその果実を実らせる前に、他者に対して犯した過ちを償い、憎しみを忍耐で打ち消し、貪欲を無欲恬淡で、あるいは羨望を幸せになった人を見る喜びで和らげることができるわけです。だから、カルマの法則というのは、私たちの運命が昔から、また未来にわたりいつまでも定められているとか、自分自身が誰だかわからない自動人形のように動いていることを意味しているのではないのです。私たちは自分の過去と現在との相互作用を、刻々と体験しているので、未来を築き上げるのも、愛や憎しみを外に向けて表すのも、自由です。

自分のカルマの傾向の影響から解き放たれるのが困難な場合もあるとはいえ、私たちは、自由に選び取った無数の決断の結果としてあるのです。この解放が、心の内部での作業の中心にある。だから、私たちが何者になるかは、この自由の活用の仕方にかかっており、偶然の行為というのはないわけです。どの行為の底にも意図があります。だから、道徳的責任という概念は、わかりやすいものですよ。つまり、この対話の最初で言ったように、絶対の〈善〉や〈悪〉はないのであって、あるのは、私たちの思考と行為が生む善と悪だけですからね。ちょうど建築家（意図）と大工（行為）が家の質に責任があるように、私たちは自分の人生に責任があるのです。

T　そうすると、善と悪の代償を幸せか苦しみで支払う創造者原理を考える必要はないということですか？

M　誰も自分の行為にあまり注意を払わないけれど、私たちの行為は、どれも大事な働きをもっています。現世であれ、前世であれ、この世界でなされる私たちの思考や言動は、そのすべての結果が幸せとなり、苦しみとなるのです。それは、相互依存する要因の無限に複雑な全体であって、私たちは自由意志を使って、いつでもその流れを変えることができます。つまり、カルマの法則が言わんとするのは、もし私たちが介入しなければ、私たちの行為は、一旦なされたら、かならずなされたとおりの結果を生むということです。もし風に向かって播く種の半分が有毒な植物、あとの半分が花と有用な植物だとして、種が手を放れてから、もう何もしないとすれば、収穫の半分はトリカブト、ドクニンジン、その他の毒草であり、あとの半分はワスレナグサ、バラ、薬草となるでしょうね。仏教でよく引用される一節があります。「もしあなたが何をしたかを知りたければ、あなたの今の姿を見なさい。もしあなたがこれからどうなるかを知りたければ、あなたが今していることを見なさい」。

T　すると、この世でわれわれの身に起こることは、いくつもの前世の過程でのわれわれの行為と思考との直接の結果なんですね。だって、カルマの概念は、相次ぐ人生の過程における再生という概念に必然的に結びついているわけでしょう？　ぼくにとって、こうした数多くの人生を信じることは、死の苦悩を鎮めてくれるものです。カルマの概念は、神童の存在についてうまい説明を与えてくれますね。モーツァルトは五歳で立派なピアニストであり、多産な作曲家でした。あの神業は前世で獲得したものではないでしょうか。カルマはまた、ごく小さな子供がなぜ恐ろしい苦痛や重い病気の犠牲になるのかも理解させてくれます。彼らは前世で播いた種を取り入れているから、ということになるんでしょうね。

M　そういった類の見方には、西欧では一斉に憤激の声が上がります。どうして罪のない子供にそんな恐ろしい罪を着せることができるのか、子供たちはそんな罪とはおよそ無縁で、それがどんなものかまったくわからないのに、と。もし前世を信じないとすれば、この怒りは、この上なく正当なものですね。でも、仏教徒にとっても、問題は無辜の者を責めることではなくて、苦しむ人々により一層の慈愛の心を示すことにあるのです。火の中に手を入れて火傷したのを覚えていない健忘症患者を責めるわけにはいきません。手当をしてあげ、何が起きたのかを理解させるよう努め、どうやってまた火傷しないようにするか教えてあげるのです。断罪とか、まして懲罰という考え方は仏教には無縁です。憎しみや、妬みや、激情に駆られて行動する人は、心の病人のようなものだから、もし彼が危険なら、他人を害するのを防いであげるべきだし、それから世話をしてあげるべきです。私たちの目的は、ひたすら苦しみを避けることでなければなりません。罪悪感で落ち込んだり、茫然自失したりしても、何もならない。失敗を悔い、同じ苦しみにまた陥るのを避けることが大事なのです。

自我という蜃気楼とカルマの連続性。松明の炎のように同一でも別のものでもなく

T　仏教では、自我は「欺瞞」だと、何度もうかがいました。もしその自我が存在しないのなら、幸せや苦しみ

の体験をするのは誰なんでしょう？

M　わが行為の結果を「私」が体験する、と言わせる一つの連続性があるのです。だけど、それは、不動で実在の存在の連続性とはまったく違って、自然にたがいに絡まり合う私の行為の流れそのもので確保され、また意識の連続体によって確保されています。流れというのは、たえざる変化ということです。つまり、この流動性の中心に不変の要素があるなどという考えは成り立ちません。そのような不変の要素を想像するのは、遠くから川を眺めて、川が流れるのを見ない人間の錯覚に等しいと言えるでしょう。紀元前一世紀に、バクトリア王ミリンダが仏教僧ナーガセーナに出した問いに、よく似た説明がありますよ。

「――ナーガセーナよ、ふたたび生まれる者は同じ人間か、それとも別の人間か。

――同じでも、別でもありません。

――たとえを挙げてくれないか。

――松明に火を付けると、夜通し燃えますね。

――もちろん。

――夜の最後の炎はその前の時間の炎と同じですか、またそれは夜の最初の時間の炎と同じですか。

――違うな。

――それでは、夜の三つの時間それぞれに、違う松明があるのですか。

――いや。同じ松明が夜通し燃え続けた。

――王よ、同じことです。現象のつながりは連続しています。一つが表れ、同時にもう一つが消えます。

［…］したがって、意識の最後の行為を受け取るのは、同じ人間でも、別の人間でもないのです(2)」。

だから、過去の行為と相次ぐ誕生との結果を体験する「自我」というか、存在、あるいは意識という観念は、幻想にすぎないわけです。

T それなら、どうしてカルマの効果がこのプロセスの中で「消え」てしまわないのでしょう?

M カルマを生きる人間というか、自我は、絶対の存在をもってはいないけれど、それでも否定することのできない相対的な存在はもっています。カルマは、ある一定時間、特殊な関係を維持する現象の流れに対応しているし、ある機能を果たすことができるのです。しかし、この流れの中のどの現象もつねに変動し続けているので、自我の概念をつかの間の出来事(例えば、すぐ消える粒子)に結びつけるのは不可能です。人間の自我の存在とまったく同じで、カルマの存在も純粋に約束事であって、決して客観的ではないのですから。サイバネティックスの生みの親の一人であるノーバート・ウィーナー〔一八九四―一九六四〕は、これとよく似た考え方を詩的に表現しています。「われわれは果てしなく流れる川の中の渦にすぎない。われわれはとどまる実体ではなく、永らえる痕跡である」(3)。

第9章　時間の問題

　近代物理学は、ニュートンの絶対的で普遍的な時間から、アインシュタインの相対的で伸縮自在な時間へと移行した。相対的で伸縮自在な時間は、観測者の運動によって、あるいは観測者が位置する重力場の強度によって、遅くなったり、早くなったりする。時間はもはや普遍的ではない。ある者の過去は、他の者の未来になりうる。このような物理的時間と私たちが体験する心理的時間の違いはどこにあるのだろうか。仏教はどのように絶対的時間に反論し、心理的時間を心の修行に刺激を与える針として使うのだろうか。時間の「矢」は、原子レベルでは存在せず、宇宙レベルでは遍在するが、これは人間の頭が考えたレッテルにすぎないのではないだろうか。

時間に普遍的性格はあるか

T 「時間にかんする瞑想は、あらゆる形而上学にとっての予備的な仕事である」とフランスの哲学者ガストン・バシュラール〔一八八四―一九六二〕は言っています。たしかに時間というのは、聖アウグスティヌスが四世紀に確認しているように、きちんととらえにくい概念ですね。彼はこう言っています。「時間とは何か。私に尋ねる人がいなければ、私にはわかっている。しかし、尋ねられて、説明しようとすると、もうわからなくなる」(1)と。時間は形而上学だけでなく、物理学でも重要な役割を演じていますよ。物理学者は、自然を研究していく中で、たえず時間の問題と向き合ってきました。そう言うと、逆説的に聞こえるかもしれませんね。なにしろ、時間はうつろうものの計量化だし、物理学者というのは、法則、つまり変化を免れる不変・不動の関係を調べるのが仕事ですから。でも、時間の概念は、たえず物理学に登場します。まず最初は、ガリレオが十六世紀に基本的な物理次元として時間を導入しました。物体の運動についての自分の計測を数学的に関連づけ、整理するためにね。それから、ニュートンが十七世紀に自分の力学の法則を立てるのに、明確な時間の定義を与えます。彼は空間における物体の運動を、相次ぐ瞬間における位置と速度を精密に記述することによって定義したんです。ニュートン的時間は一義的で、絶対で、普遍的でした。その時間は誰に対しても同じように流れ、宇宙にいる観測者は誰でも同じ過去、同じ現在、同じ未来を共有していたし、しかも時間と空間は厳密に区別されていました。つまり、時間は、空間との相互作用を一切受けずに流れていたわけです。

ニュートンの絶対的時間からアインシュタインの相対的時間へ

ところが一九〇五年、この絶対時間という概念は、アインシュタインの特殊相対性理論の発表によって疑問を突きつけられます。アインシュタインの登場で、時間は、ニュートンによって与えられていた厳密性と普遍的性格を失うんです。それまで時間は、宇宙の中で変わることなく流れると思われていたけれど、その宇宙との関連が問題になったんです。つまり、時間は、観測者の運動に従属していることが明らかになって、伸縮性を帯びることがわかったわけです。人が早く進むにつれ、その人の時間の進み方はより遅くなります。そういうわけで、宇宙船に乗って光速の八七パーセントで移動する人間では、自分の時間の進み方が半分になるんです。地上に残る双子の弟と比べて、半分しか年を取らない。この年齢差は実際目に見えるものでしょう。弟は顔のしわが多く、白髪になっている。彼の心臓はより多く鼓動し、より数多くの食事を取り、より多くのワインを飲み、より多くの本を読んだはずです。これが「ランジュヴァンの双子の逆説」というやつです（この説を述べたフランスの物理学者〔ポール・ランジュヴァン。一八七二－一九四六〕の名前から来ています）。だけどそれは、われわれの間違いやすい良識から見たときに逆説になるというだけのことで、相対性理論がこの時間の減速を完璧に説明してくれます。速度が増せば、時間は遅くなる。この減速は、日常生活における速度では知覚できないけれど、光速（秒速三〇万キロメートル）に近い速度ではすごく大きなものとなります。光速の九九パーセントでは、時間は七倍遅くなるし、九九・九パーセントではなんと二二・四倍遅くなるんです。

時間と結びついた空間

もう一つの革命は、時間と空間はもはや別々には生きられない、ということです。アインシュタインは、この二つをぴったりくっついたカップルにしました。空間もまた伸縮性をもつ。このカップルの両者の振る舞いは、いつも相補的なんです。時間が延びて、よりゆっくり進めば、空間は縮む。もし双子の一人が光速の八七パーセントの宇宙船で進めば、彼は二倍ゆっくり年を取るだけでなく、彼の空間も縮むんです。彼の宇宙船は、地上に残っていた弟には半分に縮まって見えます。時間と空間にかかわるゆがみは、空間の時間への変換とみなすこともできれば、その逆とみなすこともできます。縮小する空間は延長する時間に姿を変えるんです。宇宙はこのあと四次元をもつことになります。宇宙における物体の座標を正確に記すには、その位置を空間の三つの座標で示すだけでなく、その位置で計測される時間も示さなければならないからです。

時間は速度だけでなく、重力によっても遅くなります。アインシュタインが一九一五年に、一般相対性理論で明らかにしたことです。巨大な重力をもつブラックホールの近くでは、宇宙飛行士の時計は、地上に残った観測者の時計に比べて、遅くなるんです。この時間の減速は、頭で考えだされたものではありません。加速器の中で猛烈なスピードで発射された粒子において、ちゃんと観測されているんです。これらの粒子は、静止状態のときよりも永く生きられるし（崩壊するまで）、それも、つねにアインシュタインが予測した割合で永くなります。

時間は「過ぎる」か

時間の伸縮性という性格は、根本的な結果をもたらしました。時間はその普遍性を失い、もはや誰にとっても同じではなくなったんです。ぼくの現在は、誰かの過去にもなるし、第三の人の未来になるかもしれない、もしその二人がぼくに対して運動しているならね。同時性という概念が意味を失うんだから、「今」ということばはあいまいになります。もし誰か他の人にとって未来がすでに存在していたり、過去がまだ現在であったりするなら、すべての瞬間が同じ価値をもつでしょうね。そこにはもう、特権的な瞬間は存在しないんですから。カール・ポパー〔一九〇二―九四〕が「第二のパルメニデス」と呼んだアインシュタインにとって、時間の移り行きは幻想にすぎないことになります。アインシュタインはこの意見を、一九五五年、親友のミシェル・ベッソー〔一八七三―一九五五〕が死んだとき、自分の悲しみを和らげるためのようにして書いた手紙の中で述べたんです。「われわれ確信を抱いた物理学者にとって、過去、現在、未来の区別は幻想にすぎない、ただこの幻想は根強い」と。現代の物理学者にとって、もはや時間は流れません。時間はただそこにじっと動かず、二つの方向に無限に伸びる一本の直線のようにあるだけです。

M 仏教の古典的分析では、物理的・絶対的時間は概念にすぎません。時間それ自体は存在しないのです。時間の移り行きは、流れない現在の瞬間においてはとらえられず、始まりや終わりをもつのに必要な厚みがありません。この現在からみれば、過去は死んでいるし、未来はまだ生まれていない。もうないものとまだないものの間に宙づりになった現在とは、どうやって存在しうるのか、ということになるのです。時間は、現象の世界の相対的真理、つまり体験の領域に属していて、観測者がとらえる変貌と結びついた概念にすぎません。

仏教によれば、物理的時間は固有の存在を欠いている

また、物理的時間は固有の存在をもっていません。時間を構成しているのは各瞬間であり、それらの瞬間と区別された時間を考えることはできないからです。時間を、ある一定の期間の始まり、中間、あるいは終わりと同一視することは不可能でしょう。もしある期間をその始めと真ん中と終わりで構成される全体として定義するなら、その全体がそれら三つの部分のどれにも存在していないことは明らかなはずです。期間はその始め、真ん中、終わり

の外に存在するのでもないから、結局、期間という概念は単なる約束事ということになります。時間は空間と同じように、私たちの経験と、個々の準拠系との関連ではじめて存在するもの、つまり、現象を理解する一つの方法なのです。現象がなければ、時間は存在のしようがありません。

時計の物理的時間。時間は世界とともに現れたのか

T 主観的な、つまり心理的な時間と、われわれの意識に依存しない物理的時間――客観的であると思われ、均一に流れる時間――とは、きちんと区別される必要がありますね。物理的時間は時計の時間です。原子の振動(2)とか、地球の自転運動のような規則的な運動のおかげで、この時間は計れます。だからこの場合は、宇宙の誕生以前の時間(あるいは空間)について語るのは、意味がないんです。だって、どんな運動も計測できないんですから。ビッグバン理論によれば、時間と空間は、宇宙と同時に生まれたものです。聖アウグスティヌスもやはり、時間は世界とともに出現したという考えを思いつきました。彼は、〈神〉が世界の創造を決める前に、果てしなく長い間それを待ち続けていたなんて、滑稽だとみなしたわけです。彼にとって、世界と時間は同時に現れたんです。世界は、時間の中にではなく、時間とともに作られた。彼のこの考え方は、現代宇宙論の発想の見事な先駆けですよ。

体験される時間

逆に、体験される時間、われわれが心の中で感じる時間は主観的であり、一様には流れません。おそろしく伸び縮みします。だから、同じ芝居でも、退屈な出し物だと感じる人間には延々と続くし、夢中で見ている隣の席の人間には時間の経つのがわからない。退屈している一分、あるいは恐怖の一分は一世紀にも思われるし、至福の時は瞬きする間に過ぎてしまいます。また一方で、年を取るにつれ、時間が早く過ぎる気がするのは、われわれみんな

が確認していることです。年齢によるこうした時間の加速は、動植物の成長にかんする研究によって確かめられています。つまり、年齢が高くなるにつれ、「生理学的」時間は短くなるんです。

こうした体験的時間と物理的時間との対立は、思想史の中にいつも登場してきました。ソクラテス以前の哲学者にとっては、時間は運動と同一視されていました。これは物理的時間の場合と同じです。例えばヘラクリトスにとっては、「時間はトリックトラック〔西洋双六〕で遊ぶ子供である」（時間はゲーム盤上のポーン〔歩〕の移動によって刻まれる）となります。アリストテレスにとっては、時間は「運動の数」でしたが、しかし、彼はすでにちゃんと考えていました。「もし魂がなければ、時間が存在するか否かを知るのは、厄介な問題だ」と。四世紀に入ると、聖アウグスティヌスはアリストテレスの主張を否定し、「時間は物体の運動ではない」と言い、時間の存在論的（あるいは心理的）次元を主張します。つまり、期待の対象（未来）が注目の対象（現在）になり、それが記憶の対象（過去）に変わるのだから、時間はただ魂の中でのみ流れる、となったんです。この立場を二〇世紀になって、ドイツの哲学者エドムント・フッサール〔一八五九―一九三八〕が受け入れるわけです。

M　カントもやはり言ってますね、時間と空間の概念は、自然と私たちとの関係に属しているのであって、自然そのものに固有のものではなく、「時間は、われわれの直観の一つの主観的条件にすぎず、主観の外では何物でもない」と。仏教哲学者もこれに相当する考えを出して、主張しています。時間は究極の実体を欠いていて、現象とその観測者の外側には何の存在もない、と。反対に、時間を「矢」として表すのは、事物の実在性への私たちの執着を反映しているからだと言えます。

時間の「始まり」について語ろうとすると、時間の幻そのものの本質がよく見えてきます。というのは、時間の始まりを考えだしたら、当然、始まりの「前」には何があったかと考えてもいいわけですから。この無意味な問いで明らかになるのは、私たちが相手にしているのは、ある実体の始まりではなく、精神の構築物であるということです。アインシュタインのように、物理的時間は一つの不動の次元のようにいつもあるものだと言う代わりに、時間はけっしてないと言ってもいいのです。それは、時間が動くのは幻であるという観点から見れば、ほとんど同じことを意味するのですから。

T 聖アウグスティヌスも言ってますね。体験時間以外の時間はない、と。記憶、現在の注目、待機の心理状態の外では、時間は無にすぎないということです。もう一方では、すべては時間の中にある以上、何も存在しないとも言えます。つまり、すべては外観にほかならない、と。

われわれみんなが感じている心理的時間は、物理的時間とは全然違います。われわれは時間には運動があると考えています。「時間は過ぎ去る、時は流れる」、大河の流れのように。現在に碇をおろした動かぬ船の上で、われわれは過去の波から遠ざかり、未来の波をもたらす時間の川を眺めているんです。つまり、われわれは時間に空間の次元を与え、そうやって時間の運動を空間の中に表すから、過去、現在、未来という感覚が生まれるわけです。現在は圧縮できません。なぜかというと、存在しないわけではない現在の持続は、われわれの精神のプロセスや、われわれの知覚の生理学と結びついているからです(3)。過去は思い出で、未来は期待で詰まっています。

でも、こうした時間の移り行きという概念は、現代物理学の言語にはうまく合いません。もし時間に運動があるなら、その速度はどのくらいか。もちろん、これはばかげた問いです。心理的時間の流れを物理的時間の不動性に置き換えてみれば、その問いはなくなります。でも、どうして二つの時間にこんな違いがあるんでしょう。

M それが謎なのは、私たちが世界から完全に切り離されているという前提に立っているからにすぎません。物理的時間という概念は、すでになし終えたことと、まだ待っていることとを分けて考えることから生じる心理的時間を抽象化したものではないでしょうか。物理学者は、物理学によって私たちが体験することを説明しようとして、あるいは、時間という幻の概念を物象化して現実とすることによって、物理的時間を特別扱いしているだけではないでしょうか。

神経生物学における「今」の厚み

T　時間は過ぎ去るものだ、そうわれわれが考えるようにさせているのは、おそらく脳の働きでしょうね。外部世界のデータは、われわれの感覚器官によって脳に伝えられ、脳はそれを統合して心的表象を作り上げます。こうした脳の活動には、異なる機能をもつ脳の別々の領域の一斉同時行動という特徴があります。神経生物学者フランシスコ・ヴァレーラによると、(4) われわれに時間の感覚をもたらすのは、これらの脳の異なる構成部分を結びつけ、統合する複雑な仕事の仕組みだそうです。人間の脳にある何千億のニューロンの中の隣接していないいくつもの大グループが連係し、同期して活動することから、生物学的「創発」状態、つまり、単なる構成要素の総和以上の状態が生じる。この活動が百分の何秒から十分の何秒かの間続くので、われわれは「今」という、厚みをもつ現在の感覚をもつんだそうです。しかし、このニューロンの同期は不安定であり、持続しないので、他の同期ニューロン・グループの作動を引き起こし、次々とこの創発状態を生みだします。この状態が、時間が過ぎるという感覚をもたらすんです。おのおのの創発状態はその前の状態から枝分かれし、前の状態はそれに続く次の状態の中にまだあるから、時間の連続性という印象を生むわけです。

時間の矢と圧縮不可能な時間

それからまた、時間の方向（時間の「矢」）の問題がありますね。心理的時間はつねに同じ方向に進み、われわれを誕生から死へと運んでいきます。弓の弦から放たれてまっすぐ前に向かって飛ぶ矢のように、心理的時間はけっして後戻りはしませんね。この心理的時間の不可逆性が、われわれの死の強迫観念の原因となっているんです。

人間はみな揺りかごから墓場に行くことを知っています。フランスの哲学者アンリ・ベルクソン〔一八五九―一九四一〕は、時間は幻想であって、実在性も持続もないというアインシュタインの考え方を、どうしても受け入れられなかったようです。彼の考えでは、時間は「厚み」をもっているはずだし、この時間の厚みがあるからこそ、内的生活が生まれる。時間の持続のみが、自由と創造、進歩と変革、発明と精神の飛躍を可能にするわけです。フッサールもまた、現代の神経生物学が確認している「圧縮不可能な時間」について述べています。アインシュタインの物理的時間は、あまりにも決定論的で、あまりにも非人間的ではないでしょうか。これから起こることが、すべてすでに書かれているなら、自由意志も希望もどうなってしまうでしょう。

M 「これから起こることは、すべてすでに書かれている」という考え方そのものが、非論理的です。創造者の概念を検討したとき、もう見てきたように、もしすべて書かれているなら、未来のすべての原因と条件がすでに揃っているはずですね。そうなると、それらが直ちに外に現れるのを妨げるものは、何もありえなくなりますよ。また、もし全部揃っていなければ、まだ書くことが残っているわけです。

不安も、後悔も、悲しみもなく体験する死

仏教では、心理的時間の概念を使って、死の不安を抑え、さらに熱心に修行に向かわせるようにしています。仏教の修行者が死の強迫観念に苦しまないのは、たえず死について瞑想することで、時が来れば心静かに死を迎える準備をしているからです。十一世紀のチベットの賢者ガムポパが書いています。「最初の段階では、罠から逃れようとする鹿のように、生と死の恐怖に駆り立てられなければならない。道半ばにいたれば、たとえ死ぬとしても、念入りに自分の畑を耕した農民のように、何も悔やまなくてもよい。最後の段階では、大きな仕事をなしとげた人のように、幸せでなければならない」と。

隠者は毎晩寝る前に、目が覚めないときのために、自分の皿を裏返します（チベットでは誰かが死ぬと、そうします）。一瞬一瞬が自分を死に近づけていると思うからです。息を吐くたびに、また息を吸えることを幸せに思うのです。ナーガールジュナは『親友への手紙』でこう書いています。

「千の悪の風が打ちつけるこの生命が
水の上の泡よりもさらにはかないとすれば、
眠ったあとで、息を吸い、息を吐き、
元気に目覚めるのは、奇跡のようだ[5]」。

『意図して言われた章[6]』で、仏陀はこう述べています。

「人が蓄えるものはすべて最後に散らばり、
人が築くものはやがて崩れ、
集められたものは分かれて終わり、
生きているものは死んで消える」。

こういうわけだから、時間が不可逆的に逃げていくという自覚は、私たちの熱意を励ます拍車のようなものなのです。チベットに仏教をもたらしたパドマサンバヴァ師〔九世紀にインドからチベットに来て密教を伝えた大行者〕は言っています。

「海に流れ込む奔流のように、
西の山に滑り落ちる太陽や月のように、
逃げ行く日、夜、時、瞬間のように、
人生は容赦なく流れる」。

仏陀はまた、四人の射手が同時に四つの違った方向に射た四本の矢をつかまえようとする競技者のイメージを使い、「しかし、それよりもっと早いのが時間の逃走であり、死の接近である」と言います。だから、仏教の修行者にとって、時間はこの上なく貴重で、一瞬であれ無駄にしてはならない、そんなことをするのは、間近な死を忘れる無関心な人間だ、と。でも、仏教はさらに、この時間の矢は幻であるとも言います。なぜなら、過去も未来も現実ではないし、したがって現在はとらえられないからです。

物理的時間に対する仏教の反論。過去は現在と出会えるか

物理的時間に戻ると、瞬間には持続がないから、瞬間を足したものにも持続はない、となります。だから、時間というのは、私たちが変化の知覚に貼りつけるレッテルにすぎないことになります。もし物理的時間が絶対的に存在するなら、時間には連続性がなければならず、そうすると、過去と現在の、また現在と未来の接触点があることになりますね。

T 論理的ですね。

M 瞬間は持続のない点であり、そこで現在と未来が出会うとしましょう。しかし、過ぎたばかりの瞬間と現在の瞬間に、どんな共通点があるでしょうか。もしあるとしたら、現在の瞬間が過去になるか、過去の瞬間が現在に

なるかのどちらかでしょう。同じように、もし現在が未来の瞬間と接触点をもつことができるなら、現在の瞬間が未来になるか、未来の瞬間が現在になるかのどちらかのはずです。そうなれば、次々と過去と未来の無限個の瞬間が現在の瞬間と混然一体になってしまいますよ。

T　アリストテレスの『自然学』(7)に、似たような論法がありますね。「もしただ一つの同じ〈瞬間〉の中に前とあとの両方があるのなら、一万年前にあったことと今起きていることとが同時ということになってもいいのだろうか」、というものです。

でも、改めて言うけれど、ヴァレーラのような神経生物学者にとって、瞬間も今も、持続をもたないわけではないんです。その持続は一万分の数秒以下ではありえない。それが、ニューロンが機能を果たすのに必要な最少の時間なんです。

M　今私が挙げた論法は、生理学的、主観的な時間にかかわるものではなくて、「動いている実体」であるかのようにみなされている時間概念への執着を断ちきるものなのです。もし時間の移り行きが、運動という概念には収まらない現在の瞬間においてとらえられないとすれば、相対的真理のレベルでは、一体どうやって現在から未来へと移るのか。ヴァスバンドゥは『アビダルマ・コーシャ』〔『阿毘達磨倶舎論』。小乗仏教の百科全書として知られる〕にこう書いています。「瞬間は直ちに壊れるから現実の運動はなく、瞬間の創出は途切れずに続く」と。

T　その時間概念は、流れない時間というアインシュタインの考え方に似ていますね。相対性理論では、物理的時間はただそこにあって、動かずに静止しています。時間‐空間はその全体として、宇宙の誕生からその終わりまであらゆる出来事を含んで、存在するんです。

M 私は違うと思います。時間はそこにあって、動かずに静止しているのではありません。実在性をもっていないのですから。アインシュタインの時間‐空間を絶対的なものと考えるわけにはいきません。それもまた、もう一つの約束事にすぎません。時間の絶対的性質は、空性であり、固有の存在の欠如なのです。仏教では、それを「他の三つ（過去、現在、未来）を超越する時間の第四局面」と呼んでいます。この第四の時間は、その本質上、持続の概念の彼方にある現在の瞬間に等しいとみなされることもあります。観想の視点からすれば、心の奥深く「現在の瞬間の爽やかさ」に浸ることは、精神の光り輝く空《くう》の性質や、現象世界の透明性に気づく助けとなるものです。この性質が不変なのは、それが、一種の恒常的実体であるという意味においてではなくて、行くと来る、存在と非存在、一と多、始まりと停止といった概念の彼方にある、精神と現象の真のあり方だからなのです。

T ローマの哲学者で政治家のボエティウス〔四七五？―五二五？〕のことばに、その考え方と通じるところがありますね。「過ぎる今が時間を作り、とどまる今が永遠を作る」[8]。

カントにとって、時間は、時間を知覚する思考運動と切り離せないものです。時間が出来事の継起を可能にし、一方、空間が出来事の同時性を可能にすると、彼は考えたんです。でも、彼はニュートンとまったく同じで、時間と空間を別々の、分かれたものとして考えました。当然、アインシュタインが発見した時間と空間の相互連係とは相容れません。同じように、仏教もまた、時間と空間を別々の存在とみなしているように見えるけれど。

M そうではありません。なぜなら、仏教では、現実の存在としての空間という概念を否定するからです。空間は時間と同じく、私たちが精密な物理的基準枠の中でもつ体験に対応しているのです。どのくらいの広がりであれ、空間の一領域を考えるとすれば、その空間は単なる概念とどこが違うでしょうか。空間は、その部分の一つに帰着されもしないし、各部分から独立して考えられもしません。もし「空間」という実体がその部分の集合に対応するのなら（空間に広がりがあるなら、部分というか領域があるはずです）、この実体に入り込むには、そのすべての部分に同時に入り込むことができなければならないけれど、それは不可能なことです。だから、「空間」という実体もやはり、頭で考えたレッテルにすぎず、固有の存在ではないのです。

ミクロ世界では時間の矢は消えるか

T　「時間の矢」に話を戻すと、亜原子のレベルでは、時間はもはや一方向ではなくなることを言っておくべきかもしれません。粒子の世界では、時間の矢は消えて、時間は二つの向きに流れることができます。収束する二つの電子は衝突し、また元に戻ります。時間的にこれらの出来事の順序を逆にしても、やはり二つの電子は収束し、衝突し、また元に戻るんです。この二つの順序は同じなんです。これらの出来事を記述する物理法則は、それぞれの個々の時間の方向の刻印を内部にもっていません。粒子の世界の映画は、二つのいずれの方向にも映すことができるんです。(9)

M　もし粒子レベルで時間に絶対的方向がないのなら、マクロの世界でそれが「存在」し始めるのは、私たちの精神の中だけのことかもしれませんね。

秩序と無秩序。熱力学の矢

T　前にも言ったけれど、アインシュタインは、時間は幻想にすぎないと考えていました。彼は時間の普遍性という概念をぶちこわし、過去、現在、未来という区別をやめにしたんです。そうやって、物理学から不可逆性という概念を排除したいと思ったわけです。だけど、時間の矢は、たとえ量子力学の亜原子世界でも、(10)別の状況では相変わらずまた現れ、マクロの世界に強引に入り込んできます。前に進む心理的矢があるのと同じように、一方向にしか進まない熱力学の矢がある。この矢は、熱の科学である熱力学の第二法則、すべては無秩序の方向に向かうという原理に基づいているんです。宇宙の無秩序さの尺度であるエントロピーは、けっして減ることはないんです。太陽の熱で溶ける氷や、荒れ果てた古い城の石を観察すれば、この無秩序さの増大の表れを見ることができます。このどちらの場合も、最初の状態は最後の状態に比べて、秩序ある構造をしています。結晶構造をした氷は、溶けたあとにできる水たまりよりも秩序がある。偉容を誇る城の見事な構造は、無惨な石の堆積よりもはるかに形が整っている。過去から未来への時間の移行が心理的時間の向きを決定するように、秩序から無秩序への移行は、熱力学的時間の向きを決定するんです。仏教は非恒常性〔無常〕について語るけれど、このような変化の方向についても考えているんでしょうか。

M そういう約束事としての時間の方向について、仏教はたしかに意識しています。現象の微細なレベルでの非恒常性〔無常〕は、大まかに言ってエントロピーの概念に対応します。教典ではこう教えています。家が古び、ついに崩れ落ちるのは、どんな現象も、たとえ一番小さな粒子であれ、決して同じままではいられないからだ、自分の中に崩壊の芽をもっているからだ、と。

T 物理学にかんして言えば、この熱力学の矢は、一八五四年、ドイツの物理学者ヘルマン・フォン・ヘルムホルツに絶望の叫びを挙げさせました。「宇宙は死に向かって疾走している！」。そして彼はこう続けます。エントロピーの増大は、不可避的にすべての自然のプロセスに伴い、宇宙の内部のすべての創造活動の停止へと導くに違いない。宇宙の構築（惑星、星、銀河など）、天才的人間の創造（モーツァルトのオペラ、モネの睡蓮…）は、修復不能な壊れ方をする宇宙の残骸の下に埋もれてしまうだろう、と。

もし熱力学の第二法則が、否応なく宇宙を衰退と死に導くとすれば、われわれが今、完全にカオス的な世界には生きていないことをどのように理解すればよいのか。宇宙の見事な構造と調和をどのように説明すればよいのか。

宇宙はどのようにして複雑系のピラミッドをよじ登ることができたのか。エネルギーに満ちた真空から、どのようにして素粒子、銀河、星、惑星が生み出されたのか。熱力学の第二法則は、宇宙のどこかでは破られるのか。この最後の問いに対する答えはノーです。熱力学は、宇宙に秩序と組織をもつ地域が突然現れるのを禁じているわけではないけれど、それには、この局所的な秩序の増加が、他の場所でのより大きな無秩序の創造と組み合わさっている、という条件がつきます。城の廃墟の例に戻って考えてみます。労働者の一隊が城を再建することは可能だけれど、その工事を成功させるには、彼らは栄養を摂らねばならず、そのためには食料という秩序あるエネルギーを、彼らの身体から発散される熱という無秩序なエネルギーに変換しなければなりません。結局、労働者がもたらした無秩序は、城の再建による秩序よりも大きいことになるんです。熱力学の第二法則はちゃんと守られているわけです。

熱力学の時間の矢は、宇宙の膨張に基づく宇宙論の時間の矢と結びついています。時間が経つにつれ、銀河はたがいに遠ざかり、宇宙は冷却し、広がり、密度を失っていくんです。宇宙誕生の三分めには、その温度は何百万度に達していました。しかし百五十億年の進化のあと、宇宙は摂氏マイナス二七〇度という冷凍温度、つまりビッグバンの残留放射の温度にまで下がりました。その極度の低温の中で、星は核反応を起こし、内部が何千万度にも熱せられて、熱とエネルギーの源になりました。銀河、星、惑星のような複雑な構造の出現がもたらした無秩序の減少は、星が空間に放射する熱から生じる無秩序によって、余るほど補われているんです。ここでも熱力学の第二法則は守られていますよ。だから、宇宙論の矢と熱力学の矢は密接に結びついているわけです。

宇宙論の時間は逆向きに変わるか

でも、時間の向きにかんする疑問は解決されるどころか、濃い霧に包まれたままなんです。もしいつの日か宇宙が最大の半径に広がり、自己崩壊するとしたら、熱力学の時間の向きは宇宙の膨張と結びついているのだから、収縮する宇宙の中では逆になるのか。崩れた石の山は、自然に壮麗な城に変わるのか。心理的時間は逆向きに流れるのか。

実は、もし心理的時間が逆向きになるとすれば、収縮する宇宙の住民は、自分が膨張する宇宙にいると思うはずですよ。だって、そのとき彼らの脳の働きのプロセスも逆向きになっているはずですから。だから、時間は逆転するかという問題は、頭の体操以外には、本当は生まれないんです。

第10章 カオスとハーモニー——原因から結果へ

量子論的不確定性、カオス・システム、時間の不可触性は、私たちに原因と結果の法則のメカニズムの再検討を迫る。因果性にかんする実在論的概念は、個別の実体が他の実体に本来備わっている特性に変化を引き起こすという考え方と深く結びついている。このような因果性の体系は本当に機能しうるのだろうか。仏教が説くような、相互依存と全体性に基づく相反的因果性にかんしてはどうなのだろうか。結局のところ、「何か」が本当に存在するにいたったのだろうか。論理的表現はさておき、このような考察からどのような内的体験を引きだせるだろうか。

相対性理論によれば、出来事の順序は運動によって変えられるか

T 相対性理論は、絶対的時間を抹消した上、同時性の概念もぶちこわしました。その結果、ある状況の下では、出来事の順序を、観測者の運動によって組み換えることもできるようになったんです。そこで、出来事の時間的な組み換えができるということは、因果性の原理を問い直すことになるのではないかという考えを誘いだします。二つの出来事が因果的に結ばれているためには、どうしても両者の間で情報が通じている必要があります。光よりも早く進むものは何もないのだから、光は宇宙で一番早い通信手段ですよね。そういうわけで、二つの現象は、両者が起こる時間差以内に、光が一方から他方へと進む時間があるとき、因果関係で結ばれていることになります。このことから、因果関係をもつ現象という一面と、光の速さというもう一つの側面との間のつながりが説明できます。

因果性と運動。稲妻に打たれた列車

出来事の順序は、どんなふうに運動によって変えられるのか。アインシュタインが提起した思考実験をもう一つ取り上げてみましょう。駅をすごい速さで通過する列車を想像してみます。雷がその客車の前と後ろの両端に落ちるとします。そのとき三人の人間が客車の高さの半分にあたる水平面に位置しています。Aはホームに、Bは動いている列車の中に、Cは逆方向に走る第二の列車の中にいます。そうすると、三人は出来事を同じ順序では見ない

はずです。ホームに立っているAは、雷が同時に客車の前と後ろに落ちるのを見る。客車の真ん中に座っているBは、雷がまず前に、それから何分の一秒かあとに後ろに落ちるのを見る。この違いの理由は簡単です。列車は動いていたから、車両の前に落ちた稲妻の光は後ろから来る光（Bに追いつくはずの）よりも、Bのところまで届くのに進む距離が少ない。光速はつねに一定だから、前から届く光は後ろから届く光よりも時間が少なくて済む。だから、Bはまず客車の前に落ちた稲光を見るんです。反対の方向に向かう第二の列車に乗っているCにとっては、逆のことが起こります。彼はまず雷が客車の後ろに、それから前に落ちるのを見るんです。誰が正しいのか。みんなです。だって、三つの視点はどれも有効なんですから。出来事の時間的連続は、こんなふうに運動によって変わりうるということです。こうした違いは、列車の場合はごくわずかだけれど、光速に近い速度で飛ぶ宇宙船の場合は、大きなものになります。

それでは相対性理論は、出来事の順序を観測者の運動によって組み換えることで、原因はつねに結果に先立つという因果性原理に疑問を投げかけるのか。結果が原因の前に来ることはありうるのか。卵が割られる前に、オムレツは存在しうるのか。そして、ぼくは母の前に生まれることができるのか…。

M　過去、現在、未来が一つの塊を作っているだけのことだとするアインシュタインの考えに同意するとして、時間をさかのぼることは、かならずしも、私たちが過去の出来事を変更することを意味するものではありません。時間をさかのぼることは、単にテープを巻き戻すことであって、違うふうに録画し直すことではないはずです。あるいは、時間のカードに置いた指をずらせるだけで、カードそのものには変わりはないはずです。

T　アインシュタインの考えでは、各人が同じ場面の映画を撮っても、撮る人の運動によって違う編集の仕方をすることができます。とはいっても、相対性理論は因果性のプロセスを問い直すのではありません。というのは、二つの出来事の起きる順序が変わる可能性は、それらを隔てる時間の間に光が一方から他方へと進むことができないほど、両者が空間的に十分遠いか、あるいは時間的に十分近いかのどちらかの場合に限られるからです。いずれの場合も、二つの出来事はたがいに相手の原因にはなれないわけです。言い換えると、二つの出来事の過去、現在、未来がはっきりと定められなくなるには、それらが光の伝える情報によって因果的に結ばれる時間をもたない必要があるということです。ヴェルナー・ハイゼンベルクはこう表現しています。「特殊相対性理論によれば［…］遠い地点で起こる二つの現象は、一方の地点で現象が起こる時点に発せられる光信号が、もう一方の地点で現象が起こる瞬間のあとで初めてその地点に達するような短時間に発生するなら、直接の因果関係はまったくありえない。その場合、この二つの現象は同時的であると言える。いかなる種類のいかなる作用も、ある地点におけるある現象から発して、他の地点における他の現象に達することがないとすれば、その二つの現象はいかなる直接的因果作用によっても結ばれていない。それゆえ、例えばニュートン力学の重力のタイプのような、同時の現象間の直接・瞬時の作用を前提とする、どんな遠隔作用も特殊相対性理論とは両立しない。したがって、特殊相対性理論によって表現される時空構造は、いかなる作用も伝わることのない同時性の領域と、現象間の直接作用が生じうる他の領域とが、この上なくくっきりと分かれる境界があることを前提としている(1)」。

卵が割られる前に、オムレツは存在しうるか

雷と客車の例だと、光は一つの稲妻からもう一つの稲妻へ行く時間がない。だって、Aという人は雷が客車の両端に同時に落ちるのを見るんですから。だから、二つの稲妻は因果的な関係はありえない。その場合には、出来事の順序は観測者の運動によって変わることがあるんです。

それに対して、もしAという出来事が、光がAからBという出来事に進む時間の幅だけBに先行しているのなら、そのとき、Aはつねにすべての観測者にとって先行しています。光は卵からオムレツに行く時間をたっぷりもって

おり、誰も絶対に、卵が割れる前にオムレツができるのを見ることはありません。ぼくは母親より先には生まれない、幸いにね。もし因果性の原理が破られるとすれば、われわれは論理に挑戦するような状況に立たされることになります。原理上、両親の出会いを妨げて、ぼくが生まれることをできなくする、というような不条理が起きたりとかね。この状況は「母親（あるいは父親）パラドックス」と呼ばれています。だから、特殊相対性論によれば、因果性のゾーンは、厳密に光速によって決定されているんです。

M　ハイゼンベルクの考えでは、特殊相対性理論に従うなら、光速と関連のある、過去と未来の間の断絶的な境界の存在は、量子論やフーコーの振り子（第四章八九頁参照）が明らかにした物理現象の全体性とはうまく折り合わない、ということにはなりませんか？

T　光速と結びついた因果性ゾーンの存在は、ＥＰＲ効果やフーコーの振り子が明らかにした世界の全体性と共存しうるんです。というのは、この二つの実験では、伝えられる情報がまったくないからです。つまり、ＥＰＲ効果では、一つの光子は相棒の光子と瞬時に相関するし、フーコーの振り子では、はるかに遠い銀河たちが何の作用も及ぼさないのに、振り子はそれらに合わせて自分の行動を調整しますからね。

光よりも速い？

M　物理学者は、情報の速度が光速の壁を超えるような、仮説的な場合における因果性の方向の逆転も考慮していますよ。

T　相対性論は、よくそう思われているのとは反対に、光よりも早く進む粒子や現象の存在を禁じてはいないんです。禁じているのは、この壁の通り抜けです。実際、もしある物体（あるいは情報）が光速よりも遅い速度からより早い速度に移ることができるとすれば、逃げようとする前方の光線に追いつき、追い越すことができてしまいます。この物体とともに進む人間によって観測される光の見かけ上の速さは、まず遅くなり、次にゼロになり、最後に反対方向に増していくことになります。でもこれは、観測者はつねに、自分の運動がどうあれ、同じ光速（毎秒三〇万キロメートル）を測定するという事実と矛盾してしまいます。この光速の不変性というのは、そもそも、特殊相対性論の基本的公準なんです。同じように、どんな物体も、光速より早い速度から遅い速度へ移ることによって、壁を反対方向に超えることはできません。(2)

光よりも早く進む仮想的な粒子はタキオンと呼ばれます。これは「早い」を意味するギリシャ語のタコスから来ています。その存在は相対性理論によって認められているんだけれど、自然界ではまだ観測されていません。われわれの精神衛生上は、ありがたいことにね。だって、もしこれが存在したら、物理学に次々と逆説が生まれるわけですから。われわれの世界で光よりも早く旅行したら、時間をさかのぼれることになります。そうなると、まさに母親パラドックスの世界になってしまいます。

M タキオンは、原因と結果の関係が私たちの世界とは逆になっているような理論的世界でしか、存在できないはずですね。

T そのとおりです。われわれの宇宙からタキオンを含む宇宙に移動することはできません。タキオンの世界では、われわれが知っているような論理は、もう意味をなしません。この世界では、結果が原因の先に来て、釘はハンマーでたたく前に、すでに打ち込まれている。アインシュタインは、タキオンの存在のもたらすところを自覚していたから、一九〇五年の論文（特殊相対性理論を公表した論文）で、光速より速い速度は許されないと、断固宣言したわけです。けれど、彼の理論には、その存在を禁じる数学的条項がないんです。

M 因果律は光速に依存しているという主張は、因果性を形相の世界や、粒子と光子の世界に限定し、因果性の線形モードしか考慮しないことになるような気がしますね。

T 「線形モード」とはどういう意味ですか？

M それは、宇宙のすべての現象はたがいに分かちがたく結ばれているという事実を考慮に入れずに、「現実に存在しているある実体は、別の実体に変化をもたらす」、あるいはまた、「AはBを与え、BはCを与える」と言うことです。現象の全体的相互依存の表出とみなされる因果性は、アプリオリ〔先験的〕に光速によって限定されるべきではないと思います。フーコーの振り子の実験とEPR現象が示しているのは、光が情報を伝える時間に不足があったのに、二つの現象が瞬時に相関しうるということです。EPR現象の場合、観測行為が全体的現象に相互作用します。粒子をとらえるという私たちの決定がなければ、二つの粒子のいずれも現れないのです。ところで、「遠隔効果」について語ることは許されるでしょうか。

T 遠隔効果について語れるとは、ぼくは思いません。だって、それを語る際には、現実は全体的、全体論的であるのに、その現実は分割され、場所は定められているということが前提となるわけですから。二つの粒子が情報を伝える必要などないんです。どちらも同一の現実に属しているんだから。アラン・アスペの実験が完璧に証明したように〔八六頁参照〕、相互作用を行なった二つの量子論的システム（例えば光子）は、たとえ宇宙の両端に離れているとしても、ただ一つの波動関数によって記述されます。ただし、それは、両者のどちらかが観測の対象になるまでのことです。

M それは、仏陀による相互依存の定義と重なりますね、「これ〔北の粒子の観測と振る舞い〕が現れるのは、あれ〔同じように振る舞う南の粒子の観測〕があるからだ」。この関係には、内在的特性の変更も、情報の伝達も含まれていません。だから、因果性の中心には、諸現象の共存と現象間の相互依存の不可分性が現れるのです。

観測者は観測の対象に影響を及ぼす

T そう、あるのは、ただ一つの同じ全体的現実です。EPR実験についての解釈もそうなりますね。観測者の介入は、量子理論において間違いなく決定的な役割を演じています。観測行為の前には、同時にいたるところに一つの波だけがある（その特定の場所における振幅は、シュレーディンガーの波動関数によって与えられる）。観測が行われるとたちまち、波の現象はある場所、しかも唯一の場所に局在する粒子として現れる。波動関数によって表される可能性の一つだけが具体化されるんです。それは波の「収縮」[3]という言い方で表現されています。

M 観測となれば、自動化作業であれ手作業であれ、機材の準備が要るでしょうね。直接的にも間接的にも、波の収縮には意識の介入が要ると結論してもいいのでしょうか？

T いえ、もちろん宇宙にはいかなる意識の介入も必要としない無数の相互作用の形があります。例えば、太陽の内部で融合して、そのエネルギー源となっている光子とか、電磁気力で釘を引っ張る磁石とか。

でも、量子力学の答えははっきりしていますよ。それぞれ、その波動関数によって記述される二つの量子論的システムが相互作用するとき、その二つのシステムは新しい波動関数によって記述される新たなシステムを形成し、そこには二つのシステムの可能性の全体が含まれる。実際、収縮どころか、波の複雑化にいたるんですね。それで、もしこの二つのシステムがまた分かれると、アスペの実験が明らかにしているところだけれど、その二つは、もはや独立した波の二つの波動関数によってではなく、全体的波の一つの波動関数によって記述されることになります。

観測機器とマクロの物体とはどの点で違うのか。その機器は、たくさんの可能性の中から、ただ一つの選択へといたる波の収縮を引き起こします。一方、マクロの物体のほうは、相互作用したシステムのそれぞれの可能性の全体を考慮に入れた、より複雑な波動関数を得ます。それらがどうしてそうなるのか、疑問は解けませんね。

M 全体性は残るけれど、観測行為の特殊性がこの全体性に特定の照明を当て、現象を形作る無限の関係のうちの一部を個別化する、ただし、現れる特性に客観的存在を与えるわけではない。こう言ったほうが、簡単ではないでしょうか。

量子物理学における観測の問題

T 大部分の物理学者にとっては、量子力学が「うまくいく」理論であり、原子と粒子の振る舞いをうまく説明すると知っているだけで、十分なんです。それをさまざまな現象の計算に利用して、なぜそんなにうまく働くのかを考えるのは、さしあたって控えているんです。これは厳密に経験主義、実用主義《プラグマティズム》の態度と言えます。だけど、ごく一部の物理学者はそれで済ませることは望まなかった。波動関数の収縮のプロセスをさらに深く理解しようとした人たちは、大きく二つの陣営に分かれています。

一方に、「観念論者」、「主観主義者」とも呼ばれる陣営があります。こちらには、ハンガリー系アメリカ人、ユージン・ウィグナー〔一九〇二―一九九五〕の名前が結びつきます。彼らによれば、波動関数がただ一つの可能性に限定されるようにするのは、意識をもつ精神の存在なんです。ウィグナーの言うところを聞いてみましょう。「意識を介入させずに、原子現象の記述をするのは不可能である。波動関数が変わるのは、われわれの意識に印象が入ってくるからだ」。でも、意識に支配的な役割を与えると、重大な問題が生じるんです。機器が粒子にかんする観測を記録する瞬間と、観測者がこの観測を意識する瞬間との間に、ある時間が流れますよね。つまり、光が観測機器から目のところまで進み、その情報が視覚神経によって伝えられ、脳のニューロンによって処理されるのに要する時間です。それは一秒の何分の一でしかないとはいえ、そのプロセスは瞬時ではありません。もし波動関数の収縮が意識化の瞬間にしか起こらないとすれば、観念論者は、観測者の意識が信号を送ることを前提としなければならなくなります。その信号とは、時間をさかのぼって、粒子が装置と相互作用するまさにその瞬間に、指示すべきことを機器に伝える信号です。これは少なくとも奇妙なシナリオと言うしかありません。観測者が自動記録装置に代わる場合は、奇妙どころではなくて、ばかげていますよ。CERN《セルン》〔欧州原子核共同研究機関〕の加速器で粒子の衝突実験を行うと、磁気テープに記録された結果は実験の数カ月あとでなければ分析されません。そのとき初めて、その結果が人間の意識の中に入ってくるんですよ。この意識をもった頭脳の発する信号が、それを知る何カ月も前に観測された現象を引き起こすことができるなんて、どうやって想定できるでしょう。まったくむちゃくちゃですよ。

M その解釈は、観念論というか主観主義(「意識が介入する」)と、唯物論というか客観主義(「すべては、現象それ自体、その観測およびその知覚に介入する堅固な粒子を媒介として生じる」)とのまぜこぜで、どうも不可解です。だけど、もしEPR現象を文字どおりに受け取るならば、観測機器とそれを考えだした意識とが存在しさえすれば、その両者があなたの言う全体的な波動関数に加わるには十分ではありませんか。つまり、何も情報の交換を必要とせずに、瞬時の相関関係がありうでしょう。私たちは、現象についてマクロ的で還元主義的な知覚をもつけれど、私たちには何でもこの知覚に引き寄せようとする頑固な傾向があり、多くの問題がそこから生じているはずです。私たちは、理論上は、EPR現象が証明した存在の全体性を受け入れてはいるけれど、日常性のレベルで世界をとらえるときに、はっきり現れる結果をそこから引きだせないでいます。

T その説明では、観測して、波動関数を収縮させるのに意識が必要なわけが、どうもあまりピンときません。その考えでいけば、波の全体的な波動関数を、意識による観測をそっくり含むあらゆる可能性のカタログとして解釈できるはずですね。それなら、観測機器だけで十分ではないでしょうか。このとき意識は、機器を構成し、結果を解釈するためにだけ介入することになるでしょう。

M 意識が全体的現象に加わるには、あるいは、少なくとも意識を現象から切り離せないようにするには、それで十分だと私も思います。

T　こうして観測機器に重要な役割を与えるのは、そもそももう一方の陣営、唯物論者の見方を表しているんです。彼らの主張では、意識は何の役割も果たさず、世界はいかなる点でも観測者の存在に左右されず、どんな観測からも独立して、あるがままに存在します。波動関数の収縮を説明するのに、唯物論者はこう言うでしょう。観測時に、「粒子と観測機器」全体の波動関数は急速に変わるので、ただ一つの可能性だけが具体化される、この急な変化は観測機器のマクロな性質によるものである、と。この説明にはあまり説得力がないですね。今のところ、厳密な証明の裏づけがないんですから[4]。

そういうわけで、波動関数の収縮の問題は謎に包まれたままなんです。そこから、大半の物理学者の経験主義的立場が出てきます。つまり、量子理論でうまくいく、なぜそれ以上のことを求めるのか、というわけです。仏教はどちらかというと、意識に重要な役割を与える観念論の側に傾いているようですね。

M　物事を単純に考えてみましょう。自然はひとりでには観測されません。一枚の板のそばに定規が落ちてきただけでは、測れないのです。観測という考えが介入するときから、その観測が直ちに意識に記録されるかどうかは別にして、その観測を考えついた意識を直接的、間接的いずれにせよ導入することになります。だから、その意識は現象の出現の核心にある相互依存の法則に従っていると言えます。事物の全体性という見方に立てば、全体性のどれか一つの要素――観測者の意識であれ、観測される現象であれ、観測機器であれ――が中心的な役割をもつとは言えません。どの要素も全体の性質を帯びているのですから。それに対して、仏教の観点では、意識が本質的な役割を演じるのは自明です。

過去、現在、未来はすでにあるというアインシュタインの説をさっきあなたが説明してくれたとき〔一九五頁参照〕、私はとても驚きました。もしそうなら、完全に決定論的な見方になりかねません。過去と未来を知るには時間のカードを読むだけでいいとなれば、自分自身を含めて、なんであれ何かを変えようと努めるのは空しいことになってしまいます。なぜなら、さいころはすでに投げられていて、神様も量子論的不確定性も、そのさいころでは遊ばないのですから。

ラプラスの絶対決定論

T まったくそのとおりです。ぼくもこうした決定論的な見方には与しません。この点では、アインシュタインはニュートンとラプラスの知的後継者なんです。ニュートンによると、宇宙は無差別な力に従う不活発な物質粒子によって構成された巨大な機械以外の何ものでもなく、あるシステムの歴史は、ある一定の時点でその歴史を完全に特徴づけさえすれば、わずかな物理法則に基づいてあますところなく説明し、予言することができるんです。ラプラスはこの誇らしげな決定論をあの有名な宣言に要約しました。「ある時点で、自然を動かしているすべての力と、自然を構成するすべての生物の、それぞれの状況とを知るすぐれた知性の持ち主は、もしその上にそれら厖大なデータを分析するだけの能力をもつならば、宇宙の一番大きな物体の運動と一番軽い原子の運動を同じ一つの公式にまとめるだろう。その知性にとって不確かなものは何もなく、彼の目には未来も過去も、現在と同じように見えるだろう(5)」。

まあ言ってみれば、時間は廃止されたに等しいわけです。そこから、フリードリッヒ・ヘーゲル〔一七七〇―一八三一〕の有名なことばが出てきます。「自然には何一つ新しいものはない」。この決定論は、強制的で、不毛で、硬直し、非人間的だと言わざるをえないけれど、十九世紀の終わりまで幅を利かせていたんです。二十世紀になると、量子力学の見方が解放者として現れ、これを一掃しました。偶然性が幅広い分野、宇宙論、天体物理学、地質学、生物学、認知科学に登場し始めたんです。そうなると、われわれの世界もやはり、一連の歴史的出来事によって形成されていることになります。例えば、大隕石が地球に激突して、ディノザウルスの滅亡をもたらし、そのためわれわれの祖先である哺乳類の繁栄に有利になったとか。

M　ラプラスは、その万能決定論の中に、そうした偶発的な現象も当然入れていたのでしょうね。

ポアンカレとカオス現象。初期条件の重要性

T　ラプラスの決定論宣言については、フランスの数学者アンリ・ポアンカレ〔一八五四―一九一二〕、この人はカオス理論の先駆者の一人でもあるんだけれど、彼が反論しています。「われわれにはとらえられないきわめて小さな原因が、見落としようのない重大な結果を決定する。そのとき、われわれは言う、この結果は偶然によるものだ、と。もしわれわれが〈自然〉の法則と宇宙の最初の時点における状況を正確に知るとしたら、それ以後の時点における同じ宇宙の状況を正確に予言できるだろう。しかし、自然法則がわれわれにとって、もはや何の秘密でもなくなったとしても、われわれは最初の状況を大まかにしか知ることはできないだろう。もし同じように大まかに、そのあとの状況も予測することができるとしたら、われわれがしなければならないのは、せいぜいそこまでだ。われわれは言う、現象は予測されていた、法則によって支配されている、と。しかし、いつもそうであるとは限らない。初期条件における小さな違いが最終的な現象にきわめて大きな違いを生むことがありうる。初期条件にかんする小さな誤りがあとの現象にかんする大きな誤りをもたらすのだ。予言は不可能となる」(6)と。

こうして、ポアンカレは、ラプラスの議論の根底そのものをなす公準、すなわち、宇宙におけるいかなる現象の初期条件をも知ることが可能だとする公準に反論したんです。初期条件の認識には多かれ少なかれかならずずれが生じること、一部のシステムの振る舞いは初期条件に極度に過敏であること、この二つの理由で、このシステムのその後の発展にかんする予言はかならず失敗に終わります。カオス理論によれば、偶然と不確定は、日常生活だけ

でなく、惑星、星、銀河の領域にもかかわりをもつとされています。因果律の単純すぎる考え方は、もう時代遅れになってしまったんです。

蝶効果

科学者が考えるカオスというのは、そのことばの普通の意味となっている「秩序の欠如」とは違います。むしろ長期的な予測の不可能性の概念と結びついているんです。例えば、一週間後の天気を予測するのは不可能です。気象モデルは非常に微妙な形で初期条件に左右されますからね。こうした認識の限界はどうしても避けられません。無知の芽は〈自然〉の働きそのものの中に隠れているんです。天気の具合を理解しようとして、地表に測候所をびっしり並べたところで、探知できないほど微細な大気の変動がつねにある。それらの変動は増幅されると、猛烈な嵐をもたらしもすれば、快晴の空を見せもする。そういうわけで、カオスは物理学者が「蝶効果」と呼ぶものでよく例示されるんです。ギアナの一羽の蝶の羽ばたきがパリに雨を降らせることがある、というやつです。ニュートンとラプラスの決定論の夢は無惨に破れてしまったと言えるでしょう(7)。

M 精神的出来事の面では、蝶効果は、もっと、ずっと、はっきり現れますよ。単なる一つの想念が世界的な大変動を引き起こすこともあります。憎しみや野心が世界戦争を生むことがあるように、私たちの行為の基にある動機がほんのちょっと変わるだけで、事態が進むにつれて、とんでもない状況の変化につながるのです。

T それはそうですね。カオスは日常生活の中に刻々と現れます。一見取るに足りない事実が実は重大な結果を秘めていたという状況を、よく体験させられますね。目覚ましが鳴らなかったために、約束に遅れ、切望していた職を逃す。ガソリンにごみが入って、車が故障し、飛行機に乗り遅れ、数時間後の飛行機墜落による死を免れる。ごくつまらない出来事や気づかれぬほど小さな状況の違いが、人生の流れを大きく変えてしまうことがあります。

M　決定論者は反論するかもしれませんね。もし初期条件のどんな些細な点までも完全な精密さで知ることが可能なら、また、もし私たちが必要な計算能力をもっているとしたら、システムの展開を予言できるだろう、と。

T　でも、あるシステムの初期条件を完全に知ることができないから、そのシステムの未来だって予測できないわけですよ。

M　実際、絶対的精密さというのは不可能でしょうね。なぜかと言えば、現象は微妙に変動し続けるので、どんな観測も瞬時にはできないからです。

T　エネルギーと時間について言えば、不確定性原理によると、どんな観測もエネルギーの交換を伴う以上、その観測に要する時間はゼロではありえないことになっています。この時間が短ければ短いほど、観測に必要なエネルギーは増します。瞬時の観測は、無限のエネルギーを要求するけれど、これは実現不可能です。だから、すべての初期条件を完全に知るという夢は幻想なんですよ。原子の世界について言うと、この同じ量子論的不確定性が、粒子の位置と速度を同時に絶対的精密さで知ることを禁じ、粒子の軌道を記述する望みを完全に絶っています。マクロの世界について言えば、カオス的現象はその初期条件にきわめて敏感に左右されているし、また偶発的な現象はきわめて多くの不確かな条件に左右されているから、予言は一切不可能です。だから自然は、その決定論の束縛から解き放たれて、自らの創造性をのびのびと発揮できるわけです。物理学の非時間的法則が自然に対してメインテーマを提供すると、自然はそれに刺繡を施し、即興を加えるんです。そして自然は新しいものを生みだすために、その法則に従って演奏しながら、自由に遊ぶんです。

真の偶然はあるか

M　たしかに量子理論は、因果律に蓋然性の概念を導入して、絶対的決定論を打ちこわしました。だけど、ある出来事に直接的原因を見つけられない場合、つまり具体的な例で言えば、不安定な粒子や放射性元素の崩壊の場合、その出来事が「偶然に起きた」と言うのは、量子力学における可能な解釈の一つを反映しているだけでしょう。必然から偶然へと移行することによって、宇宙に創造性が再登場したと、物理学では考えるのでしょうが、でもそうすることで、一つの極端から別の極端へと飛躍することになります。その出来事は本当に原因をもたないのでしょうか。不確定性がそういう名前で呼ばれるのは、粒子の運命が因果の線形モードに従わないからです（これは一見戸惑いを感じます）。それと、勘定項目に入る要素が無数にあるからでしょう。そういうことなら、無限の表出の潜在力をもつ、豊かな相互依存と取り組めばいいところですが、量子力学では存在論的偶然と蓋然性という概念を導入しようとします。その上、自然の創造性と自発性という考え方は、またもや組織者原理という概念のほうに傾いてきます。この原理は、遊び好きかそうでないかは別として、私がさっき繰り返した議論には抵抗できないような気がするけれど。

T　「遊び好きで創造性のある自然」とぼくが言うとき、スピノザやアインシュタインが思いついたような組織者原理の概念を含んでいるつもりです。だから、量子理論では、すべては偶然にすぎないと考えてはいけません。たとえある量子論的出来事が決定されていないとしても、可能性の総体の相対的確率は、統計法則によって完全に予見可能なんですから。そういうわけで、電子の正確な軌道を計算できないとしても、それがどの場所にあるかの確率を計算することはできます。それに、こうした決定論の名残があるからこそ、コンピュータやハイファイステレオが動くわけです。もしこうした機械の電子回路の中で、すべてが偶然によるのなら、全部ストップするはずです。

なぜニュートンがカオスに気づかなかったのか、不思議ですね。彼の方程式の真ん中あたりで、実は不確定性がやはりうろついていたし、彼の重力理論の中には、実は予見不能性がはらまれていたんですから。というのは、アンリ・ポアンカレは、ニュートンの理論を使って月の運動を研究していたとき、そこに潜むカオスを狩りだしたんです。また、最近明らかにされたことだけれど、冥王星のような惑星の場合、初期速度や位置が少し変化するだけで、その軌道が安定した楕円からカオス的な軌道へと揺らぐことがあるそうです。これまで、太陽系は厳密な決定論的法則に支配され、滑らかに動く宇宙機械のように思われていたんだけれどね、これまたカオス的と言えます。カオスは規則性の中に織り込まれていて、その予見不能性は予見可能性と紙一重でした。惑星たちの運動は、数千万年経過すると、つまり太陽系の年齢の一パーセント足らずで予見不能になります。そういう中で、惑星たちはこれまで四五億年の間、太陽のまわりを平穏に回り続けてきた。その軌道がカオス的になる確率はゼロではないにせよ、きわめて小さかったからね。ニュートンが不確定性に気づかなかったのは、何ら彼の天才に傷をつけるものではありません。それどころか、彼の稲妻のような知性のおかげで、自然の中にカオス的ではなく線形に展開し、人間の理性が支配できるような状況を選びだし、分離することができたんです。仏教は、こうした予見不能性という概念を想定しているんでしょうか、それとも、ニュートンやラプラスの決定論的見方に似た見方をしているんでしょうか。

偶然でも必然でもなく。長期予測不可能性

M　仏教にとっては、偶然も必然も不十分な考え方です。それは両極端で、どちらも分析には耐えません。どんな結果も原因なしには起こりえないのだけれど、原因とその相互作用の可能性はあまりにも沢山あるので、線形の、つまり決定論的な因果性、あるいは理論的に第一原因にまでさかのぼれるような因果性を考えつくことは不可能なのです。もしそれが可能だと、一切の創造性は排除されてしまいます。実は、厳密な決定論は、因果関係に含まれる要因が有限である場合にのみ、存在しうるのです。ところが、全体的システムにおいて働きだす要素の数には際

限がありません。だから、このようなシステムはその本質上、絶対的決定論をするりと抜けるし、論証的な思考の能力を超えるわけです。

T そうなると、科学のカオス概念と驚くほど似てきますね。非線形システムのすべての初期条件を知ることは不可能だから、その行動も予見不能となる。そうしたとらえ方はまた、ハイゼンベルクが『物理学と哲学』で表したところとも重なります。「例えば、ラジウム原子によるアルファ粒子の放出の場合、これは平均して二千年ごとに起こる現象だが、量子論によれば、それに先立った現象を知っていると言えるが、それを完全な精密さでは言えない。われわれは、アルファ粒子の放出を引き起こす原子核内の力がどれほどかを知っているが、その知識には、核と核以外の世界との相互作用がもたらす不確定性が含まれている。なぜその特定の時点に粒子が放出されたのか。これを知るためには、われわれはわれわれ自身を含めた世界全体のミクロの構造を知る必要がある。そして、それは不可能である」。

「すべてはすべてと相互作用を行う」。ハイゼンベルクが原子核について表現したことを、マッハはマクロの物体についてそう表現しています。これはもう話題にしましたね。フーコーの振り子の実験では、振り子が宇宙全体に合わせて自己の運動を調整していることがわかりました。人間の間でいろいろ画策されることも、宇宙の広大さの中で決定されるんです。

M 相互依存は変動するダイナミックな相互作用を含んでいます。だから、新しいものは、全体の相乗作用から現れてくるので、限られた数の原因に帰することも、真の偶然、つまり原因の欠如のせいにすることもできません。

T われわれが偶然の概念に頼るのは、その無限性に手が届かないからでしょう。物理学者が理解するカオスは、さっきも言ったように、「秩序の欠如」を意味するのではなくて、長期的な予測の不可能性に関連があります。それを「偶然」と呼ぶのは、ことばの便宜にすぎないので、誤解の基にもなりえます。

創発現象。全体は部分の和よりも大きい

「異なる現象の相乗作用で新しいものの出現が可能になる」。このことについて言えば、これは、物理学と生物学の本質にかかわる「創発」原理という概念にあたりますね。現代科学の最大の謎の一つは、いかにして生命が物質から突然現れたのか、いかにして無生物が生物を生むことができたのか、また、いかにして生物が逆に無生物に作用しうるのか、ということにかかわっています。最新の説の一つは、生物システムの組織化のレベルには序列があって、それぞれのレベルで新しい振る舞いが創発するというものです。これらの創発現象のおかげで、原始の地球のスープの中で素粒子のシステムが一段ずつ、より複雑な自己組織化の段階に近づき、自己を複製することができる構造の出現にいたり、最後に生命に達するという構図が想像できるようになりました。こうした組織化の原理は、新しい力の介入も、神秘的な相互作用も必要としないんです。それらは素粒子レベルではとらえられないけれど、複雑性のレベルがある臨界域を超えると、「創発する」。そうやって、組織化のそれぞれのレベルで、新しい質が現れるけれど、それを下位のレベルに位置する存在の分析から導きだすことはできない。つまり、組織化された複雑な全体の振る舞い、例えば人間の振る舞いは、その全体を構成する粒子の振る舞いに基づいて還元的に説明することはできないんです。創発の概念を簡単に一文に要約すれば、すべてはその各部分の総和以上のものだ、ということになるでしょうか。

M　創発現象から生まれる質と、その直接の構成要素の単なる総和とが見かけ上で釣り合わないのは、私たちが局所的な構成要素しか突き止められていないからでしょうね。一方、相互依存原理では、無数の要因、これには私たちの意識も入るけれど、その無数の要因が、さまざまな度合いで現象の外見上の特性作りに働いていることを前提としています。さらに、例えば意識の場合、この創発現象なるものは、また別の性質をもった構成要素との相互

作用も含んでいるかもしれません。

上向きの因果性と下向きの因果性

因果性は一方方向にのみ働くのではないのです。組織化の下位のレベルに属する要素が組み合わさって上位のレベルに位置する何かを生む事実を「上向きの因果性」と呼ぶとすれば、上位のレベルに位置する要素が下位レベルの要素に影響を及ぼす事実を「下向きの因果性」と名づけてもいいでしょうね。そうやって、生命は地球に影響を与え、社会現象は個人に、意識は身体と「私たちの」世界に影響を与える。つまり因果性は、単に上昇的であるだけでなく、下降的でもあるのです。つねに相互的なのですね。だから、仏教では共 - 創発とか、相反因果性という言い方のほうを好むわけです。意識は現実を形作り、現実によって形作られる、ちょうどナイフの両刃がたがいに研ぎ合うように。このように相互依存を正しく理解するなら、自己と世界、意識と無生物という、約束事としての二元論を自然に乗り超えることができるのです。

T でも、相互依存原理にあまり頼りすぎると、量子的不確定論やカオス的現象を無視するおそれはないでしょうか。粒子と粒子外の宇宙のすべてとの相互作用を知ったからといって、その粒子がいつ崩壊するかを正確に言えるでしょうか。そのときはもう、確率を語ることもできなくなりますよ。ラプラスの決定論的見方にふたたび戻ることになりませんか。

M 確率の波は、私たちの約束事としての現実に対応しています。というのは、普通の人間なら誰でも、あるいはどんなコンピュータでも、宇宙の相互依存的な現象の全体を考慮に入れることはできないからです。

T それこそ、量子的不確定論にかんするハイゼンベルクの答えだし、カオスにかんするポアンカレの答えですね。

全知と全体性。無数の原因と条件

M　仏教では、全知（ブッダの状態に達した人々にあるとみなされる資質）を備えた者は、それぞれの状況の一部始終をまざまざと見ると考えられています。教典によれば、全知の精神のみが（この全知という概念は全体性の完璧な認識に結びつきます）、クジャクの羽の色や大豆の丸みを出現させた原因と条件の全体を理解しうるのです。だけど、この全知は、創造者原理や、すべてを生みだす唯一の原因から生じる決定論に類するものはまったく含んでいません。物質の領域では、相互依存は創造的なものです。なぜなら、原因と条件は数に限りがないからです。また、意識の領域では、自由意志という概念は基本的なものです。なぜなら、一瞬ごとに、私たちは十字路に立っているからです。

T　偶然性と量子論的あいまいさのおかげで決定論の桎梏から解放された、創造性をもつ自然についてのさっきの話だけれど、ぼくは意識にはあえて言及しませんでした。自然は組織化の法則と複雑系の原理にしたがって創発する特性を開発し、それを獲得する、とだけ言いました。

意識を原因・条件の果てしないネットワークの中に組み込む

M　原子には意識がないけれど、意識のレベルでは自由意志が存在し、この意識の自由は、原因と条件の無限のネットワークの中に含まれています。私たち人間が超決定論に陥らずに済む理由の一つはそこにあるのです。

これはまた、カール・ポパーの論法にも符合します。彼は、私たちが自らの行動を予測するのは不可能であることを明らかにします。(8) なぜ不可能かと言えば、予測そのものが予測以後の行動を決定する原因に介入してくるからです。私が十分後にある場所で木にぶつかることを予測したとします。すると、私はこの可能性のために木のある場所を避けるようにするから、結局、予測の正しさは証明されません。証明されるには、予測の中身自体を考慮に入れる必要があるのだけれど、予測が実現しなかった以上、証明は不可能です。おまけに、私たちの行動には世界の一部の出来事が分かちがたく結びついているとすれば、私たちには自分の行動を予測する力がない以上、それらの出来事の予測もまた、私たちにはできないのです。

ミシェル・ビトボルはこう注釈しています。「予測する者が予測される現象の発生に深く巻き込まれているとき、彼が厳密に（非確率論的に）その現象を予測することは、自然法則が決定論的であろうとなかろうと、絶対にありえない。だから、予測する者と予測される現象との間に強い共依存の関係があるという事実は、現象との厳密な予測は不可能であることを説明するし、その上、《真の偶然》の主張と因果関係の主張とを截然と分けるのもまた、不可能であることを説明する。どんな法則を考えても、それとは無関係に予測は不可能だからだ[9]」。

T そうだとすれば、相互依存の仏教的見方からすると、どうやって原因から結果にいくんでしょうか。

仏教による因果性

M 仏教はまず、原因なしに何かが現れるという可能性を排除します。もし原因がないのに結果が生じるとすれば、どこから何が現れてもいいことになります。原因のないものは何にも依存しないのですから。だから、ある結果の出現は原因と条件とから生じるのです。しかし、客観的に存在する「何か」であるような原因を明らかにしようとすると、事態は紛糾してきます。因果関係に対する還元主義的な考え方では、それ自体で存在する内在的な特性をもつ実体が、他の実体に作用して、その特性を変えることを想定しますね。しかし仏教の論理は、現象を具体的で独立した実体とみなした場合に、たちまち克服できない難問が生じることを明らかにするのです。そのとき、四つの因果性の図式というか、四つの発生形態のうちからの選択を迫られます。すなわち、あるものが生まれるのは、(一)「それ自体」からか、(二)「別のもの」からか、(三)「それ自体」と「別のもの」の両方からか、(四)「それ自体」でも「別のもの」でもないところからか、という問いです。

あるものは「それ自体」から生まれるのか

まず、あるものが「それ自体」から生まれることはありえません。なぜなら、もし「それ自体」が固有の原因をもっているとするなら、それは無限に増え、何物によっても止められないからです。必要なすべての原因が揃っているとき、出来事が生じないわけにはいきません。その上、もしあるものが「それ自体」から生まれるなら、それはすでに存在していることになり、それを生みだすのは不要になってしまいます。もしすでに生まれているものが、また生まれなければならないとすれば、それは際限なく続くことになります。

あるものは「別のもの」によって生みだされるか

T　二番めのケース、これはわれわれが因果性について通常もっている考え方、科学の考え方に一番近いケースです。あるものは「別のもの」によって生みだされるんでしょうか。

M　それは、相対的真理のレベルでは、仏教が受け入れるタイプの因果性です。しかし、絶対的視点から見ると、もし原因と結果とが本来的に別個の実体であるとすれば、因果性のプロセスは働けなくなるというのが、仏教の主張なのです。推論は次のように展開されます。原因が消えようとし、結果が現れようとしている時点で、別々の、実際に存在している実体とみなされる原因と結果は、たとえごくわずかな瞬間でも、「接触点」をもつだろうか、と。

もしそうなら、原因と結果はその接触時に、同時に存在します。だから、結果は生みだされる必要がありません。

結果はすでに存在していて、原因は必要ないのですから。その上、二つの同時にある実体は、因果関係に入ることができません。両者が現在の瞬間にたがいに作用し合うことはできないからです（これは、ハイゼンベルクの言ったことに重なります。「二つの同時の現象は、いかなる直接的因果作用によっても結ばれていない」）。

一方、もし原因と結果がいかなる接触点ももたず、どのようにもつながっていないとすれば、これまた因果性は働きません。なぜなら、たがいに何の関係ももたない二つの実体は因果関係を結ぶことができないからです。そして、もし原因がその産物と何の関係もないのなら、すべてがすべてから生まれることが可能になってしまいます。チャンドラキールティはこう言います。

「もし何かが本来的に〈別の〉ものによって生みだされるのなら、
それなら、炎から闇が生まれてもいいはずだ。
すべてからすべてが生まれてもいいはずだ」。

すべてからすべてが生まれてもいいはずですね。だって、もし「原因」という実体が「結果」という実体とは「別」であるのなら、すべての現象は、みなこの結果に対して「別」であるという意味で、等しくなるのですから。それなら、どんな現象もその結果の原因になりえます。

もし結果が現れる時点で、原因がすでに消えているのなら、その結果は原因なしに、無からの創造で出てきたことになりますね。言い換えると、もし原因が結果の前に消えるのなら、結果はけっして出てこない。種は新芽を出させる前に消えるわけにはいかないのです。原因はまた、結果が出る時点で元のままであることはできません。ちょうど種が自ら消えずに新芽を送りだすことができないようにね。(10)

つまり、具体的で、自立した実体は、別の実体を生むことはできないのです。もし「結果」という実体が「原因」という実体の時点ですでに存在しているなら、それは生みだされる必要がないか、それとも、自らの形成に参加しているかのいずれかだけれど、そういうことはどちらもナンセンスです。また、もし「結果」という実体が存在していないのなら、その発生は不可能です。なぜなら、原因が十億あったとしても、無から何かを出現させることはできないのだから。

因果関係と見えるものは、原因も結果も独立した存在をもたないからこそ可能になる

ナーガールジュナはこの論拠を次の四行詩に要約しています。

「もし結果の実体がすでに存在しているなら
原因は何を生む必要があるだろう。
もし結果の実体が存在しないのなら
どうして原因はそれを生むことができるだろう(11)」。

そして、アティーシャ〔九八二―一〇五四。チベットの仏教復興に働いたインド人僧侶〕は、『悟りの道の明かり』の中でこれをさらに徹底させて述べています。

「すでに存在しているものは、論理的に生まれるわけがない、
存在していないものが生まれないのもまったく同じ、空中の花のように」。

仏教の結論は次のようになります。因果関係として私たちの前に現れるものは、原因も結果も、独立した恒常的な存在をもっていないからこそ、はじめて可能になる。前にも引用したことばに戻れば、「すべては空性《くうしょう》であるがゆえに、すべては存在しうる」。現象の非‐実在性が現象の現れの条件そのものなのです。これらの「単なる外観」はそのとき、相互依存し、固有の存在を欠いた現象を関係づける因果律によって変転します。やはりナーガールジュナのことはですが、彼によるとこうなります。

「相互依存による産出に含まれないような
どんな小さな現象もない。
それゆえに、純粋の空性でないような
どんな小さな現象もないのだ」。

これらの相互依存の変転が原因と結果の働きを生むのだから、自らのうちにすべての特性をもつ個別の実体の存在を前提とする必要はないのです。この特性を物理学者は「局所的」特性と言っていますね。

T そうですね。全体的で、相互依存的な現実という概念を退けたアインシュタインは、それを「隠れた局所的変数」と呼びました。でも、この局所的変数は、ＥＰＲ現象についての実験が証明したように、存在しないんですよね。

M 今度は、四つの図式のうちの残りの二つの可能性を調べてみましょう。三番めの問い、あるものが「それ自体」と「別のもの」の両方から生まれることはありうるか。ありえません。というのは、今使った論拠がこの場合にもあてはまるからです。では最後に、あるものが生まれるのに、「それ自体」からでも「別のもの」からでもないということはありうるか。これも、ありえません。なぜなら、もしあるものが原因なしに生まれるとすれば、すべてがいつでも、どこでも、どんなふうにも生まれてしまうからです。

T　それならば、何が残るんですか？

M　唯一の答えが相互依存、共‐産出です。その働きの中で、諸現象は相互に条件づけられ、そこでダイナミックに変動する、線形モードでは解読不能な因果の無限のネットワークができていくのです。このネットワークは偶然と決定論の両極端につかまらず、勝手気侭にならずに創造力を発揮します。

まとめると、それ自体で存在するものは原因をもたず、何であれ別のものに依存することはありえない、ということです。もしすべてがこの形態で存在するとなると、何も生みだされず、因果性は作用せず、現象界は永遠に固定されてしまいます。外観の世界、相対的真理の世界で、あるものが生まれるように見えるという事実は、原因と結果が両方とも内在的存在を欠いているからこそ、可能になるのです。『超越的認識』(12)の中にはこうあります。

「終わりなく、誕生もなく、
無も、永遠もなく、
それは、来ることも、行くこともなく
一でもなく、多でもない」。

空性と外観の結びつき

だから、空性を正しく理解すれば、実在論やニヒリズムに陥らずに済みます。空性についての瞑想は、事物の現実の存在への信仰を一掃してくれるでしょう。だけど、空性に執着して、それを信仰するまでになってはいけません。さもないと、虚無の底に沈んでしまいます。ナーガールジュナは『宝石の花飾り』に書いています。「現実のものを見つけられないとき、どうして非現実のものを見つけられるだろうか」と。そして、『智慧の基礎論』では、こう結論づけます。

「空性への悪しき信仰は
無知な者を災厄へ導く。
［…］
したがって、賢者は存在にも
非存在にもとどまらない」。

仏教では、空性と外観との結合が現実理解の秘訣です。空《くう》なるものとして事物は現れ、現れると、事物は空なのです。単なる理論的合理性に内在する限界を超えて、この真実を本当に把握するには、観想の直接体験によるしかありません。『超越的認識』に、こうあります。

「人々は言う、空《そら》が見えると。
しかし、どうして空が見えるのか。考えるがよい。
仏陀はこのように事物の本質をわれわれに教えてくださった」。

第11章　潜在的境界——身体‐精神の二元性？

意識は物理的プロセスの反映にすぎないのだろうか。意識は物質の複雑化から出てくるのだろうか、それとも物質とは別のものなのだろうか。物質‐精神二元論という概念には意味があるのだろうか。仏教はこの二項対立をどのように解決するよう説くのだろうか。そのとき、どのようにして無生物から生物へと移行するのだろうか。もし無生物から意識が創発するとすれば、意識は無生物に作用しうるのだろうか。どのような状況でも身体に依存しないような意識の連続体の存在を主張する議論は可能だろうか。

意識は物理的プロセスの反映、物質の創発的特性にすぎないのか。仏教における「粗野な」意識と「繊細な」意識

T 仏教では、意識の本質と起源はどうなっているんでしょうか。一部の生物学者は、意識は無生物の粒子が次第に複雑化してできた組織から生まれた、つまり、意識は物質から創発した特性であると考えているけれど[1]、仏教の考え方はこの主張に対応するものでしょうか。

M 仏教は、「始まり」の概念を除けば、宇宙の歴史と進展にかんする科学の見方を退けはしないのだけれど、意識の本質については違う見方をしています。

T つまり、意識は物質と根本的に異なり、物質に由来するのではないと考えるわけですか？

M 仏教では、意識は一つの「役に立つ機能」にすぎず、内在的な実体を欠いた「単なる外観」にすぎません。それで、意識という概念はレッテルにすぎないのだけれど、相対的な面では、意識をもった「非現実」（意識の瞬間の流れとみなされる精神）と、意識をもたない「非現実」（意識がとらえる物質世界）との間には違いがあります。

意識はいくつかのレベルに分かれています。「粗野な」レベル、「繊細な」レベル、そして「きわめて繊細な」レベルの三つです。最初のレベルは、脳の機能に対応します。二番めは、私たちが直観的に意識と呼んでいるものに対応していて、とりわけ、自己を検証し、自己の本質について問い、自由意志を行使する意識がもつ能力のことで

す。これは、過去に蓄積された種々の傾向の表現も含んでいます。三番めは、もっとも本質的なもので、「精神の根本的輝き」と呼ばれます。これは、主客という二元モードでは働かず、論証的思考を知らない純粋認識に対応するものです。

この三つの側面は、別々の意識の流れではなく、だんだん深く、根本的になっていくレベルに対応しています。つまり「粗野な」レベルと「繊細な」レベルは両方とも、「きわめて繊細な」という呼び方をされる根本的レベルにその源があるのです。「粗野な」レベルの第一原因は根本的レベルだけれど、脳と身体と環境がその補助的要因として働きます。「粗野な」レベルは脳によって修正され、また相反的因果性の働きで脳に修正を加える、ということです。その活動は脳の活動と相関関係にあり、身体が存在しなければ、外に現れません。

精神の根本的輝き。目覚めたるあり方と精神の創造性

仏教のもっとも深い見解であるタントラ〔密教〕によれば、根本的な意識は「目覚めたるあり方」（リグパ）と呼ばれます。この意識は二元的ではなく、いかなる混乱も免れ、論証的概念、したがって肯定的・否定的想念を超越し、サンサーラ〔輪廻〕という誤りもニルバーナ〔涅槃〕という誤りの排除も超越しています。この根本的な意識はまた、こうも呼ばれています。「精神の根源的連続」、「自然の輝き」、「精神の究極の性質」、「仏性の本質」、「意識の自然状態」、「唯一の本質的素朴さ」、「根源的純粋さ」、「自発的存在」、「絶対空間」などです。

この「目覚めたるあり方」（リグパ）は、「きわめて繊細な」意識と同じと考えられ、表出の潜在力、つまり「創造性」（ツェル）をもち、この潜在力が、「目覚めたるあり方の働き」（ロルパ）を形成するさまざまな想念の形を取ります。もし私たちがそれらの想念をあるがままに認めるなら、想念はそのとき「飾り」（ギエン）であり、その「目覚めたるあり方」をさらに明らかにしてくれるのです。もし逆に、想念を現実の、自立したものと取るなら、

私たちは主客二元論にはまり、混乱の波に運ばれてしまいます。その場合には、意識の「繊細な」面と「粗野な」面だけが感じ取られ、根本的な「きわめて繊細な」面は一時的に無知のベールで覆われます。ちょうど太陽がしばし雲に隠れるようにね。

意識を発進させるのに火花は必要か

T 意識現象はどこから生まれるんでしょうか。無生物の原子から生命と意識を始動させるには「火花」が要りますよね。

M 火花という考え方には、大いに問題がありますね。そこには、意識には始まりがあるはずだという意味が含まれています。もしそう考えるなら、意識は無から作られたか（つまり原因なしに、あるいは〈創造者〉の仕事によって作られたか――仏教がこの二つの可能性を論駁するやり方は、もう説明済みですね）、それとも、大半の生物学者や物理学者が考えるように、無生物から段階的に生まれたかのどちらかになります。そう考える物理学者の一人、ブライアン・グリーンが私にこう書いてきました。「意識は驚くべき複雑性と速度をもつミクロ物理学的プロセスの反映であると、私は思う。意識の質的側面は、意識の土台をなす物理的構成要素の特性と劇的に異なるけれども、それが意識を支える物理構造とは別の何かの存在を示唆するとは、私には思えない」と。

仏教はそれに対して、原因と結果は性質が共通しているはずだと答えます。ある瞬間の意識は、すぐ前の瞬間の意識によってのみもたらされます。もしあるものがまったく違う性質の別のものから生まれるとしたら、すべては何からでも生まれていいことになってしまいます。ですから、意識の根本的な面は、無生物の物質から生まれることはできないし、そればかりか、かならずしもつねに物理的な支え〔媒体〕の存在に頼ることもないのです。

第一原因としての根本的意識と、補助的要因としての身体およびその環境

ダライ・ラマはこれを次のように説明しています。「[粗野な]意識が脳の働きに依存していることはこの上もなく明白だから、脳の機能と粗野な意識の創発との間には間違いなく因果関係がある。しかし、私がぜひとも考えたい問題は、これがどのような種類の因果関係なのか、ということだ。仏教では二種類の原因があると説く。第一は、実質的な原因で、そこでは原因の素材が結果の素材になる[2]。第二は、補助的要因で、その場合、ある出来事が別の出来事を生むが、だからといって、一方から他方への変化があるのではない。[…]意識の原初の原因、またそれと脳の機能との関係は、どのようなものなのか。どのような種類の因果性があるのか。実験上、質的に異なるように思われる二つのタイプの現象がある。物理的現象と精神的現象だ。物理的現象は空間の中に位置し、量的に測定され、さらにまた別の特性をもつ。それに対して、精神的現象は空間的位置が定められず、まして量的測定ではとらえられない。これは素朴な経験の性質をもっている。両者はきわめて異なる種類の現象のように見える。その場合、もし物理的現象が精神的現象の実質的原因として働くはずだとすれば、両者の間には符合しないものがあるように見える[3]」。

ダライ・ラマの証明を比喩的に説明するために、次のようなイメージを使ってもいいでしょう。種は、芽の実質的原因であり、太陽と湿り気は、芽の補助的要因である、と。

T　一元論者の唯物論的立場では、人間は一パックのニューロン〔神経単位〕にすぎず、意識はニューロン回路を流れる電流の結果にすぎない、ということになります。フランスの医師ピエール・カバニスが十八世紀に言ったように、「肝臓が胆汁を分泌するがごとく、脳は想念を分泌する」。

神経生物学者の見方では、意識は身体と外界とのたえざる相互作用から生まれる

一部の神経生物学者の考えでは、世界と事物の意味は、個別の環境の中に組み込まれた身体の恒常的活動から現れてくるそうです。脳は身体の中に存在し、身体は自分のまわりの世界と相互作用する。こうした組織体と外界とのたえまない相互作用から意識は生まれると言うのです。[4] この見方からすれば、意識は無生物の物質から現れ出て、付随的な成分など要らないということになるでしょう。

この立場を否定するとすれば、仏教は、デカルトの身体 - 精神二元論、つまり、現実は精神（すなわち思考）の現実と物質世界の現実という、二つの別々の形態をもつとする説に同意するんでしょうか。デカルトによれば、こうなります。精神は純粋意識であって、空間に広がりをもたず、分割しえない。それに対して、物質は意識をもたず、広がりをもち、分割することができる。こうして、人間は二重の性質をもつ。人は考えるが、身体という物質的延長も与えられている、と。

物質 - 精神のデカルト的二元論をどのように解決するか。唯物論は精神を物質に還元するが、仏教は、意識も物質も固有の存在をもたないと証明することで、この二元論を退ける

M その二元論を解決するには、いくつかのやり方があります。「還元主義的」唯物論によれば、意識は、私たちが普通それを理解する意味では本当には存在しません。つまり、意識には、人間の神経システムの複雑な構成要素がもつ特性以外の、個別の特性は何もないとします。例えば、イギリスの分子生物学者フランシス・クリック〔一九一六―〕の見解では、意識は多数のニューロン活動の協同現象以外の何物でもないのです。

T 還元主義的立場は、とりわけ次の難問にぶつかりますね。もしわれわれの振る舞いが脳のニューロン事象によって全面的に決定されるとしたら、もう自由意志の問題は考えられなくなるということです。意識の存在を否定する者は、自由な人間として行動し、自己表現しようとすると、たちまち矛盾に陥るでしょう。

M 仏教はこの問題にまったく違う答え方をします。すなわち、物質と意識が違うのは、私たちがそう取り決めているだけのことで、究極的には、どちらも固有の存在をもっていない、と。そうすると、世界は、普通あると考えられている実在性〔現実〕を失います。だから、デカルト的二元論とは本質的に違うわけです。デカルトの二元論は二律背反的な二つの存在を結びつけます。具体的な現実とみなされる物質と、非物質的な意識をです。これに対し、仏教は、すでに見てきたように、現象の究極の実在性を認めない一方で、同時に、自立し、内在的存在を備えた意識という仮説も認めないのです。そのために用いる論拠の一つは、意識が自己自身を認識する能力です。もし自立し、内在的存在を備えた意識が現実に存在するなら、その意識は自分を認識の対象とすることはできないはずです。ちょうど刀が自分を切ることができないように。また、炎が自分を照らすように、意識も自分を照らすことができるという反論に対しては、仏教は、炎の本質は輝くことであり、自分を照らす必要はないと答えます。もし炎が自分を照らしだせるのなら、闇の本質は自分の暗さを生みだせるだろう、と。

私たちが何かを、例えば一輪の花のことを考えていると気づくとき、私たちは自分自身を意識しているのではなく、花から得た知覚によって作られた頭の中のイメージを意識しています。反対に、意識の根源的な面〔個別の実体ではなく、連続体とみなされ、意識の「根本的な輝き」と呼ばれるもの〕は当然ながら、主客二元論を超越する自己意識の特質を含んでいます。そうなると、無限に続く、観測者〔を眺める観測者、を眺める観測者…〕の図式に頼ることは、もう要らなくなります。〈悟り〉の特質の一つは、まさしく、この非二元的な「目覚めたるあり方」の状態にとどまれることなのです。これは意識の「光り輝く」性質の直接認識によって表されるので、頭の中のイメージの形成を含みません。

この意識の流れと外部の現象世界とは相互依存によって密接に結ばれていて、その全体が「私たちの」世界、人生経験の世界を作っているわけです。デカルトの二元論からは、次々と問題が出てきます。例えば、非物質的な意識と物質世界の両方が、ともに固有の存在をもち、二律背反的な実体であるとしたなら、どのようにして両者は接触点をもつことができるのか、という問題などです。

デカルトの松果腺と機械の中の幽霊

T　デカルトは、この接触点は脳の中の広がりをもたない一点（数学的な点のような）にあると言い、これを「松果腺」と呼びました。彼によれば、精神はこの腺を媒介として、情念と身体の気分とに反応し、欲望や憎悪のような「下位の」衝動から距離を置くことで、身体から独立して機能する可能性を保持します。また彼は、身体にかんしては完全な機械であると考えました。いわば、彼を魅惑したパリのサンジェルマン・アン・レ王立公園にあった自動人形のような、物理法則のとおりに動く機械のようにです。もちろん、意識が松果腺に宿るというこの考え方は、もう随分前から科学によって否定されているけれど。デカルト的二元論の根本的問題は、この精神の基を突き止めることでした。この二元論に反対する人たちは、これをからかって「機械の中の幽霊」と名づけました。この幽霊は、内部から外部の現実の劇場を眺めているはずでした。

量子論的不確定性では、非物質的意識は物理的世界と相互作用できると示唆する人たちもいることはいますが、一般には、非物質的な実体が物質系の振る舞いに変化をもたらすという二元論は、物理学の神聖不可侵の原理の一つである、エネルギー保存の原理（何も作られないし、失われもしないという原理）とは両立しないと考えられています。

精神‐物質の二分法は事物の堅固さへの執着に起因する。あるのはただ一つの非現実だけである

M 物理学では、質量はエネルギーと等価であると言うけれど、仏教では、「空《くう》は形、形は空である」〔空即是色、色即是空〕と言います。物質／非物質の対立はその存在論的な意味を失い、たとえ生物と無生物の質的な違いが存在するとしても、外部の現象と意識との相反作用は、根本的に両立不能だとは言えないのです。接触点は相互依存によって保証されています。なぜなら、共存するものはすべて相互作用するからです。

そう考えれば、唯物論と観念論という両極端の罠にはまらずに済みます。デカルト的な徹底的二元論では、生物と無生物の接触点の存在は難しくなるでしょう。両者には共通点がないのですから。そうなると、意識は外部の現実を認識することができないはずです。なぜなら、世界を理解し、世界からの影響を受けるためには、意識はかならず世界との活発な関係をもたねばならないわけですから。つまり、この二元論が絶対的でない理由は、精神も物質も内在的な存在をもっていないこと、また、両方とも同じ全体性の中にあることなのです。

T 現象の「非物質性」の主張は、近代物理学でも、いくつかの流れの中に出てきますよ。波／粒子の相補性、それからアインシュタインの一般相対性理論の中にもあります。相対性理論では、質量によって生まれる重力はそれ自体は存在せず、そこの状況に依存しています。だからわれわれはみな、地球上で重力を感じるんです。重力のせいで、われわれには重さがある。でも、飛行機からパラシュートで空中に飛びだす者は、パラシュートが開く前は、自由落下で落ちるから、自分の重さを感じません。宇宙船の中の「無重量状態」の宇宙飛行士と同じです。地上の重力場がもう存在しないかのようになるわけです。

結局、仏教では、思考の内的世界と外部の物理的現実の世界との分割は作り事だということなんですね。内的現実と外的現実の対立はまったくの幻想であって、ただ一つの現実しかない、と。

M むしろ、ただ一つの非現実ですね。この観点から見ると、精神‐物質の二分法は、事物の堅固性への執着に由来するのであって、一つの考え方にすぎないのです。でもここでも混同してならないのは、意識も外的現象も内在的存在をもたないという究極の真理の見方と、生物と無生物の間には質的な違いがあるという相対的な約束事としての真理の見方、つまり外観の観点です。たとえ夢の中でも、石は考える者とはたしかに違うでしょう。しかし、この違いは根本的な二元論から出てくるのではありません。二元論は、現象の実在性に執着しなければ、出てこないのですから。

物質の粒子の側面が波の側面と相補的であるのとまったく同様に、精神は物質と相補関係にある

T 観察者と当事者、「自我」と外部の現実、内的世界と外的世界というデカルト的二元論は、外的世界が主観的な構成要因をもたないという幻想に基づいたものでもありますね。でも一方では、現実が完全に客観的ではありえないこともわれわれは知っています。マクロの物理学では、観測者と対象の間にはっきりと区別があるかのように、近似的に実験を可能にするケースがあるけれど、原子、亜原子のレベルでは、それが不可能であることを量子力学が教えてくれました。つまり、観測者は明白に現実に参加していて、相互依存のネットワークの一部をなしている。観測者にとって、現象が現れ出るのは、このネットワークからなんです。脳と意識の相補性についての話を聞いて、自然に頭に浮かぶのは、ニールス・ボーアの例の相補性原理です。ぼくにとって、精神が物質と相補的であるのは、物質の「粒子」の面が「波」の面と相補的であるのとまったく同じことなんです。

エゴ（自我）は「内部」と「外部」の間の架空の溝から生じる

M その上に、自己と世界の二分法こそ、完全に私たちの外部にあると誤って考えられた諸現象に対して、私たちが適切に対処できない原因となるのです。内部と外部、意識と物質、自己と他者の間に想像上の溝を掘るから、エゴ（自我）という概念が生まれます。エゴがフィクションにすぎない以上、エゴ（自我）の要求をすべて満たすのが不可能なのは、当たり前です。人はエゴを満足させようとすると、たえず現実に対して不安定になるものです。そこから生じる欲求不満を、チャンドラキールティはこう要約しています。

「まず第一にわれわれは〈自我〉を考え、エゴに執着する。
次に、〈私のもの〉を考え、物質世界に執着する。
水車の輪にとらえられる水のように、われわれは無抵抗にぐるぐる回る。
私はすべての生き物を包む慈悲の前にひれ伏す」。

無生物から生物への移行を説明するための創発原理と自己組織化原理。生物学的進化は、不連続な自己組織化を重ね、複雑性の梯子を登りながら、枝分かれを繰り返して進んだ

T　自己と世界とのこの作られた分割の問題は、量子物理学の創始者たちによっても強調されてきたものです。例えば、シュレーディンガーはこう書いています。「主体と客体は一つのものにほかならない。最近の物理学実験の結果、両者を隔てる壁が破られたと言うべきではない。そんな壁は最初から存在していないのだ」[5]と。

生物学者や物理学者の間で、創発の原理と自己組織化の原理とを拠り所にする人がどんどん増えてきました。意識の連続体には頼らずに、無生物から生物への移行を説明しようと試みるわけです。彼らは、いわゆる「開かれた」システム、つまり、環境と相互作用する物理的、あるいは化学的システムの観察をその論拠の土台にしています。この相互作用は、それらのシステムに「分岐点」を通過させ、そのとき突然、より高度な組織状態に突入させるんです。水が沸点を通過するのも、これと同じです。水は最初は均質で、構造をもたないのに、臨界温度以上に熱すると、たちまち秩序ある、安定した流れの中の対流細胞へと自発的に組織化されます〔渦運動となり、正六角形を並べた形を作る〕。水は無組織の状態から組織状態へと分岐したんです。水は加熱されて、その平衡状態から飛びだしたわけですから。生物学的進化がこれと同じように展開していったというのは、考えられないことではありません。進化はきっと、分岐から分岐へと続き、不連続な高度化傾向の自己組織化を行い、複雑性の梯子を登っていった。そういうことが可能になったのは、一連の出来事が、生物圏をその動的平衡の外に押しだしたからです。というのは、無秩序が平衡に結びついているように、非平衡が組織化をもたらすことも可能だからです。

このシナリオはいくつかの理由で妥当性があります。まず、生物組織は典型的な開かれたシステムですから、生命は孤立しては存在しえません。生命はたえずまわりの環境とエネルギーを交換します。養分を摂るため、また廃棄物を捨てるためにです。他方、内的にも外的にも、さまざまな変化の要因がかならず生まれ、生物圏の平衡を破り、非平衡の状態をもたらします。変化は段階的なこともあれば、突発的なこともあるでしょう。植物種が大気中の酸素を次第に増やしていったのは、段階的変化の一例ですね。突発的な変化としては、太陽の爆発で地球に高エネルギー粒子が放射されたことや、六千五百万年前に巨大な隕石が地球に衝突したときの衝撃が挙げられます。この衝突はすでに話題にしたように、ディノザウルスをはじめ、当時の動植物の四分の三の種の絶滅の原因になったものです。

「創発」原理は新たな物理的力の導入を必要としない。進化の「量子論的飛躍」

自己組織化を導く「創発」原理〔二一一頁参照〕(6)は、知られている四つの物理的力〔三六頁参照〕以外の、新しい力の導入を必要とはしません(生気論の場合のように)。この「創発」は、複雑性のレベルが臨界を超えると、突然現れるんです。

この理論によれば、進化的変化は段階的にではなく、臨界域が超えられるたびに、断続的に起こるに違いないと言われています。現代の古生物学研究では、進化は一歩ずつ行われたというダーウィン〔一八〇九─一八八二〕におなじみの考え方よりも、この理論のほうにどうも有利に働くようですね。もし進化が連続的だったとしたら、現存種の大グループの間の中間的なすべての形を示す化石が見つかるはずです。ところが、そうではない。一部の生物学者、例えばアメリカ人のスティーヴン・ジェイ・グールドやナイルス・エルドリッジによれば、生物学的進化は「断続平衡」の継起によって行われたらしいんです。現存種は、これから長期間変化しないだろうし、そのあと、比較的短い時間内に大変化を蒙るでしょう。原子物理学の「量子論的飛躍」にならって、進化は「進化的飛躍」の形を取るわけです。想像すれば、こうした飛躍の一つが起きて、生命の火花、ついで意識の火花が現れたということのようです。(7)

創発の二つの側面

M　創発を二つの側面、つまり「上向きの因果性」と「下向きの因果性」に基づいて考えると〔二二二頁参照〕、無生物体と生物意識との接触にかんする仏教的な観点の枠組みの中で、この創発の解釈ができるでしょう。

上昇的側面によって、身体が意識を生むのではなくて、身体が精神的出来事に影響を与えることが可能になります。また、下降的側面によって、意識が身体に影響を与える（例えば、情緒障害を病む幼児の場合、一部の遺伝子の発現が不活性化していることが証明されました(8)）だけでなくて、「私たちの」世界を構成するもの、つまり、無数の生の過程で蓄積された傾向に応じて、各タイプの意識によって知覚される世界を形作ることが可能になります。この世界は、存在する精神の存在しない投影（観念論者が望むような）ではなくて、陶工が花瓶を作るように、精神が作ったものなのです。この制作は私たちに世界を同じように体験させる集団的カルマに対応するし、一方では、この共通の世界の中での私たち個々の体験は個人的カルマに対応します。

T たしかに、因果性はどちらの向きにも働くことができますね。上向きに働くとき、さまざまな下位レベルの相互作用は上位のレベルを生みだし、その上位レベルに作用する「創発」原理は、下位レベルを支配する法則から導かれることはありえません。それで、生命も意識も、無生物の粒子の研究だけからは導きだせないことになります。因果性が下向きに働くとき、上位レベルが下位レベルに影響を及ぼすことが可能になります。それで、意識は身体に作用することになります。もっとも、個人意識が組織のピラミッドの頂点に立つのではありません。さらに高いレベルに、社会全体の経験から現れる集団意識が位置していて、これが文化と宗教の基になります。いわゆる「社会・文化・歴史性」というもので、これが文学、芸術の作品を生み、科学の成果を挙げ、社会的・政治的制度をこしらえます。そこでまた、下向きの因果性が動きだす。政府が変わり、新しい経済・社会政策が出てくれば、それは市民の精神状態に影響を及ぼすことになります。

物質と相互依存する意識連続体という仏教の概念

M まとめると、仏教にとって、物質の創発特性は「粗野な」意識の働きに協力する条件を提供するけれど、この「粗野な」意識の第一原因は「きわめて繊細な」意識の連続体以外にはありえず、またこの連続体は始まりのない意識の瞬間の連続なのです。

T 仏教によれば、意識と物質の間のこの移行はどのように行われるんでしょうか。

M 五つの外的要素（土、水、火、風、空間）が体の中の五つの内的要素（骨と肉、血と体液、生命熱、息、腔）に対応しています。これらの内的要素は五つのエネルギーと結ばれ、それらはまた「粗野な」意識とつながっているのです。ちょうど馬と騎士のような具合に。この五つのエネルギーは、五色〔黄、白、赤、緑、青〕に象徴される精神の五つの光の面に由来するし、その五色は、「きわめて繊細な」意識のレベルでは、〈悟り〉の五つの側面の輝きとなります。この五つの認識は、〈悟り〉の実現を妨げる二枚のベール、すなわち惑乱する情念のベールと現象の究極の性質の認識を覆うベールが取り去られるとき、はっきりと姿を現します。

T　そうすると、ぼくが間違っていなければ、仏教では、無生物と生物の間に不連続の概念を入れないように、さまざまな異なる物質的な支え〔媒体〕と結びつく「一つの意識連続体という概念」を考えるんでしょうか。

意識は「身体的組み込み」をかならずしも必要としない

M　それぞれの支えは、フランシスコ・ヴァレーラの表現を使えば、「精神の身体的組み込み」と呼んでもいいものですが、ただ、意識がそのような支えをもつことは、かならずしも必要ではありません。仏教によれば、意識はある一定の時間、「無形」と呼ばれる世界を経験することもあるのです。その間は、肉体的支えも、形ある世界の知覚もありません。それはバルド〔中道〕と呼ばれる中間状態にやや似ているでしょうか。バルドでは、形と精神体の知覚はあるけれども、肉体的支えはありません。こういう状態の可能性は、仏教と自然科学の間の大きな違いになるでしょうし、大半の生物学者には受け入れられないものでしょうね。

T　肉体的支えをもたない意識が存在すると認めたとして、その意識は、物質とどんな関係を築くんでしょう。

M　その関係は相互依存の全体性に属します。たとえ物質的支えがなくとも、意識は現象世界全体と「断絶」するわけではありません。

T　その主張を支えるのに、仏教はどんな論拠を用意しているんですか？

臨死体験

M それは二種類あります。まず、死とよみがえりの中間状態。これはバルドを体験した者の証言です。西欧では、「臨死」体験（英語でＮＤＥ near death experiance）が医学的によく知られていて、豊富な例がありますね(10)。臨床的には、短い間死んで、それから蘇生した人間が証言しています。多くの場合、強烈な幸福感や普遍的な愛の描写、あるいは暗いトンネルの向こうに見えたまばゆい光へ向かっての歩みや、そのまま進むか引き返すかを選択しなければならない帰還不能地点などについての描写があります。ほとんどの場合、彼らは自分の肉体に戻ることへのためらいを伝えています。また時には、地獄の図を思わせるような恐怖の体験を証言しています。これらの体験をした人たちには、自分が変わり、残りの人生の中で新しい生き方をしようと決意して、よみがえるケースが多いようです。興味深い証言ではあるけれど、それは瀕死の脳の活動の残滓にすぎないと、唯物論者なら反論するでしょうね。仏教では、臨死体験をした人間はまだ本当には死の境界を超えなかったと考えます。その代わり、チベット語でデロクと呼ばれる人たち（ほとんどの場合最高の段階に達した瞑想者か、あるいは普通の人間でも長く続けてこのような体験をした人たち）は、死とよみがえりの中間状態であるバルドと、死そのもののさまざまな段階について、詳細に語っていますよ。

T 臨死にかんする本を何冊か読んでみて何よりも驚いたのは、別々の人間がみな同じようにこの中間状態を描写していることでした。平安や思いやりの深い感覚、強烈な光などです。厄介なのは、何人かの患者が蘇生後、臨死状態のときに病室内で起きた出来事を語っていることですね。彼らは、臨床的には死んでいて意識がなかったはずのときに、自分の精神が身体から「抜け出し」て、そこで起きた出来事を観察していたと断言しているんです。

M　さっきのあなたの質問に戻りますが、二つめのタイプの論拠は、前世にかかわるものです。これに類する証言はふんだんにあるのだけれど、こちらは十分な数の科学者によって検証されていないので、一般には受け入れられていません。でもいくつか例外的に、ぺてんや偶然の一致が合理的に排除されている有名なケースがあります。とりわけシャンティ・デヴィのケースがそうです。

シャンティ・デヴィは一九二六年、インドのデリーに生まれました。四歳頃、彼女は両親を相手に奇妙な話をし始めます。自分の本当の家はデリーの南のマトゥーラにあり、そこに夫が住んでいる、と。最初、両親はおもしろがっていましたが、やがて頭がおかしいのではないかと心配になります。しかし、彼女は頭もよく、気立てもよかった。二年間、彼女が同じ話を続けるので、親たちはだんだんわずらわしくなってきました。六歳になると、彼女は家出して、デリーから一五〇キロのマトゥーラに歩いていこうと試みたが、失敗します。ある日、彼女は同級生の一人に、自分の名はシャンティ・デヴィではなく、ルグディ・デヴィで、結婚していて子供も一人ある、だけど産んだあと十日後に自分は死んだので、面倒を見られなかったと説明しました。学校中が彼女のことをばかにしました。そこで、彼女は涙にくれ、姿を消すことになります。彼女は絶望して、長いことさまよい、ある寺にたどり着きました。そこで、彼女はある女性に自分の話を打ち明け、慰めてもらいます。一方、彼女の家では、みな悲嘆にくれていました。そこで父親は彼女を探しに出かけ、ついに見つけます。父親もさすがに、娘の信念には心を動かされたようでした。それでも、そのあとの二年間は何事もなく過ぎます。シャンティ・デヴィは心を閉ざしたままでいました。そしてついに、彼女の学校の担任と校長が、この賢くて頑張り屋の女の子の話に興味を抱き、真相を明らかにしようと、両親の家を訪れます。彼らは時間をかけて彼女に質問し、彼女は落ち着いて、自信をもってそれに答えました。彼女はマトゥーラで商人の夫とどんな暮らしをしていたかを話し、知っている人間や場所はすぐわかると断言しました。また、彼女の会話には、家庭でも学校でも誰も使わないマトゥーラ方言の単語がたえず出てきました。先生たちは、しつこく夫の名前を尋ねました。インドの女性にとって、自分の夫の名前を言うのは、慎みに欠けることなのです。シャンティ・デヴィは恥じらい、ためらっていたけれど、顔を両手で隠して、やっとつぶやきます。「ケダル・ナット」。両親は消極的で、すべて忘れてもらいたいと願ったけれど、校長はマトゥーラでの調査を依頼しました。するとたしかにケダル・ナットという名の商人がいたのです。校長は彼に手紙を書き、数週間後に返事を受け取ります。商人は仰天しながらも、たしかに九年前、妻は息子を産んで十日後に死んだと書いてきました。商人はもちろんさらに事情を知りたがったけれど、いささか不審も抱いていて、まず自分の従兄をデリーに送りました。少女は、一度も会ったはずのないその男をたちどころに見分けます。そしていそいそと彼を迎え、少し太りましたねと言い、まだ独り身なのを残念がり、彼を質問攻めにしたのです。従兄は、化けの皮を剝いでやろうと自信満々で来たのに、度を失い、汗だくになってしまいました。彼も少女に質問したけれど、たちまち彼女に口を閉じるよう頼みます。夫の留守中、彼が彼女に言い寄った様子を、彼女が細かく話し始めたからです。そこで、従兄は大声を上げます。「ルグディ・デヴィは最高の女性だった。聖女のような人だった」と。彼女はそれから息子の情報を彼に求めました。

さて、ケダル・ナットは従兄から一部始終を聞かされ、気も失なわんばかりです。すぐに、息子と自分の身代わりにする弟の二人を連れて、デリーに行くことにしました。しかしそれは無駄な試みでした。彼が自分はケダル・ナットの弟だと偽って名乗ると、すぐにシャンティ・デヴィは叫んだのです。「あなたは私のジェト［マトゥーラ方言で義弟］ではない、主人のケダル・ナットです」と。そして、彼の胸にすがって泣き崩れ、彼女とほぼ同じ年頃の息子が部屋に入ってくると、まるで母親のように彼を抱いたのです。それを見ていた目撃者は全員、雷にでも打たれたかのようでした。会話は続き、だんだん細かな話になっていきます。シャンティ・デヴィはケダル・ナットに、自分の死の床で彼がした再婚しないという約束を守ってくれたかと尋ねました。別な女を娶ったと打ち明けられたけれども、彼女は夫を許します。ケダル・ナットは数日間デリーにとどまり、シャンティ・デヴィに数知れぬ質問をしました。それに対して彼女は信じられないほど事細かに答えました。こうして彼は、シャンティ・デヴィが自分の妻の生まれかわりであることを確信して、帰途についたのです。

話はさらに続きます。噂は広まり、ついにガンディー〔一八六九―一九四八〕その人が、少女の許に訪れて、みんなを驚かせました。彼は彼女のケースに深く心打たれたのです。シャンティ・デヴィは彼に、ルグディ・デヴィは、とりわけ信仰が篤かったと打ち明けました。ガンディーはやさしい父親のように髪をなでてやりながら、少女に言います。「マトゥーラに行ってごらん。そこでお前に起こることを知りたい。私の願いがお前に付き添って、守ってあげるよ。お前に必要なのは、真実だ。どんなに辛くとも、真実の道から離れないように」と。彼は少女をマトゥーラに送りました。両親、三人の名士、弁護士、新聞記者、教養のある実業家たちが同行しました。一九三五年十一月十五日、一行はマトゥーラ駅に着きます。彼らを待ちかまえて、群衆がホームに集まっていました。少女はすぐに「元・家族」のメンバーを見分けて、みんなを驚かせました。そして一人の老人に駆け寄ると、「おじいさん！」と叫び、自分の聖なるバジリコについて尋ねました。老人は呆然とします。ルグディ・デヴィは死ぬ前に、自分の聖なるバジリコの世話を彼に託していたのです。それから彼女は、一行をまっすぐ自分の家に案内しました。数日間、彼女は知っていた場所や人間を次々と見分けます。元の両親とも会って、彼らを仰天させました。シャンティのデリーの両親は、彼女が自分たちの許を離れてしまうのではと、すごく心配しました。でも、彼女は苦しみながらも、デリーに帰る決心をします。夫にいろいろ質問していくうちに、彼が彼女の死の床でした約束を何一つ守っていないことがわかったからです。彼女が床板の下に隠して貯めた一五〇ルピーを、クリシュナ〔ヒンドゥー教でもっとも人気のある神の一人〕に捧げることさえしていませんでした。この隠し金のことは、ルグディ・デヴィと夫しか知らないはずでした。それでもシャンティ・デヴィは、ケダル・ナットの約束違反をすべて許します。彼女の話を聞いた人たちの間では、彼女の評判はますます高まりました。

名士たちからなる調査委員会が事実を集め、突き合わせ、真剣な作業を続けた結果、シャンティ・デヴィはたしかにルグディ・デヴィの生まれかわりであることが結論づけられました。

その後、シャンティ・デヴィは独身を守り、慎ましい一生を送ります。彼女は夫に、来世でもふたたび結婚はしないと約束していたからです。彼女は自分の名声を利用しようなどとは少しも思わず、文学と哲学を勉強したあと、祈りと瞑想に精進しました。そして五〇年代の終わりに、彼女は自分の物語をふたたび話すことを承知しました。(11)

T いやあ、まったく驚くべき話ですね。戸惑うばかりですよ。

M このケースは例外的ではあるけれど、これだけが特別なわけではありません。ヴァージニア大学教授のイアン・スティーヴンソンが、このような記憶の持ち主だと名乗るおよそ百人の証言を研究しています。彼はこの中から二十ほどのケースを取りだし、いずれも本物の記憶現象以外では説明が難しいとしています。(12)全部、普通の子供のケースです。それに対して、チベットに見られるのは、ほとんどが前世で修行を極め、精神を制御できるようになった例外的な人たちの生まれかわりの子供のケースです。

前世の記憶を思いだすことが可能ならば、なぜそれがきわめて稀にしか起こらないのか

T スティーヴンソンはぼくと同じ大学で教えているから、前世の記憶についての研究の話を彼から聞く機会がありました。彼が認めていたけれど、とても難しい研究で、大部分のケースはインチキに類するそうです。それにしても、そのように自分の前世を記憶することが可能だとして、なぜそんなにわずかの人間にしか、それが起きないんでしょうか。

M 真夜中に目覚めたとき、全身麻酔から覚めたとき、あるいは失神のあと、混乱状態に落ち込んで、しばらく

自分がどこにいるのか、わからなくなることがありますね。こうした軽い心的障害による一時的な精神能力の混迷は、死に際して現れる症状と似ている点はあるけれど、それほどの深さはありません。だから、死ぬときには、障害がはるかに大きく、忘却がはるかに深いことは理解できるはずです。しかし、精神が極度の明晰さを保っている状況で、あるいは比較的早い年齢で死が不意に訪れるとき、前世における記憶がよみがえるということが起こりうるのです。この現象が幼児のときに現れるのは、新しい人生の印象が意識に刻印されていくにつれ、前の人生の印象は薄れていくからです。普通の人の死のプロセスに起因する混迷は、前世において観想の最高段階に達して、死と再生の間の中間状態を明晰に通過できる人の場合と比べて、その程度が低いのです。それで、記憶がよみがえるケースは、亡くなった賢者の生まれかわりである小さな子供に多いと、チベットでは考えられているわけです。

T　その説明は、例えば、幼児の記憶に基づいて代々選ばれてきたダライ・ラマの一連の生まれかわりのケースにはあてはまりますね。だけど、スティーヴンソンが引用している二十人の子供に対しての説明としては、そうはうまくあてはまりませんよ。彼らは誰も、前世で最高に明晰な精神に到達したのではないようですから。『僧侶と哲学者』――マチウさんのお父さんとの対話――で、マチウさんは自分の先生、キエンツェ・リンポチェの生まれかわりの例を挙げていますよね。(13)

M　ええ。彼のケースを記してもいいと判断したのは、私が直接の証人だった唯一のケースだからです。その特別の出来事を思いだしておきましょうか。キエンツェ・リンポチェにもっとも近い弟子で、ネパールの山中で生活していた高僧が、夢と幻視に基づいて、師の生まれかわりである一人の子供を探しだし、その子のために長命祈願の儀式を行うことに決めたときの話です。このときキエンツェ・リンポチェのおよそ百人の弟子たちがネパール東部の聖地に集まりました。そしてその最終日に、儀式を司る僧が聖水を参列者に配るという特別な儀礼が行われました。ところが、僧侶が儀式を始めるのを見て、その子は自分で聖水を配る気になったのです。まだ二歳半の子供がです。落ち着いて、まず自分の母親を呼び寄せて聖水の一滴を与え、それから、キエンツェ・リンポチェの孫と、その他二十人ほどに同じことをしたのです。このようにして近くにいた人たちを祝福したあと、ある僧侶が彼に尋ねました。「さてこれで、おしまいですね？」と。彼は、「まだまだ」と答えて、もっと遠くの大勢の中の誰かを指さしました。百人ほど集まった人たちの中に、ネパール国境を越えて、三日歩き続けてやって来たブータン人の一団がいて、その中に故キエンツェ・リンポチェの召使だった老人がいました。別の僧侶がその子の指さした方向へ動いていき、「この人かな？　こちらの人かな？　それともあの人？」と、座っている人たちを次々示して尋ねてから、そのブータン人の老僕のそばにやって来ると、子供は、「そう！　その人！」と言ったのです。その老人は前に呼ばれ、子供の祝福を受けて、涙にむせびました。この出来事が私にとって特別重要なのは、私自身がこれを目撃したからです。そのあとも、その子はキエンツェ・リンポチェの近親者だったまた別の人たちを見分けて、人々を不思議がらせました。

ダライ・ラマのケース

今のダライ・ラマ十四世の率直で謙虚な人柄はよく知られていますが、彼は自分の前世は思いだせないと言っています。それでも、初めてダライ・ラマ十三世の部屋に入ったとき、サイドテーブルを指さして、自分の歯をくれるよう頼んだと、語っています。その引き出しには、十三世の入れ歯が入っていたのです。チベットには、いろんな場所、いろんな時代に、この手の例は一杯あるけれど、全部、偶然の一致だとかインチキの類だとはとうてい思えません。

ある理論がたった一つの例外によって、完全に無効になることがありえます。例えば、「白鳥はすべて白い」と主張する理論は、何千羽もの白鳥の観察に基づくものだとしても、それで絶対的価値が与えられるわけではないですね。黒い白鳥が一羽現れただけで、もうその理論は成り立たなくなります。だから、前世・来世の否定は、現象世界における恒常的で自立した実体の存在の否定とは根本的に異なるのです。実体の否定は、しっかりした論理に基づいて行われますが、もし輪廻する人生の存在を確信をもって否定しようとするなら、すでにあるすべての証言に反論できるだけでなく、再生の不可能性を証明しなければならないはずです。

人が何度も生まれかわるという考え方とはまったく無縁な西洋文化の流れの中では、この種の証言を挙げるだけで挑発的なものとなり、たえず怒りの拒否反応を引き起こしてきました。だけど、この拒否反応は、文化の流れの強い影響下にある問題を解明したいという願いから出たものではなく、惰性というか、暗黙のうちに合意している形而上的立場を疑うことへの本能的な嫌悪感に由来しているものなのです。私個人としては、これらの証言を事実として押しつける気持ちは毛頭ないけれど、ただ、この問題がもっと厳密に、もっと冷静に検討されて欲しいと思います。

T　文化的環境がわれわれの世界観に大きな影響を及ぼすことは確かですね。前世の記憶にかんする証言が、主に生まれかわりの可能性が信じられている国々のものであるのはなぜなのか、それで説明がつきます。今聞いたような事実が、もし西欧で起きたとしたら、単なる子供だましか、精神錯乱のしるしとして排斥されるでしょう。だから、この問題は必要なあらゆる科学的厳密さをもって研究することが大事です。もし前世の記憶があれば、われわれが現世で進歩を遂げるのに役立つだろと、ぼくも思います。前世で獲得した経験の総量を利用すれば、より調和の取れた発達が可能になるかもしれないし、われわれの善悪の感覚ももっと鋭くなるかもしれません。

M　それこそ、精神の変革の目的の一つです。もし私たちがこの人生である成熟に達したとすれば、たとえ次の人生でそれを覚えていなくとも、私たちはゼロから再出発するのではなくて、すでに前の人生において実現しかけた精神的達成の各段階をずっと楽に越えられるはずです。何年も演奏を止めていた音楽家の指は硬くなっていても、ピアノの前に座れば、速やかにその見事な技を取り戻すでしょう。

T 前世の存在は、モーツァルトのような早熟の天才や、広く天賦の才能と言われるものを説明してくれるでしょうね。アインシュタインの物理学での驚異的な直観は、彼の前世における思考の長期にわたる成熟から生まれたものかもしれない。もっと一般的に言えば、あらゆる直観は、以前の事実の記憶かもしれない。「デジャヴュ」〔既視感〕、つまり、間違いなく一度も行ったことのない場所で、あるいは一度も会ったことのない人を前にして起こる感覚も、それで説明できるかもしれませんね。大体、仏教では、われわれの現在の人生で〔良きにつけ悪しきにつけ〕重要な役割を演じている人たちは、前世でわれわれと相互作用をもっていたはずですね。彼らのカルマは、われわれのカルマと結ばれているんですよね。

M 仏教によれば、始まりのない時間以来、すべての人々はどこかの時点で、私たちと結ばれていました。彼らは私たちの父であり、母であり、友であり、敵でした。もちろん、より密接な特別の絆を結んで、それが一つの生から次の生へと永続することもありえます。

広がる波のような意識の流れ

T 意識に話を戻すと、物質的な支えをまったくもたない意識をどのように考えるんでしょうか。そのような意識は全宇宙を浸している何かなんでしょうか、それとも、その意識そのものが、その中ではわれわれの宇宙が小さな場所しか占めないようなメタ宇宙なんでしょうか。

M それは、すべての人々に共通で、すべての現象の中に存在するような全体的意識ではありません。そうではなくて、一つの存在状態から別の存在状態へと移行する個別の意識の連続体なのです。たぶん、波になぞらえてもいい流れです。ただし、仏教にとって意識は、内在的現実を欠いた一つの機能にすぎない。その点を忘れてはなりません。

T 波なら探知可能ですね。

M 確かなことは、私たちは、自分が意識している限りにおいて、意識を探知するということです。こういう探知方法にしろ、結局、一つの方法ですからね。意識はたくさんの関係を含んでいるから、それらの関係は一つの「場」を、したがって、「物理的な」波ではないにせよ一つの波を生むと考えてもいいでしょう。意識を流れとして、つまり明確な実体を運ぶことなしに永続する機能として、記述することができるわけです。ある実体が生まれかわるのではなくて、何かが移り行くのです。この連続性を知の伝達にたとえることもできます。人に教えるとき、伝達はあるけれど、「モノ」の伝達ではありませんね。それを鋳造のときに行われる移転〔輸送〕にたとえてもいいでしょう。一つの形を複製するけれど、そこに物質の移転〔輸送〕はないのですから。遠くの沖の大波を見ると、膨大な量の水が移動していると想像したくなります。ところが、そういうことではありませんね。水の粒子は、大波が通るとき、輪を描くけれど、波と一緒に進んではいかないのです。

T だから、海に浮かんだ瓶は、波が通るとき、波に運ばれていかないんですね。瓶は波の谷間からてっぺんまで垂直運動をしているだけです。波は広がっていくけれど、どんな物質も波に運ばれてはいかない。

M 同じように、意識が体験するさまざまな状態の連続（ずばりと言ってしまえば、「転生」とか「再生」ということばは、この体験の近似値にすぎません）は、違いは当然あるにしても、波の連続に似ていると言えるでしょう。機能と情報の伝播はあるが、物質や具体的な実体の移動はないのですから。一人の人間の生成は、この波の変化に対応しています。私たちの行動と思考の性質が、私たちの意識と結びついた種々の存在状態を決定するのです。物理的な波は、放射線のように破壊的な力を及ぼしたり、凍えた旅人を暖めてくれる日光のように恩恵を与えたりします。電波は、戦争にも平和にも使われます。それと同じように、意識の波は、私たちの思考によって、また私たちの言動の基にある利他的な動機、あるいは悪意ある動機によって変化し、その結果が幸せや苦しみとなって表れるのです。

この波は、現世と前世の私たちの経験すべての総和によって、肯定的・否定的な諸要素や、明晰と混沌の諸契機といった無限に複雑なネットワークによって特徴づけられます。意識は清めることも、濁すこともできるのです。しかし、私たちにはすでに染みついている傾向があるから、意識は完全に柔軟にはなりません。つまり、意識にはすでに「悪い皺」がついている可能性もある。だから、そうした条件づけをなくすために、精神の訓練が必要になるわけです。最高に清められた状態、それが〈悟り〉、すなわち仏性であって、仏の道を歩む者はみなそれを目指すのです。

意識の流れと結びついた「自我」は存在しない

T そうすると、一人一人の人間に結びつく波が存在するんでしょうか。

M 普通の波がそれぞれ一つずつ違うのと同様に、一人の人間がいて、一つの個人意識があると考えていいでしょう。ただ、だからといって、その波とともに旅をするような「自我」の存在を立てる必要はないのです。

T その意識の流れに結びつく「自我」がないとすれば、どんなふうに記憶が意識にくっつくんですか。「自我」の概念は記憶の概念と分けられないように思いますが。われわれが自分について抱く概念は、大部分、過去の経験の記憶に基づいてできているし、何よりも記憶のおかげで、われわれは個人のアイデンティティーを獲得できるんですから。

M もし記憶というものが「自我」に依存しているとしたら、そういう幻想から解放された人間はみな健忘症ということになってしまいますよ。「自我」という人為的な概念を、個人の意識の流れと混同してはならないのです。

私たちは意識の波の諸特徴を「自我」と呼び、たえざる変化の過程にあるこの流れの中に、ある実体の存在を間違って想像しています。「自我」がないからといって、脳システムに記載されていて、そのシステムに対応している「粗野な意識の諸特徴を変化させるような記憶のプロセス」がなくなるわけではありません。こうした知やイメージなどの伝達の上に君臨する「自我」を想像する必要はないのです。「自我」というのは、私たちの心身集合体に貼り付けられたレッテルです。その名前の辞書の中には、含まれる情報全体を『プティ・ロベール』〔普及しているフランス語の辞書〕と呼ぶのと同じことです。冷静に考えてみれば、その情報全体の中には、本来的に存在する『プティ・ロベール』という実体などあるはずがありません。

記憶の問題。経験に基づく「繊細な」意識のレベルについての理解

T　記憶の概念と、記憶にかんする脳の条件に基づく神経生理学的な体験とを、どうやって折り合わせるんでしょうか。

M　意識が身体に組み込まれている限り、脳の機能と意識の「粗野な」側面との間には密接な関係があります。したがって、脳の正常な、あるいは病理的な働きが、意識のこの「粗野な」側面に対して決定的な影響をもつわけです。「繊細な」意識は永続し、「粗野な」意識はこれの一つの表れにすぎません。この「繊細な」意識の連続体は、記憶の運搬人になりうると考えられます。ちょうど、波は情報を伝えることはできても物体を運ぶわけではないのと同じです。意識にこうしたいくつものレベルがあることを信じるのは、私たちにとってはなかなか難しいことです。でも、観想の達人にとっては、これは経験的事実です。この点について、フランシスコ・ヴァレーラはこう書いています。「こうした意識の繊細なレベルは、西洋人の目には二元論の一つの形として見えるから、たちまち無視されてしまう［…］。繊細な意識のこれらの諸段階は、理論的なものではないことを指摘すべきだろう。実際、

それらの段階は、現実の経験に基づいてかなり細かく分けられており、いやしくも経験論的科学方法に拠って立つと自負する者は、これに注目すべきであろう。〔…〕意識のこうした繊細なレベルを理解するには、規律正しく、たゆまず、正しい目標を目指す瞑想の修行を必要とする。これらの現象は、ある意味では、自らそのような経験を実現しようと願う者にのみ開かれている。この新しい現象の領域における直接的経験にとって、特別な訓練が必要であることは、何ら驚くにあたらない。〔…〕しかし、科学の伝統において、いまだに大半の研究者が、瞑想であれその他の内省的方法であれ、自らの経験に基づく研究などもってのほかと考えている限り、これらの現象は見捨てられる。ただ、幸いにも、意識の科学にかんする現代の成果は、次第に直接的経験を土台に据えるようになり、一部の研究者は、意識の直接的研究にかんして、より柔軟な態度を示すようになってきている(14)」。

第12章 自分は考える、と考えるロボット?

脳はコンピュータのように働くのだろうか。人工知能をもったロボットの中に、私たちを取り巻く世界に意味を与える能力が現れることはあるのだろうか。人間が意識の性質そのものについて自問することができるという事実は、生理学的メカニズムとは区別された意識の存在を示唆するのだろうか。

脳はコンピュータのように働き、ニューロン・システムはハードウェアに、精神はソフト・ウェアに対応するのか

T 今度は、意識の性質そのものに話を移してみましょう。これまで見てきたように、一部の生物学者は、意識、思考、愛、その他人生を充実したものにするすべての情緒が現れるには、物質の組織化がより複雑になるだけで十分だと主張しています。彼らにとって、進化が組織化と複雑性の一つの臨界を超えるとき、自然で自発的な意識の出現がかならず生じます。脳は、考える機械、つまり一種のニューロン〔神経単位〕社会を形成する構成因子の総和にほかならず、このニューロン社会の内部の関係が、みなが共通して「精神」と呼ぶものを構成する[1]、というわけです。こういう「コンピュータ的」とらえ方は、フランシスコ・ヴァレーラのような研究者たちから批判を受けました。脳と外部世界との相互作用を十分考慮に入れていないという点でね。ヴァレーラによれば、脳とその固有の環境との恒常的な相互作用が重要な役割を果たしていて、精神は、彼が「エナクシオン」と呼ぶ相反的因果性のプロセスに従うこの相互作用の直接体験に応じて生まれます。そしてこの体験が「世界の意味」の出現を可能にするんだそうです[2]。

意識のコンピュータ・モデルは、ニューロン・システムをハードウェアに、精神をソフトウェアになぞらえます。コンピュータの電気回路というものが機械の行動を導くソフトのための物質的支えであるのと同様に、ニューロン・システムは意識にとっての物質的支えとして働くというのです。こうした還元主義そのものの考え方を受け入

れることは、もし機械が十分に複雑になれば、機械が考え、感じる日がいつか来ると言うのに等しいことです[3]。人工知能の専門家の一部には、いずれは心をもち、愛や憎しみや、悲しみや憐れみを知るコンピュータ・ロボットを作ることが、理論的には可能だと考える者もいます。そうなると、機械が創作を始め、『戦争と平和』を書いたり、『第九交響曲』を作曲したとしても、おかしくないことになります。

コンピュータは計算能力しかもたず、自分にとって意味のない情報を処理するだけである

M　計算しかしないコンピュータの場合は、機械の複雑性がどんどん増し、意識をどんどん上手に真似るとしても、その本質に大した変化は起きないですね。そのような機械は、自分には何の意味ももたない情報を処理することしかできません。その理由は簡単です。意識をもっていないからです。世界の意味の認識とその意味について考える能力、それこそが意識の特徴の一つです。たとえ機械が新しい交響曲を「作る」ように賢くプログラムされるとしても、それは、プログラマーの美的感覚に応じて選択されたハーモニーの規則に基づいて作っているにすぎません。機械は音楽の美しさなど、どうでもいいばかりか、それが音楽であることさえ知りません。計算はするけれど、計算がどういうものかは知らない。この違いは単純だけれど、ものすごく大きいものです。

T　一九九七年に、チェスの世界チャンピオン、ギャリー・カスパロフがスーパーコンピュータ「ディープ・ブルー」に敗れて、大騒ぎになりましたね。そこに人類の敗北を見る記者さえ出たほどです。事実は、ディープ・ブルーが毎秒二千万の陣形を検討する能力によってカスパロフに勝っただけのこと。機械は少なくとも十手先のあらゆる可能な組み合わせをつねに考えることができるんですから。一方、人間のプレーヤーは数種の組み合わせしか先を読めないので、何よりも過去の対戦の記憶や積み重ねた経験によって直観を研ぎ澄まし、悪い手を指すのを防ごうとする。だから、ディープ・ブルーがカスパロフに勝ったのは、単にディープ・ブルーの並はずれた計算能力

にあるんです。ディープ・ブルーは、飛行機自身がニューヨークに向かって飛んでいるのを知らないのと同様に、自分がチェスをしていることを知らなかったし、ゲームに勝とうと負けようと、まったくどうでもよかったはずです。機械は、情報処理技術者チームが電気回路にプログラムした指示にただ従うだけでよかったんです。勝とうとする意欲、不安、いらだち、緊張、悪手を打った悔い、妙手を思いついた喜び、どれもこれもディープ・ブルーには無縁でした。大体、カスパロフがゲームを落としたのは、彼がこうした感情を味わったからのように思えますね。

M ディープ・ブルーを持ちだすまでもなく、私たちは普通の電卓に、三桁の掛け算でこてんぱんにやられますよ。こうしたことは、意識とは何の関係もありません。人間が意識をもっているかどうか、それをいつかコンピュータが考えるようになる可能性も、まずないでしょうね。

T コンピュータは、それがプログラムに従って電流を流す複雑な回路である限り、考え、感じ、愛し、憎むことのできない機械のままでしょうし、0と1の数列をひたすら操作するだけのものです。実際、コンピュータというのは、今も中国人やイラン人が使っている「そろばん」という名の伝統的な計算器の洗練された形にすぎません。この道具では、1は金属の軸に沿って動く玉で表され、0は隙間となる。電子部品の代わりに、手の指が巧妙なルールに従って玉を動かし、玉の間の隙間を作ります。コンピュータはこういった数え玉よりも、はるかに速く計算するけれど、だからといって、意識があるわけではありません。意識があると言い張るのは、そろばんには自分が足し算しているという意識をもっている、と言うのと同じですね。

脳はコンピュータとは違う

M それでも、大部分の神経生物学者は、これほどまでに単純なイメージでも受け入れようとはしません。彼らによれば、脳がもつ学ぶ能力はほとんど無限であって、その働きは、コンピュータのように二進法言語を使うのではなく、それよりはるかに複雑な相互作用に拠っています。厳密に「コンピュータ的」な見方に対抗して、これらの神経生物学者たちは「力学的」見方を取ります。このとらえ方では、脳の生物学的構成因子の相互依存と相互作用は、意識とみなしてもいいような総合的状態を出現させることになります。

T　たしかに、脳とコンピュータの類推は、脳のきわめて表面的なイメージの上に成り立っていますね。脳は五感によって外部世界の情報を受け取ります。ちょうどコンピュータがコード化され、処理されたプログラムの指示を受け、自らの計算結果やそれらのコードとシンボルの分析とに従って答えるように。だけど、もっと深いところを見れば、大変な違いがあります。脳の記憶はコンピュータのメモリーにはまったく似ていないんです。メモリーは、電気パルスの存在に対応する1と、電気パルスの不在に対応する0の数列で表される情報をストックします。いわゆる二進法言語です。ところが、二進法で振る舞い、（1に対応する）開いた態勢と（0に対応する）閉じた態勢とで情報をストックするニューロンを脳の中に認めた者は、誰もいないんです。おまけに、コンピュータには、それぞれ独立した「入り口」と「出口」をもった自立したメモリーがあるけれど、脳のメモリー領域は、思考の領域と同じなんです。

ほかにも重要な違いがあります。脳は自己プログラムシステムをもつのに対して、コンピュータにあるのは、その働きを規定する外部の知能によって作成されたプログラムです。一度プログラムが作成されると、コンピュータの配線はもう変わりません。しかも一本の線が切れるか、トランジスターが一個働かなくなるだけで、もう故障してしまいます。それに対して、脳を構成するニューロンのネットワークは、再生することができるし、すぐれた適応能力さえ見せます。脳は幼児のときには急速に成長し、一生を通じてたえず進化します。細胞が生まれれば、別の細胞は死ぬ。接続が確立すれば、別の接続は消えていく。脳は要らなくなった接続を死なせるんです。このように、ニューロンのレベルで一種の自然淘汰があることもわかっています。

情報の移送の速度も、やはりすごく違います。脳の中の神経インパルス〔神経繊維によって伝導される電気的・化学的変化〕は、せいぜい毎秒百メートルの速さで伝わるのに対して、コンピュータの中では、毎秒数千キロメートルの速さで走りまわるんです。だからこそ、例えば足し算のような種類の仕事は、コンピュータが人間よりはるかに速いわけですね。それに対して、人間の脳は、顔の認識のような総合的な作業になると、はるかにすぐれている。

神経生物学者ジャン＝ピエール・シャンジューが言うところの「ニューロン人間」(4)説に賛成する者なら、これに反論するでしょうね。現在のコンピュータに意識がないのは、おそらく人間のニューロン・システムと同じくらい複雑なコンピュータをまだ作れないだけのことだ、と。おそらく、いずれは愛したり、喜びや苦しみを感じるコンピュータを考えだすことができる、要するに、人間の脳は百万年以上の進化の産物であるのに、コンピュータは一九五〇年代にできたばかりなんだから、というわけです。

チューリング・テストとサールの「中国の部屋」

コンピュータができた頃、イギリスの数学者アラン・チューリング〔一九一二―一九五四〕は、機械の知能を判定する簡単なテストを提案しました(5)。二人の隠れた対話者を相手に会話をすると仮定し、その隠れた対話者の一人は人間、もう一人はコンピュータとする。もし会話の際に、両者の区別がつかなければ、コンピュータは人間と同じくらい頭が良いと結論せざるをえない、というわけです。しかし、一九八〇年になって、アメリカの哲学者ジョン・サール〔一九三二―〕がチューリング・テストの意味に異議を唱えたんです。サールは「中国の部屋」(6)という想像上の実験を提案しました。人間の質問に答えるはずのコンピュータに代わって、ぼくが別の部屋に入ると、漢字で書かれた質問が壁に空いた穴から渡される。ぼくは中国語を何も知らないのに、その質問に答えなければならない。そのために、ぼくはすでにできている解答のリストと、それぞれの質問に合った答えを選ぶマニュアルを手にしている。ぼくは中国語のわかる相手に穴を通して答えを渡すという仕組みです。だけど、この場合、たとえぼくの答えが正しくても、ぼくは中国語ができるとか、このことばに熟達した人間と同じように自分の答えを考えたとか、言い張るわけにはいかない。ぼくはマニュアルどおりにやっただけなんですから。ちょうどコンピュータが機械的にプログラムされた指示に従ったようにね。結論は、適切なプログラムさえあれば、コンピュータはぼくと同じ答えを出せるということです。チューリング・テストの支持者とサールとの論争はまだ終わってはいないけれど、ぼくとしては、哲学者のほうに軍配を挙げたいところですね。

チューリングは、二〇〇〇年頃になれば、コンピュータは五分間は会話の相手を騙せるだろうと予言しました。彼は楽観的すぎましたね。人間と同じ会話のできるコンピュータを作るには、まだまだ道は遠いし、ましてコンピュータに自己省察をさせるなんてそもそも無理な話です。

M　人間に、その人の生き方や世界観の根本原理を問い直させるような、答えにくい、厄介な質問をするとしたら、その人はどうするでしょうか。おそらく、プログラムにその正解がないコンピュータが多分するようなばかげた答え方、的はずれな答え方はしないでしょう。意識をもつ人間は、存在についての新しい見方を見つけようと、深く考えるでしょうね。コンピュータにとって、「存在」という単語はメモリーの中の辞書の与える定義以上のものにはならないのです。

T　コンピュータは文書を読んだり、音声の指示を理解したり、ある言語を別の言語に大まかに翻訳したり、何世代もの数学者を悩ませてきた計算問題を解いたりはできます。でも、ものを感じ取る能力はまだすごく限られているんです。知能機械は、話し相手の姿があまりよく「見え」ないし、それを識別するのが難しい。数千の単語しか理解しない上に、理解させるためには、さらに、はっきりとゆっくりと話しかける必要があります。しかも、その答える声はくぐもっている。

コンピュータは、電源を切られたら自分に何が起こるかを考えられるか。「私の精神の本質は何か、存在の意味は何か、死後、私はどうなるか」などの問いはどこから来るのか

M まあそういったことは技術的問題で、改良の余地は十分あるでしょう。しかし、それよりずっと大きな質的違いがあります。もし意識をニューロンの働きに、そしてニューロンの働きをその原子の特性に還元するならば、肉のコンピュータと鉄のコンピュータの違いは根本的なものにはならないけれど、金属のコンピュータは、釘のつまった袋と同じように自分の存在を意識したりはしません。私たちの精神に、「私の精神にはどんな性質があるのか？ 私は誰か？ 存在の意味は何か？ 私は死んだあと、どうなるのか？」という質問が現れるという事実を、どのように説明すればよいでしょう。人工知能システムには、自分特有の性質について自問したり、観想家がするように、精神の性質を解明するのに何時間も過ごしたりする理由はどこにもありません。コンピュータは、電源を切られたら自分に何が起こるかなど考えはしないのです。

一部の人工知能システムには学んだり自己組織化する能力があるけれど、将来自分に何が起きるかと心配したり、自分の現在の正常な働きを喜んだりすることなど、どうしてありうるでしょうか。この質問に対して、フランシスコ・ヴァレーラは私に答えました。「人間とまったく同じ理由で、そうするはずだ」と。それでは、意味の発生はどこから来るというのでしょう。

神経生物学者によれば、世界の意味は、脳内のニューロン組織が一つの臨界域を超えるとき、脳の環境との相互作用から現れる

T 彼の考えでは、脳の中のニューロンの組織化が複雑性の一つの臨界域を超えるときに、世界の意味が発生しうるんです。構成因子の総和とは異なる、それより上位の質を出現させるという、前に話した創発原理が、ここで働くわけです。ヴァレーラによれば、この意味の創発は、組織体が所定の組み合わせからなる特定の環境、つまり、よく整った生態学的条件の中に組み込まれている場合において、はじめて可能になるものです。彼はこう言います。「脳は身体の中に存在し、身体は世界の中に存在し、組織体は動き、作用し、再生し、夢を見て、想像する。そして、このような恒常的な活動から、その世界と事物の意味が発生する」(7)と。

世界の意味はロボット・システムから出現しうるか

世界の意味は、もしロボット・システムがその環境に応じて、人間の進化の際に似た「意味の発生」の仕方に基づいて学ぶことができるとすれば、ロボット・システムからも発生する――それが、マサチューセッツ工科大学のロドニー・ブルックスや、その他の人工知能の研究者の仮説です(8)。

ブルックスと彼のチームにとって、自分の環境については何も知らないが効率的な感覚運動野回路は備えているロボットを作ることにもし成功したら、そのロボットは蟻が自分の環境を探検するように、あちこち散歩し、隣の部屋に行き、庭を一回りし、木を避けて通り、穴に落ちないよう注意するから、次第にロボットの反作用／作用回路は十分効率的となり、どんな環境でも切り抜けられるようになります。つまり、ロボットはあらかじめ用意された世界像を最初のうちはもっていないのに、行動するにつれて、その像が現れるというわけです。生き物に脳が現れたのは、この環境との反作用／作用回路を作りやすくするためでした。ニューロン・システムが植物やキノコやバクテリアではなく、動物に現れたのは、動物は食べるために、獲物を追いかける必要があったからなんです(9)。そのとき、動物には感覚器官を筋肉とつなぐ知覚／行動回路も必要だったので、この接続が脳を形成したというわけです。

M　そこまではずっとメカニズムの領域の話ですね。「中国の部屋」の例は、意識を欠いたメカニズムでも意識を真似られることを示しています。

T　抽象化の能力と内省的思考は、そのずっとあとになってから生まれたものです。ニューロン・システムの進化には十五億年かかったし、その時間の四分の三の期間、動物には、走り、追いかけ、食物を得るなどの、もっとも基本的な生存機能しかなかったんです。およそ百万年前になってやっと、霊長類に言語と象徴化知能、それに社会的相互作用の能力が現れることになります。ヴァレーラにとって、「精神の出現は大異変的飛躍ではなく、進化における具現化の必然的連続性(10)」なんです。

もし生物学的進歩が人間における意識の出現の原因であるとすれば、生物学的基盤に立って進化することのないロボットが、いつの日か抽象化能力を獲得できるもようになるとする考えは、疑問になりますね。この問いに答えるために、人工知能の研究者は二つのタイプの方法を追究しました。第一の方法は、人工的な進化の状況を実現することです。たがいに少しずつ違う小さな虫ロボットを何千も作る、それらを自然の中に放し、もっとも抵抗力のあるものを選ぶというわけです。第二の方法、例えばブルックスが採用した方法では、記憶、顔の特徴の認知、あるいは社会的相互作用などのような脳の能力を真似た能力をロボットに組み込んで、進化の働きをさせるというものです。

M　いずれの方法も、やはり意識の存在を示すものではないですね。

一次的な意識と内省的意識

T　ここで、内省的意識と、経験に結びつく一次的な意識とを区別する必要があります。例えば、猫の経験は、記憶であり、感情であり、気質です。それらの表れのどれもが脳の基礎回路と結ばれていて、その回路はまた、他のすべての基礎回路に接続され、組み込まれています。こうした統合のシステムが、猫の脳に、現れては消え、また現れる一連の現象を引き起こしています。この一連の現象が、猫の経験と呼ばれる世界に、その固有の姿を与えることになるんです。日常生活において、人間の経験の九〇パーセントはこうした一次的な意識によってなされているわけです。歩くとか、バスに乗るとか、食事を作るとかは、かならずしも内省と結びつく行為ではないんです。

一方、内省的意識というのは、自己省察の経験です。どうもそれは、言語活動と結びついているらしいんです。この言語活動との密接な関係が、内省的意識に人間独自の地位を与えているんです。洗練された言語をもっているのは、すべての動物の中で人間だけです。「もし経験しかなかったら、私はむしろゴリラだろう」とヴァレーラは記していますが[11]、ゴリラは自己省察というこの行為ができません。その言語能力がやっと生まれたばかりだからです。どうも、すべてかゼロかのどちらか、ということのようです。

たがいに自己組織化する小ロボットたち

だから、問題はこうなります。ロボットははたして内省的意識をもてるようになるのだろうか、と。「新しい人工知能」にかんする最近の研究[12]では、小さなロボットの集合は、相互作用して自己組織化し、意識があると思わせるように行動できることが明らかになっています。例えば、小さなロボットの集合は、補助ロボットが集合の働きを改善してくれるならば、その補助ロボットを受け入れ、もし働きの妨げになるならば、排除する。現在のロボットはおそらく昆虫の意識のレベルにあり、急速に犬のレベルに近づきつつあります。とはいっても、この意識は、経験に結びつく一次的な意識です。今言ったロボットによる「排除」は、まだパブロフの犬〔条件反射の実験を行った〕の本能的レベルにあると言えるでしょう。人間の洗練された言語と内省的意識からは随分遠いものです。

M たとえ物理的支えが次第に完成へと向かい、意識を身体に組み込むための条件が整ったとしても、その支えがニューロンの集合であれ、ロボットであれ、意識の第一原因になることは、私がすでに指摘した理由から、ありえないというのが仏教の立場です。もしロボットが意識を「製造する」ことができるのなら、まさしく「機械の中の幽霊」の誕生になりますね。

「繊細な」意識だけが、主客の分離を含まない非二元的なやり方で、自分自身を意識する内在的能力をもっているのです。この能力は「輝き」と呼ばれます。その能力が自分自身を照らし、現象を照らす、つまり現象を認識するからです。

たしかに、この「繊細な」意識が、人間と同じように、ロボットとも結びつきうると想像することは可能です。ダライ・ラマにこのことを尋ねたら、それは考えられることだが、なぜ意識がロボットと結びつくのを選ぶのか、どのようなカルマが意識をそのように導くのか、私にはよくわからないとの答えでした。私としては、どんな理由でロボットが「自分は何者か」と自問するのか、まったく見当もつきません。

人間の内省的意識

T 内省的意識は、「存在する」、つまり「ここにいる」という単純な意識(一次的な意識)とは異なり、自分自身の存在に目を向け、自分の運命について自問する意識です。これが現れたのは、ほぼ十万年前(クロマニョン人の時代)、人間が同胞を埋葬し始めたときらしいですね。人間の意識とは、誰もが唯一の存在であり、かけがえのない者であり、その人がいなくなるのは取り返しのつかぬドラマであることに気づくことでもあったんです。

M 親しい者の消滅は深い悲しみの基ではあるけれど、死は事物の性質の中にあり、およそ過度の執着は無益な苦しみの原因にほかなりません。このドラマは取り返しがつかないものでしょうか。仏教によれば、私たちは望んでも望まなくても、無知から解放されない限り、サンサーラの輪の中を一つの存在から次の存在へとさまよい続けます。存在の本質の深い理解の光に照らして考えると、人間の本質は、立派に解脱することにある、とも言えるでしょう。

だから、内省的意識というのは、あなたが述べた人格概念への執着だけではなくて、自分自身の性質について自問し、思考の根源へとさかのぼることができる意識でもあるのです。そうやってついに「繊細な」意識と原初の輝きをとらえられるようになるわけです。

T　内省的意識は、自分に向ける眼差しだけでなく、他者に、また自分の環境と過ぎ去る時間に向ける眼差しでもありますね。死のあとの世界を想像し、通過の儀礼によるその世界への旅を準備する能力です。それはまた、例えば、洞窟の壁画によって超越の感覚を表現することによって、無償の行為を成就する能力でもあるでしょう。ラスコーの洞窟〔フランス、アキテーヌ地方にある洞窟。旧石器時代後期の彩色壁画で有名〕に四万年ほど前に描かれた絵画は、人間の意識の最初の表れのようにぼくには思えますね。

自由意志は幻想にすぎず、また意識は単なる端役にすぎないか

M　還元主義の神経生物学者にはなかなか解けないもう一つの難問が、自由意志の問題です。ニューロン人間のモデルに基づく彼らの説明によると、私たちが物事をよく考えて、決定しているように見える印象は、実は外部の刺激や私たちの遺伝子的遺産と、そして私たちの一生を通じての学習とに応じて、取るべき最良の行動をニューロン・システムに決定させる計算の反映にすぎない、ということになります。例えば、私たちが決断できずに悩む時間は、ニューロン・システムが、できる限り最良の選択を決定するのに要する時間だということになります。このネットワークのいくつもの回路が同時に作動するとき、私たちは自分で決定を下したという印象をもち、安心感を得るのだそうです。デーヴィッド・ポッターはこう言います。「決定ははたして意識の中で下されるのか、つまり、

われわれが自慢しているこの意識は、脳の中の単なる証人としての機能にすぎないのではないかと、考えざるをえない[13]」。

そこから、自由意志は幻想にすぎないという結論に達した人たちもいます。つまり、私たちは自由であるという印象をもって決定を下してはいるが、実を言えば、この幻想は私たちに操縦桿を握っていると信じ込ませることで、進化の過程で人間という種が適応するのに有利な役割を演じている[14]、というわけです。この説では要するに、人間とは、自分を考える存在だとみなすロボットであることになります。意識が一連の神経化学反応のあとに点灯する表示ランプにすぎないとみなすモデルでは、どうしてもこの種の説明に行き着くことになりますね。もっとも、どうしてこのランプが存在するのかは疑問です。もしすべての決定がニューロンによって計算されるのであれば、それを意識して、何になるのでしょう。意識は脳に何の作用も及ぼさず、受け身で役立たずの証人、自分を皇帝だと思っている無力な端役にすぎなくなるのではないでしょうか。

そうなると、相反的因果性を忘れてしまうことになります。どんな作用であれ、単一方向ということはありえません。もし意識が脳に働きかけないとすると、私たちは、実際は自由意志などもっていないのに、操縦室にいるという幻想を抱いて活動を平静に続けているだけだと結論されかねません。しかし、もし私が自分の自由意志を証明したいと望むとすれば、新しい要因が入ってきます。つまり、この望みは、それがなければ生じるはずのない状況をもたらしうるのです。例えば、私は椅子から立ち上がる瞬間をいつまでも遅らせることができます。少なくとも、眠り込むとか、気を失うとかしない限りはね。この決意は、喉の渇き、空腹、自然の欲求など、あらゆる衝動に逆らうことになります。この内なる拒否権は、私の自由意志を証明すること以外には何の意味ももちません。だから、この拒否権が脳の無意識の計算の産物であると主張するのは、合理的ではないのです。精神障害の患者なら、椅子にぐったりしたままでいるかもしれないけれど、健常な人間なら、前もって自由に決断したのでなければ、そうする理由はまったくないのですから。

意識の存在の否定は、形而上的選択によるのか、それとも科学的証明によるのか

そもそも、意識が存在することを証明するという考えは、どこから出てきたのでしょう。存在しないものが、自らその存在を証明したいと願うなんて、どうしてありうるのでしょう。意識をもたない学者がいたとして、その学者は、どんな方法を使って、意識の存在というものを否定する方向に向かわせる科学を生みだすのでしょう。これは論理の欠陥とは言えませんか？　それに、意識の存在について問いかけること自体、そもそも必要でしょうか。私たちが一人称で体験する事実が、意識は存在すると言っているのですから。それともまた、私たちの体験とは別のところに、何か他の世界があるのでしょうか。私たちとはかかわりをもたない世界の実在性が、何らかの意味をもつのでしょうか。こう考えると、意識の存在を否定するのは、科学的証明よりも、むしろ形而上的選択に属するように思われます。

T　いずれにしても、われわれがどのようにして考え、創造し、愛や憎しみ、美しさや醜さ、喜びや悲しみを感じるのか、科学はまだわかっていないということですね。それがわからない限り、意識の起源の問題に近づくのは難しいですね。

ニューロン・システムだけでは、人間の態度の急転換を説明できない

M　もう一つ重要なことがあります。コンピュータにもニューロン・システムにも完全な柔軟性はないのに対して、意識の流れは、世界についての判断を下す際に、自由に、瞬時の急転換を行います。脳の何十億ものニューロンの接続が、ニューロンの間で行われる自然淘汰の作用を通して確立するには、一生かかります。あなたが指摘し

たように、一部のニューロンは退化し、他のニューロンは安定した接続を確立します。それは外部の環境への適応、他者との関係、種の生存、そして私たちの幸福などにもっとも有利な接続です。胎児の脳の形成から成年期にいたるまで、それには一定の時間がかかるものです。脳はたしかにすばらしい適応性をも発揮します。指や足を切断すると、その数分後にはニューロン接続の大がかりな再編が始まることでも、それは証明されています。それでも、人生のある特定の時期に、私たちの考え方、生き方をあっという間にひっくり返すような意識の道筋がどのようなものであるのかは、全然わかっていないのです。

例えば、何年もの間憎しみに駆られて生き、刑務所の中でも殺し合いを続けていた犯罪者たちのケースが知られています。彼らは憎しみに満ちた日々のあと、ある出来事を契機に、ある自覚が生じて、突然自分たちの行為の非人間性に気づき、世界をまったく違った光の下に眺め始めました。ごくわずかの時間を隔てて、彼らは正反対のモード、愛と利他主義のモードで動いたのです。このような急転換は、理論的にはニューロン接続の大がかりな再調整を前提とするはずですね。しかし、たとえ脳には適応性があるといっても、その変化は瞬間的には起こりえません。だけど、「繊細な」意識は、こうした物理的拘束からは自由なので、全面的な変化を易々と可能にするのです。

T そうしたほぼ瞬間的で、完全な態度の急転換は、信仰に突然目覚めた人たちにも見られますね。それまで形而上的問題にはまったく無関心だった者が、激しい宗教的感覚に襲われ、自分の生き方と考え方をすっかり変えてしまうような、いわゆる「恩寵」とか「啓示」の場合です。ポール・クローデルやジュリアン・グリーン〔一九〇〇―九八。フランスの小説家〕が見事にそれを表現していますね。

M それを仏教流にとらえれば、自分自身の意識にかんする私たちの経験、つまり、内省的方法で意識の根本的性質を理解する能力と、意識を内的探索の対象として直接取り上げ、それを制御する能力とは、物理的支えには還元されない意識の連続体という存在を示唆しているように見えます。

しかし、今話し合ってきたことは、すべて相対的真理に属するものです。つまり、頭脳の中の出来事、論証的な思考、希望や疑念、私たちを何かある決定へと向かわせる衝動や推論は、無知と幻想の領域に属するもので、私たちはこうした想念の波間にさまよっているのに、それを現実だと思っているのです。こうした混沌の彼方に、概念や、こしらえものや、表象をもたない、「目覚めたるあり方」があって、それがただ一つの否定しえない認識なのです。この目覚めたるあり方の根源的な単純さ、言い表せず想像しがたい直接経験の頂点では、それ自体以外の証拠は必要としません。つまり、この目覚めたるあり方の連続体をどのように考えるにせよ、何物もそれには反論できません。無が存在に反論することができないのと同じです。概念は、精神の究極の性質の前では無力なのです。この性質は概念を焼き尽くしてしまう。炎が羽毛を焼き尽くして、灰も残さないのと同じようにね。

第13章 大海の波のように——意識の連続体

意識の連続体という考え方を仏教の観点から見るとき、それは私たちの宇宙像にうまく収まるだろうか。この連続体はどのような状態の変化を経るのか。それを〈悟り〉——ブッダ〈覚者〉の状態——へと導くにはどうすればよいのか。また、この〈悟り〉の実現の妨げになる精神的要因はどういうものだろうか。

仏教によれば、各個人に一つの意識連続体があり、それは始まりをもたず、生から生へ受け継がれる

T　仏教によれば、意識はビッグバンの最初の一秒以内の間に、素粒子の原初のスープの中に存在していたんでしょうか。

M　究極的な構図では、宇宙も意識も固有の存在をもたず、したがって、始まりもないのです。でも、相対的真理の構図では、この二つは最初からずっと共存しています。意識はビッグバンの猛火の中に物理的に含まれているのではないし、すでに言ったように、意識がいつも物理的な支え〔媒体〕をもつことも、不可欠ではありません。だから、何十億年もの間、私たちの宇宙に生命がなかったという事実は、意識の連続体が断絶してしまったことを意味するのではないのです。仏教では、意識は他の構図に、また他の宇宙に現れることができます。科学の観点からすれば、この前提は、創造者原理という前提と同じくらい恣意的に見えるかもしれませんね。だけど、出自も、その役割も、その特質もよくわからない創造者の存在を介入させたり、あるいはまた、意識は無意識から生まれることがあると想像したりするよりも、質量‐エネルギー連続体と並行して意識連続体を考えるほうが、効率がいいように思われます。

T　そういう考えは、現代生物学の理論とは根本的に違いますね。だって、生物学では、無生物から生命へ、ついで、生命から意識へと移行すると考えるわけですから。

M 仏教は進化理論には全然反対しません。仏教にとって、生き物の世界の複雑性が次第に増していくのは、意識の身体への組み込みを可能にする支えにかかわることです。まず原始的な支えがあって、これは単なる知覚を表示するだけですが、それから限られた知能をもつ動物になり、ついで、高度に発達した知能と内省的意識をもつ人間へと移行します。この意識はこれからまだ発達していくはずです。これらの生命の形態の進化の程度がどんなものであれ、仏教によれば、それらに共通しているのは、一つの存在から次の存在へと続いていく意識の連続体を備えているということなのです。

もし意識に始まりを与えることになれば、ブッダ〔覚者〕の性質、つまり意識のもっとも根本的な側面も、やはり無生物から生じうると言うのに等しくなってしまいます。しかし仏教によれば、このブッダの性質は無生物から生まれることはありえません。それだけでなく、無知で曇らされた論証的な思考によっても作られません。ブッダの性質は実体ではなく、根源的な意識の究極の性質であって、無知のベールを完全に脱ぎ去っています。無知のベールは、一時的に究極の性質を隠すかもしれないけれど、雲が太陽そのものに影響を与えないように、究極の性質に影響を与えはしません。だから、無知は付随的な現象であり、精神の究極の性質を損なうものではないわけです。無知はただ、私たちが究極の性質を理解できないように妨げているだけなのです。

T 仏教にとって、人間は知能のピラミッドの頂点に立っているんですか。あるいは、さらにもっと進化した存在がいると考えるんでしょうか。

M それはいます。ブッダたちがその実例です。また、他の世界には私たちよりも頭の良い生き物がいないという根拠もありません。人間の世界には、私たちが日頃確認している知能の格差のほかに、精神的達成における個人間の著しい格差もあります。ブッダの知的能力、精神の性質についての理解、幸せと苦しみのメカニズムに対する洞察は、自分の意識連続体を純化していない人々と比べるなら、比較にならないほど深いのです。

T　そうすると、自分なりの世界像を作って世界を理解する仕方は、意識の進化の程度と、その意識がどういう構図に現れるかで、変わってくるんですね。

意識のさまざまなレベル

M　意識はさまざまな仕方で物質の中に入ります。単に人間の形を取るだけでなく、さらに言えば、地球上や、宇宙の中だけで物質の中に入るのでもありません。仏教では、三つのタイプの世界を考えます。まず、「欲望の世界」があって、人間はここに属しています。この世界は、人間の精神がたえず情動の玩具であるという事実から、そう名づけられました。次に、「形の世界」があって、そこでは意識はより繊細で、情動に基づく衝動の影響がより少ない。最後に、「形なき世界」があって、そこでは意識は身体的形と結びついてはいないけれど、それでも、この存在の状態は、無知によって条件づけられた世界にまだ属しています。

T　その場合、生まれかわりについて語ることはできますか？

M　むしろ次々に推移する生の状態について語るほうがいいでしょう。意識はある一定期間、この形なき状態の中にとどまり、そのあと、潜在的な傾向の影響で、身体に組み込まれる形を取るのです。

T　ぼくの意識の生まれかわりに必要な条件は、どんな要因によって決められるんでしょうか。

自由意志は意識の流れの質を変えられる

M　私たちの一生を通じて、自由意志は私たちの意識の流れを変えることができます。私たちの思考と、その思考から生まれながら、逆に思考の条件づけもする言動とを通じてね。人は、憎しみや傲りや貪欲によって作られる精神のベールを一掃することもできますが、逆にそれをさらに厚くすることもできます。ベールが厚くなった状態は「濁った」状態と表現されます。意識と、私たちが知覚する事物の本当の性質を、見えなくするからです。ベールはわれわれの判断能力を奪い、われわれの精神の本来の平静さを乱してしまうのです。

仏教徒にとって、真の精神的変革とは、意識の流れの変革です。川に廃棄物を流してその水を汚染したり、濾過して清らかな水にしたりするのと同様、私たちは人生の過程で、私たちの意識の連続体をより濁ったものにも、より澄んだものにもできるのです。もしこの連続体が浄化されるなら、私たちの次の存在、つまりこの意識の次の支えは、知能を備えた者の存在となり、私たちはこの人生で開始した変革のプロセスをさらに進めることができるはずです。もし逆に、私たちがこの連続体を一層濁らせるなら、私たちは動物の条件、つまり、はるかに限られた知能をもち、自己変革能力がほとんど無いに等しい、別の状態を経験することになるはずです。

どの生き物にも意識の一次形態がある

T 仏教は動物に意識があることを認めるんでしょうか。ミミズや蚊は自分の条件を意識しているんでしょうか。一部の動物の行動を観察した結果、動物も人間と同じような感覚や感情を味わうことがわかっています。子猫に乳を飲ませる雌猫を見れば、雌猫の母性愛は疑えない。猫に追われた小鳥が鋭い声を挙げるのを聞けば、その恐怖心には疑問の余地はない。帰ってきた主人に飛びつく犬を見れば、犬は主人が好きで、喜んでいることは、否定できないでしょう。一部の動物、とりわけ遺伝子が人間に近いもの、例えばチンパンジー（ゲノムの九九・五パーセントが人間と同一です）は、頭でイメージを描き、形や色のような抽象概念を認知することができるらしいですね。美を感じることさえあるそうです。チンパンジーの群れが夕日に見とれてたたずんでいるのが、目撃されているんです。動物の行動の専門家によれば、イルカや霊長類のある種の心の働きと人間のそれとの間には根本的な違いはないそうです。だから、動物も一次的な意識をもっているようです。だけど人間とは違って、自己と自己の存在にかんする意識、いわゆる内省的意識をもっていることは、どうやら疑わしい。チンパンジーが体験談を語ったり、『失われた時を求めて』を書いたりするのを見るのは、当分望めそうにないですね。

M　だから仏教では、動物は精神的解放への道に分け入る可能性はないと考えるのです。しかし、彼らを動物的状態での生に導いた条件が終わり、人間の生が与えられれば、彼らはまた機会を得ることができるようになるかもしれません。人間の知能は、破壊的な目的のために使われることもあるけれど、例えば、動物の知らない、公正で、広い利他の心を育てることもできます。これは人間だけがもつ唯一の知能です。そこには人間の条件だけがもっている一つの値打ちがあります。その条件に含まれている苦しみがあまりにも大きいので、私たちはそこから抜けだしたいと思うほどだということ、しかしその苦しみは精神的な修行を不可能にするほど重くはないこと、これがその値打ちなのです。

動物を人間の利益のために利用するのは、強者の掟を押しつけることである

意識が自分について内省することができるという事実は、意識の原理の特殊な一面にすぎません。幸せを求め、苦しみを逃れるという事実のほうが、意識のより根本的な側面をなしているのです。もちろん、自分が「存在している」という単なる意識もあります。チベット語で、生き物を指すのに使われる単語の一つに、ドロワ（字義どおりには「行くもの」の意）という言葉があります。これは、何らかの意識によって決定された方向へ向かう運動とかかわりがあるものです。この運動には、アメーバの単なる向性から、牝鹿のしなやかな走り、人間の手が仕上げる細工、さらには隠者の〈悟り〉を目指す旅まで含まれます。もちろん、動かない動物（珊瑚、軟体動物など）のような例外もあるけれど、大まかに言って、この動機づけられた運動が、生き物と植物とを区別します（仏教では、植物を生き物とはみなしません）。その意味で、内省的であってもなくても、動物には意識の原理があり、苦しみ

を避け、幸せでいたいという彼らの欲求は、人間と同じであると考えていいわけです。動物の苦しみを無視して、彼らを人間の利益のために利用するのは、端的に強者の掟を押しつけることにほかならず、倫理の面から言って、とうてい受け入れられるものではありません。動物保護の法律はあるけれど、これらの法の規定では、動物は物、あるいは「農産物」（とりわけヨーロッパ委員会が使っている用語）にほかなりません。動物の「権利」という概念はそこにはまったくありません。生きる権利さえないのですから。

T 仏教では、さまざまな生の状態に序列はあるんでしょうか。もしあるなら、形なき状態は上に位するんでしょうか。

M 相対的に序列はあると言えるでしょうが、どの状態も無知から解放されてはいません。人間にとって無知が解消されない限り、また、自我と現象の実在性とに対する執着が続く限り、人間は条件づけられた世界の苦しみに沈み続けます。追い求めるべき究極の状態は、どんな種類のベールもかかっていない完璧な認識の状態です。

T 生まれかわりのサイクルから逃れることを可能にする認識でしょうか？

〈悟り〉と慈悲。王の態度、渡し守の態度、羊飼いの態度

M 〈悟り〉に達した人は、条件づけられた世界の悪循環の中に彼を生まれかわらせる、あらゆるカルマと傾向を浄化したことになります。彼には生まれかわらない自由があります。けれども、慈悲の心から彼は生まれかわります。人々が転生のサイクルに巻き込まれて苦しむ限り、〈悟り〉に達した人は、他者を愛する心から、解放の道へと人々を導くために生まれかわるのです。

T それが菩薩と呼ばれる人ですか？

M 仏教の道は、人々に対する三つの態度を教えています。まず、自分の力を確実なものにしてから、臣下を大

事にする、いわゆる「王の」態度。次に、自分の客とともに向こう岸へ渡る「渡し守の」態度。そして、群れの後ろから歩き、自分のことを気にする前に、すべての羊を囲いの中に避難させる、「羊飼いの」態度です。真の菩薩はこの羊飼いに似ています。彼は、ブッダ〔覚者〕の状態、つまりニルバーナに達することをあきらめ、サンサーラの中にとどまって、いつでも人々を助けようと心に決めています。でも、このあきらめは利他の勇気ある心を描くイメージにほかなりません。実を言えば、菩薩は、自分が〈悟り〉に到達するために、すべての人々が解放されるのをわざわざ待つ必要はないし、他方では、完全なブッダは菩薩よりもはるかに大きな力で人々の幸福を成就してくれます。ブッダは、特別の努力なしに光り輝く太陽のように、ごく自然にそうします。完全な〈悟り〉に達すると、生類全体に対して限りない慈悲を感じずにはいられないのです。またこういう言い方もされます。月がどんな水たまりにも直ちに、さりげなく映るように、苦しむ生類がいる限り、ブッダたちの慈悲は多様な化身の姿を取って現れる、と。シャーンティデーヴァは『〈悟り〉への道』〔『入菩提行論』〕の中でこういう詩を書いています。

「空間が続く限りはずっと、
生類がいる限りはずっと、
私もまた、世界の苦しみを消し去るために、
とどまることができる」(1)。

T　仏教の説では、宇宙は意識そのものなんでしょうか。

M　そうではありません。宇宙が意識なのではなくて、宇宙は意識と共存しているのです。物質の連続体と並んで意識の連続体があるということです。

意識の流れの数は無限

T もう一つ質問します。地上の人口は増え続けていますが、それぞれの意識の流れが一人の人間と結びついているとすれば、宇宙には、この激増する人口に供給する、意識の流れの無尽蔵のストックがあるということでしょうか。つまり、宇宙の創造以来ずっと存在してきたストックという意味でです。もしそうなら、それはビッグバン以来、物質的媒体と結びついたことのない、無数の意識の流れがあると考えてもいいんでしょうか。

M 物理学の本質的前提の一つは、質量とエネルギーの総和は不変である、ということですね。同じように、もし意識の流れに始まりも終わりもないとすれば、無から新しいものが作られて、出てくる理由はどこにもありません。でも、だからといって、その流れの数に限りがあるということではありません。意識の流れの数は、それぞれの宇宙で、そこにある媒体次第で、増えたり減ったりします。一つの意識の流れが現れたり、消えたりすることはないとしても、その代わり、さっきも言ったように、苦しみを生みだす汚濁化のプロセス、あるいは〈悟り〉を得た最高の解放のプロセスによって、変化することができるのです。

T 意識の流れの存在という前提は、もちろん、われわれの宇宙観、とりわけ前に話に出たヒト原理に基づいた形而上的帰結ですね。

M 形而上的観点からすると、もし物質との絶対的な二元論的関係をもたない意識の流れが存在するとすれば、宇宙を構成する要素同士の根源的調和を含む相互依存の働きを考えるだけで、宇宙がうまく調整されていることが理解できます。両者の相関関係を理解するには、意識と無生物の現象との共存を考慮に入れるだけで十分なのです。結局のところ、起源の問題を考えようとすれば、形而上的構図に移らないわけにはいかなくなります。なぜなら、ビッグバンや、ビッグバン以前や、宇宙のその他の始まりの形について、どんな発見があったとしても、「本当に始まりはあったのか」とか、「なぜ始まりがあるのか」という問いを出せるのは、形而上学しかないのですから。もっとも、同じ考えをもつ科学者も少なくありません。フランソワ・ジャコブはこう書いています。「ある領域は、どんな科学の探究からもそっくり排除されている。世界の起源、人間の条件の意味、人間の生命の《運命》にかんする領域である。これらの問題が取るに足らないというのではない。われわれの誰もが、遅かれ早かれ、これについて疑問を抱く。これらの問い、カール・ポパーが究極的と言った問いは、宗教、形而上学、さらには詩に属するのだ」[2]と。

T　科学は創造者原理という究極的問題を解決することはできないでしょうね。それは科学の探究領域の枠外にあるから、科学は何も言えないんです。思い切って水に飛び込んで、パスカルにならって「賭ける」しかありません。

M　もし創造者原理という考え方が論理の分析に耐えられないものならば、そんな賭をしても何にもなりません。そこにあるのは、間違いなく、排除してもいい仮説でしょうね。

T　相互依存という仏教の考え方が、ヒト原理に頼らなくても、宇宙の調整を説明することは確かですね。

仏陀の〈悟り〉。仏陀の跡に従って歩もうとする者のための旅案内

M　そうなのです。ここでちょっと話がずれるけれど、仏陀が自分の想像力を遺憾なく発揮して作り上げたのは、理論ではないのです。仏陀は観想的体験の果てに、宇宙と意識を包み込む相互依存の直接的認識に達しました。その体験がどういうものか、私たちが最初から知るのは難しいけれど、その努力をするなら、近づけないものではありません。私たちは、自分が変わりうることを知っています。もしそれが不可能なら、どんな学問も修行もする理由がなくなってしまうでしょうからね。苛立ちから落ち着きへ、羨望から共感へ、混沌から知的明晰さへと移行す

ることが可能なことを私たちは知っています。自分の人生のすべての面をはるかに良いものにし、根本的に変革することが可能であることも知っています。けれども、努力せず、ただ成り行きに任せていては、その結果を得ることはできません。だから、何よりも大事なのは、私たちの精神を制御すること、「自然のまま」とか「ひとりでの働き」とかに頼ったこれまでどおりのやり方で精神を働かせることのないように、精神を制御することなのです。

思考と現象の本質を検証することで、少しずつ〈悟り〉と呼ばれるもの、つまり、世界の本質にかんして一切の混沌を排除する、明快そのものの認識に達することができるようになります。ぴったりとことばでは表現できないけれど、この〈悟り〉のおかげで、仏陀は他の〈旅人たち〉に自分の歩いてきた道を教えることができたわけです。この道、私はこれを精神の科学と呼びたいけれど、これは幻想のメカニズムと認識のメカニズムを区別し、何よりもこの認識を実践するために修行することを教えます。この道を直接体験するのは私たちの役割なのです。前にも言ったけれど、仏陀は何度も繰り返して、「単なる尊敬の念から私の教えを信じるのではなく、自分自身で確かめよ」と強調しています。仏陀にとって、意識の連続体の存在は経験的事実、深い認識の結果であって、ただ頭でこしらえ上げた結果ではないのです。

T たしかにそうかもしれないけれど、普通の人間にとっては、それを理解するのも、認めるのも、なかなか難しいことですね。また、指摘しておいたほうがいいのは、現在の段階で、宇宙に始まりがないというのは、科学的にはまったく確証されていないことです。まして、「始まりのない時間以来、存在している意識の流れ」を実験で検証するといったことは、それこそ至難の業ですよ。

三つのタイプの有効な証拠。直接体験、推論、本物の証言

M 普通の人間にとって認めにくいことは一杯あるでしょう。科学の成果の大部分がまずそうです。例えば、時

空概念にしても、量子論的不確実性の概念にしても。大事なのは、みんながある発見の有効性を今ここで検証できることではなくて、どんなに長く、辛い過程でも、必要な努力をした者がみんな同じ結果に到達できることではないでしょうか。仏教では、それを導くための有効な証拠には三つのタイプがあると言います。第一は「直接体験」による証拠です。例えば火を見れば、その存在は確かだと思うでしょう。第二は「推論」による証拠。煙を見れば、火があると結論を出し、現場に行けば、それが本当だと納得するでしょう。第三は「本物の証言」によってもたらされる証拠。これは、私たちの現在の認識段階では、私たち自身で確認できない事実にかんするものです。つまり、普通の人間が電子の存在を信じるのは、多くの立派な学者がその存在を結論づけたからにほかなりません。普通の人間は、もし自分が何年か物理学を学べば、同じ結論に達すると信じているにすぎません。それから、普通の人間が今、現実の実体としての電子の存在にそれほど信を置いていないのは、やはり、同じくらい立派な多くの学者が量子物理学の立場から、電子は「観測しうる」にすぎず、一方で波として現れていると結論を出したからです。

観想的科学の場合、「本物の証言」とは、長い年月の内的変革を経て一致した結論に達した多くの観想家たち――仏陀を始めとして――の証言を指します。この人たちは他の面でも、たぐい稀な、緻密で誠実な性格の持ち主です。

幸いにして稀ではあるけれど、科学者が重要な発見をしたと主張しようとして、研究の成果を偽ることがあります。しかし、他の研究者がそれらの結果を繰り返し検証して、できなければ、その詐欺師は学会全体から追放されるでしょう。同じように、他人を騙そうとする自称「賢者」は、しばらくの間は信じやすい人たちに一杯食わせることができるかもしれないけれど、彼の精神的体験と一貫しない行いは、やがて本物の観想家たちが達成したのと矛盾していることがわかってきます。その選別は難しくはありません。

T　意識に話を戻しましょう。意識は物質よりも重要であると、仏陀は言っているんでしょうか。

M それは大した問題ではありません。その二つは相互依存的なわけですから。もちろん、〈悟り〉に達するのは意識であり、全体に意味を与えるのも意識です。その観点、つまり仏教の観点からすれば、意識は物質より重要だと言えるでしょう。

T でも、〈悟り〉の段階に達した意識の流れは、どうなるんでしょうか。まだその段階に達しない他の意識の流れと共存し続けるんですか？　その意識はやはり物質的支え〔媒体〕を必要とするんですか？

M 〈悟り〉というのは、意識が無知の眠りから目覚めたことを意味します。そのとき意識は、普段の状態では厚く覆われていたベールから、完全に自由になります。ブッダは、〈悟り〉に達すると、魔法のように宇宙から消えてしまうわけではありません。それどころか、〈悟り〉に内在する完全な認識は、おのずと無限の慈悲となって表れるのです。そうすると、ブッダは人々に自分と同じ道を歩むよう教えることで、その〈悟り〉を表現します。ブッダが死んで、その身体を去ったあと、彼の意識は精神の究極の性質の次元にとどまることができます。この状態が「絶対的身体」と呼ばれるのは、その意識が心を曇らせる要因（欲望、憎しみ、混乱など）の影響を受けたままで生まれかわるといった理由がなくなるからです。でも、空《そら》に静止したまま水に映る月の例をもう一度使えば、ブッダの目覚めた意識は、人々がサンサーラの中で苦しむ限り、さまざまな形を取って現れるのです。

フロイトの無意識と仏教の「傾向」

T 仏教では無意識はどんな位置を占めるんでしょうか。フロイト〔一八五六―一九三九〕やユング〔一八七五―一九六一〕が導入した、抑圧とかリビドー〔フロイトが仮定した、性衝動に基づくエネルギー。ユングでは心的エネルギー全般を指す〕に相当する概念はありますか？　フロイトにとって、この基本的エネルギーの流れは性衝動だったけれど。

M むしろ「傾向」とか「薫習《くんじゅう》」〔浸透〕という用語を使います。私たちは前世を通じてずっと、あらゆる種類の習慣を蓄積し続けてきたので、それらは私たちの意識の連続体に潜伏し、考え方、行動の仕方に著しい影響を与えているのです。私たちの内部の一番奥に根を下ろしている傾向は、自己中心主義、つまり、私たちの世界の中心に居座る自我の存在への信仰です。そして自我への執着を生じさせる牽引と反発のさまざまな衝動の中でも、性欲が間違いなく一番強力なものでしょう。何しろ五官を総動員するのですから。知的省察だけで、すぐに諸傾向から解放されることは不可能です。解放のための一般的方法は、三つに区別されています。第一の方法は、これらの傾向の解毒剤として働く反対の傾向を育てて、その傾向を中和することです。利他の心、寛容、非執着、あるいは欲望の対象のおぞましい側面の省察は、エゴイズムや、怒りや、執着への療法として作用するだけでなく、それらの傾向がいつでもそこから湧き出してくるような一種の貯水池に貯められた無意識の傾向を排除するのにも役立つのです。それには、その作業に慣れていく長いプロセスが必要になります。というのは、私たちの意識の連続体には数多くの「皺」ができていて、それらを一つずつほぐして、取り払わねばならないからです。

第二のやり方は、私たちの傾向、衝動、想念一般の固有の存在の空しさについて、瞑想することです。この瞑想は、より速やかで、より完全な解放をもたらす効果があります。瞑想は根深い傾向の基盤そのものを攻めるので、一気にそれらを消滅できるのです。

第三の方法は、その能力をもつ人々にとっての方法ですが、それらの傾向そのものを触媒として用い、さらにもっと効果的で速やかな変革を完成させることです。

死の総稽古としての眠り

T 夢はどんな役割を果たすんでしょう。人間には睡眠が欠かせないことは知られていますね。眠らなければ、死んでしまいます。生き物の組織体は、脳という巨大な化学工場が作りだす毒素を排出するのに、この眠りを利用します。睡眠は、脳がゆっくりと活動する本物の睡眠期と、脳が覚めている状態のように活動し、夢を見る、偽の睡眠期——「逆説睡眠」——とに分けられますが、一部の神経生物学者によれば、夢を見ている間、脳は自動的に自分の集めた一連の対象を曲がりなりにも統一のあるストーリーに仕上げるそうです。

M これをテーマにした仏教の視点と科学の視点との詳細な比較が、「精神と生命」というフォーラムで議論され、『眠る、夢見る、死ぬ』(3)という題の本にまとめられています。仏教では覚醒状態と深い眠りの間を四つの段階に分けており、夢はその二番めにあたります。深い眠りは死そのものの総稽古であるのに対して、夢の状態は死と再生の中間状態、バルドの舞台稽古であると言われています。バルドでは、私たちの精神のあらゆる種類の投影がまざまざと現実のように見える幻覚の形で現れるのです。

明晰な夢の修行。観想的生活の諸段階

修行の最初の段階では、夢を見ていることを意識できる技法があり、次に、夢の中身を変える技法、最後に、自分の思いどおりにテーマと展開を決め、夢を創作する技法があります。瞑想する者は何カ月もその訓練を続けることがあります。この修行は、すべての現象は夢や幻のようなものであることを納得し、したがって、それまでのように現象に執着しないようにすることが目的です。一方、科学のほうでは、認知科学がはっきりした夢の現象を沢山扱っていますね。(4)

T 仏教では、より高度な意識レベル、瞑想によって近づくことのできる、普通ではない意識の状態の話が出てきますが、瞑想状態とはどういうものなんでしょうか。〈悟り〉の前兆になるんでしょうか。知性が沈黙に追いやられる状態、直観が主導権を握る状態、通常の時空意識が乗り超えられた状態、あるいは自己と世界との統一を体験する状態でしょうか。

M 仏教やその観想科学が一本の道として表現される理由は、それが、私たちの意識作用の段階的な変革と、混沌から〈悟り〉へと向かわせる意識の流れの浄化の過程だからです。その道程で、人はさまざまな段階を経ることになります。論証的思考が沈静化し、次第に明晰さと平静さを増し、外部の現象と意識の本質についてたえずより鮮明な映像を目にし、何よりも、普段私たちの精神を曇らせている、頭で作られた要因から次第に完全に自由になっていくのです。そのとき、人は至福と慈悲という精神の本当の性質、あらゆる固定観念を一掃した、空《くう》で光り輝く性質を発見します。自我への執着はもはや存在理由がなくなり、私のもの、あなたのものという考え方も崩れ落ちます。精神だけがこの道を歩き通し、自分自身を知ることができると、悟るようになるのです。

第14章　宇宙の文法——物理法則

物理法則は、世界を支配しているのだろうか、それとも、現象の読み取り方、現象同士の結びつけ方、現象の行動の予測の仕方を取り仕切っているのだろうか。その法則に絶対的価値はあるのだろうか。法則はプラトン的〈イデア〉の世界に属しているのだろうか、それとも、私たちの形而上的概念や〈自然〉の理解の仕方に密接にかかわっているのだろうか。還元主義的方法が提唱するように、世界はその構成要素の分析だけで理解できるのだろうか。総合的な世界像をもって、その実在ないしは非実在の分析を徹底させることが不可欠ではないのだろうか。

科学における方法とは何か

T　さてこのあたりで、物理法則の概念を明確にするのがよさそうですね。実際、西洋の科学は「〈自然〉の行動を規定する法則」という概念のおかげで、発展してきたわけですから。

M　科学における法則とは何でしょうね。

T　法則とは、見たところつながっていない諸現象の間の不変の関係と規則性を確認する一般的提言のことです。

物理法則は世界を支配する実体か。前史時代からルネサンスにいたる西洋の科学法則概念

M　物理法則は、単に関係やメカニズムの解明ではなくて、固有の存在を備えた内在的実体だとみなされることが多いような感じを受けますね。そしてこの傾向は、創造主の存在を主張する宗教によって形成された文化において強まっています。創造主が宇宙の調和を整えるためにそれらの法則を定めたというわけです。しかし、これらの法則は、自然の行動を記述し、諸現象を約束事のレベルで秩序づけることを可能にすると言うだけで、十分ではないでしょうか。この科学法則という概念は、いつ西洋に現れたのでしょう。

T　何万年か前、われわれの祖先はすでに自然の中の一定の規則性に気づいていました。ブルターニュ地方にある真っ直ぐ並んだメンヒルやドルメン〔いずれも巨石記念物〕は、一年の特定の時期の日の出と日の入りを表していますが、

これらはその一つの証拠です。しかし、多くの自然現象は彼らにとって謎でした。洞窟の人間は、どんなものにも精霊が結びついていると考える魔術的世界に生きていたと思われます。昼の間は太陽の霊が、大地の霊、木、花、川の霊を照らし、夜は月の霊が明るく輝いていました。こうした精霊の世界は人間の世界を映す鏡でした。そこではすべてが人間的スケールに合っていて、単純で、なじみ深いものだったんです。

M 一万年、二万年前の私たちの祖先が考えていたことを、そんなに簡単に想像できるものでしょうか。西洋の哲学者が、自分たちとは別の形態をもった思想がまだ現に生きていて、それらに近づくことが可能なのに、それらをどんなふうにねじ曲げてきたかを見れば、その難しさがわかるはずです。まあそれはともかく、古代の形而上学と精霊信仰は分けて考えるべきでしょう。

T 信仰というより、アニミズム的〈自然〉観と言ったほうがいいですね。人間は知識を貯えるにつれ、自分の無垢性を失い、宇宙の広大さを前にして己れの卑小さにだんだん気づいていきました。それにしたがい、人間の魔術的世界も、超人的な力をもつ神々の支配する神話的世界に変わっていきました。すべての自然現象は、宇宙の起源を含めて、これらの神々の愛と憎しみから生じたと言えるでしょう。そういうわけで、エジプトの神話世界では、最初の存在アトゥム〔エジプト神話の太古の神。九柱の神のもとの神〕が、自らの中にあらゆる存在の総体を含んでいたんです。彼は世界と八百ほどの神と女神を生みました。天は、惑星と恒星のまばゆい宝石で身を飾った美しい女神ヌトの身体によって表されました。太陽神ラーは昼の間に女神の身体である天を駆け抜け、夜の間に地下の水路を通って帰ってきました。宗教を生んだのは、おそらく神話でしょうね。超人的な神々との交流は、やがて直接は行われなくなり、特権的人間、つまり僧侶を通じてしかできなくなっていきました。

M ここで、深遠な象徴体系と形而上的体系を儀礼として取り込んだ宗教と、そういう象徴と形而上の世界をもったことがないか、あるいは失ってしまった宗教とを区別したほうがいいと思います。また、あなたが今説明してくれたエジプトの神話の解釈は、西洋では一般的に認められているでしょうが、その同じ西洋人が、チベットの曼荼羅をなんともお粗末なやり方で解釈していることも私は知っています。その実情から判断すると、エジプト神話には、あなたが言ったよりももっと深い意味があるに違いありません。そういう深い意味は、エジプトには口承伝説で伝わっているはずです。例えば、仏教の宇宙論の場合は、中央の山、メルー山が世界の軸であり、それを四つの大陸が囲み、太陽と月がそのまわりを回ります。その記述を古すぎるものとして捨て去ることもできるけれど、そうすると、その内部に隠された意味が見失われてしまいます。メルー山は人間の背骨を象徴し、四つの大陸は人間の四肢を、太陽と月は人間の両目を象徴しているはずです。こういうレベルの解釈は、身体と宇宙の照応関係を明らかにするのに役立つし、瞑想の道具を提供するための単なる宇宙論の枠組みを超えるものです。

T　どんな神話でもかならず形而上的要素をもっていますね。そして民話や伝説もまた、人間にとっては、宇宙と人間の条件とに意味を与える契機となります。それに対して、紀元前六世紀、ギリシャ人は新しい考え方を取り入れます。つまり、彼らは、〈自然〉は考察と思索のテーマになりうるものであり、人間の理性でとらえられる法則によって支配され、もはや神々の専有物ではないとしたんです。こうしてギリシャ人は、今日のわれわれが考えるのと同じ科学的宇宙を考えたわけです。

中でも、アリストテレスの思想は長い間、支配的でした。アリストテレスは自然のシステムの行動を目的因ということばで説明したんです。彼によれば、自然の諸システムは生き物と同じで、ある目的を達成するように行動する。目的論的とか、究極目的論的とか言われる行動です。アリストテレスは四つのタイプの原因に基づく精緻な因果性システムを打ち立てました。物質因、形相因、実効因、究極因です。それで、「なぜ雨が降るか」という問いに答えるのに、彼は、細かな水滴からなる物質因と、水蒸気が凝固して雨粒になるようにする実効因と、水滴が地上に落ちるようにする形相因とに分けました。けれども、水滴の落下を説明するのに、アリストテレスは、近代の物理学者のように地球の引力を持ちだすのではなく、究極因に頼ったんです。水滴が地上に落ちるのは、動植物が生きて、成長するために水を必要とするからだ、と。

M その見方には、無生物も意図をもっていて、組織者原理が全体の指揮を取っているという前提がありますね。仏教がどのようにその可能性に反論しているかは、すでに見てきたところです。

T 不思議な気がするけれど、われわれにおなじみの自然の法則という考え方は、紀元前数世紀前にすでに、エピクロス〔紀元前三四一―二七〇〕、ルクレティウス〔紀元前九七?―五四〕、アルキメデス〔紀元前二八七?―二一二〕にあったんです。だけど、それが優勢になったのは、キリスト教やイスラムのような一神教が現れてからのことです。これらの宗教は、自らの〈被造物〉から独立して〈自然〉を神意で支配する〈神〉という概念を持ち込んだんです。法則は、もはや物理システムに内在するのではなく、至高の存在によって押しつけられるものになったわけです。

M 西洋の宗教に遍在する特徴である「第一原因」という考え方が、ここでもまた見られますね。これが間違いなく形而上的枠組みの条件を整え、その中で西洋の科学は発展していったと言えるでしょう。

T そのとおりですね。近代科学が十六世紀にルネサンスのヨーロッパで生まれたとき、ケプラーやそのあとのニュートンのような初期の研究者は、〈自然〉の秩序と規則性が神の広大な計画を反映しており、その計画を明らかにすることによって、自分たちが〈神〉の栄光を誉め称えるのだという確信をまだ共有していました。だから、〈創造主〉によって押しつけられた法則というこの考え方こそ、西洋の科学を生んだと言えるんです。〈自然〉の合理性の中に姿を現している〈神〉の概念が浸透し、社会生活の中に市民法概念が行きわたったルネサンスのヨーロッパは、科学の発生にとってことのほか肥沃な土壌を準備したわけです。今、ぼくが定義しようとした科学法則に相当する概念は、仏教にもあるんでしょうか。

仏教によれば、法則には内在的な存在はない。相対的真理と絶対的真理

M　仏教では、現実を二つのレベルで分析します。相対的（あるいは約束事としての）真理のレベルと、究極的真理のレベルです。最初のレベルでは、諸現象の見かけのあり方と、因果律に従うその変化の仕方とを私たちが理解するとき、その理解の仕組みを何らかの法則によって表現するのを認めています。そこには、生物も無生物も含めて現象世界全体が入ります。そしてその法則は、相互依存する全体の共存する各部分の間を必然的に支配している調和を反映しているのです。とはいっても、それらの法則は固有の存在を欠いています。そうでないと、現象がなくても、法則が存在することになりかねませんからね。(1)

約束事としての真理（相対的真理）の観点では、仏教は、論理と正しい認識によって証明済みとみなされたものはすべて受け入れます。「有効な」あるいは「正しい認識」というのは、直接知覚されるもの、推論によって導かれるもの、また、信頼すべき証言を基にして結論づけられるものです。つまり相対的真理の法則とは、独断に基づくのでも、至高の権威によって定められるのでも、あるいは目的論的原理によって導かれるのでもありません。それはむしろ、不可避の因果法則と言えるものです。仏教ではまた、物理法則に加えて、私たちの肯定的・否定的行いの結果を幸せと苦しみということばで記述するカルマの法則を考えます。ただ、このカルマは因果律の一面にすぎず、私たちの行いを判断するいかなる至高の権威も介入させるものではありません。

一方、絶対的真理のレベルでは、仏教は事物を現れるままに受け入れるだけでは満足しません。究極のあり方を問いつめます。この方向に分析を進めると、諸現象は単なる外観であるとみなされるようになります。現象の特性と特徴は、固有のものとして現象に付随しているのではないのです。だから仏陀は、詩的な表現で、現象を夢や幻想になぞらえたわけです。

「流れ星、蜃気楼、炎のように
魔術の幻影、露のしずく、水の上の泡のように
夢、稲妻、雲のように
すべてのものをそのように考えよ」。

なぜ東洋に科学が生まれなかったか。知の諸領域に与えられる優先度

T なぜ東洋で、例えば中国で科学が発達しなかったのか、それで説明がつきそうですね。中国は数千年来の複雑で洗練された文化をもち、多くの分野で技術的に西洋の先に立っていました。中でも、火薬と羅針盤は中国の発明品です。ところが中国人の〈自然〉観では、世界は創造主である〈神〉の行為から生じたのではなく、陰と陽の二つの極の活発な相反作用から生みだされたとしています。法則という概念が重きをなさなかったから、中国人はそれを求める努力をしなかったんです。

M それは、現象を分析する能力がなかったというより、知の領域のどれを優先するかの問題ですね。一番大事なのは何か。電子の質量と電荷を知り、私たちを取り巻く世界の細部を分析することか、それとも、生きる技を磨き、人生のもっとも緊急な問題、倫理、幸福、死などを探って、現実の究極の性質を分析するのに自分の時間を費やすことか。チベットで、世間を捨てて庵に隠遁することを選び、瞑想による探求を深めた人たちがその道に入ったのは、なすべきそれ以上のことを見つけられなかったからです。彼らは、しばしば社会でも最上流に属する人たちでした。彼らは世間を「逃れ」ようとしたのではなく、恵まれた境遇を利用して、人間的・精神的な質を高めることに自分の人生を捧げ、ついで他の人々をより良く助けられるようになりたいと願ったのです。だから、物理法則を発見できないといっても、その理由には二つあるのです。その能力がないか、もしくは、自

分のエネルギーを他のものに費やしているかです。

中国人の全体論的見方。西洋科学の基盤にある還元主義的方法

T 三番めの理由もありそうですね。世界に対する別の哲学的な考え方を抱いている場合です。中国に科学が生まれなかった大きな理由の一つは、全体論的見方が優勢だったことだと、ぼくは思います。〈自然〉の各部分は他のそれぞれの部分と相互作用し、調和の取れた全体を形作る。この見方は、〈自然〉は部分に分解でき、各部分は他の部分から独立して研究できるという考え方の発展には有利に働らかなかったわけです。それに対して、西洋ではこの考え方が還元主義的方法の基盤を作り、西洋科学の土台になり、その発展を可能にしたんです。もし宇宙の全体をとらえなければその小さな部分も理解しえないのだとしたら、科学の進歩はないはずです。そして、もし地球が太陽のまわりを回る理由を理解するために、宇宙のすべての星と銀河の軌道を研究しなければならないとすれば、ぼくは天文物理学者の職分を全うできないでしょう。ぼくが天文物理学の分野で前に進むためには、なにも宇宙のすべての問題を自分で一遍に解決する必要なんか、全然ないんです。

M 仏教の格言にはこうあります。「小さな易しい仕事に分割できないような、大きな難しい仕事はない」と。とはいえ、諸現象の相互依存ほどの根本的な仏教概念では、必然的に現実の全体的見方を前提とします。世界は、別々に分かれた物体の集積で、それを組み合わせれば大時計の歯車装置のような巨大な仕組みができるというようなものではないのです。一部の物理学者も同じ意見で、ハイゼンベルクの場合はこう書いています。「宇宙全体を一つの小さな部分から出発して理解する。こうした望みを正気でもち続けるわけにはいかぬことを強調すべきだろう(2)」。

T 実は、中国人のほうが正しかったわけですね。近代科学の教えるところでは、宇宙は全体論的な特性をもち、

密接につながった一つの全体を形成しています。それなのに、宇宙の全体性と相互依存にもかかわらず、還元主義的方法が幅を利かせています。われわれは本当は、ある特定の場所におけるどの物理現象も諸現象の全体と深く結びついているような、つまり、全体を理解する前に個別に研究しても無駄であるような、そして、単純な法則を公式化することさえ不可能であるような、そんな宇宙を想像してもいいと思いますね。宇宙の認識は、すべてか無かの問題であるはずなんです。しかし、科学は、われわれが全体のシナリオを知らなくても情報の断片を手にすることを可能にしたんです。完全なメロディーを知らずに、音符一つ一つを聞くみたいにね。還元主義的方法は、一歩ずつ前進させるものです。最後に現れる図柄を知らずに、パズルの一片一片を組み合わせているんです。

全体をとらえずに小部分を理解する。還元主義の限界

M 観測可能な現象についてのすべての情報を集め、(たとえそこから真の性質が解明されなくても)それらを関連づけて、現象の働きを予測しうるような法則を導き出す。こうしたことが科学の目標だとしたら、たしかにそのとおりでしょうね。しかし、もし人が現実の本質そのもの、その究極のあり方を問うのであれば、一つの原子を調べるのも、宇宙全体を調べるのも、大きな違いはありません。海の水を一滴飲めば、海は全体としてしょっぱいという結論を出せます。アーリヤデーヴァは『四百の詩節』(3)に書いています。

「ただ一つのものの究極の性質がわかる者は
すべてのものの性質がわかる」。

だから、還元主義的方法は一つの選択をしていることになります。つまり、自然現象の網羅的調査とその整理と

いう選択です。そしてその整理作業の指揮を取るのは、形而上の好みや文化的要因の影響を受けざるをえない一つの物の見方です。例えば、現象はそれ自体で存在することを前提とするような見方です。その作業を行っているうちに、人は多くの数量的・記述的なデータに埋没してしまい、そのあげく事物の本質そのものについて問うことや、世界の「実在論的」見方を検討し直すことを忘れてしまうのです。

T　そうですね。細部に集中するあまりに、全体の図式を見なくなる恐れがあります。過度の専門化は、現代科学の嘆くべき傾向の一つと言えます。物理学者は自分の狭い研究領域の中のすべてを知ることができても、物理学の他の領域については完全に無知なままということがあります。何年にもわたる努力の成果である研究を扱った論文が、同じ領域の一握りの専門家にしか理解されないということが、頻繁に起こるんです。レオナルド・ダビンチ〔一四五二―一五一九〕やデカルトやパスカルがその時代の知識の大部分をわが我が物にしていた、かつての時代が懐かしいですね。

それでも、還元主義的方法が科学のとてつもない進歩を可能にしたことは事実です。それには、多くの物理システムに共通する二つの特性、「線形性」と「局所性」が大きな力になりました。

線形システム

あるシステムの全体が部分の総和よりも多くも少なくもなく、完全に等しいとき、それは線形的であると言われます。そのようなシステムでは、原因の総和はそれに相当する結果の総和を生みます。この場合、全体の行動を推論するには、構成要素の個々の行動を別々に研究し、ついでそれらを合計するだけでいいわけです。例えば、ゴムベルトは、一定の力で引っ張れば、一定の伸びを示します。力を二倍にすれば、伸びも二倍になります。ゴムの伸びを縦座標、加える力を横座標とするグラフで直線が得られれば、その振る舞いは線形的であると言えるんです。

同じように、チャイコフスキーの協奏曲を聴くとき、バイオリンとピアノを聞き分けられるのは、音の線形性のためなんです。音色は混じり合っても、それぞれの独自性を失うことはありません。また、日中、赤信号の弱い光が強い太陽光線に混じっても、その輝きにのみ込まれることなく赤く見えるのは、光の線形性のおかげと言えます。

この三世紀の間、物理学における還元主義は驚異的な成功を収めたけれど、これは、ニュートンのような天才的な物理学者たちが、線形の振る舞いを示す物理現象を切り離して考えることができたという事実から生まれたわけです。これらの現象は、その構成要素の研究に基づいて全体を分析し、理解することができるものです。

M そうすると、そこでもやはり、現実は自立した存在を備えた一連のものでできているという考えに出くわしますね。その考え方は量子力学にいたるまで西洋科学を支配してきたし、そのために今なお多くの科学者は現象の物象化的見方を捨てられずにいます。でも、線形性は一つの特殊な場合にすぎないから、すべての現象にあてはまるわけではありません。

非線形システムと創発特性

T それは間違いないけれど、還元主義的物理学の成功があまりにすばらしかったので、十九世紀の終わりまで、世界は線形システムしか含んでいないとみんな思っていたんです。しかし実は、そんなことではなかった。物理システムは、ある一定の境界を超えると、ほとんどすべて非線形になるんですね。ゴムを引っ張り続けると、もう伸びずに、切れてしまいます。日常生活では、こうした非線形の状況が沢山生じています。とりわけ、脳は線形的には働いていません。オーケストラの例をまた挙げれば、ベートーヴェンの交響曲を奏でる楽器のアンサンブルを聴いて得られる喜びは、各楽器を別々に聴いて感じる喜びの総和以上だし、一つのフレーズのメロディーを聴く喜びは、個々の音符が与える喜び以上です。一部のシステムにおいては、別々の構成要素が組み合わされるとき、「創発」と言われる特性が現れ、その結果、全体が部分の総和以上になるんです。

M　一つの共同体の力は、その成員の個人的能力の総和よりも大きいですね。この確認を仏教では、ありふれてはいるけれど、説得力のあるイメージで例示しています。百本のばらばらの草でごみを掃いてもうまくいかないが、草を束ねて箒にすれば、仕事はずっと楽になる、と。

だから、現象の線形性というのは、近似にすぎません。理論がゴムのプラトン的「イデア」にあてはまるだけのことです。ゴムが古くなると、一秒の何分の一かの時を刻むごとにその特性は変化していきます。つまり、その伸びは、引っ張る力が増していっても、それに正確には比例しなくなるのです。仏教からすれば、どんなシステムも真に線形ではありえません。そのためには、不変の実体に対して完全に一定した力が働くような世界を想像しなければならないでしょう。ところが、たえざる変化の中にあって相互依存する出来事の流れでは、どんな恒久的な実体も存在しえないのです。

物理システムの局所性。四つの基本的な力

T　物理学者にとって、どんなゴムの老化も（といいますか、どんなものの老化も）、測定が行われる時間のスケールでは知覚できません。線形システムとしてのゴムの記述は、だから、すぐれた近似でしかないんですね。

非線形システム、これは科学でカオス・システムと呼ぶものに相当します。これについてはもうたっぷり話し合いましたよね。このシステムがもつきわめて重要な特性は、その初期条件におけるごく微細な変化が、線形システムで予測されるのとは完全に異なる結果をもたらすことです。この敏感さは、最終的な状態を予測しえないものにしてしまうほどです。それで、このシステムはカオス的と言われているんです。

さて、多くの物理システムに共通する二番めの特性は「局所性」です。ある物理システムの働きは、その振る舞

いが主として、それにごく近い周辺部での力や影響に支配されるとき、局所的であると言われるんです。

M それこそ、純粋に理論的な状況なのではないでしょうか。

T そうではありません。既知の力と影響が、狭い範囲だけにかかるか、きわめて小さな強さしかもたないか、あるいは、その両方であるとき、その状況は局所的であるとみなせるんです。前にも言ったけれど、〈自然〉界の物理現象はすべて四つの基本的な力の作用によって説明できます。「強い核力」、「弱い核力」、「電磁気力」、「重力」です。

「実在論的」見方は、大まかに言えば、実験結果の便利な解読格子として役立ちます（同時に、粒子を個別の実体であるとみなす根拠となります）。この見方に立てば、「強い核力」は原子核をまとめるのに働いています。これは、核を構成する陽子と中性子を結びつける接着剤であり、さらにそれらの粒子そのものを形成するクォーク同士を結びつける接着剤なんです。それが力を及ぼす範囲は限りなく狭く、原子核のスケール、つまり十兆分の一センチメートルです。

「弱い核力」は、放射能、つまり原子核が粒子または電磁放射線を放出して、その質量の一部をひとりでに失う転換に関係しています。「弱い核力」の作用する場は、「強い核力」の場よりさらに狭く、その十分の一にすぎません。

「電磁気力」は原子をまとめ、分子をまとめ、ＤＮＡの二重螺旋をまとめています。その作用領域は、われわれの生活にかかわる領域と同程度で、この力がバラの花びらの形や、ロダンの彫刻の輪郭を保っています。これが事物に堅固さを与えているのであって、われわれが壁を通り抜けたり、手が本のページを突き抜けたりできなくしているんです。

最後に、「重力」です。これがわれわれを地球に貼りつけているから、われわれは空中に漂うことはなく、つまずければ転ぶことになるんです。その作用領域は宇宙全体に広がっています。「重力」は、全宇宙の構成を支えています。「重力」は、惑星に太陽のまわりを回らせるし、太陽を他の何千億もの太陽と結びつけ、われわれの銀河、天の川を形成しているわけですら。「重力」は何千もの銀河を集めて銀河団を作り、何十もの銀河団を集めて超銀河団を作っているんです。

「電磁気力」と「重力」の作用範囲は原則として無限だけれど、「電磁気力」は二つの荷電体の間の距離の二乗に比例して、また「重力」は二つの物体の間の距離の二乗に比例して、それぞれ弱まります。だから、一定の場所におけるその影響は、遠くの世界ではなく、局所的な環境によるんです。なぜかと言えば、きわめて遠い二つの荷電体の間、そして二つの物体の間に働く力は、ほとんどゼロだからです。果樹園のリンゴが落ちるのは、主として地球の重力の影響です。月や太陽やその他の天体がリンゴの運動に及ぼす影響は無視していいんです。

物体は、厳密に局所的な影響を受けるだけか

M　たしかにそうかもしれないけれど、天体の影響はないわけではありませんね。宇宙のどんな物体も、もっぱら局所的な影響の下にあるとは言えません。それは存在論的に見て、大事なことですよ。だって、宇宙の他の部分とは独立に存在する物体があるとしたら、その宇宙の他の構成要素とは何の相互作用ももちえず、いわば、もうその宇宙には属していないことになるわけですから。そうなると、その物体は私たちにとって、存在しないということです。もしそれがひとりで存在するのなら、それは原因をもたないか、それ自体の原因であるか、いずれにしてもおかしなことになってしまいます。

T　たしかに、非局所的な影響力は存在しますね。現象の相互依存と全体性、ＥＰＲ現象、フーコーの振り子、マッハの原理について論じてきて明らかになったのは、宇宙には既知の力のほかに、内在的で、遍在的な、不思議

な相互作用があり、それは力もエネルギーの交換も介入させることがないので、物理学ではまだ記述できないでいることです。

わかっている四つの力に話を戻します。これらの力を仲介とする遠くの物体との相互作用はたしかに存在するけれど、きわめて弱いものなので、われわれの計算では無視してもいいでしょう。考慮に入れるのは局所的な物体との相互作用だけでいいんです。そこから「局所性」ということばが出てきました。この近似的な方法は一部の現象の研究のために大いに役立っています。そのため、ＮＡＳＡ〔米航空宇宙局〕の惑星探査機の軌道を計算するには、太陽とそれを取り巻く九個の惑星の重力の影響を考慮するだけで十分なんです。そのとき天の川の百億の星の重力は無視してもかまわない。

ところで仏教は、還元主義に頼らずに、どうやって事物の認識を得ることができるんでしょう。〈自然〉の全体を理解しなければ、その微少な一部を理解することはできないと説くんでしょうか。

現象の「物象化」と世界の細分化

M　還元主義的方法を排斥するわけではないのです。例えば、因果性の法則のきわめて精妙な側面を分析するときなどはね。でも、仏教の基本的なやり方は別の性質のものです。仏教は、現象の存在の仕方についての誤った見方が人間の存在に幸せと苦しみの面でどんな結果をもたらしているかに、ずっと大きな関心を寄せています。その意味で言えば、仏教が危惧しているのは、還元主義そのものではなく、物象化的方法なのです。すでに話してきたように、現象をモノ化するということは、常識が受け入れているような現象の特性や特徴に、固有の存在を与えることです。このプロセスはまた、意識を具体的なモノにし、私たちの世界を細分化する方向へと導くものです。ほとんどの人たちは、自分では気づかずに、普段事物を知覚する際にそうしています。これはまた、科学において支配的な態度でもあります。そのやり方がもはや科学自体の最近の展開とは両立しないという事実があるのに、依然としてそうなのです。そこに無理があるから、多くの科学者は量子力学の結果と自分の堅固なマクロ世界観とを折り合わせるために、果てしないアクロバットを続けなければなりません。

現象の非実在性について瞑想し、理解したことを人生に取り込む

だから、仏教は現象の非実在性の理解を優先させ、現象のさまざまな見かけ上の特性の記述よりも、こうして理解したことを自らの人生に取り込むことが大事だと考えます。仏教ではまず、すべて——現象の相互依存と、その固有の存在の空性《くうしょう》——を理解することから始め、次に、「因果性」と「幸せと苦しみのメカニズム」との間の相互依存という概念に基づいて分析を進めます。仏教は虚無と実在論の両方を否定して、真ん中の道を選ぶから、科学者がつまずく多くのパラドックスを無理なく解決することができるのです。

第15章　数学の神秘

数学は、現実にとって目に見えぬ横糸をなしているのだろうか、それとも単に私たちの知性の産物にすぎないのだろうか。数学はそれ自体、プラトンの〈イデア〉と同じように存在しているのだろうか。数学と世界が一致しているのは、逆に、私たちの意識の働き方と、意識のこの世界をとらえるとらえ方を反映しているにすぎないのか。

〈自然〉に内在する規則性は数学言語で表現しうるという確信が、科学の方法の根底である

T　科学と仏教それぞれの知識獲得の方法は、比較できるでしょうか。科学上の認識は、区別し、分割し、分類し、分析することを機能とする理性と知性によってなされます。この操作のやり方は還元主義的手法の根底そのものです。科学者は現実の断片を分離し、次に、分類し、測定し、定量化します。科学者の頭脳は、外部の現象世界を抽象的な概念とシンボルのシステムに変換します。こうして科学者は規則性を求め、数学というもっとも抽象的な言語を共通言語とした法則によって〈自然〉を記述します。

〈自然〉に内在する規則性が数学的言語によって表現されうるという確信は、科学の方法の根底なんです。数学のことばで表現できない研究分野は科学とは言えないと宣言する科学者さえいるくらいです。言い過ぎだとぼくは思うけれど。

知を数学方程式で表されるものだけに限定することは、受け入れられるか

M　測定可能で定量化可能な物体の特性（形、数、運動）の研究に属さないものはすべて科学ではないとガリレオは書いていますね。こういう立場に立てば、「科学」と呼ばれるものが探求する領域は著しく狭められてしまいます。サイエンスは「知る」を意味するラテン語の語根 scire から来ていることを忘れてはなりません。知を数学方程式で表されるものに限定するのは、ばかげています。それでは生きた体験を最初から取り除くことになってしまいます。善意が心を温め、憎しみが心を悲しませることを理解するのは、一つの知、一つの科学的要素です。このような現象を何回も繰り返し確認し、そのメカニズムを分析することで、その原因を理解することは可能なのです。例えば、精神の深い本質は平穏であり、敵意や嫉妬はこの本質を隠す一時的な乱れであるという仮説から出発してみます。それから、この仮説を観想的実験の検証にかけてみます。その作業において、数学はどんな役割を果たせるでしょう。実験によって検証され、何らかの方法と厳密さによって得られた知は、すべて科学とみなすことができるのです。質的な知でも量的な知でも、あるいは数学言語、記述的言語、イメージ言語、シンボル言語、そして主観的言語で表現された知でも、どれもみなそうです。だから「精密科学」という概念は、コンマ十桁の数字で細かく定量化できる事実の記述だけを対象とすべきではありません。科学は、事物の本当の性質を正しくとらえる限り、精密なのです。

ユージン・ウィグナーは、「数学が現実世界を記述する、とてつもない有効性」に驚く

T すべての科学的知は数学のことばで表現しうるはずだという命題は、たしかにばかげていますね。でも、現実の記述における数学の驚くべき成功は、およそ信じられないような、最高の神秘なんです。物理世界は数学的秩序の反映にすぎないという考え方は、他の多くの西洋文明を形作った考え方とともに、古代ギリシャに誕生しました。紀元前六世紀にピタゴラスは、「数は万物の原理であり、根源である」と述べ、その二十二世紀後にガリレオがそれを受け継いで、「〈自然〉の書は数学のことばで書かれている」と述べ、以降、その声は強まる一方でした。二十世紀になると、物理学者のユージン・ウィグナーは、「数学が現実世界を記述する、とてつもない有効性」に驚くことになります。

物理学者は未知の領域に到達すると、ほとんどいつも数学者が先行していたことに気づく。曲線空間とフラクタル図形

科学史では、数学と〈自然〉のこうした適合性の例は珍しくありません。新しい物理現象の発見で物理学者が未知の領土に足を踏み入れたとき、彼らはほとんどの場合、それ以前に数学者が〈自然〉によってではなく、純粋思考によって導かれて、すでにそこを探検していたことに気づかされます。例えば、一九二〇年代にアインシュタインが、重力が空間を曲げることを発見したとき、平らな空間しか記述しないユークリッド幾何学はもう使えませんでした。そのときアインシュタインは、十九世紀になって曲線幾何学の理論を発展させた数学者ベルンハルト・リーマンの仕事を知って、驚喜したんです[1]。七〇年代には、数学者ブノワ・マンデルブロが不規則性の幾何学を記述するために、新しい概念を模索していました。ユークリッド幾何学は、直線や、立方体や、球を記述するには、完璧に機能するけれど、不規則な物体、ねじれた、ばらばらで、不連続で、ごつごつしたものを相手にすると、たちまちお手上げになります。ところが、現実世界を支配しているのは、不規則なものです。直線とか円などのユークリッド的概念は現実を煮詰めて抽象化したもので、そのお陰で〈自然〉の研究は大いに進んだけれど、そこには限界があったわけです。「雲は球形ではなく、山は円錐ではなく、稲妻は直線ではない」と、マンデルブロは好んで強調しました。そして不規則性の幾何学を記述するために、彼は「非整数次元」という概念に頼らざるをえませんでした。つまり、不規則な物体の次元は、1、2、3のような整数ではなく、非整数によって表される。それが「フラクタル図形」です。この場合もまた、非整数次元という考え方は数学者のフェリックス・ハウスドルフ〔一八六八―一九四二〕によってすでに一九一九年に提起されていたことに、マンデルブロは気づいたんです[2]。

一般に日常生活では何の役にも立たず、数学者の頭の中から出てきた抽象的な存在が、どうして自然の現象と一致するんでしょう。もし新しい物理理論、例えば、超ひも理論が、必要な数学の道具一式を最初からもっていないとしたなら、物理学者はもう途方にくれてしまいます。

仏教にとって、私たちの考えだすことが私たちの知覚する現実と合致していることは、何ら驚くべきことではない。数学は自然の秩序に適用された概念にほかならないし、その秩序自体も意識との相互依存の反映である

M 現実の具体的な世界と数学の抽象的な世界が一致することが、なぜあなたにはそんなに不思議に思えるのですか。私たちが頭で考えることが私たちが知覚するものと一致しているという事実には、何も驚くようなところはありません。私たちが世界像を調べ、ついで秩序づけるやり方は、必然的に私たちの数学的概念と合致しているはずです。その理由は、どちらも私たちの精神の産物だからです。物理世界が数学的秩序の反映にすぎないと考えるのは、物事をあべこべにしているとしか、私には思えません。仏教ならむしろこう言います。数学というのは、自然の秩序にあてはめて人間が作った概念にすぎない、と。そしてその秩序自体が、意識をもそこに含む因果律と相互依存の反映である、と。一貫した数学の命題が、それに対応する自然現象の解明の前にあるか、あとにあるかは、どちらでも大して変わりはないし、それらの命題に特別の資格というか、根本的に別のあり方を与えるものではないでしょう。算術が道ばたの石ころの数を数え上げるのに使われることも、非整数次元がフラクタル図形に使われることも、ちっとも驚くにはあたりません。算術や幾何学は、私たちの精神の中にも外部の世界にも、「それ自体として」存在してはいないのですから。

数学を考えだす意識は、〈自然〉の外部にあるわけではありません。私たちの世界の知覚の仕方は私たちの精神の働きと深く結びついているから、仏教の一部の派〔唯識派〕では、外部の世界を「私たちの思考が作りだしたイメージ」と定義したほどです。もちろん、一部の神経生物学者は、逆に、私たちの精神構造は、外部の世界が私たちのニューロンシステムに押しつけた刻印にすぎないと主張しているけれどね。本当は、相互依存の働きによって、影響というものも相互的だから、数学はこの相互依存の反映の一つの形にすぎないのです。

T　でも、世界を記述する数学の「とてつもない」有効性が、われわれの意識と外的世界との相互作用、われわれの具体的な体験全体から生じているとは、ぼくには思えません。だって、数学の大部分は完全に抽象的なやり方で仕上げられてきたんですから。

M　数学者が数学を研究するとき、実は、自分たちの脳の働き方、私たちの思考が現象の解読格子を少しずつ作り上げていく、そのやり方を研究しているにすぎないのです。この格子板は当然ながら、現れてくるどんな新しい現象にも対応する構えでいます。それがその存在理由ですからね。だから、この頭の中の多目的な道具が、時には私たちの観測に先行したり、私たちが想像もしなかった目的に使われたりするのは、驚くにはあたりません。数学は、それに対応するものが〈自然〉の中にまだ見つかっていない、あるいは決して見つからないようなあらゆる種類の論理的可能性を考えることができるのです。だからといって、そういう発想に自立した存在があることにはなりません。

数学であれ何であれ、仏教にとって「純粋思考」とは、知能の働きではありません。それは、精神の基本的能力、つまり意識的であるという能力を形作るような目覚めたあり方をいいます。そして、精神のこの「輝く」側面は、例えば石ころを特徴づけている意識の欠如とは反対のものです。私たちの知能は、身体という物質的支えと、私たちの意識が獲得した経験、私たちの現世だけに限らない経験によってしっかりと条件づけられているのです。物理学者が数学という道具を見つけて驚くのは、たとえて言えば、自分の親しい二人の人間が、それまで自分はまったく知らなかったが、実は近い親類であることを突然知らされた驚きのようなものです。

T　言い換えると、われわれの意識は現象世界と共存しているのだから、意識が考えだすものはすべてこの世界に合致しているはずだ、ということでしょうか。

M だからといって、私たちの精神が空想したものすべてにかんして、世界にその対応物があると結論づけてはなりません。論理であれ数学であれ、どんな一貫した概念システムも、かならず私たちの意識と世界との相互作用の反映なのです。その理由は簡単です。もし私たちが意識と世界を別々に分けたら、どちらも消えてなくなるからです。

数学はプラトンの〈イデア〉か。〈イデア〉とは、頭で考えて貼り付けたレッテルではないか

T この不思議な照応関係を納得するには、ぼくとしては、二つのレベルの現実があると考えたプラトンをもってきたいところですね。われわれの感覚や測定器具がとらえる物質界の現実——つかの間で、かりそめの、移ろい、変わる世界——と、永遠で不変の〈イデア〉の真の世界の現実。一時的な感覚界は〈イデア〉界の生彩のない反映にすぎない。プラトンの例の洞窟の比喩をご存知ですね。対話篇『国家』で、この二つの世界を説明するのに使われたあの洞窟の話です。洞窟の外には色と形と光の鮮やかな世界があるんだけれど、人間には見ることも、近づくこともできない。人間に見えるのは、洞窟の壁に映る外界の物や生き物の影だけです。輝かしい現実の豊かな色彩とくっきりした形の代わりに、影の陰鬱な薄闇とあいまいな輪郭しかとらえられない。プラトンからすれば、われわれの感覚が知る世界は、影の世界と同じで、〈イデア〉の世界を薄めたものにすぎないんです。

ところで、知性の太陽に照らされた〈イデア〉界は、数学的関係と完璧な幾何学的構造とが支配する世界でもあるんです。こういうわけで、物質界が数学的な形からなるプラトン的世界の反映である以上、数学と感覚世界との間に照応関係があるのは、不思議ではないことになります。

M その点にかんして、仏教の立場は明確です。古代ギリシャの哲学者と論争はしなかったけれど、この問題ではプラトンの立場に近いと思われるヒンドゥー教哲学者と対決しています。仏教はこの〈イデア〉の概念を単純な

論理で論駁しました。インドには、例えば「木」という〈イデア〉があらゆる自然の木の本質的原理であって、自然界の木々はこの〈イデア〉の粗雑な表れ、「個々のケース」にすぎないと考える者がいたのです。

T　プラトンの議論とそっくりですね。

M　もしこの「木」という原理が存在しないなら、私たちは木という抽象的概念を考えつくことはできないと、ヒンドゥー教哲学者は言ったのです。この概念はどの個々の木からも独立していると同時に、すべての木にあてはまるのだと。それに対して仏教徒は答えました、この「木」という〈イデア〉が自然の木々と存在上の関係をもっているのか、いないのか、どちらかに決めるべきだ、と。

もし関係があるのなら、その関係は経験とつながるある種の現象として現れるはずです。ところが、そうではない。つまり、もし「木」という〈イデア〉がもともとすべての木と結びついているのなら、一本の木が生えるとき、すべての木が生え、一本が枯れれば、すべて一斉に枯れるはずですが、そうはなりません。

反対に、もしその概念が自然の木々と何の関係もないのなら、それは不毛な概念ということになります。亀の毛や兎の角と同じくらい架空のものです。だから、そんな概念は無くて済ませられます。さらに、不変の概念がつかの間のものとどのようにして接点をもちうるというのでしょう。だから、この概念は頭でこしらえたレッテルであり、それ以上のものではないのです。

T　プラトンはそれと正反対のことを言っていますね。彼は、木の完全な〈イデア〉と、その世界への不完全な現れであるすべての木々とを区別します。そして〈神〉の二つの姿を立てます。一つは永遠で、不変の〈善〉と呼ばれるもので、〈イデア〉の世界に住む。もう一つはデミウルゴス〔造物神〕で、偶発的で変化する世界の材料を加工して、〈イデア〉界の完全な形に沿って木を作る。

M　木の〈イデア〉とその現れとの間につながりはあるのでしょうか。もしないのなら〈イデア〉は無用のものです。それなら、何のために〈イデア〉を考えるのでしょうか。

T 一般的で、理念的な特徴が問題なのだと、プラトンは言うでしょうね。

M それは頭で作り上げたものです。たしかに、ある植物を「木」科に分類するには役立つでしょうけれどね。この〈イデア〉を考えだすかどうかは、木の存在には何の影響も与えないのです。仮にもし、〈イデア〉が粗雑な現実と接触点をもつとすれば、それは不変ではなくなるはずです。

時間の外部に神が存在して、神の本質と意図は組織化と複雑性の不変の法則によって表されると仮定したとき、その神は、量子論的あいまいさとカオスによって世界を変えられるか

T 鋭い指摘ですね。変化する経験世界と〈イデア〉による不変の世界との間には根本的な二元対立がある。プラトンはこの二つを調和させようと努めることはせず、〈神〉の二つの姿を提示し、〈善〉だけが本物であり、〈デミウルゴス〉はその色あせた幻のような表象であると述べるだけで済ませたわけですね。

キリスト教の教義は、時間と空間の外にある〈神〉による無からの創造という考え方を取り入れて問題の解決を図ろうとして、同じジレンマに直面しました。〈神〉は創造主であり、変化する世界の原因であるけれど、そうすると、その〈神〉は偶発的で、一時的なものになるか、それとも、〈神〉は不変であり、彼の被造物もまた不変であるか、どちらかになってしまいます。不変の〈神〉は変化する世界を創造することはできないからね。

近代科学の発見のおかげで、何とか可能な解決が見えてきたように、ぼくには思えます。つまり、〈神〉は時間の外にあり、その本質と意図は、時間の外にある組織化と複雑性の法則によって表されているということです。この法則もやはり同じように不変不動なんです。しかしそれなのに、世界は不変ではない。世界が変化するのは、宇宙が、それらの不変の法則を基にしながら、量子論的あいまいさとカオスのおかげで、即興的におのれの創造力を

発揮することができるから、というわけです。宇宙は、多種多様な可能性の中からどれを選んでもいい。だから宇宙は、変幻自在の、偶発的なものになれるんです。

M　これはすばらしい！　不動で不変のものが変化を引き受けるわけですね。「意図」をもつ不変のもの、ですか？　未来のために？　もし未来があると、不動のものは終わりになりますよ。時間の外にある法則？　それなら、現象の外にあってもいいわけですね。その場合、その法則は何に適用されるのでしょう。それに、私たちは多くの可能性の中から「選択を行う」一つの〈宇宙〉にいることになる。つまり大勢の人間が単純な因果法則を引き受けている、ということでしょうか？　でも、時間の外にある不動のものが、そのままで宇宙を創造することはできないはずですね。

T　宇宙創造にかんしては、たしかにぼくの提案では、不変の〈神〉とその不変性の侵犯を含む創造行為との二元対立を解決することはできません。そのことは認めます。でも、一度宇宙ができてしまえば、〈神〉はもう時間の中にいる必要はありません。彼は被造物から離れていくから、変化を引き受ける必要はもうなくなります。それを引き受けるのは、宇宙ですから。

M　すると、〈神〉は全能性を失いますね。

数学にかんするさまざまな見方。構成主義者と実在論者

T　数学の本質に話を戻しましょう。二つの対立する見方があります。一方には構成主義〔数学的対象を直観によって構成されるものに限ろうとする立場〕の信奉者がいて、彼らにとって数学は、実際には存在しません。哲学者デーヴィッド・ヒューム〔一七一一—一七七六〕によれば、「われわれの考えることはすべて、われわれの印象のコピーにすぎない」。幾何学的な図形は、〈自然〉の形の中にしか現実をもたないことになります。反対の陣営には実在論の信奉者がいて、数学は、われわれの思考とは区

別される「現実」をもっと言います。数学は広大な全体を構成していて、ちょうど探検家がアマゾンの密林を発見するように、われわれはそこを探検することができる。われわれがそれを意識してもしなくても、数学はそこにある、という考え方です。

M 原因もなく、条件もなく？ またしても不動の不変要素ですか。

デカルトの三角形

T 数学の存在は感覚的現実とは別のものです。大数学者たちは、この見方では一致しているんです。デカルトが幾何学的な図形について言うところを聞いてみましょう。「私が三角形を想像するとき、私の思考以外にはおそらく世界のどこにもそのような図形は存在せず、かつて存在したこともないにもかかわらず、それでもそれが、ある性質と形、すなわち、この図形で定まる本質をもつことに変わりはない。この図形は私が作りだしたのではなく、まったく私の精神からは独立していて、不変であり、永遠である(3)」。

M もし彼が作りだしたのではないのなら、彼に代わって誰が作ったのかと、問いたくなりますね。もしその図形が彼の精神と無縁なら、彼はそれについて考えるのも難しいはずですよ。

数学の公式に固有の生命はあるか

T もっと近いところでは、イギリスの数学者ロジャー・ペンローズ〔一九三一― 〕が書いています。「数学的概念は、数学者たちがあれこれ議論するはるか彼方に、深い実在性をもっているように思われる。それはあたかも、固有の実在性をもっていながら、われわれ一人一人にはその一部しか姿を見せない真理に向かって、人間の思考が導かれていくようなものである(4)」と。

われわれの精神から独立した数学的実在というこの感覚がこれほど強烈なのは、数学がその作者から独立した生命をもち、探求者を〈真理〉へ向かって抗いがたく引っ張っていくように見えるからです。「数学の公式には固有の生命があり、公式は、その発見者よりもっと多くのことを知っており、われわれが公式に与えたよりも多くのことをわれわれに与えてくれると、思わざるをえない」と、ドイツの物理学者ハインリッヒ・ヘルツ〔一八五七―一九四〕は述べています。

仏教によれば、数学上であろうとなかろうと、いかなる存在も、それ自体としてはありえない

M　まるで〈数学〉の精ですね。プラトンの〈神〉や、時間の外にある組織化と複雑性の法則や、デカルトの三角形などなど、不変の宇宙には、世界が一杯あるわけですか。それなら、その中には角の生えた兎も、空中に咲く花も、あっていいはずですね。

冗談はさておき、仏教の見方からすれば、そういうことは成り立ちません。「それ自体で」存在する一つの実体は、それだけで存在し、いつまでもそれだけであって、私たちの宇宙とは何の関係もありません。そういう実体か私たちか、どちらかを選ばなければなりません。私たちの世界は、数限りない現象が繰り広げるかりそめの世界です。この魔法のような動きを、どうしてそんな概念でいつも止めようとするのでしょう。どうして抽象化されたものが存在論的な実在をもてるのでしょう。頭脳による構築というのが、抽象の本質そのものではないのでしょうか。

T　でも、数学的直観のひらめき方というのは、突然で、思いがけないものですよ。まったく自然発生的であって、何の前触れもないので――詩のインスピレーションもまったく同じだと言えます――、精神と数学的形相のプラトン的領域とが接触するという考えを強く援護しているんです。ロジャー・ペンローズは、この点にかんして明快そのものです。彼はこう言います。「精神がある数学上の発想を得るとき、精神は数学的概念のプラトン的世界と接触するのだと、私は想像する。数学者同士のコミュニケーションが可能なのは、彼らがめいめい〈真理〉への直接の入り口を見つけ、永遠の〈イデア〉の世界そのものに接したからである。それらの永遠の真理は、エーテル世界〔相対性理論以前、世界は光、熱、電磁波などの伝導媒質として仮想された物質で満たされていると考えられていた〕にその前世をもっているように思われる(5)」と。

M それが誰だかわからずに、鏡に映った自分を見ているのに、ちょっと似ていますね。数学者たちは自分の脳内のエーテル世界と接触し、彼ら同士の実に幸せなコミュニケーションを行っています。それは彼らの脳がよく似ているからです。コウモリがどんなエーテル世界と接触しているものか、知りたい気がしますね。

アルキメデスのユーレカからポアンカレの突然のひらめきまで

T 数学的〈イデア〉世界とのこうした雷撃的な接触は、アルキメデスが浴槽の中で「ユーレカ！」〔アルキメデスが比重の原理を発見したときに叫んだことばとされる〕と叫んだときのように、思いがけないところで起こるんです。アンリ・ポアンカレは、何週間も解けなかったある数学の問題の答えが、突然、何の前触れもなく、まったく予期していなかったときに、まざまざと目の前に表れたことを次のように語っています(6)。「そのとき、私は当時住んでいたカーン〔ノルマンディー地方の県庁所在地〕の町を発ち、鉱山学校主催の地質学旅行に参加していた。旅行の最中、私は自分の数学の仕事を忘れていた。クータンス〔ノルマンディー地方、コタンタン半島南西部の町〕に着き、私たちはそこからバスに乗った。ステップに足を乗せたちょうどそのとき、私の頭に考えがひらめいた。それまでの思考があらかじめそこに向かって準備していたようなことは、まったくないはずだった。ひらめいた解答のチェックはしなかった。バスに席を取るとすぐ、同僚と会話の続きを始めたから、そんな時間はなかった。しかし、私には確信があった。カーンに戻ると、私はじっくりと結果を検証して、納得した」。だから、数学的直観の特徴は、突然であり、短時間であり、すぐに確信できることなんです。

数学が世界にあてはまり、また私たちが数学を理解できるという事実は、数学が世界と私たちの意識の両方に依存していることを示すにすぎない

M　率直に言って、直観にはもっと簡単な説明があると思います。さもないと、ボードレール〔一八二一―一八六七〕や、タゴール〔一八六一―一九四一〕や、その他の詩人が突然、触れることができたらしい〈詩のイデア〉とか、優柔不断な人間が決心するための〈決定のイデア〉などを次々と想定しなければならなくなります。それ自体で存在する、そんな原型を想定する必要はどこにもないのです。数学が世界にあてはまり、私たちが数学を理解できるという事実は、単に、数学が世界と私たちの意識の両方に依存していることを示しているにすぎません。どんな実体も、どんな物体も、どんな概念も、それ自体で、ひとりで存在しているものは何もないのですから。プラトンの〈イデア〉は、一方向にだけ働く不変の第一原因への信仰を反映しているにすぎないのです。〈イデア〉は相互の条件づけを排除しています。ところが、見返りに自分が影響を受けない目的因などありえません。だから、不変の実体が世界に作用するなどということは不可能なのです。

T　ぼくが言ってる実体とは、精神から生まれてはいるが、しかし自然に対して正確に照応しているような、完全に抽象的な実体のことです。先に挙げた例に戻れば、われわれが直接知覚できない曲線空間の幾何学がそうです。われわれはそういったものをどうやって考えだせるんでしょうね。

M　それは精神から生まれていると、あなたは自分で言っていますね。もし意識が現象から完全に独立しているのなら、意識は現象を考えだすことも、知覚することもできないでしょう。意識にとって、現象は存在しないことになります。相互依存は「外部」と「内部」の分割を超越しています。一部の人間が数学についてもつ直観は、意識と現象界の自然な相互参入の反映なのです。本来問うべき問題は、この完璧な参入の状態から出発しながら、どのようにして分離の錯覚が突然現れるのか、ということです。仏教にとって、「自我」と「世界」の二元対立は無知の最初の表れであって、いわば仏教の「原罪」〔始めの罪〕にあたるものでしょう。ただし、「始めの」というのは名前だけで、私たちは人生の各瞬間に原罪を犯しているのです。

天才数学者ラマヌジャン

T そうはいっても、リーマンやスリニヴァサ・ラマヌジャン〔一八八七―一九二〇〕が感じとったことをすべての者がわかったわけではありません。ラマヌジャンは天才的な数学者で、彼の歩んだ道は数学的直観という概念を説明してくれる格好の例なんです。彼はインドのマドラスの貧しい家に生まれ、ごく初歩的な教育しか受けませんでした。大部分は独学で、また知的に孤独な状況の中で、数多くの有名な数学の成果を自分の流儀で再発見したんです。おまけに、ただ直観で、厳密な証明なしに、何百という定理を発見していますが、彼が亡くなって五十年以上たった今も、それらの定理は解かれていません。ところで、ラマヌジャンがそういう独創的で、直観的なやり方で取り組んだ問題は、同時代の伝統的な数学者が扱った問題と同じであることがよくあったんです。

だから、まったく違う文化環境の出で、アカデミックな教育を受けなかったのに、立派な経歴の数学者と同じ数学上の着想を得る人間がいたことになります。ぼくはどうしても、彼の同僚たちのように、彼もまた同じプラトンの〈数学的イデア〉の世界から霊感を受けたと思いたくなるんです。また、異様な暗算能力をもつ人間や、ハンディキャップにもかかわらず、きわめて複雑な数学の問題を解く「自閉症の学者」の話を聞くと、この〈イデア〉界との接触を思いだしてしまうんです。

生物学者の言い分。天才双子のケースとアインシュタインの脳

M 最近の生物学でわかったことだけれど、数学者や計算の達人がもっている視覚と言語活動とにかかわる脳の

領域は特別で、通常私たちにはとらえられない数学的関係をほとんど視覚的にとらえることができるそうです。アインシュタインは、問題の解を「目で見る」気がすることがあると言っていました。ほかにもラマヌジャンのように驚くようなケースもありますね。双子の兄弟で、二人とも五分間集中したあと、二十五桁の素数の表を言うことができました。[7] 一方で、彼らのＩＱはきわめて低かったようです。彼らのケースを研究した心理学者の話では、ある日彼がうっかりマッチ箱を床に落とすと、二人は同時に「一一一本」と叫んだそうです。彼らは、テーブルにコップが四つあるのを私たちが見るのと同じくらいはっきりと、マッチの正確な本数を見ることができたのです。

そういうわけで、生物学者は、数学は私たちの脳の機能と密接に結びついているという仮説を出しています。[8] この考え方は仏教の考えるところと重なります。つまり、数学は現象の一つの読み方にすぎず、固有の存在を備えた実体の存在などまったく含んでいないということです。

数学的な概念は、私たちの知能の程度に応じて、現象の相互依存の一部の側面を明らかにしてくれます。詩人は、私たちの精神と諸現象との照応関係（それらの相互依存の当然の帰結）を美のことばで伝え、物理学者はそれを数学の公式で表現するのです。宇宙は、私たちの意識にとって「複雑すぎる」ことはありません。なぜなら、私たちの意識が私たちの宇宙を決定しているからです。物理法則の複雑さの程度は、それを定式化した数学者の知能の程度を反映しているわけです。だから、数学や物理法則のほうがそれを考えだした精神より「抜け目がない」とみなすのは、間違っています。数学が得意でない者にとっては、物理の方程式が宇宙を記述することはありません。同じように、数学者が理解できる法則よりも複雑な法則は、数学者にとってやはり存在しないのです。彼らにはそれを思いつく力がないのですから。

認識能力に著しい個人差があることは、他の領域でも見られます。観想能力を取り上げてみましょう。初心者の空性《くうしょう》にかんする知的理解は、ブッダの〈悟り〉を特徴づける直接体験から生まれる認識による理解とはとても比べられません。その二つの理解は、ランプの絵とランプそのものほどにも違うと言えますね。人は自分の精神を鍛え、伸ばし、浄化し、徹底して変革することができます。憎しみやその他の心の毒に支配された全面的な混乱から、晴朗、利他の喜び、自己制御の中間的状態へと少しずつ移行し、最後に、現象の究極の性質がまざまざと見えるようになる〈悟り〉に達します。この段階にいたると、認識はあらゆる形の論証的思考を超越する瞬時の確信を伴うのです。

T 数学の能力にすぐれた者とそうでない者との違いを説明するのに、今、神経生物学と精神の訓練の両方を挙げましたね。脳の数学的活動にかんする神経生物学の最近の研究——まだ始まったばかりだけれど——によると、この活動はどうも脳の二つの野《や》〔領域〕の緊密な協力の結果らしいんです。視覚と結びついて数学的直観のエンジンの役割をする野《や》（二つの下部頭頂葉と頭頂骨間溝）と、言語活動と結びついて直観を象徴的公式に翻訳する野《や》（左下部前頭葉）との協力です。一九九九年、カナダの神経学者チームが、アインシュタインの脳の、視覚と数学的直観に結びつく二つの頭頂葉は平均よりも一五パーセント大きく、それが多分この物理学者の天才を説明するだろうと発表しました。実際、科学において直観は重要な役割を演じているので、偉大な研究者はつねにすぐれた直観を働かせてきました。数学的定式化（これは言語活動の野を介入させます）はそのあとにやって来て、その直観を補強するんです。さっきのポアンカレの話にしても、旅行中に稲妻のようにひらめいた結果の正しさを、彼がすぐに確信したことを伝えるものです。彼が厳密な数学的言語でそれを確かめたのは、家に帰ってからで、念のためにやったことにすぎません。だから、数学的証明はすでに直観によって得られた結果を裏づけただけでした。もちろんそうはいっても、われわれがどんなふうに考え、創造するかを正確に知ることは、まさに神経生物学のこれからの仕事です。

M それはともかくとして、たしかに宇宙の調和を知覚する能力は私たちの精神に内在しているでしょう。法則を方程式や、数や、関係や、対応や、構造で定式化するのは、概念的思考の産物ですね。ただし、相互依存にほかならないものを私たちが概念化しても、それがそのまま存在しているわけではないのです。

第16章 理性と観想——どうやって世界を認識するか

概念と情報を積み重ねていけば、究極の認識に達することができるのだろうか。論理と論証的理性の限界は何だろうか。仏教では、「約束事としての論理」と「究極の認識」、「分析的瞑想」と「概念を超越する精神の本質の直接的観想」とを区別する。ゲーデルの不完全性定理は、論理や科学理論の限界を明らかにしている。「科学に固有の知識獲得の方法」と「観想という手段による方法」とを比較することができるだろうか。内観や主観的体験に基づく観想科学の有効性をどのように検証すればよいのだろうか。内的変革を目標とする自己の取り組みとしての「体験的観想」と、自己とは切り離された「自然科学の理論」とは、どういう点で異なるのだろうか。

仏教は約束事としての論理と究極の認識を区別する

T　理性的認識というのは、抽象的な概念と記号の精緻な体系を築く知的な手続きから生まれてきます。しかも、そのほとんどは、高度に構造化された数学の言語で表されています。それに対して、主観的認識は、かならずしも論理的推論の対象ではないように思われます。「認識」ということばが意味するのは、仏教徒にとっても科学者にとっても同じと言えるんでしょうか。瞑想の際に現れる現実の認識は、理性的認識と同じ性質をもっているんでしょうか。観想的方法では、科学的認識の分析の手続きを捨て、自分の精神をあらゆる形の思考と概念から清めるべきなんでしょうか。思考を沈黙にまで戻し、現実の直接把握に達するべきなんでしょうか。

M　仏教の論考によれば、「論理」（サンスクリット語でプラマーナ）ということばは、「正しい認識の手段」という意味なのです。この論理は、科学的であれ観想的であれ、認識のほぼあらゆる側面に働いています。ただし、いわゆる「約束事としての」有効な認識と、究極的、あるいは絶対的に有効な認識とは区別されます。前者は事物の外観について教えてくれる（そして、水面と蜃気楼、あるいは縄と蛇の区別ができるようにしてくれる）けれど、現象の究極の性質（空性《くうしょう》、固有の存在の欠如）を理解させてくれるのは、後者だけです。両者ともに、それぞれの領域で有効です。

論理と理性はまた、分析的瞑想が思考の働きを観察して幸せと苦しみのメカニズムを明らかにするときに、その道具としても使われます。そのときは、私たちの精神の働き方を知ることが問題となります。何かを知覚し、頭にそのイメージを描くのに、精神はどのように動くのか。どんな種類の精神的な出来事が私たちに内的平安をもたらし、私たちの精神を他者に向かって開くのか。逆に、どんなプロセスが破壊的な効果をもたらすのか。こうした分析によって、どのようにして想念がたがいに結びつき、それが最終的に私たちを拘束するのかが理解できるようになるわけです。

瞑想が、善意や慈悲のような基本的な特質を私たちの心の中に伸ばそうと努めるとき、理性の働きは経験と結びつき、日常生活で憎しみの及ぼす有害な効果や忍耐心のもたらす恩恵について私たちの目を開いてくれるのです。こうして自覚が進むにつれて、次々と現れる想念の流れが次第に少しずつ変わっていきます。愛や忍耐心が肯定的な精神状態であるのは、定義上とか、神の定めとかではなく、それが私たちの幸福と他者の幸福の真の原因であるからです。

〈悟り〉の非二元性

T 〈悟り〉はさらに一段と高いレベルを表しているんでしょうか。

M 〈悟り〉と普通の認識とでは、いくつもの違いがあります。まず、〈悟り〉というのは、外部の現象と頭の中の出来事のさまざまな形を認識することではなく、それらの本質的性質を認識することなのです。その認識形態も違います。主客の二元対立は消え、推論する知性は、明快で、目覚めた直接的意識に座を譲ります。この意識は、事物の究極の性質と混じり合い、やがて完全に一体化します。こういう認識形態は、非論理的であるどころか、空性《くうしょう》の理解に基づく絶対的論理に属していて、線形思考から生まれる約束事としての論理を超越しているのです。

T 「直観的」認識？　それとも「神秘的」認識ですか。

仏教の観想は「直観的」か、それとも「神秘的」か

M　「直観的」とか「神秘的」という表現では混乱を招きます。もし直観というのが無媒介の直接認識の意味なら、間違ってはいません。だけど、もし直観を、検証できないものの漠然とした予感や潜在的意識から浮かび上がったぼんやりした印象と同一視するなら、それは、私たちによくある傾向や混乱の反映ということになってしまいます。そうではなくて、「神秘的」の意味が、光り輝き、概念から解き放たれ、澄み切った精神の本質との非二元的な内的統一であるのなら、この表現は仏教の観想にあてはまるでしょう。

ただし、瞑想の過程で現れる一時的な体験と結びついた神秘思想は警戒しなければなりません。こうした体験は光で導くというより、むしろ私たちの精神を迷わせます。精神の究極の性質の理解を深めてはくれないのですから。法悦状態を待ち望んだり、受け身の静謐に浸るよりも、むしろ分析的瞑想をぎりぎりまで押し進め、そのあとで、概念の彼方にある、光り輝く純粋状態の中に精神を委ねるほうがいいのです。そうすると、空《そら》のように広く、深く、不動の精神の究極の性質が現れてきます。想念の源にまでさかのぼって、想念が消えるときに、残るものが見えてくるのです。この状態は、その性質上、記述不可能なものです。でも、記述不可能と言うのは、記述するにはあいまいすぎるという意味ではありません。ことばでそれを表すことは、目の見えない人に色を教えるくらい難しいけれど、瞑想の修行を極めた人にとって、概念のプロセスを超えた精神の目覚めたあり方ほど、明るく、はっきりしたものはないのです。

T　そうだとすると、直観的認識は、数学の精密な言語を使わないのだから、おそらく日常生活の言語で適切に表現することもできないのではないでしょうか。言語にはそもそも限界があるから、仏教はメタファー〔隠喩〕やアレゴリー〔寓意〕を使って真理を述べるのではないでしょうか。あるいは、仏教は通常の言語を超える逆説的な

現実を前にして、禅の公案(1)のような、人を戸惑わせる提言の助けを借りて、論理を砕き、推論を中断し、踏み固められた道から抜けだそうと試みるのではないでしょうか。

M 精神の本質とか現象の空性をどのくらい認識したかということを表そうとすると、ことばが不足することが多くなります。論理的推論と矛盾するのではないけれど、要するに、それでは足りません。精神の本質の認識をことばで述べるのは、口のきけない人が密の味を語るくらい難しいと言われます。だから、よくイメージの助けを借りることになります。イメージは完全とはほど遠いけれど、精神的な達成のある側面を、ちょうど指で月を指すように示すことができます。見るべきなのは月であって、指ではないのです。

パトルル・リンポチェはどうやって弟子に精神の本質を悟らせたか。概念の彼方に

このような方法の枠組みの中で、精神的指導者は私たちの概念に頼る習慣を打ちこわし、頭脳の構築物から自由になった精神の自然な爽やかさを私たちに発見させようとします。そのために時には思いもよらない手段を使うこともあります。パトルル・リンポチェ（十九世紀のチベットの隠者）は、私も訪れる機会があった東チベットの荘厳な場所、ゾグチェン僧院を見下ろす山腹で、ある秋の晴れた夜、弟子の一人と星明かりの下で寝ていました。突然、師は弟子に呼びかけました。

「お前は、精神の本当の性質がどんなものか、いつもわからないと言っていなかったかな。

——そのとおりでございます。

——それはちっとも難しくはない」。

こう言って師は、自分の傍らに来て横になるように彼を促しました。ルングトックという名の弟子は仰向けになり、空を見上げます。パトルル・リンポチェはそこで言ったのです。

「僧院の犬がほえるのが聞こえるかな。
——はい。
——星がきらめくのが見えるかな。
——はい。
——そう、それが瞑想なんだよ」。

まさにそのとき、ルングトックは精神の本質をひとりでに了解したのです。永年にわたる瞑想、傍らの師の存在、それに特権的瞬間が重なった効果で、花が開くようにこの内的認識が生じてきました。

究極の認識、つまり〈悟り〉は、本質的に概念を超越しています。それ以外の認識手段はみな不完全なのです。理論では現実の一つの側面しか記述できません。というのは、理論は概念的思考の性質そのものからして、限られた命題しか扱えないからです。こういう主張は、ゲーデルの例の不完全性定理を思い起こさせはしませんか？

ゲーデルの不完全性定理と論理の限界

T　たしかに、ゲーデルの不完全性定理は、少なくとも数学においては、合理的推論に限界があることを前提として立てていますね。でも、この定理は二十世紀のもっとも重要な論理的発見として広く認められています。一九〇〇年、ドイツ人のダフィート・ヒルベルト〔一八六二―一九四三〕は、一つの堅固な論理的土台の上にあらゆる数学を据えるという挑戦を行いました。そして、オーストリアの天才的数学者クルト・ゲーデルがその挑戦に応じたんだけれど、ヒルベルトの意図とは違う意味で応じることになります。一九三一年、それまでのどんな数学にもなかった実に驚くべき、不思議な定理を発表します。彼は、矛盾を含まない、一貫した算術体系は不可避的に「決定不能な」命題を含むこと、つまり、論理上、真か偽かを言うことのできない数学的内容を含むことを証明したんです。しかも、もう一方では、ある体系が、その中に含まれる公準（証明なしに認められる最初の命題）だけを基にして一貫しており、矛盾がないと証明することは、不可能なんです。逆に、「その体系の外に出て」、体系の外にある補助的公準を加えることが必要になります。その意味で、体系はそれ自体、不完全でしかありえません。それで、ゲーデルの定理は、しばしば「不完全性定理」とも呼ばれているわけです。

この定理は数学の世界にすさまじい雷を落としました。ゲーデルが証明したのは、論理には限界があることと、ヒルベルトの夢——あらゆる数学の統一性を厳密に証明する夢——は幻想であるということだったんです。彼は哲学や情報科学のような他の分野にも甚大な影響を及ぼしています。(2)

M 線形思考や論証的論理には限界がありますね。精神の本質を実際に理解するには、頭脳で作られた枠組みをこわさなければなりません。仏陀の〈悟り〉は、主客二元論の枠の中で働く論証的思考を超越しています。

T それをゲーデルのことばで言うなら、体系は不完全だから、その外に出なければならないんです。理性そのものも超越しなければならないんでしょうか。

〈悟り〉は理性と矛盾せず、理性の限界をなくする

M 〈悟り〉は、理性と矛盾するわけではなく、その限界を超えるのです。それは、たとえて言えば、水の中に水を注ぐときのような、非二元的思考様式で精神と現象の究極の性質をとらえる全体的認識です。事物の特徴を無限に記述することはできるとしても、それらの真の性質の直接的で完全な認識は、記述的な認識や数学的命題を無限に合計しただけのものではありません。私たちが線形思考様式のとりこになっている限り、私たちの精神がおのれの性質を知るのは不可能だし、私たちの理解は不完全なままでしょう。事物の本質の直接的認識に達するには、この夾雑物を打ち砕かなければなりません。そうすれば、理解が分析によって細分化されることもなくなり、宇宙

の諸々の特徴をそっくり丸ごととらえることが可能になります。こうした認識は、論証的思考とは別の方式で働くのです。

T　ゲーデルのもたらした驚くべき結果として、科学理論は、それ自体では決してゴールに到達できないことが明らかになりました。別の認識様式、例えばそういう仏教の方法に助けを求める必要があるようにぼくには思えます。

M　まさに、そこが大事な点です。何しろ、現代人は科学に対して神秘的とも言えるイメージを作り上げていますからね。まるで科学はどんな質問にもいつかかならず答えてくれる学問だと思っている。とてもそんなものではないのにね。〈悟り〉とか精神的認識などと言わなくても、人間の体験そのものの大部分は、私たちが呼ぶ科学というものではとらえられないのですから。

T　それなら、いろんな知識獲得の方法を比べてみましょう。例えば科学者は実験という方法で仕事をします。最初の仕事は観察結果と事実を収集することです。ぼくのような天体物理学者は、宇宙の光を捕まえるために、ほとんどいつも空が晴れ、人工の光から遠く離れた場所に据えつけられた強力な望遠鏡を利用します。この宇宙の光は電子探知器に記録され、ぼくは大学に帰って、天体の像をスクリーン上に画像として見ることができます。高性能なコンピュータのおかげで、ぼくは空から来た光の信号を分析できます。そうやって、星のルミナンス〔輝度〕や、銀河の形や、宇宙の化学成分についての情報を集めるんです。

科学者は完全に客観的に自然を観察できるか

M　中国の哲学者、荘子はこう言っています。「もし数えたり、名づけたりし始めるなら、果てしなく続く」と。それはともかくとして、科学的方法についての私たちの分析を続けましょう。

T　天文物理学者の仕事は、もちろん、数え、名づけることに尽きるわけではありません――もしそうなら、単なる分類学の作業になってしまいます――。そうではなく、〈自然〉の法則を発見し、理解することです。もし物理学者が無限に大きなものの世界ではなく、無限に小さなものの世界を探ろうとすれば、巨大な粒子加速器があるCERN《セルン》[3]〔欧州原子核共同研究機関〕に行けばいい。直径一〇キロメートル以上もあるこの環は、高エネルギーの粒子ビームを作り、それを光速に近いスピードで発射します。ビームは目標に打ち当たると、その物質を粉々に砕くので、その内的構造を研究することができます。この高エネルギーの衝突から生じた素粒子は、液体で満たされた箱に送られ、その中で液体の原子と相互作用を起こし、そのあとに一連の小さな気体の泡を残します。それで、これに「泡箱」という名前がつけられたわけです。これらの泡はだんだん大きくなるので、その軌道を写真に撮れば、素粒子を同定することができるんです。

M　これまで見てきたように、それらの結果を客観的に調べるなら、「粒子」と呼ばれるものはミクロ世界と私たちの機器との相互作用から生じる再現可能な実験的現象にすぎないですね。だから、私たちにはこれらの結果に「物象化的」解釈を与える権利はないのです。結局のところ、粒子というのは「観測可能なもの」であるにすぎません。この「観測可能なもの」が物体の概念になるというのは、私たちの解釈が機器類の特殊性だけでなく、研究者の知的形成と存在についての見方にも条件づけられていることの度合いを如実に示しています。物理学者のデーヴィッド・ボーム〔一九一七―一九九二〕は言ってます。「現実とは、われわれが真実とみなしているものである。われわれが真実とみなしているものは、われわれが信じているものである。われわれが信じているものは、われわれの知覚に支えられている。われわれが知覚するものは、われわれが探しているものである。われわれが探すものは、われわれが考えるものに依存している[4]」。

形而上的・文化的見方の影響

T　たしかに、科学者は完全に客観的に自然を観察することはできませんね。彼の内部世界と外部世界との間にはある一定した相互作用が存在します。彼の内部世界が外部に投影されると、科学者はもはや、あらゆる解釈を免れた「裸の」事実を見ることができなくなります。逆に、外部世界との接触が彼の内部世界を変えてしまうことも、避けられません。科学者は、ある社会、ある文化の中で仕事をしているから、それを意識するかどうかは別にして、その社会と文化の形而上的見方の影響を受けています。西洋科学による現実の物象化――世界全体は内在的存在を備えた素粒子によって定義しうるという科学者の確信――は、こうした形而上的影響の一つの例です。西欧で仕事をしている物理学者の大半は、それが形而上的先入観であることに気づいてさえいないでしょう。彼らはそれ以外にどんな世界観も知らないわけですから。

科学者の外部世界についての解釈に影響を与えるのは、彼の哲学的考え方だけでなく、彼の職業的訓練――教師の下での研鑽、同僚たちとの共同作業、発表された論文を読むことなど――です。こうして、観察や実験は、この内部世界に内在する概念や理論の枠組みの中で分析され、解釈されることになります。例えば、天体物理学者なら銀河形成理論を頼りにするだろうし、彼の同僚の物理学者なら核力の理論を援用するでしょう。ある理論を選択して、その立場を守る場合にも、やはり偏見がないわけではありません。研究者は自分の先生や近しい同僚（「学派」と呼ばれるもの）の見方から影響を受けるし、もっとひどいことに、流行現象に左右されることもあるでしょう。ところが、他のすべての領域においてと同じように、科学においても、流行には用心する必要があります。多数の人間を味方につける理論がかならずしも正しいわけではないからです。それを受け入れる者の大部分は、批判的検討もせず、ただ大勢順応や知的怠惰から、また場合によっては、とりわけ雄弁で、影響力のあるリーダーがその理論を弁護しているという理由で、そうしているにすぎません。

理論と観察の相互作用

そうすると、科学は永遠に真理に到達できないおそれがあるのか？　ぼくはそうは思いません。科学は頑丈な柵に守られているから、たとえ時には道に迷い、行き止まりにぶつかることがあるとしても、かならずまた正しい道に戻れるんです。この柵とは、理論と観察のたえざる相互作用のことです。二つの可能性があります。一つは、新しい観察や最近の実験結果がそのときの理論と合致しているという可能性。そしてもう一つは、合致せず、理論が修正されたり、捨てられたりして、実験による検証の可能な現象を予測する別の理論が生まれる可能性です。科学者はこうして自分の望遠鏡、あるいは加速器に戻るんです。新しい理論は、その予測が確認されて、初めて受け入れられることになります。だから、実験的方法とは観察と理論の間のたえざる往復運動であり、時に違う道に踏み込み、過ちを犯し、振り出しに戻る危険を冒しながらも、現象の正確な記述にゆっくりと近づいていきます。科学の歩みは、よく単純に想像されるように、直線状にではなく、ジグザグに進むんです。

M　理論と実験の往復運動は、ある理論が一部の事実を正しく説明し、予測することは確かめてくれるけれど、だからといって、研究者の形而上的偏見を問い直しはしません。ある研究者が、粒子の質量や寿命について、別の研究者の間違いを完全に証明できるとしても、二人とも粒子が実際に存在するのを確信していることに変わりはありません。新しい科学革命が起きるたびに、科学者はいつも、ついに現実の決定的見方に達した！と考えます。このような幻想を伴う誤った確信もまた、哲学的偏見です。一九三九年、アルフレッド・ノース・ホワイトヘッド〔一八六一－一九四七〕は書いています。「五十七年前、私はケンブリッジの学生で、すぐれた人たちの指導の下で科学と数学を学んでいた。今世紀〔二十世紀〕の初めから、私は彼らの基本的な公準が崩壊するのを見てきた。それでも、そういう状況を前にしながら、新しい科学仮説の発見者たちは宣言していた、われわれはついに確信を得た(5)」と。

天の調べはいつまでも秘密のままか、それとも科学は真理に向かって近づきつつあるのか

T　一部の科学者は知的自己満足のあまり、声高らかに科学の終焉を告げました。われわれはすべてを理解した、もう発見すべきものは何も残っていないと。これまでのところ、科学の歴史はつねに彼らの主張が間違っていたことを教えています。十九世紀の末、熱力学を専門とする物理学者ケルヴィン卿〔一八二四―一九〇七〕は、物理学の研究は仕上がった、後世の物理学者に残された仕事は測定の精度を上げ、小数点以下を補うことだけだと、誇らしげに宣言しました。こんな重大な誤りも珍しい。その数年後に、相対性理論と量子力学が物理学を根底からひっくり返したわけですからね。ぼくとしては、科学という方法だけに頼る限り、われわれはすべての真理を知ることはできないと思っています。たえず目標に近づくとしても、けっして行き着けない。ゲーデルの定理はわれわれに理性の限界を明らかにしたんです。天の調べはわれわれにはいつまでも聞こえることはないでしょう。

何を目標とすべきか。仮説的な現実をとらえるための情報を集めることか、それとも〈悟り〉という究極の認識にいたることか。科学と観想における知識獲得の方法とは比べられるか

M　真理への漸近線的接近という考え方（つまり、科学は真理にたえず近づいていくが、けっして到達しないという考え方）は、そんなに正しいものでしょうか。まず、その目標について明確にすべきではないでしょうか。量子力学が教えるとおりの、近づきすぎると逃げてしまうような仮説的現実をあくまでもとらえようとして空しい努力を続けるのか、それとも、仏教が説く〈悟り〉のように、究極の認識にいたるのか、という点についてです。

T　個人的には、科学哲学者トマス・クーンの説(6)に、ぼくは全面的に賛成というわけではありません。彼は、科学が漸近線的に向かうべき「目標」という概念を排除しました。しかし、ぼくは、無生物と生物の現象についての完全で、詳細な認識という目標があると思うんです。科学はこの目標に向かって歩んできたし、その進歩は確かなものです。われわれの世界認識は、ルネサンス時代に支配的だった認識とは比べものにならないくらい豊かですよ。ただ、この進歩は完全な漸近線のカーブを描いてはいません。何度も回り道をし、後戻りをしています。その反面、科学は仏教の言う究極の認識に達する手段は持ち合わせていないけれど。

科学的方法に話を戻すと、それはある理論の正当性を確信しているだけでは十分ではなくて、それを裏づける観察と測定が再現可能であり、他の研究者、他の技術によって独立して確認されることが必要なんです。この手続きは根本的なものです。とりわけ、それまで一般に受け入れられていた理論を再検討するとき、クーンの用語を使えば、「パラダイムを一新させる」ような発見にかかわるときにはね。研究者は本来保守的です。彼らは、かくも多くの努力を払って獲得した知識が、いつの日かやって来る新しい理論にひっくり返されることは望まないんです。科学の発展のためには、新しい理論の到来は良いことだけれどね。破壊するだけでは足りず、再建することが必要なんですから。まあ、廃墟の上に建て直すのはなかなか大変なことですけれど。

まとめると、自然科学の方法論は三段階から成り立ちます。仮説、実験、検証です。

仏教を観想科学と言うとき、どういう意味で「科学」ということばを使うんでしょうか。ぼくが述べたような方法を観想にあてはめることはできるでしょうか。

M 私が「科学」と言うのは、物理現象の研究だけでなく、人間の体験の全体も含めた、厳密で、一貫し、検証可能な知のことです。どうして「科学」の定義を機器や方程式で確かめられるものに限定するのでしょうか。科学は、実験で試され、確かめられ、どの実験者にも近づけるものでなければなりません。この最後の点は、誰でも、テレビをつけるのと同じくらい簡単に科学に近づけるという意味ではありません。それは自然科学でも、観想科学でも同じことです。物理学者が宇宙の方程式を理解できるようになるには、長い年月の訓練が必要だし、観想する者が正しい認識を得、自分の精神を安定させて制御するにいたるには、やはり長い年月が要ります。だから、次のような言い方はおよそ的外れです。「あなた方、観想者は意識を内側から深く理解したと言うけれど、そのような認識に近づいて、それを確かめることのできない私にとって、それは何の役に立つのか」。こういう言い方をする人の大部分は、自分たちがどういう基盤の上に立って、シュレーディンガーの方程式の結果[7]や、光速の値を受け入れているか、全然説明できないはずです。科学であれ観想であれ、直接的検証には、理性の働きと経験とによる訓練が前提とされるのです。大事なのは、すぐに結果を得ることではなく、適切で、検証可能な手段によってそこに到達できることです。

だから、科学の有効性というのは、科学者が十分な時間とエネルギーを自分の仮説の確認に注ぎ込んで得た結果の上に成り立っています。もし彼らの見解が一致すれば、彼らを信用して、その知を「科学」と呼んでおかしくないことになります。逆に、観想科学は本質的に個人的体験の上に築かれるので、それを自ら体験しようと献身した者だけが、本当にその科学を共有しうるのです。

「間主観的な知」と「客観的な知」

T　仏教の観想的伝統の知のような「間主観的な知」と、自然についての科学のような少なくとも元々は「客観的な知」とは、区別する必要がありますね。前者は、「私のいるところに座りなさい、そうすれば、私に見えるものがあなたに見えるでしょう」という立場であり、後者は、「人が位置する場所がどこであれ、この目印のほうに目をやれば、同じものが見えるだろう」という立場です。目の錯覚の例を挙げてみましょう。ミュラー＝リエル〔一八五七—一九一六〕の錯視と呼ばれる、二本の矢が作る錯覚です。

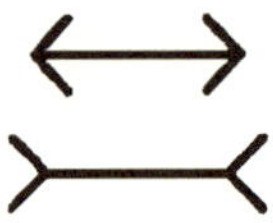

ここでは、「客観的な知」は定規の使用によって得られます。誰でも、線の両端に定規の目盛りを当てて読めば、二つの線が同じ長さであることを確認できます。一方、「間主観的な知」は、二つの線の長さの違いの見積もりについて、証人たちに問い合わせて得られます。後者の側は一致して、二本の矢の長さには例えば五パーセントの違いがあるといった具合に、一方が他方より長いと判断していることがわかります。二つの知のいずれの場合も、判断の一致は全面的ではあるけれど、一方は客観的なモノ（定規）を媒介にして行われ、他方は生の体験をじかに突き合わせて行われているわけです。

誤った相対的真理と正しい相対的真理

M 生の体験にかんして言えば、仏教では誤った相対的真理と正しい相対的真理との違いを明確にしています。前者は、蜃気楼を水と取り違えることであり、後者は、湖を水と認めることです。絶対的真理の観点から見れば、この二つの相対的真理はともに固有の存在を欠いているので、完全に正しい唯一の真理とは、外観と空性《くうしょう》の統一となります。

自然科学と仏教の観想科学とを比較するには、この二つの方法のそれぞれの目標を定義しなければなりませんね。科学者は、知るために何を追究するのでしょうか。

T 自然科学では、事物の形成、進化、性質を発見しようとします。つまり、宇宙の形成と歴史、銀河の化学成分、生物細胞の再生のメカニズムなどです。

M そうした目標自体、行動領域を決定し、得ようとする知識の限界を定めていますね。もしあなたが測定可能なものを研究するなら、測定できないものは無視されるわけです。もし客観的なものに向かえば、主観的なものを無視する。もし目に見えるものを研究するなら、見えないものは気にかけない……。

何を知ろうとするのか。私たちの研究の目標が研究領域を決定し、得られる知識の限界を定める

T たしかに、「現実」というのは、自分で出す問いと、その答えを得るために使う測定機器とに依存していますね。それに、ある研究領域を限定すると、残りの領域はもう見えなくなってしまいます。

M 測定機器によって変わるというだけの問題ではありません。例えば、自然科学の対象を、物理的に研究しうるもの、測定し、計算しうるものの領域として定義するとしたら、一人称で体験するすべての現象、非物質的なすべての現象は最初から除かれることになります。もしこの限定があることを忘れてしまうなら、たちまち、宇宙とは、三人称で客観化しうるものすべて、つまり物質的なものだけであると主張するところまで行ってしまうでしょう。そうなると、意識するかどうかは別にして、形而上的立場を選んでいることになるわけです。

T 実に困ったことですね。そうやって、重要な発見を見逃してしまうかもしれない。だけど、おそらく、そうやって非物質的なものをすべて排除することが、自然科学の発達には必要だったのかもしれません。では、仏教の観想科学の場合、その研究対象は何でしょう。もちろん、自然現象の作用や、星のルミナンス〔輝度〕ではありませんね。

観想科学の目的。真の幸福とは何か

M 仏教の観想科学の目的は、まず現実に対する私たちの誤ったとらえ方を診断し、次に精神と現象の性質を発見して、苦しみを終わらせ、真の幸福を見出したいという命あるすべての者の願いに応えることです。この幸福は単なる感覚ではなく、持続する充実した感情です。この感情は、初期の段階では、私たちの人生には意味があるという確信、死を前にしても、何ら悔いところはないだろうという確信からもたらされるものです。

T それはたしかに高尚な目的ですね。だけど、毎日食べるものを探して苦労する人間にこの目的が達せられるでしょうか。最低限の精神的ゆとりと物質的安定がなければ、自分の行為と思考を分析し、善を行うことはできないのではないでしょうか。科学的研究にしても同じことです。アメリカやヨーロッパ諸国、日本のような豊かな国々だけが、安心して基礎研究に打ち込むことができるんです。天体物理学なんて、日々の暮らしには直接何の影響もないですからね。空きっ腹を抱えて、銀河の形成について論じるのは、難しいですよ。

M 人類の大部分にとって、内的変革はたしかに一番大事な仕事とは言えませんね。でも、それが豊かさとか貧しさのレベルの問題なのか、私にはわかりません。迫害、飢饉、あるいは共産主義中国がチベットを侵略したあとの大殺戮のような悲劇、そういう困難な状況の中で、人々の心に精神性が深く根を下ろすことも、しばしば起こるのですから。同じ苦境を生きるといっても、いろいろな生き方があります。どんな状況下であれ、精神を制御し、世界のとらえ方の分析方法を学ぶことは大事です。

T そうすると、仏教の研究者が立てる仮説とはどんなものなんでしょうか。

観想的方法論の例。自我の概念の分析

M 仮説はいくつかの予備的な観察の上に立てられます。まず精神に分け入って、深い満足の状態をもたらすも

の、逆に、その平安をこわすもの、この二つを理解することから始めます。そこで気づくのは、悪意、妬み、欲望、羨みのような感情は、持続的な満足を少しももたらさないということです。そういう感情は自己中心的な衝動から出ているから、快適と思われるものすべてを欲しがらせ、不快と思われるすべてを捨てる方向に私たちを引っ張っていきます。私たちは、本当は苦しみしか与えない幻の幸福を求める運動に巻き込まれていると言えます。この誤解を自覚すれば、私たちの判断力を惑わせている否定的な精神要因を変革する必要があることに気づくわけです。私たちの作業仮説は、こうなります。「苦しみは否定的な想念から生まれ、その想念は自我への執着からもたらされる。私たちはこの執着の欺瞞的な性質を暴露することで、少しずつ苦しみの第一原因から解き放たれていく」。

T　実験の段階に移りたいですね。

M　実験の段階では、自我の特徴を分析して、その自我が、頭でこしらえた単なるレッテルであることを理解するところまでいきます。それから、自我の概念そのものへの執着を完全になくしたとき、何が起こるかを確認します。一部の精神的要因、例えば寛大さ、忍耐心、愛などがもたらす良い結果と、その反対物がもたらす悪い結果を観察することも、この実験には含まれます。それによって、それらの結果を支配している法則を少しずつ突き止めることができるようになるのです。さらにまた、精神をそうした毒から解き放つのに適したさまざまな方法を調べ、何よりもそれを実践します。

T　そうした命題は、本当に、われわれが先ほど定義した意味での法則なんでしょうか。つまり、さまざまな現象間の必然的で恒常的な関係の確認になるんでしょうか。

M　それらの命題は一貫した働き方をします。例えば、憎しみは長期的にはけっして幸福をもたらしはしません。憎しみの発作に加虐的な満足感を覚える人もいるかもしれないけれど、その種の感情を抱いて平安に暮らすことができないのは、みんなが知っていることです。そのメカニズムは因果性の法則に従っているのです。怒りと妬みはどんな喜びもこわさずにはおかないし、一方、愛と慈悲は喜びを生みだす。たとえこの真理に目をふさごうとしても、それがもたらす結果から逃れることはできません。これは抽象的な方法ではなく、深い考察と結びついた実験的調査です。物理的、数学的データを分析する学者の考察と同じくらい長期で、方法的で、厳密なものなのです。この考察は方程式では表されないけれど、精神の働きを何カ月も何年もかけて観察すると、精神は透き通り、安定し、澄みわたるようになるのです。

T まず、最初のデータは他者の観察から出てきて、その次に、自分に向かって自分自身を観察するわけですね。

M その二つは対になっています。他者の観察が私たちの目を開いてくれるとすれば、一番大事なのは、私たちの視線を内側に向け、私たち自身の精神を観察することです。たとえ私たちが他者を騙しおおせたとしても、真理を自分の目から隠すのは、より難しいことです。だから、私たちは自分の精神の鏡の中をたえず覗いて見なければならないのです。観想的実験は、世界と私たち自身についての既成の観念を打ちこわし、事物の真の性質の前に私たちを立たせてくれます。そしてこの実験で、自我というものが頭脳の構築物以外の何物でもないことが、歴然と明らかになります。この発見は、世界の見方と私たちのあり方に深刻な影響を与えるものです。

T 検証という最終段階に話を進めましょう。科学においては、観察と実験は客観的な性質のものです。つまり、その結果はそれを行う科学者には左右されません。もし測定が正しく行われるなら、ベトナム人の物理学者も、アメリカ人の物理学者も、フランス人の同僚と同じ値を得るはずです。科学ではこの客観性が実験的方法の基盤にあります。科学的結果というのは、とくにそれが従来の結果から大きくはみ出している場合には、別の機器と方法を用いるチームによって検証されない限り、科学共同体に受け入れられることはありません。それに対して、仏教徒による知識の獲得は、アプリオリ〔先験的〕に個人的かつ主観的である瞑想と内省の上に成り立っていますね。このような認識は普遍的でありうるでしょうか。

内省に対する科学の不信

M　内省的科学は長い間、西洋では否定的な偏見にさらされてきました。どうやって取り組めばいいかわからないという理由でね。そこで言われたのは、精神は信頼できる道具ではないし、自分自身を対象に行う実験は再現できないということです。こうした態度が生まれたのは、内省に関心をもったとしても、一人称の具体的な体験には十分な価値を与えず、他方では、東洋の観想が積み重ねてきた広大な経験の恩恵を彼らがまだ受けていなかったからで、ただそれだけの理由にすぎません。

内的実験は、それを行う者には否定しがたい価値をもつし、その長期にわたる結果は、客観的に評価することができます。私たちのあり方、話し方、行動の仕方は変わり、利他主義、心の平安、寛容さ、強い精神力へと向かいます。これらは、この実験の成功の主な基準になります。たしかに、外部から観察しただけでは、仏教のさまざまな修行が修行者の精神にどんな結果を与えたのか、検証できないかもしれませんね。その代わり、もし自分でその実験をする労を厭わなければ、自分の精神に対して生じた結果の有効性を検証できるはずです。

T　それにはどんな方法が使われるんですか？

M　物理学や天体物理学では、ますます高い性能をもつ機器が使われていると聞いたけれど、観想的方法で機器にあたるのは、つねに精神なのです。最初、精神は、焦点が合わず、気まぐれであり、変わりやすく、方向が定まっていません。網にかかった動物のように、静かにさせるのが難しい。だから、その調整を図り、望遠鏡の直径を大きくするように、その視界を広げなければなりません。この訓練はそれ自体が目的ではなく、内省の道具の精度を上げるために必要なものです。その努力を続けることで、精神はより安定し、落ち着き、扱いやすくなる。粗野な感情の波が静まり、ついで、精神的動揺や論証的思考のうねりが治まっていく。そうして、牽引と反発、精神の汚染と浄化、あるいは従属と内的自由の基本的メカニズムが突き止められていくわけです。

想念の解放のプロセス

T ぼくが知りたいのは、もっぱらそういう分析的な瞑想を超えて、その先に進むことが必要なのかどうかということ、またどうやってそこまで行けるのかということです。そしてもう一つ、混乱の基になるさまざまな想念を突き止めるというのは、それらを無力化するという意味なのかどうかということです。

M そういう想念を遮ろうとしてはいけないので、その源にまでさかのぼって、その本来の性質をしっかり見ることが必要です。そうすると、想念には、一般に思われているように、人を惑わせる力などないことがわかります。想念を調べると、形も、色も、場所もなく、注意深く探るにつれて、煙のように消えていくことに気づくはずです。想念はどこからもやって来ないし、消えるときは、どこにも行きはしません。そのとき想念の外面上の堅固さは、霜が朝日に溶けるように消え失せます。そうなれば、私たちは、精神の根源的な単純さ、今この時の自然な明るさ、精神の究極の透明さの変わることのない平安の中にとどまり、過去を想起することも、未来を想像することもなく、希望も不安もなしにいることができるのです。この実験は、何度も繰り返しながら、想念のとらえられない性格を認識する方向へと導かなければ、意味がありません。こうして想念の空性を認めるなら、私たちはその強い支配から解放されるでしょう。混乱の基になる想念は次第にその力を失って、もう私たちの内部に嵐を起こしたり、他人に対して否定的な態度を取らせたりはしなくなります。時間とともに、このような解放のプロセスに熟練するようになり、想念が現れても、ちょうど老人が静かに子供たちの遊ぶ姿を眺めるように、想念の行き来を眺めるようになるのです。

T 一般の人たちがそういう段階に達するには、どれくらいかかるんでしょうか。一生かかるんでしょうか。

M それは、各人の能力と意志の強さ如何です。最初、想念が生まれるときに、それを認めるのは、ちょうど群衆の中に知人の姿を見つけるようなものです。次に進んだ段階では、想念はひとりでに解き放たれます。ちょうど蛇が誰の助けも借りずに自分で巻いたとぐろを解くように。もちろん、この「解放」は私たちの気まぐれを放任するのとは、何の関係もありません。ここで解放というのは、想念が絡まり合うのをやめ、したがって、私たちの精神を混沌の底に落とすのをやめることです。最後に、第三の段階では、想念の解放を完全に意のままにすることで、もはや想念は何の害をなすこともなくなります。この状態を、空き家に入った泥棒という言い方で表すこともあります。つまり、泥棒には得るものが何もなく、家主には失うものが何もない。想念は、生まれては跡も残さず消えることになります。ちょうど水面に指で絵を描くようにね。

T でも、その実験は個人差が大きいのではないでしょうか。科学的実験なら、再現可能でなければなりませんが。

到達した目標の一貫性。内的平安、非執着、利他の心

M 個人による観想実験は、通常の科学的実験のように第三者によって直接観察できるものではないし、客観的な証拠を出せるものでもありません。また、観想者は自分の実験の価値を間違って判断することもあるでしょう。それでも、前に言ったように、結果はその人の永続的な変革となって現れ、客観的な性格を示すのです。

さらに、内省の領域において目標が達せられると、その証拠として驚嘆すべき一貫性――心の平安、非執着、慈悲、強い精神力など――が見られることになります。しかも、それぞれ違った人が各自で行っているのに、同じような結果になるのです。修行者が用いる手段、技術はほとんど変わりません。経典には、その行程の各段階が詳細に記されています。たしかに、私たちはみな、この種の訓練を積む能力に差があるし、到達できる精神の制御の程

度にも差があります。言ってみれば、ある者は直径一メートルの「精神の望遠鏡」を作るし、またある者は一〇メートルのを作ります。けれども、この道を歩み続ける者はすべて、おおよそ同じ結果を観察できるのです。

T 異なる著者の記述が一致しているんですか？

M ここで客観性と間主観性の区別を思いだしておいたほうがいいですね。正しく行われる観想的方法は、何世紀、何世代にもわたる修行者の間で、驚くほど一致した結果を見せています。それぞれの記述はかならずしも同じイメージを使ってはいないけれど、歩みの各段階、その結果については一致しているのです。例えば、何人かの記録者のことばでは、こう表現されます。想念はまず泡立つ滝のような動きをし、ついで、ところどころで渦を巻く川のように、さらに、静かな大河のように流れ、時々表面に波が立つこともある。そして最後に、大海のようになり、その深い層が乱されることはけっしてない、と。膨大な経巻には、さらに技術的な記述があって、繰り返して言うと、自分で試みる気さえあれば、その多くの詳細な点を自ら確かめることができるのです。これらのテキストには、非概念的な瞑想についても、また、精神の本質の純粋観想についても記されています。この観想の終着点が、内的認識の究極の状態である〈悟り〉です。

仏陀の〈悟り〉

T 仏陀の〈悟り〉？

M 仏陀と彼のあとに続いた人たちの〈悟り〉です。たしかに、精神的達成の中間的なレベルがいくつかあって、そこに到達すれば、十分、心の平安が得られるわけです。仏陀の〈悟り〉は、道を歩み始めた者の〈悟り〉より、はるかに広いと言われます。ちょうど広大な空《そら》全体と針の穴を通して見える空《そら》との違いなのだそうです。どちらの場合も、見えるのは空です。究極の〈悟り〉に達しなくても、すでに空の特質の一部を発見することはできるということです。一般的に、観想科学は本質的に質的であり、物理科学は本質的に量的であると言ってもいいかもしれませんね。

T　もし「量的科学」が、精密に数え、測定する科学のことなら、ぼくもその考えに賛成です。だけど、「量的」ということばを「多数」の意味にとってはいけないでしょうね。科学の真の目的は、数多くの知識を相互の関連もなく積み重ねることではなく、逆に、それらを統一して、総合的な図式を作ることにあるわけですから。たしかに、大部分の研究者は、〈自然〉のごく小さな部分しか見ていません。その一断面だけを研究し、場合によっては森の中の二、三本の木しか扱わなくなっています。でも、スケールの大きな研究者はつねにこの森全体を眺めることができるんです。彼らは〈全体〉を見て、〈統一〉をつかまえることができます。例えば、十九世紀には、スコットランド人のジェームズ・クラーク・マクスウェルが電気と磁気を統一しました。電磁波が光波にほかならないことを証明して、光学と電磁気学を統一したんです。二十世紀の初めには、アインシュタインが時間と空間を統一しましたね。現在でも、スケールの大きな物理学者たちは、〈自然〉の四つの基本的な力(8)を一つの超力に統一しようと懸命に努めています。だから、物理学は「多」よりもむしろ「一」のほうに向かってもいるんです。

M　そうですね。研究調査のそうした基本的な側面は、物理学者に、自分たちの発見に伴う形而上的影響力を問わせ、その現実観を検討し直させる方向へと向かわせるはずですね。

T　まあそう言ってもいいかもしれませんね。ただ、〈悟り〉に戻るけれど、仏陀だけがそこに到達したのではないんですか？　われわれもそれぞれ、そこに近づけるものでしょうか？

仏陀の教えは旅のガイドブック

M　仏陀は自分の体験に基づいて、自分がたどった道に正しく従う者は、すべて自分と同じ結果にいたると断言しています。彼は言っています。「私はあなた方に道を示した。そこを歩き通すのはあなた方だ」と。どんな人間にも、精神の本質を完全に認識するのに必要な潜在力があります。それは、仏教によれば、「根源的な善意」と言えるものです。自分の精神を曇らせているあらゆる否定的な精神要素から解き放たれる者は、確固とした揺るぎない平安と慈悲を知ることができるのです。〈悟り〉に達するとは、無関心と無気力の中に消えてゆくことでも、さまざまな感覚や、存在の豊かさをなすすべてのものを消し去ってしまうことでもありません。逆にそれは、一番肯定的な特質——愛、慈悲、他者の幸福を前にした喜び、すべての者に対する公平な態度——を伴う解放を意味します。そのとき、それらの特質は、私たちの精神の自然な傾向になるのです。この状態に達すれば、もはや私たちは、自分のエゴの奴隷になることも、楽しさ・苦しみ、利・害、賞賛・批判、有名・無名を前にしての空しい矛盾した感情に操られることもありません。

T でも、自分が間違っていないかどうか、どうやって知るんでしょう？ 自然科学では、理論の予測——例えば惑星の軌道——を観察と突き合わせます。もしそれが一致すれば、その理論は試験に堂々と合格したことになります。そしてもしそうでなければ、理論は検討し直されるか、廃棄されます。コペルニクスの太陽中心の宇宙がプトレマイオス〔二世紀半ばにアレクサンドリアで活躍〕の地球中心の宇宙に取って代わったのは、後者が惑星の運動を正しく説明することができなかったからです。

M 科学情報が地図に似ているとすれば、仏陀の教えは旅のガイドブックに似ていると言えるでしょう。〈悟り〉を目指して進むにつれて、道はだんだんはっきりしてきます。もしガイドブックの指示からそれると、障害にぶつかり、前に進むのがずっと遅くなってしまいます。そうした障害は、失望や、疑いや、とまどいや、嫌気をもたらすかもしれないけれど、その利用の仕方を知るなら、それらは今度は、急速な進歩の要因になりうるでしょう。こうした歩みのどんなケースも、沢山ある論考の中できわめて詳細に分析されているのです。

T　そうすると、自然科学における理論と実験の往復運動に似ていますね。理論はいわば、自我への執着がわれわれのすべての悩みの根源だとする仮説です。方法は、その自我とそのもたらす結果の分析。実験は、内省と観想によるこの方法の適用。成果は、執着とそこから生じる不透明な情動の排除、ということになるでしょうか。障害にぶつかったときには、それを乗り越えるために、別の観想の道具が用いられ、エゴから自由になるために、こうしたさまざまな方法の間を行き来し、最後にそれぞれの人にもっとも適した、もっとも有効な方法を決める、というわけですね。「観想科学」ということばが使われる理由が、これで前より呑み込めるようになりました。〈悟り〉に達するための仏教の方法は、もともと科学的方法に近いんですね。とくにぼくが驚くのは、内省が再現可能だということです。

M　内省の領域における心理学の研究は、多くの場合、粘り強さに欠けていたのと、何千年もの伝統をもつ仏教の経験を無視したために失敗してきたと言えます。結果が再現可能ではないという結論を、急いで出しすぎたのです。内省には本来粘り強さが要求されます。分析を徹底してやり抜くためにはね。そうでないと、すぐに飽きてやめることになります。また、内省は自然科学の側からずっと疑惑の目で見られてきました。それは、内省がもともと本質的に質的な方法だったからです。それに対して、自然科学というのは、新しい研究領域に取り組むとき、まずデータ、グラフ、画像を手に入れようとしますからね。

T　最近の神経学者は意識を解明するのに、量的な方法を開発しようと努力しているようですよ。

瞑想体験の神経学的記述？

M　たしかに、脳の画像処理の技術は長足の進歩を遂げましたね。例えば、人がある仕草をするときに活動する脳の領域と、その仕草を考えるだけのときに活動する脳の領域とを区別することができるようになりました。同じように、抽象的な単語を聞くときと、具体的な単語を聞くときとでは、脳の活動領域は同じではないこともわかるようになっています。また最近では、フランシスコ・ヴァレーラと彼のチームが、物体の認知の際に、脳の異なる部分を連係させる現象が見られることを明らかにしました(9)。彼らは瞑想の神経学にかんする研究プログラムを開発しようとしているようです。だけど、純粋観想や精神の究極の性質の観察という観想者にとっては不可欠のものが、はたして神経学の構図の中に記される日が来るでしょうか。せいぜい期待できるのは、脳の活動のさまざまな違いが明らかになるくらいで、瞑想の体験された質について教えてくれることはないでしょうね。赤と青の視覚に対応するそれぞれの脳の活動がわかっても、色にかんする具体的な体験については教えてくれないのと同じようにね。

T　われわれが愛し、憎み、創造し、喜びや苦しみを感じるとき、脳がどのように機能しているかを理解するのは、まだまだ遠い先の話だと言わなければなりませんね。自然科学の量的方法を認知科学にそっくり応用することについては、行き過ぎないよう注意する必要があります。二十世紀初めの行動主義がそうでしたね。行動主義者たちは、心理学を「客観的」科学のランクに格上げしようとして、生物の行動を研究するのに、もっぱら外部からの刺激に対する反応を観察しました。そして直接観察できないものをすべて排除することで、精神の存在そのものをも否定した。まったくばかげたことです。

内的体験の有効性とその変革力。心理学、精神分析と精神的変革

M　観想の修行に取り組む者の内部で測定可能な効果がたとえ解明できないとしても、内的実験の有効性とその変革の力が疑問視されることにはなりません。逆に、科学者がどんな資質や欠点の持ち主だとしても、彼の行う化学の実験や星の光の波長の測定が変わるわけではありません。

観想科学における一番大事な目的は、より良い人間になることです。この方法が意味する生き方は、意気阻喪さ

せるように見えるかもしれません。なぜなら、自分の欠点から自由になるのに必要なエネルギーを自分の中に見つけるのは、容易な作業ではないからです。自分の自我に攻撃をかけると考えただけでいやになります。しかしそれは、みんなが精神的生活の主な障害の一つである惰性の中に自ら避難しているからです。

T 西洋の心理学と認知科学は同じテーマを研究しているんでしょうか。

M 心理学は、感情、行動、記憶、つまり私たちの意識の状態を条件づけるメカニズムすべてを対象としています。認知科学は、知覚、記憶、学習に関連するプロセスを解明しようとします。だけど、それらの研究がどんな方向に関心を広げるとしても、主な目標は個人の変革ではありません。

T 心理学や、それから精神分析が、個人の変革という目的のために役立つことはできないんでしょうか。

M 理論的には可能でしょうね。だけどそれには、瞑想の技術の一部を活用して、その行動範囲を広げなければならないでしょう。精神分析の場合は、目的が違うわけですから。精神分析が狙うのは、妥協や安定化やエゴが受け入れられる現状を確立することであり、「正常な」、つまり普通の状態に戻ることです。そこでは、自我を舞台として働く衝動の諸力と社会の要求との間の適合を取り戻すことが、問題となります。それに対して、観想科学は自我の幻想の一掃を目指します。また、精神分析では、自我が第一の関心事となります。自我はむしろ強化されて、この自我の幻想の中で身動きできなくなります。ちょうど、指にくっついた糊付きの紙の切れ端がどうにも取れなくて隣の指に付いてしまうように、自我をこねくり回すのです。一方、観想科学のほうは、この幻想を燃やしてしまいます。あとに灰も残らない羽のように。だから、観想科学の向かうべき目標は、私たちの普通の状態の安定化やバランス調整をはるかに超えたところにあるのです。〈悟り〉は攪乱する情動の正常化ではないし、ましてエゴの再構築でもありません。むしろそうした支配からの全面的な解放を意味しているのです。〈悟り〉はまた、精神分析の介入する余地がまったくないように思われる内面の喜びと、変わることのない充実の次元を含んでいます。

さらに、観想科学には相補的な側面もあります。つまり、精神の本質を理解させてくれるだけでなく、意識と意識がとらえる世界の間の相互依存を拠り所にして、現象世界の性質の理解をも、さらに深めてくれるのです。

T 科学者にとって、自然の謎を覆うベールのほんのわずかな端が持ち上げられ、宇宙のそれまで未知であった側面が明るみに出るとき、その発見が生む知的な喜びは大きな励みとなります。だけど、それだけでは人生を満たすのに、十分ではないですね。真理が姿を現す瞬間は衝撃的だけれど、つかの間です。また、十六世紀に近代科学が誕生して以来、われわれの知識は指数関数的に増大したけれど、それでわれわれがより賢くなったわけでもありません。観想科学は、われわれが生きるために必要な本当の智慧を得る助けとなってくれるんですね。状況はますます急を要しています。だって、人間は今や地球全体の生態学的均衡を乱し、さらには自らを滅ぼす力をもち、貧しい者と富める者の格差をますます広げて、倫理の問題をより深刻にしているわけですからね。

第17章　鏡に映る像——観察者と世界

形而上的偏見はどこまで科学者の見方に影響を与えているだろうか。「現実」をとらえることは本当に可能だろうか。観察はすべてかならず意識に行き着き、意識はそれを自己流に解釈する。こうした条件の下で、絶対的な認識はありうるだろうか。

形而上的先入観は科学者の見方にどれくらい影響を与えるか

T すでに話し合ったように、自然科学と観想科学との違いは、前者では観察者の視線が外部に向けられるのに対して、後者では、精神が自己自身を観察するか、または現象の実在性を内的プロセスで分析する点にあります。だけど、こうした方向づけはかならずしも、自然科学を観想科学よりも「客観的な」ものにするわけではありません。自然科学の中に主観性が大きな比重を占めていることも認めなくてはいけないでしょう。科学者は、考える存在である以上、〈自然〉を完全に客観的に観察することはできないんです。アインシュタインはこう言っています。「物理的概念は、もっぱら外部世界によって決定されているように見えるとしても、人間精神が勝手に作り上げたものである。現実をつかまえようとするわれわれの努力は、蓋の閉じた時計のメカニズムを理解しようと努める者の努力に似ている。彼には文字盤と動く針が見えるし、チクタクも聞こえるが、ケースを開けることはできない。もし彼が創意に富んでいれば、自分が観察するものすべての基にあるメカニズムを頭に思い描く。しかし、自分の描いた像が、自分の観察を説明することのできる唯一のものであるとは、確信できないはずだ。自分のモデルを実際のメカニズムと比べることは絶対にできないし、そうした比較が意味をもつ可能性すら想像できない」(1)と。

ある同一の現象にかんして、どれももっともらしいが、両立不能ないくつかの理論が出されたとき、それらの中からの選択は、しばしば形而上的好みに由来するんです。

アインシュタインは、実在論へのこだわりがあったばかりに、量子力学による原子的・亜原子的現実の確率論的記述をどうしても受け入れられなかったんです。彼は長い年月をかけて、この理論の欠陥を見つけようとしたのだけれど、成功しなかった。そのために、彼は粒子物理学から遠ざかり、五〇年代のこの分野での種々の革命的な大発見にあまり興味を示さないことになったんです。

同じ一連の実験データを説明するはずの可能な理論の数を限定しうるか

M 科学的理論は、普段考えられている以上に、形而上的選択の影響を受けることが多いですね。西洋の研究者は、外観のベールの奥に純粋で堅固な現実が存在すると最初から想定し、宇宙の第一原因を求める傾向があります。東洋の文化の中で育った研究者のほうが、現実の堅固さに疑問を抱くのに抵抗は少なく、始まりのない世界における諸現象の相互依存という考え方に対して開かれていると言えるでしょう。科学者は、それぞれ固有の文化環境の中で成長して、一つの思考様式を身につけます。その様式が自分の理論を考えだすときの形而上的枠組みを決定することになるのです。

科学哲学者で、仏教文献の翻訳者であるアラン・ワラスが、こう指摘しています。「どれも同じ一連の実験データを説明し、似たような予言へと導く、いくつかのちぐはぐな理論を前にすると、研究者はがっかりして、別の方向に向かいかねない。あるいはまた、それらの理論のうちの一つ、ただ一つだけ（あるいは、まだ述べられていない一つの理論）が物理的現実を記述する、という仮説を立てるかもしれない［…］。最終的には一つの、唯一の理論によって表される物理的現実を信じることは、現代において多くの科学者が擁護している形而上的仮説と同じである［…］。物理学における同一の現象にかんして、両立不能ないくつもの理論に出会うことが例外的でないとすれば、物理学は〈客観的宇宙〉の性質についてわれわれに何を教えてくれるのだろうか。いずれにせよ、物理学それ自体の使命は、各種の可能性を取りそろえて提示することであるように思われる。各人、おのれの形而上的好みに従って、一番現実に合うと思われるものを選択せよ！〔…〕同じ一組の事実を説明できると思われる理論の数を限定することは、はたして可能だろうか。そもそも、人間の想像力の創造性の限界や、想像力を超える理論の創造性の限界を、誰が定めることができるだろう。〔…〕結局、われわれが形而上的な理由で、〈宇宙〉の種々の説明のうち、あれではなく、これを取ることに決めるのなら、なぜ科学が提示するものだけに選択の幅を限定するのか？」(2)

私たちの対話でも、並行宇宙にかんする議論が出ました。その存在を証明するのは絶対不可能なように見えるけれどね。それから、ビッグバン以前に、あるいは、（少なくとも科学の現段階で考えられている）もっとも初期の瞬間を表すプランクの壁以前に、何が起こっていたのかといった話も出ました。

もし既成の考え方をもたず、またどんなパラダイムもないとすれば、科学者は〈自然〉が伝えてくれる多数の情報の中から選択することができない

T　だから、どんなに客観的な科学者でも偏見をもっていて、その偏見がそもそも科学的方法の推進力だということです。実際、もし既成の考え方をもたず、どんなパラダイムもないとすれば、科学者は、〈自然〉が送ってくれる多くの情報の中から、一番意味をもち、新しい法則や原理を教えてくれる可能性の一番高い情報をどうやって選ぶことができるでしょう。現実の選り分けは科学的方法の一番基本の段階なんです。大科学者というのは、この技にもっともすぐれ、無意味なものを無視して、本質に達することのできた人たちです。ニュートンがどうやって線形・非カオス的システムを選び取り、万有引力理論を打ち立てたか、われわれは知っています。だから、現実はどうしても内的世界によって変えられてしまいます。それで、科学者は自分に見えるもの、見たいものしか見ないんです。

M　アインシュタインも言っていますね。「原則として、観測可能な量のみに基づいて理論を打ち立てようと試みることは完全に誤りである。実は、行われていることは、その正反対である。理論のほうが、われわれが何を観測しうるかを決めているのだ(3)」と。

ダーウィンと氷河

T　進化論の父、チャールズ・ダーウィンが、その点にかんして示唆的なエピソードを伝えていますね。彼はある旅行の折り、丸一週間、ある川の畔で過ごしたが、そのとき小石と水しか見なかった。そしてその十一年後、今度は氷河の跡を探すために、同じ場所に行った。一目瞭然でした。それは、死火山でも残せないほどの過去の活動の痕跡でした。ダーウィンは、もしどこを観察すべきかをあらかじめ知っていたら、すぐ探し物を発見していたはずでした。同じような例はいくらでも挙げられます。

M　科学者たちはみな一様に、新しい事実を既成の概念的枠組みの中に入れたがり、日頃親しんでいる形而上的枠組みの再検討を嫌がる傾向がありますね。

科学革命

T　科学革命が可能になるのは、古い図式にはもう収まらない新しい事実がどんどん集められ、私たちの古い概念的枠組みを修正せざるをえなくなるときであり、さらには、天才的人物が一見したところばらばらの現象の間の新しいつながりを見抜くときです。科学史家のノーウッド・ラッセル・ハンソン〔一九二四–一九六七〕はこう言います。「模範的観察者とは、普通の観察者みんなが見て、報告したものを、自分も見て、報告する人間ではなく、なじみの対象の中にそれまで他の誰も見たことのないものを見る人間である(4)」と。ニュートンは、リンゴの落下と地球を回る月の運動との間の関係を理解したとき、万有引力を発見しました。また、アインシュタインが時間と空間の相互関係に気づいたときには、相対性が彼をつかまえて、放さなくなったんです。こうした創造性と想像力の偉業は、偶然の産物ではなく、たぐい稀な内的熟成の成果だと言えるでしょう。外見上、ばらばらの外的要素が概念によってじっくり育てられ、変形され、統一され、復元するんです。実験的方法と機器の改良によって現象を観察し、ついで、理性の助けを借りて現実を説明する法則を導きだせるようになったわけです。仏陀は、〈悟り〉を得た精神だけで、複雑な道具類の助けなしにこの現実をとらえることができたんでしょうか。

無知。事物の実際のあり方と見かけのあり方との不適応

M まず最初に、仏教で「現実」とは何のことか、はっきりさせる必要があるでしょう。それは、現象の堅固さを信じる人間の現実ではなく、空性《くうしょう》、相互依存を指しているのです。無知というのは、本質的には、事物のあり方と事物が私たちの前に現れる現れ方との不適応を意味します。仏陀は、自分の精神以外にはいかなる道具も使わずに世界を理解しようとし、分析と観想実験によって、エゴにしろ、私たちが考えている現象の性格にしろ、それを指す名前以外の実在性をもたないことに気づいていったのです。仏陀の〈悟り〉は全知を伴うと言われていますが、それは、事物の究極の性質を知れば、当然、現象の無限の多様性もその中に含まれることになるからです。

T 現実をそのままじかにとらえることは可能でしょうか。ぼくがこの議論の土台に据えるのは、ぼくの研究領域で現実に近づく際に超えなければならない、いくつかの段階です。宇宙とのコミュニケーションは、天文学では原理上、はるかな世界からのメッセージを伝える光に頼って行われます。光のメッセージは、われわれの望遠鏡や他の測定機器にとらえられ、映像に変換される前に、銀河間の長い旅を終えなければなりません。その映像が最終的にわれわれの目にとらえられ、脳に伝達されると、脳はそれにさまざまな解釈を与えます。この最後の段階に

なって、やっと現実が現実として知覚されることになるんです。

「現実」をとらえることは本当に可能か

M　仏教によれば、意識は現実を、より正確には現実と呼ばれているものをけっしてとらえることはできません。現実を正しく調べることはできないからです。まず知覚の最初の時点で、感覚システムが対象をとらえます。次の時点で、形、音、味、匂い、触感などの非概念的な心象が作られます。三番めの時点から、脳のメカニズムが動きだし、記憶や既成の傾向と一体になり、継起する意識の瞬間の連続がその対象の心象の内容を定めます。脳のメカニズムはその心象を解釈し、それにかんする肯定的、否定的、中立的な感情を感じとります。でもその間に、その対象は、本来移ろいやすいものだから、すでに変化しています。だから、通常の概念的意識では、ある現実を、意識と同時にとらえることは決してできないのです。意識がとらえるのは、すでに消失した現象の心象だけです。おまけに、心象、例えば花の心象は偽りです。なぜなら、私たちは花を見ても、それが移ろいやすいものであり、固有の存在を欠いているとは、まず思わないわけですから。仏教はそこで「不正確な知覚」という言い方をします。とはいえ、それを正しい知覚に代えて、花の真のあり方（空性）を理解し、通常の概念の影響を受けないようにすることは可能です。〈悟り〉に達した者の特徴の一つは、心象と「純粋で非概念的な知覚」とを区別することができる点にある、と言われているのです。[5]

T　そうすると、カントや認知科学より二千年も前に、仏教は、われわれが知覚する世界が、外部の現実の心的再構築であることを理解していたし、その上に、「現実」そのものが意識から完全に独立してはいないという考え方をしていたんですね。現実と心象との時間のずれという現象は、天文学では最大限に尊重されます。何しろ天体と地球は気の遠くなるほど離れていて、その光がわれわれのところまでたどり着くには、時間がかかりますからね。

光はこの宇宙で最大のスピードをもっている（秒速三〇万キロメートル、瞬きする間に地球を七・五周する）とはいっても、光が広がるのは瞬時ではありません。宇宙のスケールでは、亀の歩みにも等しいと言えます。われわれが観察する月は一秒とちょっと前のものだし、太陽は八分前のもの、一番近い星は四年前のものです。一番近い銀河、アンドロメダから今届いている光は、二百万年前、地球に最初の人間が現れたときに旅立ったものです。天文学で、遠くを見るということは、過去を見ることです。だから、望遠鏡はまさしく過去をさかのぼる機械と言えます。一番大きなものを使えば、われわれは百億年前の過去、つまり、ビッグバン後二、三十億年にさかのぼることができるんです。われわれが見る星の一部ははるか昔に死んで、舞台から姿を消したのかもしれないけれど、その消滅の知らせは、何百万年後、いや何十億年後にならないと、われわれには届きません。この時間差があるから、天文学者はナイル川の源をさかのぼる探検家のように、宇宙の最初の時点にまで時間をさかのぼり、宇宙の歴史を再構成できるわけです。

光の大旅行。銀河から観測者の目へ

星の光の例をもう一度取り上げてみましょう。光がわれわれの目に届くまで、その特性は、星の間、銀河の間を旅しているうちに、さまざまに変わるんです。遠い銀河の光の行程をたどってみます。この光は、銀河に含まれる何千億もの星の放射の総和です。光はまず、核反応によって光が生まれる星の熱い中心から出てきます。そしてこの光は、星の大気の中を通過するとき、大気を構成する化学元素によって吸収されます(6)。そのあと、光は銀河の星間空間を通過し、星間塵の雲に出会うはずです。この雲は赤よりも青を吸収するので、光は赤くなって出てきます(7)。それから、何十億年かの間、光は銀河間の広大な地帯を通過し、水素の雲に出会い、そこでさらに少し吸収されます。光はわれわれの銀河、〈天の川〉に突入し、そこでまた、星間、惑星間の塵によって赤くなります。最後に、

地球の大気の中を通過し、空気の原子と相互作用を起こします。その原子の運動は光の軌道を偏向させ、観測された映像をぼやけさせる原因となります。(8) こうした多様な相互作用のために、われわれに届く光は、出発時の光とはすっかり別のものになってしまうんです。天文学者はその行程をたどり直すことによって、統計的に（というのは、光が通過したガスの雲と塵の雲の正確な数はわからないからね）出発時の光の特徴を再構成するわけです。

M　宇宙からの光が地上に到着すれば、天文学者はすぐにそれをとらえ、記録し、解釈するわけですね。

T　直径二・五センチメートルの瞳をもったわれわれの目は、きわめて小さな光の受像器です。小さいとはいえ、満月の二千五百万分の一の明るさの星をとらえる性能はあるけれどね。でも天文学者にとっては、目だけでは不十分です。望遠鏡が助っ人としてその足りないところを補ってくれました。望遠鏡はまず、像を拡大して、より細かな部分を見せてくれます。次に、望遠鏡はより多くの光をとらえるから、明るさの足りない、つまりより遠くの天体を見せてくれます。最初の望遠鏡とされる、ガリレオが一六〇九年に使った望遠鏡は、直径が一〇センチメートルほどのレンズでできていました。二十世紀の末にハワイ島の死火山マウナ・ケアの上に据えつけられたケック望遠鏡のレンズは、直径一〇メートルですよ。ぼくにとって、望遠鏡というのは、現代の大寺院です。空に突き出た大寺院の尖塔さながら、望遠鏡は宇宙の光をとらえるべく、晴れた日には毎晩、天空に向けられるんです。

天文学者はさらに、目には見えない光をとらえることのできる望遠鏡も発明しました。大気圏の外の軌道に、紫外線、X線、ガンマ線をとらえる望遠鏡を打ち上げたんです。この望遠鏡では、宇宙におけるとてつもないエネルギーと暴力に満ちた現象を見ることができます。例えば、ハッブル宇宙望遠鏡です。この望遠鏡は、数百キロメートルの高度で地球のまわりを回っています。地上の望遠鏡を扱うように、ぼくが直接地球から衛星を操作しているのでないことは、わかりますよね。ぼくは観測計画をコンピュータで練り上げ、それをインターネットでバルティモアの宇宙望遠鏡センターに送る。センターは望遠鏡に命令を下し、観測を実行するんです。観測結果は記録され、数字に変換されます。そして、ぼくは衛星のとらえた映像が内蔵してある磁気テープを郵便で受け取り、自分の研究室で静かに、数字に基づいて再構成されたその映像をコンピュータの画面で眺めます。そこには（偽の）色彩豊かな銀河の見事な光景が映しだされるんです。

どんな観測もかならずそれを自己流に解釈する意識に行き着く

天文学者の用いる機器が複雑になり、洗練されていくにつれて、ぼくら天文学者は生の現実から離れることになる。なぜなら、この現実は、まるで悪夢のように複雑な電子回路のフィルターで覆われているからです。現実は高性能なコンピュータと高等数学の処理で、操作され、デジタル化され、再構成されているわけです。

ガリレオは、当時の同僚たちに、彼の天体望遠鏡のおかげで発見された不思議な事実がいかに現実に対応したものであるかを説得するため、それは大変な苦労をしました。同僚たちは考えたんです、木星の衛星や月の山はガリレオの望遠鏡のレンズが作りだした光学的な錯覚ではないかと。現代の天文学においては、こうした映像の信憑性ははるかに大きな問題となってきます。信号から最終映像までの間には、いくつもの多様な段階があるから、得られた像にどれだけ客観的な現実が含まれているかと考えるのは、当然のことです。だから、現代の天文学者は、自分が受け取る信号がたしかに宇宙から来たものであって、人間や観測機器の電子回路が作りだしたノイズではないと確信するまでに、よほど警戒を強める必要があります。できる限り細心の注意を払ったとしても、鳴り物入りで報告された発見がこしらえものの結果と判明するケースがままあるんです。

M それはなかなか刺激的な話ですね。さて、光の旅行にそのまま同行することにしましょう。今、目のところに到着しました。

T 目の網膜は一億以上の細胞でできています。その細胞には二つのタイプがあるんです。一つは、強い光度を感じ、日中、カラーの映像を作る五百万の錐体細胞で、もう一つは、弱い光度にしか反応せず、夜間、モノクロの映像を作る一億の桿状体細胞です。それぞれの錐体、桿状体には色素が含まれています。色素の分子は奇妙なバレエを踊りながら、光を記録します。この色素分子は、光に反応していないときには休息し、ある蛋白質と結びついて、縮んでいます。しかし、光の粒子が当たると、たちまち蛋白質から離れて立ち上がります。しばらく経つと、分子は次の光の粒子が来るまで、また縮まります。この一時的な不活性状態は、作られた映像が光のゾーン（活動する色素分子に対応）と、それと交差する陰のゾーン（活動しない色素分子に対応）を含んでいることを意味しているんです。ところで、われわれが頭脳でとらえる映像には、陰の点が付いていませんね。それは、網膜の錐体と桿状体が連係していて、そこから脳に送られる信号がわれわれには光の連続と感じられるように働くからなんです。そういうわけで、現実は、視覚のレベルでまたもや歪められています。星から目に届くまでの行程で光のメッセージに加えられる変更は、原則として最小限に抑えられるけれども、どうしても避けて通れないのが、人間であり、その脳なんです。ところで、視覚と結びついた脳のプロセスは、複雑きわまりないものです。光の信号は、われわれの記憶に応じて、また、われわれの注意が向く方向に応じて、脳によって処理されているんです。われわれの意識の中に生じる総合的映像は、だから、主観的なものだと言えるでしょう。

意識と意識がとらえる現実の本質自体を問わねばならない

M　やっと旅が終わって、意識にまでたどり着きましたね。ある現象が私たちの目の前で起こるとか、その現象が百億年前にさかのぼるとか、さまざま言えても、その指揮を取っているのはつねに意識なのです。だから、意識と意識がとらえる現実の本質との両方について問わねばなりません。過去の意識はもう存在していないし、未来の意識はまだ存在せず、では現在の意識はどうかと言えば、注意深く調べてみるなら、そこにも堅固な実在性は見つけられない。それは明白な実体というよりは、一つの機能、さまざまな関係の活発な連続性に近いと言えるでしょう。意識がとらえると思われている現実についても、すでに見てきたように、固有の存在をもっているものとはみなせませんね。

機器類がどんなに複雑になり、理論がどんなに高度化し、用いられる計算がどんなに精妙になっても、観察に解釈を下すのは意識、意識だけなのです。そしてその解釈は、意識がとらえる出来事についての認識と概念に従って行われます。意識の機能の仕方と意識が観察から引きだす結論とを分けることはできません。私たちがさまざまな現象の間で識別するさまざまな側面は、観測手段によってだけでなく、私たちがそれらの現象に投影する概念によっても定められるのです。例えば、ある星の大きさとか輝度がその内在的特性であるとみなすのを、私たちは確かなことと思っているけれど、実は、これも概念上の指示にすぎないわけです。

それらの指示が次第に精密になり、数多くなるとき、あるいはそれらが再現可能で、検出の順番とか、場所や時間や個人と無関係になるとき、私たちはその全体が自分たちから独立した現実に対応していると考えるようになります。あなたが描写してくれた、光の波乱に満ちた旅に話を戻しましょう。元の光を再構成できると認めたとして、その光の現実とは何でしょう？　光は光子か、機器で測定できる波長か、数学的計算で出てくる数か、目でとらえる色か、肌で感じる熱か、探知器に聞こえるパチパチいう音か？　しかしその特性は、観測方法や観測者自身などのような他の要素に依拠してはじめて明らかになるものです。だからそうした特性のどれも、光の究極の現実を記述するものであるとみなすのは無理でしょう。それはせいぜい、実験にかんするさまざまな取り決めに従って、私たちがこの現象を認識したものにすぎないのですから。

だいたい、私たちの感覚や概念から独立した現実など、私たちにとって何の意味もないはずです。私たちの知性とは無縁に存在しているような現実を、一体どんな理論が表現できるというのでしょう。そしてその現実の特徴は、もしそれを探る行為そのものの影響を受けないとすれば、どのような姿で私たちの前に現れるというのでしょう。こうした見解は、アンリ・ポアンカレに見られます。彼はこう言います。「それを考えたり、見たり、感じたりする精神から完全に独立している現実というのは、不可能事である。たとえ存在するとしても、それほど外部にある世界にはわれわれは絶対に近づけない[9]」と。

また、アラン・ワラスはこの問題をうまくまとめています。「十分に考えた上で科学的実在論に賛同するには、まずいくつかの前提を受け入れなければならない。（一）物質世界は人間の経験から独立して存在する。（二）その世界は人間の概念（数学的その他）でとらえられる。（三）観察された現象を説明することのできる、潜在的に無限個あると考えられるシステムの中で、ただ一つだけが実際に正しい。（四）科学は、正しいとみなされるこの唯一の理論をやがて発見するはずである。（五）科学者たちはかならずその理論を認知する[10]」。

自然科学が与える記述は、さまざまな観察の結果を結びつけ、組み立て、その成り行きを予測するけれども、自立した現実の存在を明らかにするわけではありません。だから、それ自体によって定義される現実というものが本当に存在するかどうかという疑問を提起するのは、当然のことと言えます。「何も」ないとは言えない。現象は現れているし、私たちは観察しうる現象を否定できないわけですから。でも、現象には不変の実在性があるとも言えないし、かといって、現象はわれわれの精神の中にのみ存在するとも言えないのです。

現象は内在的な性質を備えた自立した実体というよりは、私たちの意識によって特殊化された「関係」である

T　アイルランドの哲学者ジョージ・バークリー司教〔一六八五?–一七五三〕は、物質世界は現実の存在をもたず、その世界に含まれる事物は精神の幻影にすぎないと主張しました。これに対して、大変人だが良識を備え、警句で有名だったイギリスの医師で辞書編纂者のサミュエル・ジョンソン〔一七〇九―一七八四〕は、こう反論しています。「石に実在性があることを納得するには、思い切り足で蹴るだけで十分だ」と。

M ジョンソンはそうやって、極端な観念論を一蹴するけれど、だからといって、反対の極端、実在論が正しいと認められるわけではないでしょう。実在論を確かめるには、足で蹴るだけでは足りません。現実をその最初の構成要素にまで分析する必要があります。すでに見てきたように、仏教によれば、そうした構成要素には固有の存在はなく、マクロ世界の堅固さについての私たちの知覚は、無数の存在を通じて蓄積されてきた傾向の結果にすぎません。現象は流動する関係の働きであり、単に他の現象との依存の中で現れるだけのことです。つまり、現象というのは、固有の性質をもつ自立した実体というよりは、私たちの意識の眼差しによって特殊化された「関係」なのです。そうした関係がたとえ時間的に一つの連続性を呈したとしても、現実の存在をもつということにはなりません。幻想が持続したとしても、その幻想という性質そのものはまったく変わらないわけですから。これでもまだ、現実について何か言えるでしょうか。

T この問題にかんするぼくの立場は、プラトン的です。数学が人間の脳から独立して〈イデア〉の世界に存在しているように、科学者とその測定機器から独立した現実が存在し、人間はかならずしもそこにたどり着けないのかもしれないと、ぼくは思うんです。すでに挙げた例のプラトンの洞窟の比喩をまた使えば、われわれは、洞窟に閉じこめられ、その壁に映る外の世界の物の影しか見ることのできない人間と同じです。彼らにとっては、この影の世界だけが現実となるんです。同じように、ぼくが思うに、究極の現実は存在するけれど、フランスの物理学者ベルナール・デスパニャの表現を借りれば、その現実は「ベールで覆われている」。われわれがもつ感覚と測定機器では、直接そこに近づくことはできないわけです。

M　独立した存在をもつとみなされる、そうした究極の現実というのは、幻想です。私たちの感覚と測定機器が近づける現実は、約束事としての現実であって、観測者の精神の性質を帯び、この精神の働き方と密接に結びついています。だから、人間が観測する類の特性が対象の本来の性質であるとは言えません。それらの特性を概念的構築と分けて考えることはできないのです。「私たちが事物にあるとみなしているような特徴について、究極の実在性はない」と仏教が言うのは、まさにそのことです。それ自体を定義するモノは存在しないのです。

T　そうすると、絶対的認識はありえないわけですね。

M　現象界を私たちが知覚する領域には、それはないですね。もしモノがそれ自体で定義されるとするなら、その特徴はおのずと私たちの感覚に受け入れられ、誰もが同じようにそれを知覚することになるはずです。その知覚は、私たちの知能にも、学習にも、言語にも、思考の形態にも左右されないことになります。だけど、私たちが知覚する事物の特徴には、およそ絶対的な実在性などないですね。だって、私たちに見える現象には多くの異なる断面があり、その断面のどれ一つ、その現象の本当の姿ではないのですから。現象を知覚する知能がどんな形態のものであれ、その知能が現象に概念のレッテルを貼るわけです。

とはいえ、絶対的現実、つまり現象の究極の性質を知ることは可能です。その一つの側面が相互依存であって、空性と言ってもいいし、内在的特徴の欠如と言ってもいいものです。現象には自己を決定する要素がありません。究極の現実は、形、色、大きさ、質量、電荷などのような特徴を超越しています。

プラトンの〈イデア〉の世界とデスパニャの「ベールで覆われた現実」

T　その区別は、プラトンが影の世界と〈イデア〉の世界を区別したのに、きわめてよく似ているように見えます。影の世界は現象の知覚可能な世界であるが、イデア界は「ベールで覆われた」世界、そこでは現実の究極の性質が空性であると。

M いやいや違います。プラトンにとって、〈イデア〉は自立した存在をもっていますね。これは空性の正反対です。仏教がどんなふうにプラトン的イデアに論駁しているかは、すでに見てきたはずです。もし「ベールで覆われた世界」が通常の精神ではとらえられない空性のことなら、仏教はそれを認めてもいいでしょう。だけど、プラトンの〈イデア〉やデスパニャの「ベールで覆われた現実」が空性をもつものとみなされているとは思えません。

観測者と観測される対象は根本的に不可分である

仏教ではまた、観察者と観察される対象は根本的に不可分であるとも言います。その両者はたがいに全体性の中で作用し合い、研ぎ合う二本のナイフのように相手を加工し合う。私たちが環境によって構造化されているように、私たちは私たちの投影、概念、傾向によって世界を作り上げているのです。そうした人間の要素を切り離し、私たちから完全に独立した世界を考えたり、記述したりすることを目指す企ては、かならず失敗するでしょう。『アヴァタンサカ・スートラ』に、仏陀が言ったとされる次のことばがあります。

「精神の中に絵はなく、
絵の中に精神はない。
しかし、精神の外に
絵を見つけられるだろうか」。

第18章　美を眺める目の中に美は存在する

科学研究とそれを導く理論の中に美という概念は存在するだろうか。仏教にとって美とは何だろうか。

自然現象の美しさと理論の抽象の美しさ。不可避性、単純性、真実性

T よくあることだけれど、自然を一番うまく記述し、実験に一番ぴったり合う理論は、一番美しい理論でもあるんです。科学における美しさという、この逆説的な概念について少し述べてみたいと思います。逆説的というのは、一般に科学活動は合理的で、冷静であり、美的感動などとはおよそ無縁とみなされているからです。でも、科学者はこれまでいつも美について語ってきたんです。

まず自然現象に固有の美しさ、バラ、夕日、星、銀河の美しさがあります。星の誕生の映像や何百光年も離れた銀河の渦巻き状の枝の鮮やかな輪郭が画面に描かれて、望遠鏡による観測をぼくに伝えてくれるとき、ぼくは息を呑んで見とれてしまいます。

しかし、自然の美しさを超えて、もっと精妙で、もっと抽象的な美、理論の美しさがあります。ある理論が不可避で、必然的な性格をもち、一旦組み立てられると、自明の理として認められるとき、その理論は「美しい」。物理学者なら、美しい理論を前にして、「こんなに美しいのだから、この理論は本物であるに違いない。どうしてこれまで、これがわからなかったのだろう」と言うでしょう。その例として、アインシュタインの相対性理論はバッハのフーガのように美しい。一つの音を変えるだけで、全体の調和が壊れてしまいます。モナリザの微笑みのように完璧だと言ってもいいでしょう。ほんの一筆加えるだけで、均衡が崩れてしまう。だから、美しい理論の最初の

特徴は、その明白な不可避性にあるんです。

第二の特質は、その単純さです。かならずしも方程式の単純さではなくて、その理論を支える考え方の単純さです。すべての惑星が太陽のまわりを回るというコペルニクスの太陽中心宇宙は、プトレマイオスの地球中心宇宙よりも単純です。プトレマイオスの説では、地球が中心の位置を占めるんだけれど、惑星は円の上を移動し、その円はまた別の円（周転円と呼ばれます）の上を移動します。ところがコペルニクスの説は、惑星の運動を説明するのにより少ない仮説で済むから、美しい。同じように、アインシュタイン理論をニュートン理論と比べることもできます。ニュートンにとって、空間と時間はどんな関係ももっていないのに対して、アインシュタインにとって、両者は密接に関連している。ニュートンは宇宙内のすべての物体に瞬時に働く重力を援用せざるをえませんでした。アインシュタインはこの力を白紙に戻すんです。地球がその質量のために周囲の空間を曲げるので、月は地球のまわりを回る。月は、楕円をなす湾曲した表面上の最短の軌道をたどるだけのことです。美しい理論は無駄な装飾に煩わされはしません。オッカムの剃刀の要請、「必要でないものはすべて無駄である」に答えているわけです。

そして、美しい理論の最後の特質、もちろん一番大事な特質は、その真実性です。その有効性の最終的基準は、〈自然〉との合致、そしてその理論がそれまで知られていなかった関係を明るみに出すという事実です。

M　その最後の点はそんなに割り切れるものでしょうか。どういう「真実性」が問題なのでしょう？〈自然〉との合致と言うけれど、それは、実は経験的な適合に帰着しますね。科学の実験では、私たちは現象の究極の性質を明らかにしたとは言えません。

T　ぼくが言ってるのは、われわれの測定機器で明らかにされる真実、仏教のことばを使えば、「約束事としての真理」です。例えば、アインシュタインの一般相対性理論を考えてみましょう。物理学者の一般的見解として、これは科学的精神がこれまで構想した中で一番美しい理論、一番調和の取れた知的建築物です。この理論は、これまで完全に別々のものであった基本的な概念――空間と時間、物質、エネルギー、運動、加速度、重力――を結びつけ、統一しただけでなく、まったく未知の、とてつもない現象をも解明したんです。一般相対性理論は、予想もしなかった豊かな内容で次々とわれわれを驚かせてきました。一九一五年、理論発表の年、宇宙は静的であると考えられていました。ところが、アインシュタインの方程式では、宇宙は、膨張しているか、収縮しているか、いずれにせよ動的であることが明らかにされます。もっとも、アインシュタインは、自分ではこの理論を十分信用してはいなかった。もし信用していれば、ハッブルの発見の十四年前に、宇宙が膨張していることを確証できたかもしれません。

「ブラックホール」もまた、相対性理論が予測したもう一つの現象の例です。アインシュタインは、またもやこれを信じなかった。彼が言うには、〈自然〉はブラックホールのように特異なものが空間 - 時間の中にあるのを嫌悪するし、相対性理論はそんなものを記述できない、ということでした。その点でも、彼は自分の理論を信じるべきでした。そのあと、天の川でも他の銀河でも、ブラックホールはいくつも見つかっているのですから。

三番目の例は、重力レンズの場合です。相対性理論はわれわれに、質量の大きな銀河が空間を曲げ、遠くの物体の光を屈折させて、「宇宙の蜃気楼」を作りだす場所が存在することを告げています。こうした銀河は「重力レンズ」と呼ばれるんです。眼鏡のレンズと同じで、そこを通る光を屈折させ、焦点に集めるからです。これらの銀河は一九七九年に発見されました。

不可避で、単純で、真実にかなう、これが美しい理論の特徴なんです。

仏教にとって、美は人間の深い本質との一致を反映している

M 真実との一致は美の仏教的概念とほぼ重なると、私は思います。ただ、ここで真実と呼ばれるものは、むし

ろ人間の深い本質との一致と考えたほうがいいでしょう。

もっとも単純な定義は、美とは私たちに充実感をもたらすものであり、この感情は、状況に応じて喜びとも幸福感とも感じられる、というものです。この定義によって、充実のさまざまな度合いと結びつくさまざまなレベルの美しさを考えることができます。私たちに一時的な満足をもたらすものを相対的な美と呼び、持続的で、後戻りすることのない充実へと導くものを絶対的な美と呼んでもいいでしょう。

精神的な美しさ、例えば仏陀の顔の美しさは、何にもまして豊かです。それは、その美が私たちに〈悟り〉の存在と、そこに到達する可能性とを感じさせてくれるからです。結局、すべては、形、色、感情、思考がもたらす喜びによって決まります。そういうわけだから、美は個人により、また社会により多様な受け止め方をされるわけです。

T　美しさは、文化的、社会的、心理的、時には生物学的状況に応じて変わる基準に従うものです。画家ルノワールの時代の女性の美しさの理想は、豊満な肉体の女性でした。六〇年代には、理想はむしろトップモデル、ツイギーのようなほっそりしたスタイルになっています。画家ヴァン・ゴッホは絵が売れないことに絶望し、貧窮の中で死んだけれど、その半世紀後、彼の絵は高値を呼んでます。科学理論の美しさの評価は、これに比べると、文化的状況には左右されません。つまり、ベトナム人の物理学者は、フランス人やアメリカ人の同僚と同じくらい、一般相対性理論の美しさがわかるんです。

M　それは、似たような教育を受けたからです。未開部族の人間がこの理論の美しさを感じ取れるものか、ちょっと信じられませんね。

もう一つ、美しさを部分と全体の調和とみなすこともできます。仏教美術には、仏陀を描くのに理想的なプロポーションを定めるきわめて精緻なイコノグラフィー〔図像学〕が存在しています。目のカーブ、顔の卵形、身体の各部分が正確に位置づけられる格子を使います。それらの容姿は、完璧な調和に対応していて、〈悟り〉の内的調和が外部に反映したものなのです。

T ぼくはいつも、絵でも彫刻でも、仏陀を表したものはどれも変わることなく、その均衡と美しさによって深い平安を伝えていることに、心を打たれます。

精神的な〈悟り〉こそ美の頂点である。美醜の彼方に

M 美しさというのは、それぞれの人が審美的な喜びをどのように感じるかで、どうでもいいことにもなれば、大事なことにもなりえますね。でも、すべての人間になにがしか共通する、幸福と充実についての基本的な考え方というものがあるのです。愛と利他の心は美しく、憎しみや妬みは醜い。一方は顔を輝かせるし、他方は歪ませる。本当の美しさは、人間の深い本質とぴったり重なります。仏教にとって、この本質は、内在的な完璧さであって、愛と認識に溢れ、絶対的に美しいものです。私たちは、私たちの深い本質と波長が合うにつれ、私たち一人一人の中にある内的な美しさを発見しやすくなっていきます。究極の美とは、ブッダ〔覚者〕の性質との完全な調和、至高の認識、〈悟り〉です。高貴な人、賢者、あるいは後光が差すような精神的指導者を見れば、今、自分は精神的な美しさを前にしているんだと、直観的にわかるものです。その顔には、見出された調和が輝いています。

相対的な美の特徴は、対象そのものに属しているのではなく、観察者と密接に結びついているものでしょう。同じ対象が、ある者には美しいし、他の者には醜いと感じられることもあります。対象は人の期待に応えるとき、美しいと感じられるのです。数学者はエレガントな方程式の美しさに、また、技術者は機械の美しさに、うっとりします。静けさに憧れる者は、バッハのプレリュードを陶然と聴くでしょう。しかし精神の究極の透明さを観想する隠者は、そのような欲求を感じません。彼が精神の本質と現象との間に保つ調和は、別の次元に位置しているので

す。彼にとって、あらゆる形は根源的な純粋さの表れとして、あらゆる音は空性《くうしょう》の反響として、そしてあらゆる想念は認識の働きとして感じられます。彼はもはや、調和の取れたものと不調和なもの、美しいものと醜いものとの区別をしません。美は遍在するもの、充実は不変のものとなるのです。こういう言い方があります。「黄金の島で、ありふれた小石を探そうとしても無駄だ」。

第19章　瞑想から行動へ

世界を変革するために、自己を変革すること、これは仏教修行者のモットーになりうる。しかし、どのようにして、またどのレベルで世界に働きかけるのだろうか。観想者にとって、問題は、世界に働きかけることができるようになる前に、どこまで、またどれくらいの間、この内的変革のプロセスをたどるべきかを知ることである。今すぐに他者の苦しみを和らげることに献身するほうが良いのではないか。人道的活動の分野に仏教が傾ける努力は十分なものだろうか。

仏教は、世界からの隠遁を説く受動的で敗北主義の哲学か。観想と行動の間にどうやって橋を架けるか

T 仏教は世界に対する働きかけを奨励しているんでしょうか。この働きかけは、われわれの人生において、精神的成長と同じくらい重要な役割をもっているはずですね。われわれのまわりには苦しみが一杯あるのに、自分だけのために平和と幸福を望むとすれば、利己的すぎる。戦争や、貧窮や、疫病、死の報道が溢れています。不幸の大海原の中に充実の孤島があっても、何の意味があるでしょう？　一部の西洋人はこれまで、仏教は受動的で敗北主義の哲学であると思ってきました。自分のカルマと「闘う」ことはできないのだから、世界からの隠遁とあらゆる状況の受容を説いていると考えたんですね。こういう解釈をどう思いますか。仏教は、そういうものではなくて、慈悲をその関心の中心に据えているのではないでしょうか。

M ちょっと見ると、観想と行動とは人間の生き方の正反対の二つの極のように見えます。一方に、観想者がいて、その世界への働きかけはただ瞑想と祈りであるように見える。もう一方に、たえず慌ただしい仕事に携わる人々がいて、その活動は時に華やかな成功に彩られ、時に辛い失望の元になるけれど、沖のうねりにゆられるようにたえず休まることがない。こうした激しい動きは、広い意味での「精神性」と呼ぶべき、人間としての変革の正しい努力の上に立っていないから、ほとんど効果がありません。基準点や内面の基盤がなければ、行動は正しさに欠け、社会にもたらすべき潜在的な効用もその払った努力に釣り合いません。

だから、観想的生き方と行動的生き方の間に橋を架けること、それが何よりも必要だと私は思います。それに、経験上、自己中心的な態度は、利他主義という形を取って表れるはずの真の内的変革を不可能にしてしまうのです。真の充実を見出すには、自分の中に閉じこもっても、また純粋に外的な実践だけで済ませても、十分ではありません。

行動のない慈悲は偽善です。そういう慈悲は苦しむ人々にほんの小さな慰めしか与えません。だから、機会が現れるたびに、行動すべきだし、さらにはあえて苦しみに立ち向かっていくべきなのです。私たちの幸福自体、他者の幸福と深く結びついているものです。私たちの苦難の大半は、私たちが他者の利益を考慮しないことから生じています。他者の不幸を無視して成り立つ個人の幸福、あるいはもっとひどいのは、他者の不幸の上に築く個人の幸福は、真の幸福の下手な書き割りにしかなりません。シャーンティデーヴァはこう言っています。

「この世の幸福はすべて
利他の心から生じ
その不幸はすべて
自己愛から生じる」。

「そんなにことばを費やして、何になるか？
愚者は自分の利益に縛られ
仏陀は他者の利益に献身する
その違いをわが目でしっかり見よ（1）！」

仏教の修行者のモットー。世界を変革するために自己を変革する

短期の治療と長期の行動を区別する必要もあります。わが師のキエンツェ・リンポチェはこう言われました。「救われずに苦しんでいるすべての人たちのことを考えると、慈悲の念に激しく揺さぶられる。この気持ちは、広く友であれ敵であれ誰にでも届くはずだ。もちろん、この慈悲の念だけでは十分ではない。人々は助けを必要としている。しかし、食べ物、衣服、お金、何よりも大事な愛情を恵んで、われわれが彼らにあげることのできる直接の援助は、どんなにうまくいっても、彼らの苦しみを一時的に和らげることしかできない。他の人たちに持続的な安らぎを与えようとするなら、まず自分自身を変えなければならない」。

まず自分の準備を整えずに、すぐに行動しようとするのは、病院を建てる時間をかけずに、街頭の病人にすぐ手術をしようとするのと同じです。病院の建設に必要な多くの工事それ自体は、病人を一人も治しはしないけれど、一旦工事が終了すれば、多くの病人をはるかに効率よく手当てすることができるのです。

自然災害は別にして、人間の苦しみの大部分は、悪意、貪欲、羨望、無関心、つまり、他者の幸福を考えないようにする自己中心的な態度に原因があります。仏教の基礎的修行の一つは、まず他者を自分と同じように大切だと考えること、次に自分を他者の位置に置くこと、最後に自分より他者のほうが大切であると思うことです(2)。自分自身の自己中心主義をその根本から治すことが、他者の苦しみを軽くする強力な手段と言えるのです。仏教の観想生活にかんするどの文献でも強調されているのは、ただ日常生活の煩わしさから逃れるために山中の庵に隠遁するような者は、そうした人里離れた場所で一生を過ごす野の鳥や獣とまったく変わらないということです。そのような隠遁者は〈悟り〉に向かってただの一歩も進めません。真の観想者は、自分のまわりの苦しみを持続的に和らげる力が自分にはないことを確認し、それができるようになるには、まず自分自身を制御し、幸せと苦しみのメカニズ

ムを完璧に知る必要があることを理解するでしょう。内的な力を十分に獲得してはじめて、本当に他者のために役立つようになれるのです。そうやって、直接他者の苦しみを和らげることもできれば、社会に影響を与えて変革することもできるわけです。

T 明らかなのは、自分自身のために〈悟り〉に達するだけでは不十分であり、人間、動物などのすべての生命や、またすべてのものにとっての揺りかごである地球という惑星に対して、普遍的な責任感を身につけるべきだということですね。

M 他者のことを考えずに、〈悟り〉にいたろうと努めるのは、それ自体ですでに間違っています。仏教では、慈悲は内的達成の道を歩むには欠かせないものです。『ダルマを正しく要約するスートラ』(3)にもこうあります。

「仏性に達しようとする者は
多くの方法ではなく、ただ一つの方法で修行せよ。
どのような方法か。大いなる慈悲だ。
大いなる慈悲を感じる者は
仏陀の教えのすべてを知る、
仏陀の掌に座ったように」。

また、〈悟り〉にいたる者は、すべての生き物に対して広い慈悲の心を抱かずにはおれません。だから、仏教の道の最初から最後まで、慈悲こそが、憎しみや、貪欲や、羨望や、その他の心の毒に打ち克ち、自分にとっても他者にとっても、苦しみの悪循環を終わらせることのできるものなのです。

非暴力は実際に役立つか

T 悪はその根元から倒さなければならないのは当然です。だけど、その見方は理想主義的すぎるのではないでしょうか。ヒトラーや、スターリンや、ポルポトなど、恐ろしい犯罪者の心に変革が起こるのを待てるでしょうか。彼らがなす悪を終わらせるには、適切な手段をもって介入すべきではないでしょうか。

M どんな人間的感情も受け付けないような、破壊的傾向をもつ犯罪者の場合、即時の対策として心の変革をもちだすのは、あまり当を得ているとは言えませんね。殺人の狂気は、ある段階を超えると、理性の枠外に飛びだすから、より抜本的な手段が要求されます。でも、だからといって、長期の対策の価値が減じるわけではありません。その重要性を無視するのは、また別の形の精神の偏狭さの表れと言えます。鎮痛剤を処方するだけで、根本的な治療をしない医者のようなものです。歴史の中には、心の変革を目指して社会全体が変わった例があります。残念ながらきわめて稀ではあるけれどね。チベットの場合がそうでした。

T ダライ・ラマの政治的立場は、非暴力の立場ですね。祖国が蒙っているあれほどの苦難にもかかわらず、彼がその立場を守り続けていることを、すばらしいと思います。暴力をもって暴力に応える誘惑に屈しないためには、たしかに強い精神力が必要です。こうした態度が世界中でますます大きな共感を呼んでいることは、ぼくも知っています。だけど、残念ながら、そこが難しいところで、われわれはこの平和主義の見方に同意しないいくつもの別の社会に囲まれているから、戦争と抑圧を避けることができないでいます。自分の国、自分の文化、自分の生命さえ失う危険があっても、反撃せずに、すべてを堪え忍ばなければならないのでしょうか。チベット人の一部は公然とダライ・ラマの非暴力政策に疑問を突きつけました。中国の抑圧が延々と続き、チベットの住民が大量に殺され、仏教文化の組織的破壊が今日もなお行われているからです。

M 不当な抑圧から自由になるために暴力を選ぶこと——より大きな悪から解放されるためのより小さな悪——は、危険な賭です。なぜなら、多くの場合、暴力は憎しみを生み、憎しみはさらなる暴力を引き起こすからです。平和主義者はこのような場合、自分自身との矛盾に陥り、最近、コロンビア軍の司令官が言明したように、「われわれは平和を望むが、平和になる唯一の方法は、平和を望まぬ者たちを滅ぼすことだ」(4)と宣言するところまでいく恐れがあります。これは、悲しいかな、フランス革命の恐怖政治のモットー、「自由の敵に自由はない」に呼応するものです。

それに対して、非暴力の原理をあくまでも守るなら、最後の合意が達成したときには、そのあとに訪れる平和がずっと続くチャンスを確実なものとします。非暴力は消極的なやり方ではありません。私たちを攻撃する者に対して攻撃しないといっても、全体の苦しみを減らすために、可能なあらゆる手段——対話、政治的意志、経済封鎖——を悪に対して使うのですから。ガンディーが一つの国全体を動かしたのは、非暴力の力によるものでした。だから、それぞれの状況から生じる苦しみを全体としてとらえることが決定的に重要になってきます。力に頼ることが許されるのは、苦しみを抑えるときだけであって、苦しみをさらに広げるときにではないのです。

実際、専制国家に対する——チベットのケースでは中国の指導層に対する——西欧の国々の首脳の愚かさと迎合は、私にはむしろ非暴力のカリカチュアのように思えます。彼らの反応には、人権や国際法のような守るに値する原則は無視して、相手の言い分を真に受けるだけの好い加減な態度がはっきり現れているのですから。これと似たような弱腰の姿勢が、三〇年代に、ナチスの台頭に対して西欧の政府が目をつむり、戦後、西欧の知識人が共産主義と付き合う原因を作ったわけです。

今でもなお中国の強制収容所、ラオガイ〔労改〕の存在を黙認している人たちは、いずれ歴史の批判を受けることになるでしょう。私たちが何も知らずに買っている商品、クリスマスに子供たちに贈る玩具には、何千もある強制労働キャンプで作られたものが相当な量含まれているのです。でも、自由諸国の指導者はおそらく、未来の歴史の判断を恐れるよりも、現在の勇気ある行動に踏み切るのが怖いのです。

T　ぼくが思うに、それは、西欧の指導者が愚かだからではなく、今盛んに話題になっているグローバリゼーションの悪影響のせいです。各国の経済はがっちりと結びついているから、西欧の首脳たちは、十五億以上の人口が次第に重きをなす中国の巨大な市場を失うことを怖れて、チベット問題で中国に立ち向かえないでいるんです。世界の人口の四人に一人は中国人だということを忘れてはいけません。西欧の指導者のこうした態度は現実政策の表れでしょう。もっとも、それで正当化されるものではありませんが。

観想者は他人を助ける能力を内部に育てる。幸せと苦しみのメカニズムを明らかにしなければ、他者を助けることはできない

M　世界に対する働きかけに話を戻すと、すでに述べたように、まずこの世界に働きかける能力を身につけることから始めなければならないでしょう。この道を歩みだす者が最初に確認するのは、自分自身の無力さです。彼は自分を助けることすらできません。それは、幸せと苦しみのメカニズムを明らかにできていないからです。ましてや、他者を救うことなど無理なことです。観想者は、傷ついて、山奥に隠れ、傷を癒し、力を回復しようとする鹿に似ていますが、その病とは、無知、憎しみ、貪欲、うぬぼれ、羨望、そして自分や他者の静かな心を乱すあらゆる否定的な情動を指します。

内的な平安は、私たちの利己的な悩み事を背景に押しやり、おのずから他者の苦しみに対して私たちを敏感にします。人々の全体的相互依存を少しずつ理解するなら、世界が違って見えるようになり、もっと正しく行動できるようにもなります。そして他者のために奉仕するようになった人は、自分のまわりを調和の光で照らしだすでしょう。ダライ・ラマの傍でほんのちょっと過ごすだけで、私たちの内部にある最良の部分が外に表れてくるのを、自

分ではっきりと感じるのです。数多くのジャーナリスト、面の皮の厚い政治家、思い上がった有名人が彼と三十分同席すると、一変するのを、私は目の前で見てきました。たえず愛に満ちあふれ、自分が誰の運命にも深くかかわっていると感じている人に接すると、みんな心の底から動かされ、深い影響を受けます。

T そうですね、ぼくもダライ・ラマにお会いする幸運をもてました。彼の人格から、力と落ち着きと「静かな意志」が強く放射されるようで、ぼくは心底、感動しました。それだから、マチウさんは仏教的働きかけを定義するんですね、自ら見出した調和の光でまわりを照らす、と。

M そうです。いずれにしても、他の手段はないのです。外側から他者の身体やことばに規律を押しつけることはできても、自ら進んでこの規律に同意するのは、精神だけです。歴史上、偉大な精神が利他的なメッセージを広め、多くの人の心に他者に対する責任感を目覚めさせた例は少なくありません。マハトマ・ガンディー、マーティン・ルーサー・キング〔一九二九―一九六八〕、ダライ・ラマ、マザー・テレサ〔一九一〇―一九九七〕（カルカッタの路上で瀕死の人を見れば、一切の差別なく、みな引き取って、手当てをした）などは、その感動的な例でしょう。

T だけど、ガンディーもマーティン・ルーサー・キングも、暗殺者の凶弾に倒れたことを思い出さなくては。彼らは不幸にして、人間の暴力から最後は逃れられなかったんです。もちろん、彼らの非暴力のメッセージが、結局は暴力のなしえなかった働きを今も続け、人類の意識に深い影響を与えたことは、確かです。そこでお尋ねしますが、仏教社会は、例えばキリスト教社会と同じくらい積極的に人道活動にたずさわっているんでしょうか。

仏教は人道的活動をさらに押し進め、倦むことなく苦しみに立ち向かう人々の献身的な姿を範とすべきである

M その面では、まだまだやるべきことが多いですね。亡命中のチベット共同体を取り上げてみると、脱出の試練を何とか克服した今、ダライ・ラマはたえず呼びかけています、人道活動に邁進すべきであると。これまでチ

ベットの避難民を受け入れてきた国々、そして今も受け入れ続けている国々の恵まれない住民を助けるために、学校や病院を建てるよう勧めているのです。彼はまた、仏教徒は、不屈の精神で献身的に苦しみに立ち向かうキリスト教徒の兄弟姉妹たちの例を見習わねばならないとも言います。

インドでは、ガンディーの盟友であり、インド国憲法の主要な起草者だったアムベドカル博士〔一八九三―一九五六〕が、不可触民の出でありながら、仏教に改宗しました。彼は仏教誕生の国インドにその宗教を復活させただけでなく、仏教の精神に基づいて不可触民の状況の改善に一生を捧げたのです。タイでは、仏教僧院がＨＩＶ患者と薬物中毒者の最大の治療センターになっています。同じタイで一九九一年、僧侶のプラジャク・クタジットが、パカムという小さな村の住民とともに、金融資本の金儲け主義で脅かされた広大な森の保護のために激しく闘いました。彼はそのために報復を受け、投獄されています。ビルマ〔ミャンマー〕では、ノーベル平和賞受賞者アウン・サン・スーチー〔一九四五―〕が、一九八八年以来権力の座にある軍事政権に対して非暴力の闘いを続けています。ニューヨークでは、バーナード・グラスマンが、ホームレスへの相互援助と環境保護のための世界仏教ネットワークを創設しました。[5]社会活動と精神的修行は一体であると、彼は考えています。また、私の暮している僧院では、この十月〔一九九八年〕、すべての住民に開かれた診療所を開設します〔現在、施設を拡充し、その活動を広げている〕。このように、相互扶助という考え方は、仏教社会では政府レベルまで含めて、強く働いているのです。だけど、内的な規律を身につける必要性を見失ってはいけません。一般にその重要性はあまりにも過小評価されています。科学から派生したテクノロジーのように、華々しい、急速な物質的進歩はもたらさないという理由でね。科学は、すべてのエネルギーをそこに投入したくなるほどに、魅惑的なものです。それに魅せられると、内的生活など任意の選択の一つにすぎない、それどころか贅沢品であると、人々は考えかねなくなってしまいます。

T　「世俗的〔脱宗教的〕精神性《スピリチュアリテ》」に向かって？
精神性《スピリチュアリテ》というのは宗教と同じであるとか、あるいは個人的信仰、場合によっては迷信的な崇拝と同じであると思われることが多いですね。

M　ダライ・ラマの指摘だけれど、人類の大部分は本当に宗教を信じてはいません。多くの人が、自分はカトリックだ、プロテスタントだ、ヒンドゥー教徒だ、イスラム教徒だと言います。その宗教の伝統の中で育ったからです。だけど、生活の困難、人生の決断を迫られる状況に直面したとき、彼らは自分の宗教の教えを本当には重視していません。今日、自分の信仰に即して考え、行動する人は少数派です。
だから、広い意味での精神性、つまり、私たちをより良い人間にすることを目的とする精神性を、宗教とは区別したほうがいいでしょう。ある宗教への帰属は任意の選択だけれど、より良い人間になるのは、必須の選択です。それで、ダライ・ラマは他の宗教の代表者たちにショックを与える危険を冒してでも、「世俗的〔脱宗教的〕精神性」という言い方をするのです。彼にとって、人類の半分以上が信者ではないという理由で、彼らを精神性と無縁なままにしておくわけにはいかないことは明らかです。私たちは誕生から死まで、やさしい心と利他の心を必要としています。それを受け取るにしても、分かち与えるにしても。そうした心が正しい形で実践されるとき、世界の各宗教や精神的伝統は、愛や慈悲や忍耐や寛容を育てることができるのです。宗教的傾向が乏しい人たちであっても、自分がこうした心の動きに無縁だとは感じないはずです。

T　そうした世俗的〔脱宗教的〕精神性の可能性が西欧社会で育っていくには、どうすればいいんでしょう。

精神性と人間的価値観に開かれた教育

M　西欧における人間教育、教育全般が、内的変革を促す人間的・倫理的価値観を再評価する必要があります。

この領域では、親も教師も子供と同じように途方に暮れている一方で、精神性は個人的な問題であるから教育の中に含めるべきではないと考えていますが、私は、世界中の偉大な精神的伝統の歴史だけでなく、その教えと倫理の本質を含めて知る機会を学校で与えるべきだと思っています。政教分離だから精神的教育を完全に排除するというのは、私が思うに、知的自由の貧弱化であり、制限です。今日、多くの若者が、本来彼らの心を潤すべき理念に接する機会をもてなかったために、人生には何の意味もないと考えているのです。

T　だからといって、学校を信仰の「セルフサービスの店」に変えてもいいんでしょうか。たしかに目印が見あたらないという危険はあるけれど、他方では原理主義を目覚めさせる差し迫った危険もあります。だからこそ、教育が宗教には介入せず中立を守るという、伝統的な政教分離政策に良い面があるのではないでしょうか。だって、教育と宗教を混ぜようとするのは、地雷原に飛び込むようなものですよ。その道を選ぶと、どんどん極端に向かい、子供の洗脳にまでいきかねない。アメリカの「特殊創造説」運動がそうでした。

M　何ですか、それは？

T　二十一世紀を目前にした一九九九年、アメリカのカンザス州では、ダーウィンの進化論とビッグバン説を教育カリキュラムから閉めだしたんです。『聖書』の教えに反するという理由でね。

M　もちろん私が言うのは、さまざまな教義を一斉に並べて、信者獲得競争をさせるということではありません。そうではなくて、そのアメリカの例とは逆に、一切の党派的な傾向とは無縁に、若者にすべての偉大な精神的伝統を提示し、それぞれの一致点、相違点を明らかにするということです。だから、不可知論も含めて、すべての見方を公平に扱うことができます。現在の問題は、私たちには目印がないということなのです。

T　世俗的〔脱宗教的〕精神性という考え方は、現代の西欧社会の問いかけに答えるものだという気がしますね。個人的には、大賛成です。ぼくは天体物理学者の仕事をしているけれど、仏教の伝統の中で学んだ生活原理に基づいて生きようと心がけています。でも、マチウさんの例は極端です。西欧社会を捨て、科学研究をやめて、ネパールのチベット僧院で僧侶になった人ですからね。誰もがマチウさんのような精神的な行程をたどれるわけではないのは、明らかですよ。

M まさにその点をわかってもらいたいのです。精神性は、普通の社会で暮らす人にも、観想生活の道を選んだ人にも、同じように開かれています。もし精神性が僧侶と尼僧にだけ限定されるのなら、人類の半分どころか、九九・九九パーセントは除かれてしまいます。精神性は精神に対する働きかけから始まるので、その能力は私たちみんなにあるのです。たとえどんなに完璧に理論を理解したとしても、もしそれで満足してしまうなら、私たちは何についても間違わないけれども、ただ一つ本質的なことは何も知らない人間になる恐れがあるのです。

科学者の結論

チン・スアン・トゥアン

この対話を進めていくうちに、仏教思想が現象世界を分析するやり方への私の感嘆の念は、次第に増していったと言わねばならない。打ち明けて言えば、この試みに取りかかったとき、私は危惧の念で一杯だった。私が仏教について知っていて、何よりも高く評価していたのは、その実践的側面で、それは自己認識を可能にし、精神的な進歩をもたらし、より良い人間になるのを助けるものだった。言い換えれば、私にとって、仏教はまず〈悟り〉の道であり、眼差しを主に内部に向ける観想の道であった。さらに、科学と仏教はまったく異なる現実探索の方法を用いる。科学において主役を演じるのは、知性と理性である。科学者は、分割し、区分けし、分析し、比較・測定することによって、自然の諸法則を数学の精緻な言語で表現する。科学に直観が存在しないわけではないが、一貫した数学的構造で表されない限り、直観は有効ではない。それに対して、直観――内的体験――は、観想の方法ではもっとも重要な役割を果たす。直観は現実を細分化するのではなく、その全体をとらえようと努める。仏教は、科学の実験の根底をなす測定機器や精密な観測には頼らない。仏教の記述は、量的というより質的な性質をもつ。それゆえ、科学と仏教を並べて考えるやり方に意味があるのかどうか、私にはまったく自信がなかった。現象界の性質について仏教には言うべきことがないのではないかと、私は心配した。それは仏教の主要な関心事ではなく、基本的に科学の専門だからだ。もし本当にそうであるとしたら、二つの話が並行したままで、共通の場で出会うことなく終わる危険に陥ったかもしれない。

対話が進むにつれて、私の心配には根拠がないことを納得した。仏教は世界の性質について省察してきたが、それはきわめて奥の深い、独創的な考察だ。しかも仏教は、科学的方法の本分である、現象世界そのものを認識するためではなく、物理世界の真の性質——空性《くうしょう》、相互依存——を理解することによって、無知の霧を吹き払い、〈悟り〉への道を切り開くための努力を続けてきた。われわれの議論はおたがいに実に実りの多いものだった。そこから新たな問いかけ、これまでにない見方、思いがけない総合が生まれ、さらなる深化と解明へと向かわせ、今もなお向かわせつつある。

科学と仏教をめぐる会話をわれわれは以前から続けていたが、私が今回の対話で学んだ大事な教訓は、仏教と科学の二つの現実観には確かな共鳴と一致があるということだ。現象世界にかんする仏教の記述の一部は、現代物理学、とりわけ量子力学（無限に小さなものの物理学）と相対性理論（無限に大きなものの物理学）という支柱をなす二大理論の根底にある考え方に驚くほど似ている。仏教と科学の、現実に対するそれぞれの取り組み方は、根本的に違っているとはいえ、克服不可能な対立ではなく、逆に、調和的な相補性へと通じていた。しかも、その理由は、両者がともに真理の探究を目指し、真実性と厳密性と論理でその結果を判定するからである。

まず、仏教の基本概念である「諸現象の相互依存」を考えてみよう。何物もそれ自体では存在せず、それ自身の原因ではない。あるものは他のものによってはじめて定義される。現象の表出には相互依存が必要である。もし相互依存がなければ、世界は動かなくなるはずだ。どんな現象も、他の現象と結びつき、関連づけられなければ、発生しえない。現実は、場所を特定することも、分割することもできず、全体的で、総合的なものとみなさなければならない。

現実のこの全体性は、物理学のいくつもの実験によって明らかにされている。原子・亜原子の世界では現実は「不可分」であり、相互作用した二つの光の粒子は唯一で同一の現実の一部をなし続けることを、ＥＰＲ型の実験〔八四頁参照〕は教えている。両者の間の距離がどんなに大きくとも、何の情報の伝達もなしに、両者の振る舞いは直ちに相関する。マクロ世界については、フーコーの振り子〔八九頁参照〕がそれを証明している。振り子の振る舞いはその局所的な環境にではなく、宇宙全体に合致している。われわれの微少な地球で起こることは、広大な宇宙の中で決定される。

仏教の相互依存という概念は、事物は絶対的には定義されず、ただ他の事物に対して相対的に定義されることを教える。実質的には同じ考え方が、物理学における運動の相対性という原理を規定している。これはガリレオがまず最初に言及し、アインシュタインがそれを取り上げ、最高のレベルに発展させた。ガリレオは「運動は無に等しい」と言った。彼が言おうとしたのは、ある物体の運動は絶対的には定義できず、他の物体との関連で定義できるだけだ、ということである。一定の速度で移動し、すべての窓をふさいだ列車の車両の中にいる乗客がどんな実験や測定をしても、その車両が停止しているか動いているかを言うことはできない。窓を開け、景色が流れるのを見てはじめて、彼は車両が動いていることに気づく。外部とのかかわりがない限り、運動は非運動と等しい。事物それ自体は存在をもたず、他の出来事との関連において存在すると、仏教では言う。運動は過ぎていく景色との関連において現実性をもつと、相対性原理は言う。

時間と空間もまた、ニュートンが与えていた絶対的性格を失った。アインシュタインは、時空は観測者の運動と彼が位置する重力場の強度との関連でのみ定義できると言っている。光さえ外に出られないほど強烈な重力をもつ特異な空間、「ブラックホール」の周辺では、一秒は永遠の様相を呈するかもしれない。仏教と同じく、相対性理論も言う。「時間の経過、つまり、すでに過ぎた時間も、まだ来ていない未来も、幻想にすぎない。私の未来は別の人間の過去でもあり、第三の人間の現在でもありうる」と。すべてはわれわれの相対的運動にかかっている。時間は過ぎ去らない、ただそこにあるだけだ。

相互依存の概念から直接、空性《くうしょう》の概念が生まれる。これは虚無を意味するのではなく、固有の存在の不在を意味する。すべてが相互依存している以上、何物もそれ自体では定義されず、存在しえない。それ自体で、ひとりでに存在する本来的特性という概念は、もはやあてはまらない。ここでもまた、量子力学は驚くほど似たことばづかいをする。ボーアとハイゼンベルクによれば、われわれはもはや、速度や位置のように明確に定義される特性をもつ現実の存在としての原子や電子について語ることはできない。原子や電子は、モノやコトの世界ではなく、潜在性の世界を形作るものとして考えるべきである。物質と光の性質そのものも、相互依存関係の働きとなる。つまり、その性質はもはや本来的なものではなく、観測者と観測される対象との間の相互作用によって変わりうるのだ。性質はもはや唯一のものではなく、二元的であり、相補的である。われわれが「粒子」と呼ぶ現象は、われわれが観測しないときは、光の形を取っている。測定や観察がなされるや、それはまた粒子の衣をまとう。粒子にかんして、本来的な現実性、言い換えると、観測行為なしに存在する現実について語ることは意味がない。それはけっしてとらえられないからだ。「出来事」を意味するサンスカーラという仏教概念とぴったり重なるように、量子力学は物体の概念を、測定つまり「出来事」の概念に従属させることで、徹底して相対化する。その上に、量子論的あいまいさは、この現実の測定の精密さに根本的な限界を設ける。粒子の速度や位置について、つねに何らかの不確定性が残るからだ。物質はその実体を失ったのだ。

相互依存という仏教の概念は空性の同義語であり、空性はまた非恒常性の同義語である。世界は、すべてたがいにつながり、たえず相互作用し合う活発な流れと出来事の厖大な集合のようなものだ。このたえざる普遍的な変化という概念は、現代宇宙論の言うところと一致する。アリストテレスの天の不動性やニュートンの静止宇宙はもう存在しない。もっとも小さな原子から全宇宙まで、銀河、星、人間を含めて、すべては動き、変わる。定まったものは何もない。

宇宙は最初の爆発で飛びだし、膨張している。この動的な性質は、相対性の方程式の中に含まれている。ビッグバン説によって、宇宙は歴史をもつことになった。始まりがあり、過去、現在、未来がある。宇宙はいずれ、地獄の猛火か氷河の酷寒で死を迎える。宇宙の全構造——惑星、星、銀河、銀河団——はたえざる運動の中にあり、壮大な宇宙の舞踏劇に参加している。自転運動や相互間の回転、後退運動、接近。それぞれがまた自分の歴史をもっている。生まれ、進化し、死ぬ。星は億万年単位で計られる生と死のサイクルに従っている。

原子・亜原子の世界も休止してはいない。そこでも、すべては非恒常的である。粒子は性質を変える。クォークは族と「香り」〔一三一頁参照〕を変えるし、陽子は陽電子とニュートリノを放出して、中性子になることができる。物質は反物質との衝突による消滅のプロセスで、純粋なエネルギーに変わる。粒子の運動は粒子そのものに変換しうるし、その逆もある。言い換えれば、ある物体の特性は物体そのものに変わりうる。エネルギーの量子論的あいまいさのお陰で、われわれを取り巻く空間は、想像を絶する数の、幽霊のようにはかない存在、いわゆる「潜在的な」粒子で満ちている。それらの粒子は、無限小の時間の生と死のサイクルで出没し、非恒常性の極限を例示している。

だから、現実はさまざまな仕方で知覚可能であり、異なる道、一方は内的世界から発する道、もう一方は外的世界から発する道が同じ真理へと通じることが可能なのだ。おそらく仏教はこの一致を当然と考えるだろう。なぜなら、現象界は意識のフィルターを通して観察されるしかないし、意識が外部世界と相互依存している以上、現象の基本的な性質は仏陀の〈悟り〉を得た精神と無縁ではありえないからだ。

しかしながら、「ヒト原理」に対する仏教の姿勢〔五六頁参照〕には私は同じがたい。「ヒト原理」とは、宇宙が生命と意識を宿すにいたるには、その初期条件と物理定数とのきわめて精密な調整があったとする考え方だ。この調整を説明するために、私は創造者原理の存在のほうに、パスカル的な賭をした。この原理――私はスピノザやアインシュタインの言う意味で考えている――は、〈自然〉の法則の中に、そして世界が合理的で理解可能であるという事実の中に表れている。この立場は、創造者原理（あるいは時計職人の神）という考えを認めない仏教の立場とは対立する。仏教によれば、意識が現れるのに、宇宙が調整される必要はどこにもない。両者は基本的に共存しているので、たがいに排除することはありえないからだ。ここでもまた、相互依存の概念が説明を付けている。仏教の考え方が宇宙の調整の根拠になることを私は認める。しかし、この概念がライプニッツの実存的な問い、「なぜ何もないではなくて、何かがあるのか」に対する答えになりうるかは、それほど明確ではない。私はさらに加えて問う、「なぜ物理法則はこのようであり、別様ではないのか」と。われわれは、ニュートンの法則によってのみ記述される宇宙に生きていると想像することも十分可能である。しかし、実際はそうではない。われわれの知る宇宙を説明するのは、量子力学と相対性理論である。

仏教の視点では、また別の疑問点も指摘できる。もし創造者がいなければ、宇宙を創造することはできない、したがって、始まりも終わりもない。こういう仏教の見方と両立しうる唯一の宇宙は、始まりのない一連のビッグバンとビッグクランチをもつ循環型宇宙である。しかし、宇宙がいずれビッグクランチを引き起こして自己崩壊するという事実は、科学的にまだ証明されていない。それは宇宙にある見えない物質の総量によって決まるのだが、その量が未知なのだ。最新の天文観測によれば、宇宙はその膨張運動を停止させ、逆転するのに十分な見えない物質を含んでいないらしい。そうすると、われわれの宇宙認識の現状では、循環型宇宙の考えは排除されることになる。ビッグバンの最初の一秒以内の時間から意識の流れが物質宇宙と共存してきているという考え方については、これを科学が検証するのは、やはりきわめて困難である。一部の神経生物学者の考えでは、物質と共存する意識の連続体など必要はなく、複雑性のある限界を超えれば、意識は物質から発生することが可能である。

星の塵であるわれわれは、サバンナのライオンやラベンダーの花と同じ宇宙の歴史を共有している。われわれは空間と時間を通してつながり、みな相互依存している。呼吸するという事実がすでに、われわれを全人類と結びつけている。一息ごとにわれわれが吸い込む何十億もの酸素分子は、かつてのどの日にか、地球上で生きた五百億の人間各人の肺の中にあった。宇宙レベル、惑星レベルでもこのように見るなら、われわれの相互依存だけでなく、われわれの惑星のもろさと、あまたの星たちの中でのわれわれの孤立も、いや応なく浮かび上がってくる。広大な宇宙の中にあるわれわれの小さな港を脅かす環境問題は、人種、文化、宗教の垣根を超えている。産業が出す有毒物、放射性廃棄物、地球温暖化の原因となるガスに国境はない。こうした問題に加えて、貧困、戦争、飢餓など、人類の脅威となっている問題を解決するには、われわれが相互に依存していること、われわれの利益と幸福が他の人々の利益と幸福と分かちがたくつながっていることを自覚する必要がある。つまり、われわれは、慈悲の心に導かれて、ダライ・ラマが正しくも「普遍的責任」と言ったことばの意味を自分たちで大きく育てていく必要がある。

科学は、人間の文化の根源の場所に戻らなければならない。科学は過去において、あまりにも分割主義的、機械主義的、還元主義的な見方に立ってきたために、いささか本来の場所から離れてしまった。この対話が十分に示しているように、もはやそういう時代ではない。間違いなく、科学は、ますますわれわれの生活に衝撃的な力を振るい続けるだろう。遺伝学のような分野では、倫理的、道徳的問題が、ますます緊急で先鋭になっている。この問題を前にして、科学は、人間性を忘れないために、精神性《スピリチュアリテ》とともに歩まなくてはならない。科学の目的は、現象世界の理解である。科学の技術への応用は、われわれの外的安楽を促しもすれば、妨げもする。精神性は、われわれの内的安らぎを深め、われわれが万人の安らぎを深められるようになることを目指す。ノーベル物理学賞受賞者のスティーヴン・ワインバーグのような人々にとっては、精神性など無用のものである。ワインバーグは、宗教こそ諸悪の根源であると考える。彼はわざわざ挑発するように述べる。「宗教があろうとなかろうと、良い人間は良い行いをし、悪い人間は悪い行いをする。しかし、良い人間に悪い行いをさせるのは、宗教だけである。科学の果たす大きな役割の一つは、頭の良い人間に信者であることを不可能にさせないまでも、少なくとも信者でないことを可能にさせることだ[1]」。そしてワインバーグは宗教がもたらした災いの例を挙げる。十字軍、ポグロム〔ユダヤ人大虐殺〕、ジハード〔イスラム教徒の異教徒に対する聖戦〕、その他の宗教戦争、そして奴隷制も。しかし彼は間違っていると私は思う。まず、彼が言及するのを忘れているのは、誤って利用された科学が人類と生態系にもたらした災厄である。広島と長崎、地球温暖化、広がるオゾン・ホール、ナチスの医者による「研究」など、例には事欠かない。次に、彼が言う宗教（私なら精神性と言いたい）は、「本物の」宗教ではなく、その歪曲された形の一つである。

宗教戦争に加わった人たちは、あらゆる宗教の根底にある他者への共感に基づいて行動したはずがない。私は、ワインバーグの反宗教的なことばよりもアインシュタインの宇宙観のほうをはるかに好む。この宇宙観は私の心にぴったり合う。「未来の宗教は宇宙宗教になるだろう。それは、人格として存在する〈神〉という観念を超越し、教義と神学を不要とするはずである。この宗教は、自然界も精神界も包み込み、あらゆるものの体験から生まれる宗教的感覚の上に成り立つだろう。一つの秩序ある全体とみなされる自然と精神のすべての体験から生まれる感覚」。このことばは、われわれの議論と同じ方向を指している。さらにアインシュタインは明確に述べる。「仏教は、今述べたことに対応している。[…]現代科学の要請に沿えるような宗教があるとすれば、それは仏教である[2]」と。これ以上明快な表現はない。科学は精神性《スピリチュアリテ》なしには正しい働きはできない。精神性は科学なしには存在しえない。しかし人間は、真の人間であるためにその両方を必要とする。

僧侶の結論

マチウ・リカール

科学と精神性《スピリチュアリテ》を比較しようとする試みは、かならず失敗に終わると考える人は多い。また、精神性は欺瞞であると思う人もいれば、科学は唯物論すぎる、あるいはまた科学と精神性は相容れない二つの分野だと思う人もいる。このように両者の間に共通点はないと明言するのは、知と体験、主体と客体、物質と意識の間の乗り超えられない境界の存在を確認することになる。こうした二元論は、根強い力をもち、不当に高い壁を築いている。だが、観想の方法は、科学とは逆行する道を進むよう求めるのではなく、ただそれぞれの認識領域とその認識を可能にする手段とを、きちんと区分けし、整理するよう求めるだけである。

科学は「観測可能なもの」を研究するが、物理理論は、大体のところ観測される現象の解釈に適していることが明らかになっている。「科学の目的は、われわれの経験を増やし、整理することである(1)」と、ニールス・ボーアは書いている。「現象の実際の本質を明らかにすることは、科学の目的ではない(2)」。だから、現実の性質を理解したいという基礎科学の願いは、空想に類するものらしい。科学の方法は、一般的に言って、現象の実験上の振る舞いを記述し、予測することができるような現象解読の格子板を与えてくれるだけである。したがって、科学はやがて、現実の性質が最初に想定していたものとは異なることを示す障害にぶつかることになる。量子力学と相対性理論が明らかにしたこの障害こそ、仏教との対話へ道を開くよう科学に働きかけるものである。仏教は、〈悟り〉に必要なステップとして、現象と意識について、その究極の現実とは何かを問うことによって、ジレンマに陥った科学者に解決を与えることができる。科学者は、マクロ世界の見かけの現実と、粒子の世界における堅固な現実の崩壊との間で身動きが取れないのだ。仏教はそれだけにとどまらず、人生に対する実践的な態度について独自の結論を伝えてくれる。

一方、テクノロジーは、科学を世界の利用のための、また世界支配の夢を果たすための手段と考えている。結局、基礎科学は理論的認識であり、テクノロジーは応用的認識、そして観想科学は解放の認識である。したがって、この三つは対立するのではなくて、補完し合うべきものなのだ。

科学は、すべてにかんしてすべてを説明しうる普遍的な認識を完成させるという企てをあきらめたあとで、華々しい成果を獲得した。科学は、自然現象の研究に集中することによって、現象を発見し、測定し、記述し、ついで現象に働きかけるために有効な方法を開発した。この努力から生まれた知の総和は莫大なものとなり、科学には人生の根本問題の答えを出す力がないことを、しばしば忘れさせるほどだ。しかし、こうした科学の無力さは挫折ではない。なぜなら科学は、自己の調査領域や可能性の範囲を明確に限定しており、私たちが幸せを見出すことや、私たちのまわりに平和をもたらすことなどを目的とはしてこなかったからだ。

人生で一番大事なのは、私たちが集められる情報の量ではなくて、なぜ生きるのか、なぜ死ぬのか、なぜ苦しむのか、なぜ幸せになるのか、なぜ愛するのか、なぜ憎むのかなどの問いに対する答えである。私たちの探求の対象がそれらの問いに答えてくれるか、その探求が一生を捧げるに値するかを、私たちは確かめなければならない。

科学の領域には、この検討にかかわる二つの分野がある。基礎科学と、その応用である。すでに明らかにしたように、基礎科学の目的は、〈自然〉を記述し、説明することである。その意図は実に立派なものではあるが、星に起きる化学反応や昆虫の分類に人々が発揮する好奇心は、人生の根本問題にくらべれば、やはり二義的なものにとどまらざるをえない。自分の人生で一番深い意味をもつものは何かと考えてみるなら、頭に浮かぶのは、愛、友情、優しさ、生きる喜び、自然の風景の美しさ、心の平安、利他の心だろう。そういったものと、科学は大したかかわりはもたない。

科学の応用にかんして言えば、その恩恵は主に、私たちの健康、寿命、行動の自由、安楽などである。寿命は大幅に延びた。医療の質は、全体としてたえず向上している。ただし、胸の痛むような格差はある（アメリカ人一人当たりの年間医療・保健費用は、公共、個人を含めて二七六五ドルであるのに対して、ベトナム人一人当たりは三ドルである）。たしかに私たちの物質的自由、日々の安楽、世界を加工する力は増し続けているが、私たちの生活のいくつかの側面は、反対に悪化した。私たちは汚染できるものは片っ端から何でも汚染し、新たな災厄がこの惑星とその住民に荒廃をもたらしている。有毒ガス、プラスチック、ストレス、過密、その他の現代生活に伴うリスクで汚染された都市に生きることが、どれほどありがたいことなのか、冷静に考えてみてもいい。技術・経済発展至上主義という教条に与えられた名誉ある地位は、本当に名誉に値するのだろうか。冷静に考えてみれば、この教条が可能なものと望ましいものとをどんなふうに取り違えたかが、はっきりと見えてくる。

しかし、科学そのものは中立である。科学には独自の思想はない。私たちの科学の利用の仕方は、自分の人生にどういう動機づけ、方向づけをしたいかで変わり、また、外的条件を支配することと、人生の最後に悔いを残さない充実感を培うことのどちらを優先させるかで、変わってくる。

私にとって、自然科学と仏教の出会いの最大の魅力は、事物の究極の現実の分析にある。今回の対話から私は多くのことを教わった。この二つの分野にかんして、私は新たな問題を突きつけられた。とりわけ、意識の本質と、現代物理学および仏教の教えの双方の中心にある現象の相互依存とにかかわる問題である。意識の本質は、依然として魅惑的な問題である。意識は完全に脳に還元できるのだろうか。意識は物質から創発した現象なのだろうか。意識は、仏教でそう考えるように、物質的支えから独立して永続することができるのだろうか。仏教の観想者は、意識のさまざまなレベルについて語っている。彼らは実際の自己観察体験に基づいてそれらのレベルを定義している。彼らの方法は、科学の経験論的方法に立って活動を行う研究者の強い関心を呼ぶに値するものだ。神経生物学者と観想者が一緒に研究チームを作るという、わくわくするような光景も想像できる。

宇宙の組織者原理のほうに賭けるトゥアンの立場は、どうなるだろうか。起源の問題が形而上的立場の選択を迫ることは確かである。フランソワ・ジャコブのことばを思いだそう。「およそどんな科学探究からも完全に排除されている領域がある。世界の起源にかかわる領域である」(3)。しかし、形而上的立場を決めるのに、かならず賭けをしなければならないというものでもない。仏教はその必要性をまったく認めない。仏教にとって、始まりの問題を考えるとき、分析に耐える唯一の形而上的な立場は、始まりの不在という立場である。それ以外の可能性はすべて、原因なき原因、変身する不変のもの、あるいはまた、何ものかになる無という考え方に行き着かざるをえない。究極目的論的賭けに固執するのなら、まずこうした矛盾を解決する必要がある。

ライプニッツの問い――「なぜ何もないではなくて、何かがあるのか」――に、トゥアンは繰り返し戻るが、これは、唯物論的実在論の観点に立って、初めて意味をもつ問いだ。この問いには、現象には固有の現実があるという前提がある。組織者原理の存在を主張しても、何の解決にもならない。それは、問いを入れ替えるだけのことだ。「なぜ何もないのではなくて、組織者原理があるのか」。仏教によれば、この問いはさらに二つの問いに変形できる。まず、「なぜ何もないのではなくて、現象の表出があるのか」。その答えは、「すべてが空《くう》であるから、すべてが現れることができる」。次に、「何かが可能であるのに、なぜ何もないことにならねばならないのか」。これに対する答えは、「この何もは、存在するのでも、存在しないのでもなく、可能な何かとは本来的に異なるものではない」。仏教にとって、本来の存在を備えた堅固な現実はあったためしがない。〈悟り〉とは、事物にこのような本来の存在を付与する無知の夢から目覚める、ただそれだけのことである。

トゥアンは述べている。「最近の天体観測によれば、宇宙には、その膨張運動を停止させ、逆転させるに十分な見えない物質は含まれていない。そうすると、われわれの宇宙認識の現状では、循環型宇宙の考えは成り立たないらしい」。この問題は、まだ解決にはほど遠い。科学者たちは、これをめぐる新説で沸きかえっている。フランスの科学普及雑誌『科学と生命』は、二〇〇〇年一月号で「ビッグバン以前」を特集した。著名な科学者たちが宇宙と宇宙論にかんする革命的な自説を展開している。アンドレイ・リンデは、カスケード宇宙〔滝のように下へ下へと落ちる宇宙〕について語り、ビッグバンは次々と起こっているとしている。マルタン・リースは、たえず再生し、終わりのない多数の宇宙からなる「多重宇宙《ミュルティヴェール》」なるものを提示する。ガブリエル・ヴァネジアノにとって、ビッグバンは宇宙の始まりではなく、宇宙の歴史の単なる一つの曲がり角である。これらのシナリオはまだ最終版ではないだろうが、その多様で、矛盾し、時には相容れない性格は、宇宙の始まりを考える宇宙理論そのものの危うさを反映している。

仏教から見るなら、宗教、哲学、科学いずれの分野でも、西洋の思想が始まりという概念を強調するのは、現象の実在性に対する抜きがたい信仰の表れである。事物は私たちが見るとおりに「存在している」、だから始めがなければならない。科学者は、こうした先入観に先導されて、従来の事物観の見直しを迫らない安心できる世界の見方と、量子力学の発見との折り合いをつけるために、必死でアクロバットのような試みを続けてきた。物理学者たちは、古典的な表現法（例えば、それ自体で存在し、内在的な特性をもつ物体という表し方）を維持するためにいろいろ努力しているが、その表し方を彼ら自身の発見で明らかになった現象と突き合わせるとなると、困難にぶつかる。この困難は、科学者がある特定の学派に属していることから自然に生じてくるだけではない。現象とそれを観測する主体の実在性を見直そうとすれば、かならず出てくる強烈な抵抗が、困難の原因なのだ。ミシェル・ビトボルによれば、現代物理学にかんする哲学的論争は、次の格言のとおりに行われているらしい。「現代物理学において、実在論的解釈の余地があるときには、何が起ころうと、かならずそれを採用せよ[4]」。本当は、物理学者は量子力学から結論を引きだして、自分の世界観を変えるだけで済むのだ。

ノーベル物理学賞受賞者スティーヴン・ワインバーグは、「宗教だけが善人を悪に走らせる」と断言するが、同じ独断的な言い方で、こうも言える。「精神性だけが悪人を善に走らせる」。科学の名において人間が犯した残虐な行い（第1章で取り上げた）を前にすると、正常な人間に平然と悪を行う口実を与えることができるのは科学だけだと、言いたくもなる。しかしそれでは、ワインバーグと同じくらい極端な態度を取ることになってしまう。人間の活動は、科学、宗教どちらの立派な服を身にまとうとしても、その値打ちは一に私たちの動機にかかっていると言うほうが、公平な言い方だろう。

私が「観想科学」と呼ぶものが主として直観に由来するとは、私は考えていない。直観ということばは、瞑想の直接体験を指すにはあまりにも漠然とした体験を思わせる。瞑想というのは、理性と論理を土台にしなければ、何の価値もないものなのだ。観想のあるレベルでは、理性は超えられなければならないが、それは、瞑想はその段階を超えると、理性に逆らって進むという意味ではない。瞑想は理性の限界を超えるだけのことであり、これは、トゥアンがゲーデルの不完全性定理になぞらえたプロセスである〔三二一頁参照〕。仏教の哲学と観想の目的は、壮大な理論的構築を作ることでも、すべてを説明すると主張することでもない。求められるのは、人間の内的変容となって現れるじかに触れることのできる結果である。このことについて、キエンツェ・リンポチェは助言している。

「智慧のしるしは自己制御であり、自分の精神的修行で成熟したしるしは、葛藤の元になる情動がなくなることだ。つまり、人が賢くなり、ものを知れば、それにつれて、心が晴れ、穏やかで、正しく律せられ、しかもなおざりでも、高慢でも、うぬぼれでもなくなるはずだ。精神の修行が間違いなく自分の否定的な情動を抑えるために働いていることを、たえず確かめなさい。もしどんな修行でもその反対の結果が出るなら、もし修行によってエゴイズムや混乱や否定的な想念が増えるとしたら、その修行をやめるほうがいい。あなたには向いていないのだ」。

私たちの経験よりはるかにすぐれた経験をもった円熟した修行の師が、惜しみなく助言を与えてくれるとき、海でベテランの船乗りのことばに耳を傾けるように、その助言に従うことが必要だとしても、尊敬する人のことばだからというそれだけの理由で、ただそのまま受け入れないことが、大事だ。仏陀のことばの値打ちは、その正しさを各人が自分で確かめることができるという点にある。

フランソワ・ジャコブが書いている。「科学者にとっての［そして観想者にとっての、と私は付け加えたい］危険は、自分のやっている科学の限界、したがって自分の知識の限界を正しく測らないことである。自分が信じていることと、自分が知っていることを混同することである。とりわけ、自分は正しいという確信が危険なのだ(5)」。

自然科学の領域で相次いで起きている認識革命は、「最終的確実さ」という概念にはこれからもずっと根拠がないことを示している。一方、精神の究極の性質、幸せと苦しみのメカニズム、現象の実在性にかんしてあえて言えば、内的な〈悟り〉はそれとはまったく別の性質の確実さをもたらす。その確実さは、一瞬ごとに体験によって確かめられる内的な発見から生まれてくる。それは、事物の本当の性質についての不変の理解として現れ、私たちみんながもちたいと願う人間的特質の形で表現されるのだ。

結局のところ、こうした人間的特質がないのなら、凍結した湖の上に建てた城にも似た知的建造物を延々と築いたところで何になるのだろうか。春が来れば、城が水中に姿を消すように、私たちのあり方の根本的な変化となって表れないような、もっぱら概念的な瞑想は、人生の試練に耐えられないだろう。

仏教では、空性《くうしょう》の理解は限りない愛と慈悲という形で表される。チベットの隠者シャブカルは書いている(6)。

「慈悲の心をもつ者はすべての教えを手にしている。
その心をもたぬ者は、何の教えも手にしていない。
空性について瞑想する者でも慈悲の心を必要とする。
それが瞑想の核になるからだ」。

仏教の原典で使われている隠喩を借りれば、智慧と結びついたこの慈悲の熱だけが、私たちの精神の鉱石を溶かし、私たちの根本的な本質という黄金をそこから取りだすことができるのだ。

（2） このテーマの見事な展開が前掲『〈悟り〉への道』の８章に見られる。
（3）『ダルマ、ダルマ・サムギチ・スートラを正しく要約するスートラ』（238巻）。
（4） ホセ・ボネット将軍。1998年、BBCの放送からの引用。
（5）「ピースメーカー・オーダー」。インターネット・サイト　peacemaker@zpo.org.

科学者の結論

（1）『ニューヨーク・レビュー・オブ・ブックス』1999年10月21日、46—48頁。
（2） シンリー・ノーブによる引用。『歓迎する花、浄められた希望の出発点を越えて、ポープの仏教批判への回答』パブリッシング・ハウス、1997。

僧侶の結論

（1） 前掲、ニールス・ボーア『原子物理学と人間の認識』283頁。
（2） 前掲、ニールス・ボーア『原子理論と自然の記述』18頁。
（3） 前掲、フランソワ・ジャコブ『ネズミ、ハエ、人間』。
（4） ミシェル・ビトボル「形而上的幻想の治療。カント、量子力学、マディアマカ」（前掲、B.アラン・ワラス編『仏教と科学』の中の一編）。
（5） 前掲、フランソワ・ジャコブ『ネズミ、ハエ、人間』。
（6）『シャブカル、あるチベットヨガ行者の自伝』M.リカール、C.ビュスケによるチベット語からの仏訳、アルバン・ミシェル、1999。

＊引用文献の邦訳で当該頁の記載がないのは、邦訳にあたったものの訳者が探し当てられなかった場合と、邦訳の存在はわかっているが、訳者が参照できなかった場合の両方がある。

屋にひげを剃らせる。それでは、セビリアの床屋は自分でひげを剃るだろうか」。もし彼が自分でひげを剃るなら、彼はセビリアの床屋にひげを剃ってもらえない。だから彼は自分でひげを剃らない。しかしもし彼が自分でひげを剃らないなら、彼はセビリアの床屋にひげを剃らせる。だから彼は自分でひげを剃る。

(3) フランス・スイス国境にある欧州原子核共同研究のための機関。

(4) デーヴィッド・ボーム、1977、バークレーでの講演。

(5) A.N.ホワイトヘッド『アルフレッド・ノース・ホワイトヘッドの対話、リュシアン・プライス記録』ニュー・アメリカン・ライブラリー、ニューヨーク、1956、109頁。B.アラン・ワラスによる引用、前掲『科学と仏教』15頁。

(6) トマス・クーン『科学革命の構造』フラマリオン、1972〔中山茂訳、みすず書房、1971〕。

(7) シュレーディンガーの方程式は、素粒子がここにあるか、そこにあるかの確率の計算を可能にする。

(8) 強い核力と弱い核力、電磁気力、重力。第14章「宇宙の文法」294—295頁参照。

(9) E.ロドリゲス、N.ジョージ、J.P.ラショー、J.マルチヌリー、フランシスコ・J. ヴァレーラ「知覚の影——人間の脳における遠隔同期」『ネイチャー』397、1999、340—343頁。

第17章 鏡に映る像

(1) アルバート・アインシュタイン／レオポルド・インフェルド『物理学の変遷』サイモン・アンド・シャスター、ニューヨーク、1938〔石原淳訳『物理学はいかに創られたか』上下、岩波新書、1963〕。

(2) 前掲、B.アラン・ワラス『科学と仏教』31—32頁。

(3) ハイゼンベルクに対してなされた指摘。ヴェルナー・ハイゼンベルク『物理学と彼方——出会いと対話』ハーパー・アンド・ロウ、ニューヨーク、1971、63頁。

(4) ノーウッド・ラッセル・ハンソン『発見のパターン、科学の概念的基盤の研究』ケンブリッジ大学出版、1968〔村上陽一郎訳『科学的発見のパターン』講談社学術文庫、1986〕。

(5) 菩薩の第一レベル（ブーミ）に達して、エゴの概念と現象の実在性への執着を一掃した者は、心象から解放された純粋知覚が可能になる。仏教による知覚理論の分析については、ジョージ・B.J.ドレフュス『現実の知覚、ダルマキールティの哲学とそのチベット的解釈』ニューヨーク州立大学出版、1997参照。

(6) 天体物理学者は、さまざまなエネルギー・レベルでこの吸収を研究することによって、星や銀河の化学成分を遠くから測定することができる。

(7) 塵のお陰で、われわれはまた赤い夕日を見ることができる。太陽が水平線近くにあるとき、日光はわれわれに届く前に、大量の塵に出会うからである。

(8) そのためには、宇宙望遠鏡ハッブルのように、大気圏の上を飛び、ぼやけた映像を受信することのない、軌道上の宇宙観測所を設けるのが、好都合である。

(9) アンリ・ポアンカレ『科学の価値』フラマリオン、1990〔吉田洋一訳、岩波文庫、1977〕。

(10) 前掲、B.アラン・ワラス『科学と仏教』187頁。

第19章 瞑想から行動へ

(1) 前掲、シャーンティデーヴァ『〈悟り〉への道』。

疇と関連する）恒常性原理、（因果性の範疇と関連する）規則による相関関係原理などを指す。

（2） W・ハイゼンベルク『量子物理学の哲学的問題』ウッドブリッジ、オクス・ボウ・プレス、1979、23頁。

（3） アーリヤデーヴァ『四百の詩節、チャトゥーシャカラ』チベット語、ブズィ・ブルギア・パ。

第15章　数学の神秘

（1） 平らな空間は曲がった空間とどのように違うのか。この違いを説明するのに、平らな空間を平面と比べることができる。空間は三次元であるのに対して、面は二次元である以上、この対比は完全ではない。しかし、われわれの直観を導くには有効である。われわれはみな教室で、平面上で一本の直線に対してある一点を通る平行な直線は一本しか描けないこと、平面上の三角形の内角の和は180度であることを教わった。これはユークリッド幾何学である。今度は曲面を取り上げよう。曲面は、球体の表面のようにプラス〔凸〕の湾曲も、馬の鞍のようなマイナス〔凹〕の湾曲もある。地球の表面のようなプラスの湾曲の表面上で、赤道で平行しているように見える経度の線は南極・北極で収斂する。このように球体上では、直線に対して平行な線はありえないし、また三角形の内角の和は180度を超える。逆に、マイナスの湾曲をもつ表面上では、一本の直線に対して一点を通る平行な線を何本でも描け（平行線はその直線と交わらない線として定義される）、三角形の内角の和は180度よりも小さい。

（2） フラクタル図形についてのさらなる詳細については、前掲、T.X.トゥアン『カオスとハーモニー』149―157頁 参照。

（3） ルネ・デカルト『哲学的瞑想』ガリマール・プレイヤッド版、1970、311頁〔三木清訳『省察』岩波文庫、1949、省察５、94頁〕。

（4） ロジャー・ペンローズ『精神、コンピュータ、物理法則』インターエディションズ、1992、101頁。

（5） 同上、466頁。

（6） アンリ・ポアンカレ『心理学総合研究所会報』８年次、第３号。

（7） 素数というのは、例えば、１，２，３，５，７，11，13などのように、１かその数自体でしか割ることのできない数である。ほかにも驚異的な数の記憶能力を発揮する才能の持ち主がいる。パイ〔円周率〕の最初の4000桁の数を暗唱できる日本人がいた。

（8）『科学と生命』984号、1999年９月、46頁の総括論文「数学の生物学」参照。

第16章　理性と観想

（1） 禅の公案――例えば、師が両手を打ってから発する問い「片手の出す音はどんな音か」――は、しばし弟子の論証的想念の脈絡を断ちきり、二つの想念の合間に、頭の中でこね上げるものを超えた精神の本質を垣間見させることを狙う。

（2） ゲーデルの証明は、自己言及的命題、すなわちそれ自体について語る命題という概念の上に成り立っている。古代人はすでに、自己言及的命題とともに生じる論理の逆説に親しんでいた。例えば、「この文は誤りである」という命題を考えてみよう。もしその文が正しければ、それは誤りであり、もしその文が誤りなら、それは正しい。あるいはまた、「私は嘘つきである」という命題。もし私が嘘つきなら、私は真実を言っているし、もし私が真実を言っているなら、私は嘘つきである。論理は答えに詰まる。イギリスの数学者、バートランド・ラッセルが作った次の問題も同様である。「セビリアの住民は、自分でひげを剃らぬとき、そのときだけ、セビリアの床

第12章　自分は考える、と考えるロボット？

（1）　人工知能の専門家、マーヴィン・ミンスキーの著作『精神の社会』インターエディションズ、1988参照。
（2）　『ラ・ルシェルシュ』308号、1998年4月、109頁のフランシスコ・J.ヴァレーラのインタビュー参照。
（3）　フランシスコ・J.ヴァレーラによれば（個人的意見交換）、もし意識はそれを条件づける動的基盤（身体と生の体験）と不可分であると考えるなら、ソフトとハードの区別は意味がなくなる。
（4）　前掲、J＝P.シャンジュー『ニューロン人間』。
（5）　アラン・チューリング「コンピュータと知能」『マインド』59号、1950、433—460頁。
（6）　ジョン・R.サール「精神、脳、プログラム」『行動科学』1980。
（7）　前掲『ラ・ルシェルシュ』308号。
（8）　R.A.ブルックス「理性なき知能」『1991年人工知能にかんする国際合同会議報告』1991、569—595頁。「表象なき知能」『人工知能ジャーナル』47号、139—160頁。R.A.ブルックス他「知能の代替的本質」『アメリカ人工知能学会会報』1991。
（9）　植物は日光やえものをとらえるために動くが、それは無意識の動きである。仏教の見方でも、植物には意識はない。
（10）　前掲『ラ・ルシェルシュ』308号。
（11）　同上。
（12）　ルック・スティールズ「人工知能の人工生命ルーツ」『人工生命ジャーナル』I号、1、MIT出版、ケンブリッジ、1994。「ホモ・サイバー・サピエンス、ロボット・ヒト科知能と、人工知能への人工生命的アプローチ」脳—コンピュータ連関にかんするバーダ・シンポジウム、ミュンヘン、1995。
（13）　ダニエル・ゴールマン／ロバート・A.F.サーンマン編『東西の対話、ハーバード精神科学シンポジウムにおけるダライ・ラマと参加者たち』ウィズダム・パブリケーションズ、ボストン、1991。
（14）　ステファン・ハーナッド『意識——認知・脳理論再考』1982、第5章、29—47頁。

第13章　大海の波のように

（1）　前掲、シャーンティデーヴァ『〈悟り〉への道』。
（2）　前掲、フランソワ・ジャコブ『ネズミ、ハエ、人間』。
（3）　前掲、フランシスコ・J.ヴァレーラ監修『眠る、夢見る、死ぬ』。
（4）　同上。

第14章　宇宙の文法

（1）　ミシェル・ビトボルとの個人的意見交換での彼の見解によれば、カント哲学者が使うような「客観的現実」という表現は、「約束事としての、あるいは相対的な現実」という仏教の表現の同義語である。科学の哲学的概念の道具一式の大半を提供してくれるカント哲学において、内在的存在とは「ものそれ自体」の存在で、それは認識不可能であり、また、客観的存在とは純粋な悟性の範疇を通してたがいに結びついている現象の配列の存在である。つまり後者は、（実体の範み出されないからだ。生まれるものは、現れるためには、破壊されるものを必要とするし、生まれるものは、発生（あるいは〈生成〉）が続くためには、破壊されなければならない。[…] 同一のものがふたたび生成することは不可能である。以前と同じではないものが、どうして実在しうるだろうか」。

(11) ナーガールジュナ『中道の根底論、ムーラマディヤマカ・カーリカ』。

(12) 『プラジュニャー・パーラミタ』。

第11章　潜在的境界

(1) J＝P. シャンジュー『ニューロン人間』ファイヤール、1983。

(2) この説明は、「相対的真理」のレベル、現象がわれわれに見せるかりそめの世界のレベルにかんして述べたもの。ダライ・ラマはここで、原因と結果が固有の存在を有していると主張しているのではない。また、前の章での仏教による分析、つまり、もし原因と結果がそれ自体で存在するものとみなされるなら、原因から結果への移行は不可能であるという、第10章で述べたような反論に疑問を投げかけているのでもない。

(3) 前掲、フランシスコ・J. ヴァレーラ監修『眠る、夢見る、死ぬ』159—160頁。

(4) 「肉体化された認知」の概念（英語で、embodied cognition）。例えば、フランシスコ・J. ヴァレーラ／E. トンプソン／E. ロッシュ『精神の身体への組み込み』スーイユ、1993 参照。

(5) 前掲、エルヴィン・シュレーディンガー『精神と物質』195頁〔邦訳、83頁〕。

(6) 例えば、アンリ・ベルクソンは、「生の躍動」が生物システムを創造的に、きわめて巧みに自己組織化させ、発展させると考えた。

(7) 「断続平衡」理論は、広く受け入れられているわけではない。とくに、リチャード・ドーキンスのような生物学者がこれを批判している。

(8) M. J. ミーニイ他「前脳グルコ・コルチコイド・レセプター遺伝子発現の初期環境調節。ストレスに対する副腎皮質ホルモン反応」（『発達神経科学』18号、49—72頁、1996 参照。

(9) 前掲、フランシスコ・J. ヴァレーラ／E. トンプソン／E. ロッシュ『精神の身体への組み込み』。

(10) レイモンド・ムーディ『生のあとの生』ロベール・ラフォン、1977。マイケル・セイボン『死の記憶』ハーパー・アンド・ロウ、ニューヨーク、1982。ケネス・リング『終末への入り口』クイル・モロウ、1984。前掲、フランシスコ・J. ヴァレーラ監修『眠る、夢見る、死ぬ』中のこれらの研究にかんする報告と、ソギアル・リンポチェ『チベットの生と死の書』ターブル・ロンド、1993 参照。

(11) シュアー・レーネンストランド『シャンティ・デヴィ、生まれかわった子』ポケット。L. D. グプタ／N. R. シャルマ／T. C. メイサー（ガンディーが派遣した三人の名士）『シャンティ・デヴィ事件調査書』インターナショナル・エイリアン・リーグ、デリー、1936。さらに、われわれがここに要約したパトリス・ヴァン・エルセルの論文（『クレ』22号、1999夏）参照。

(12) イアン・スティーヴンソン『生まれかわり現象を示唆する20例』サンド、1985。

(13) 前掲、J＝F. ルヴェル／M. リカール『僧侶と哲学者』〔邦訳88頁〕。キエンツェ・リンポチェの生涯については、M. リカール『チベットの精神』スイユ、1997 参照。

(14) 前掲、フランシスコ・J. ヴァレーラ監修『眠る、夢見る、死ぬ』280頁 参照。

ンガーの波動関数は、時間の中で可逆的である。したがって、アプリオリに時間の矢はない。ただし、それが真実であるのは、観測が行われない限りにおいてである。観測という操作がなされるやたちまち、波動関数がただ一つの位置に収縮し、その系の上に不可逆の刻印が押されるかのごとく、すべては進行する。この不可逆性がどのように生じるかを理解するために、シュレーディンガー波動関数を時間の中で逆転させるという思考実験を試みよう。観測が行われる瞬間まで、すべては可逆的である。しかし、観測が行われると、粒子はいくつかの可能な過去の中から選択を行わなければならない。観測行為以前には、時間が逆向きに流れたとき、いくつかの可能な未来もまたあったはずである。粒子がその「真の」過去に相当する一つの過去を選ぶのを妨げるものは何もない。したがって、不可逆性、つまり一種の量子論的な時間の矢があることになる。

第10章　カオスとハーモニー

(1)　前掲、ヴェルナー・ハイゼンベルク『物理学と哲学』212頁。

(2)　光速の壁を越えることの禁止は、情報の伝達者である現象にのみあてはまると、はっきり言う必要がある。情報を伝えない現象は、原則として、光より早く広がることができる。例えば、地球上で作られたレーザービームを月の表面上ですばやく動かすケースを取り上げよう。レーザービームの内部で光子は光よりも早く進まないのに、月の表面に投影された光のゾーン（あるいは陰／光の境界）は、地球からのレーザービームに対する回転角度のためと、地球と月が遠く離れているために、毎秒60万キロメートル（光速の２倍）で移動するように見える。天文学者はこの現象を一部の電波銀河（そのエネルギーの大部分を電波として放射する天体）で観測した。「超光速」と言われる、つまり光速以上の速度をもつ運動が、そこで探知された。しかし、こうした現象はいかなる情報も伝えることができないので、因果性の働きに加わることができない。

(3)　ローランド・オムネスによれば、波動関数の収縮は、かならずしも一つの現象とみなす必要はなくて、ただ計算の技法とみなせばよい。さらに詳しくは、R.オムネス『量子力学の解釈』プリンストン大学出版、1994、339—340頁参照。

(4)　この文脈において、いわゆる「非干渉性」理論も挙げるべきだろう。この用語は、測定機器は全体的波動関数に含まれるすべての可能性の中からただ一つだけを選ぶという事実を表している。物理学者ヴォジュチエク・ズーレックによれば、この選択は、世界の出来事の展開が、不連続的、予測不能ではなく、連続的、相関的な仕方で起きるという事実によって決まっている。

(5)　P＝S.ラプラス『確率にかんする哲学的エッセイ』クルシエ、1814。

(6)　アンリ・ポアンカレ『科学と方法』フラマリオン、1908〔吉田洋一訳、岩波文庫、1953〕。

(7)　非線形・カオス的現象にかんする詳細については、前掲、T.X.トゥアン『カオスとハーモニー』第３章参照。

(8)「自己予測は不可能であること、また、ラプラス的知性の全能力を結集した予測者、[…] すなわち決定論的性格があまねく認められているような一つの物理系を代表する予測者を作り上げることに成功したとしても、自己予測は不可能であることをわれわれは証明した。[…] 自己予測が不可能であるなら、その結果、予測者は自分自身の環境に対する自己の働きかけの効果を予測できないことになる」。K.ポパー『優柔不断な宇宙』ハーマン、1984、66頁。

(9)　ミシェル・ビトボル、個人的な意見交換。

(10)　哲学的背景はまったく異なるが、この仏教による分析の表現と共鳴するものが、ヘルメス・トリスメギストス〔ギリシャ神ヘルメスとエジプト神トートの習合神。ヘルメス文書（前３—後３世紀）〕のことばに見出される。「すべてのものは破壊を免れない。もし破壊がなければ、何も生

（4） トーマス・ネイジェル『コウモリであることはどんな効果を及ぼすか』PUF、1984。
（5） このテーマは、ラマ・ミファム（1846—1912）のチベット語の著作『確実性のかがり火』と、さまざまな筆者によるこのテクストの注釈の中で詳細に展開されている。ジョン・W.ペティットの英訳『確実性のかがり火』ボストン、ウィズダム・パブリケーションズ、1999 参照。
（6） ディルゴ・キエンツェ・リンポチェ『ティングリの人々へのパダムパ・サンギエの百の助言』M.リカールとパドマカラ翻訳委員会による翻訳、パドマカラ、2000。
（7） ヴェルナー・ハイゼンベルク『部分と全体』アルバン・ミシェル、1972、112頁〔山崎和夫訳、みすず書房、1974、126頁〕。
（8） W.H.ズーレック『量子、古典的、非干渉性』プレプリント、ロス・アラモス、1992。
（9） 前掲、ヴェルナー・ハイゼンベルク『物理学と哲学』202頁〔邦訳、210頁〕。
（10） ニールス・ボーア『原子物理学と人間の認識』1991、20頁。

第8章　私たちを生み出す行為

（1） 地球上の生物は140万種が知られているが、まだ発見されていない種が多く、その正確な数は1000万と1億の間となるだろう。圧倒的多数は昆虫（75万1000種）と植物（28万種）からなり、昆虫以外の動物は28万種にすぎない。残りは、バクテリア、ウイルス、藻類、原生動物、菌類からなる。E.O.ウィルソン『生命の多様性』ハーバード大学出版、ケンブリッジ、1992 参照。
（2） 前掲、ルイ・フィノ『ミリンダーパンハ——ミリンダの問い』〔邦訳、111—112頁〕。
（3） ノーバート・ウィーナー『人間の人間的利用、サイバネティックスと社会』ニューヨーク、エイヴォン・ブックス、1967〔池原止戈夫『人間機械論——サイバネティックスと社会』みすず書房、1954〕。

第9章　時間の問題

（1） 聖アウグスチヌス『告白』9章、ガルニエ・フラマリオン、1964、264頁〔服部英次郎訳、岩波文庫、1976、第11巻　第14章、（下）114頁〕。
（2） 1秒は、今日、セシウム133原子が二つのエネルギー・レベルの間で9、192、631、770回振動する時間と定義されている。
（3） この持続は、およそ10分の1秒である。フランシスコ・J.ヴァレーラ『ニューヨーク科学アカデミー年報』879巻、1999、143頁。
（4） 同上。
（5） 前掲、ガムポパ『解放の貴重な飾り』の中に引用されているナーガールジュナ『親友への手紙』。
（6）『意図して言われた章、ウダナヴァルガ』。
（7） アリストテレス『自然学』IV,10, 218 a.
（8） Nunc fluens facit tempus, nunc stans facit aeternitatem, Boece, De Consolatione, chapitre 5, p. 6.
（9） この規則の唯一の例外は、「ケーオン〔K中間子〕」と呼ばれる亜原子の粒子にかかわるものであるが、この小さな矢はあまり重要ではない。なぜなら、ケーオンはわれわれを構成する物質の中にも、星や銀河の物質の中にも存在せず、粒子加速器の中に初めて現れるからである。
（10） もし人が粒子と呼ばれる現象を観測しなければ、この現象は、同時にどこにでも存在しうる波として現れる。粒子を空間の中の特定の一点に見出す確率を計算できるようにするシュレーディ

（18）　W.V.クワイン『真理の探究』（M.クラヴランによる仏訳）、スイユ、1993、62頁〔伊藤・清塚訳『真理を追って』産業図書、1999〕。（M.ビトボルが『物理学と精神の哲学』フラマリオン、2000、14頁で引用している）。
（19）　前掲、ロラン・ノッタル『あらゆる状態における相対性』111頁。
（20）　スティーヴン・ワインバーグ『究極理論の夢』オディル・ジャコブ、1997 参照。
（21）　マルクス・アルント／オラフ・ナイルス／ジュリアン・フォス＝アンドレア／クラウディア・ケラー／ゲルバント・ファンデア・ゾウ／アントン・ツァイリンガー「炭素60分子の波—粒子二重性」『ネイチャー』401巻、n.6754、680—682頁（1999）。
（22）　前掲、ヘンリー・スタップ『量子理論のS—マトリックス解釈』。
（23）　この見方によれば、時空はミクロ世界のスケールではフラクタルな性質をもち、フラクタルな行動と非フラクタルな行動（最大のスケールにおける）の境目は、量子力学と古典力学の境目に一致する（前掲、ノッタル『あらゆる状態における相対性』177頁参照）。自然の法則は、そのスケールにかかわらず、どんな座標系においても有効でなければならない（219頁）。
（24）　シャンタラクシタ『マディアマカーアランカラ』（チベット語、ドブ・マ・ルギエン、中道の飾り）。
（25）　前掲、シャーンティデーヴァ『〈悟り〉への道』第９章、34頁。
（26）　ルイ・フィノ『ミリンダーパンハ、ミリンダの問い』パーリー語からの翻訳、ガリマール「東洋の知識」叢書、1992〔中村元・早島鏡訳『ミリンダ王の問い１』平凡社東洋文庫７、1963〕。
（27）　ベルナール・ピュルマン『人間の思考の歴史における原子』ファイヤール、1995の引用。
（28）　ここで問題とされているのは、物理的・非数学的分割不可能性である。
（29）　前掲、ヴェルナー・ハイゼンベルク『物理学と哲学』188頁。
（30）　前掲、ミシェル・ビトボル『現実の目もくらむ近さ』188頁。
（31）　同上、195頁。

第６章　夏雲を貫く稲妻のように

（１）　陽子は２個のアップ・クォークと１個のダウン・クォークからなり、中性子は１個のアップ・クォークと２個のダウン・クォークからなる。
（２）　前掲、ガムポパ『解放の貴重な飾り』中にあるダルマキールティ「プラマーナ・ヴァールチカ・カーリカ、真正な認識の完全な注釈」249頁。
（３）　前掲、ブライアン・グリーン『エレガントな宇宙』。
（４）　第14章「宇宙の文法」参照。
（５）　膨張によって残される空間を埋めるために、この理論では、物質と銀河のたえざる創造を想定する。定常宇宙には、ビッグバンの代わりに一連のリトルバンがあることになる。
（６）「宇宙論定数」の名で物理学者に知られている。

第７章　生き物ごとに違う現実

（１）「時間、方程式からことばへ」『レゼスパス』1999年12月号。
（２）　前掲、ベルナール・デスパニャ『ベールで覆われた現実』。
（３）　E.トンプソン／A.パラシオ／F.J.ヴァレーラ「彩色の方法——認知科学のための一つのケース・スタディとしての比較色彩映像」『行動・脳科学』15巻、１—74頁。

として荷車の概念に使われる「荷車」が固有の存在をもたない七つの理由が、次のように展開される。

①荷車は、その部品（車輪、車軸など）と本質的に一つではない。なぜなら、もし一体であるのなら、部品はさまざまであるから、荷車という存在もさまざまとなるはずだからだ。もしあくまでも荷車という存在は本当に「一つ」であると言うのなら、その場合は、そのすべての部品が唯一の、同一の存在でなければならない。このことから、動因（動いている荷車）と、それが走行中に運ぶもの（その部品）は一つではありえない。

②荷車は、その部品と本質的に別ではない。なぜなら、もし別であるのなら、荷車はその部品とは完全に区別される存在となるからだ。一方で、存在論的に同時の独立した現象はたがいに作用し合えないし、したがって、因果関係によるつながりはありえない。そうなると、荷車はその部品とは別個にとらえることができるはずであるが、そうではない。

③荷車の部品は荷車という存在に本質的に依存していない。なぜなら、もし依存しているのなら、部品と荷車は本質的に「別」でなければならないが、②のケースと同じで、そうではない。

④同じ理由によって、荷車はその部品に本質的に依存していない。

⑤荷車は、農夫が牛を所有しているようには、あるいは人間が自分の身体を所有しているようには、その部品を所有していない。所有するためには、荷馬車は内在的にその部品と区別されるか、区別できないかのどちらかであるが、そのいずれの可能性も論駁された。

⑥荷馬車は、その部品の単なる複合体ではない。(a) 部品の形は荷車ではありえない。(b) 部品で構成される複合体の形は荷車ではありえない。なぜなら、それらの部品の形は組み立てられる前もあとも、荷車ではなく、それらの形は変わらないからだ。

⑦複合体の形は荷車ではない。なぜなら、部品の複合体は固有の存在を備えたものではないからだ。部品そのものの他に部品の複合体はない。もし違うのなら、部品を把握せずに、その複合体を把握することができるだろう。すでにわかったように、複合体はその部品と同じものでもありえない。なぜなら、もし同じであるのなら、「複合体」という存在が多様であるか、部品が一つであるかのいずれかである。要するに、複合体の形は、概念的繰り入れの働きで存在しているにすぎない。

（6） 前掲、B. アラン・ワラス『科学と仏教』232頁。

（7） 前掲、ヴェルナー・ハイゼンベルク『物理学と哲学』42頁。

（8） 同上、186頁。

（9） ニールス・ボーア『原子理論と自然の記述』オクス・ボウ・プレス、1987、18頁〔井上健訳『原子理論と自然記述』みすず書房、1990〕。

(10) フランソワ・ジャコブ『ネズミ、ハエ、人間』オディル・ジャコブ、1997、216頁。

(11) エルヴィン・シュレーディンガー「科学とヒューマニズム」（『量子物理学と世界の表象』）スイユ、1992、47頁〔伏見・三田・友松訳『科学とヒューマニズム』みすず書房、1956〕。

(12) 前掲、ヴェルナー・ハイゼンベルク『物理学と哲学』107頁。

(13) 『プラジュニャー・パーラミタ〔般若波羅密〕』（智慧の超越的完成）。

(14) ヘンリー・スタップ「量子理論のS—マトリックス解釈」ローレンス・バークリー研究所、プレプリント、1970年6月22日（*Physical Review*, D 3, 1971, 1303）。

(15) ミシェル・ビトボル『現実の目もくらむ近さ』フラマリオン、218頁。

(16) エルヴィン・シュレーディンガー『自然とギリシャ人』（M. ビトボルの序『表象の終了』付き）、スイユ、1992、197頁。

(17) 前掲、ミシェル・ビトボル『現実の目もくらむ近さ』211頁。

（7）　カントは約束事としての存在を「客観的」と呼び、自立した存在を「それ自体〔即自〕」と呼んだが、それと比べて考えてもよい。
（8）　このあとで批判される粒子の存在論と区別するために、より正確に言えば、「現象ＡとＢの特性は相関している」。
（9）　われわれはミシェル・ビトボルと話し合ったが、その中で彼が言うには、量子力学は現実については何も教えてくれない。最初の段階で、量子力学は現象を予測するだけである。次に、われわれがその予測を形而上的イメージによって解釈しようと努める。ここでわれわれが紹介しているのは、大半の物理学者の見解である。アメリカ人のデーヴィッド・ボームのように、幾人かの孤立した物理学者たちは量子力学の別の解釈を提示していて、それによれば、EPR相関も違う読み方ができる。
（10）　ベルナール・デスパニャ『ベールで覆われた現実』ファイヤール、1994。
（11）　ヴェルナー・ハイゼンベルク『物理学と哲学』アルバン・ミシェル、1961／1971、107頁〔河野・富山訳『現代物理学の思想』みすず書房、1989〕。
（12）　ウィリアム・ブレイク『無垢の予兆』〔冒頭の４行〕ウィリアム・ブレイク全集、ジョフリー・キーンズ、オクスフォード大学出版、ニューヨーク、1985。
（13）『アヴァタンサカ・スートラ――花飾り教典』トーマス・クリアリーの英訳、シャマバラ出版、ボストン、ロンドン、1985、959頁。
（14）　アスヴァゴーサ『信仰の目覚め』翻訳者ハケダ、コロンビア大学出版、55頁。
（15）　前掲『空性を理解する』86頁。
（16）　ナーガールジュナの『マディアマカ・プラジュナムラ』。
（17）『サガラに必要とされるスートラ』（『サガララージャ・パリプリチャ・スートラ』トホク・カタログ、152巻）。

第５章　現実という蜃気楼

（1）　ボーアの相補性の概念を理解しようとするなら、彼の中心概念を忘れてはならない。「原子という対象の行動と、その現象が現れてくる条件を決定するのに役立つ測定機器とその行動との相互作用をはっきりと分けることはどうしてもできない」。『原子物理学と人間の認識』ガリマール、1991、207頁。
（2）　ジェームズ・ジーンズ卿は書いている。「われわれは決して出来事とは何であるかを理解できないので、出来事の図式を数学の言語で記述することにとどめるべきである。それ以外の一切の目標は不可能である。自然を理解しようと努める物理学者たちは、さまざまな方法を用いてそれぞれの分野で仕事をしている。耕し、種を播き、収穫することができるが、その結果は、つねに数学の公式を記した一枚の紙となり、そこには決して自然そのものの記述はない。[…] かくして、われわれの研究は決して現実と接触することはできないのだ」。『物理学と哲学』ケンブリッジ大学出版、1931、15―17頁。
（3）　前掲、シャーンティデーヴァ『（悟り）への道』第９章、144頁。
（4）　この仏教の分析と量子力学に対応して、ロラン・ノッタルは述べる。「そうすると、粒子という概念は、もはや質量、スピン、電荷を「もつ」物体とはかかわりがなくなり、微分不可能な時空のフラクタル測地線、つまり質量も、スピンも、電荷も、共通の幾何学的特性であるような測地線に等しくなる」。『あらゆる状態における相対性』アシェット、1998、238頁。
（5）　ナーガールジュナの偉大な注釈者であるチャンドラキールティ（７世紀）のこの推論は、古典

第3章　大いなる時計職人を求めて

（1）　ブレーズ・パスカル『パンセ』アシェット、1921〔前田陽一訳『世界の名著　パスカル』中央公論社、1966、156頁〕。
（2）　ジャック・モノー『偶然と必然』スイユ、1970〔渡辺・村上訳、みすず書房、1972〕。
（3）スティーヴン・ワインバーグ『宇宙の最初の三分間』スイユ、1978。
（4）　フリーマン・J.ダイソン『宇宙の邪魔者』ペイヨ、1987。
（5）　マチウが超ひも理論の専門家ブライアン・グリーンに尋ねたときの、彼の答え。「その答えは、宇宙論の中にある。宇宙の最初の瞬間に、そのエネルギーはひもの振動の形で表される。それではなぜ一定の数のひもが一定の振動の仕方をして、別のグループのひもは別の振動をするのか。われわれの考えでは、エントロピー（無秩序を測定する物理的量：宇宙は最大量の無秩序を「求める」）とエネルギー（宇宙は、坂を転がるボールのように、より低いエネルギー状態を求める）との競争があって、それでどれだけの数のひもがそれぞれの可能な振動の仕方をするかが決まる」。
（6）　ヒト原理の強調版と穏健版という表現は、M.S.ロンゲア『宇宙理論と観測の対決』ライデル、ドルドレヒト、1974、291頁にあるブランドン・カーターの説明による。
（7）　しかし、真の偶然は証明できない。なぜかというと、不確定論の結果と決定論的カオスの結果は判別不可能だからである。
（8）　ブラックホールは、巨大な星が一生を終えて、重力崩壊するときに生じる特異空間。穴が「黒い」のは、重力があまりにも強力で、光がそこから外へ出られないからである。
（9）　前掲、T.X.トゥアン『カオスとハーモニー』2章から6章参照。
(10)　ダルマキールティは、『論理注釈（プラマーナ・ヴァールチカ）』に書いている。「誰が完全な原因の結果を妨げられるか？」
(11)　前掲『空性を理解する』201頁にあるミニャク・クンサング・セウナムの『〈悟り〉への道』第9章についての注釈。
(12)　同上、202頁。
(13)　『ダライ・ラマ、イエスを語る』プレポル、1997、79頁〔中沢新一訳、角川書店、1998、118頁〕。
(14)　同上〔邦訳、119頁〕。
(15)　同上〔同上〕。
(16)　同上、79—80頁〔邦訳、119—120頁〕。

第4章　一粒の砂の中の宇宙

（1）　相互依存と相互因果性の概念にかんする詳細な展開については、ジョアンナ・メイシー『仏教における相互因果性と総体システム理論』ニューヨーク州立大学出版、アルバニー、1991参照。
（2）　ファブリズ・ミダル『チベットの神話と神々』スイユ、2000。
（3）　前掲、シャーンティデーヴァ『〈悟り〉への道』第9章、145—146頁。
（4）　エルヴィン・シュレーディンガー『精神と物質』スイユ、1980〔中村是空訳、工作舎、1987、65頁〕。
（5）　E.R.ハリソン『宇宙論——宇宙の科学』ケンブリッジ大学出版、ニューヨーク、1981、2頁。
（6）　前掲、B.アラン・ワラス『科学と仏教』15章、16章。

（3）　数字は、1998年「国連開発計画」世界の現状にかんする報告による。
（4）　仏教における相互依存の概念については、第4章参照。
（5）　仏教における空性の概念については、『空性を理解する』パドマカラ、1993、パトリック・カレ『空性讃』ポヴェール、2000参照。
（6）　この誤解の歴史については、ロジェ＝ポル・ドロワ『虚無の信仰』スイユ、1997〔島田・田桐訳、トランスビュー、2002〕参照。
（7）　ガムポパ『解放の貴重な飾り』パドマカラ、1999、257頁に引用されている。
（8）　ロジェ＝ポル・ドロワ『インドの忘却——哲学的記憶喪失』PUFポケットブック、1989。
（9）　第4章で述べられるEPR実験にかかわるもの。
（10）　この対話の中で紹介される仏教の側面と引用はチベット仏教に固有のものではない。仏陀釈迦牟尼（紀元前569—489？）のことばと、偉大なインドの注釈者たち、主として中観哲学（マーディアミカ）を説く人々のことばに基づく、インド仏教の哲学的見解を表している。ナーガールジュナ〔龍樹〕（紀元2世紀、ただし別の伝承によれば、紀元前212年に生まれたとも言われる）、チャンドラキールティ〔月称〕（7世紀）、シャーンティデーヴァ〔寂天〕（685—763？）など。
（11）　仏陀の生没年は確定していない。スリランカに保存されているヴィナヤの記録に基づく計算によれば、仏陀は紀元前483年から403年まで生きたと言われる。しかし、アショーカ王の統治（紀元前268—231）を仏陀の死の2世紀後とするなら、仏陀の生涯は紀元前569年から489年となる。また別の研究では、これとは異なる生没年となっている。

第2章　存在と非存在

（1）　強い核力と弱い核力、電磁気力と重力である。どんな物理現象も、これらの四つの基本的な力で説明できる。
（2）　プランク時間において、宇宙は極度に圧縮されていて、超高密度であるので、ふつう亜原子のレベルでは無視しうる重力が、強い核力と弱い核力や、電磁気力と同じくらい重要な働きをもつようになる。
（3）　超ひも理論の詳細、明快な記述については、ブライアン・グリーン『エレガントな宇宙』ロベール・ラフォン、2000〔林一・林大訳、草思社、2001〕参照。
（4）　物理法則が実験によって検証されるのは、ビッグバン後、約10^{-12}秒を上回る時間にかんしてだけである。それ以前は、宇宙における素粒子のエネルギーは大きすぎて、どんなに大きな粒子加速器でも再現できず、したがって、こうした極端な条件における物理学の研究は不可能である。
（5）　多種多彩な波がわれわれの生活の各瞬間につきまとっている。電波は一番エネルギーの少ない波である。ちょっとスイッチをひねるだけで、この波は現代エレクトロニクスの奇跡によって、ベートーヴェンの交響曲やテレビの連続ドラマに転換する。電波に混じって、太陽からやって来る可視光線の波は窓越しに、われわれのまわりのあらゆる物体の表面で跳ね返り、ついでわれわれの目に入るので、われわれは物体を見ることができる。太陽から来る紫外線と宇宙空間から来るエックス線の波が、それらの上に重なる。
（6）　宇宙の歴史をさらに詳しく知るには、前掲、T.X.トゥアン『秘密の調べ』参照。
（7）　シャーンティデーヴァ『菩薩行への道』。仏訳『〈悟り〉への道』パドマカラ、1991、第9章、147—148頁。

原　注

マチウ・リカールによる序文

（1） フレデリック・ルノワール『仏教と西洋の出会い』『フランスにおける仏教』ファイヤール、1999。
（2） ジャン＝フランソワ・ルヴェル／マチウ・リカール『僧侶と哲学者』ニール、1997〔邦訳、新評論、1998〕。
（3） このセミナーへの多数の参加者の中に、認知科学と生物の分野では、リチャード・J.デーヴィッドソン、アンヌ・ハリントン、ジェローム・エンジェル、ポール・エックマン、ロバート・リヴィングストン、エリオット・ソーバー、フラシスコ・J.ヴァレーラ、物理学の分野では、デーヴィッド・フィンケルスタイン、アーサー・ザジョン、アントン・ジイーリンジャー、哲学の分野では、オーエン・フラナガン、ダニエル・ゴールマン、チャールズ・テイラー、リー・イアリーがいる。
（4） 『架け橋』アルバン・ミシェル、1995。『精神が身体と対話するとき』ダニエル・ゴールマン監修、トレダニエル、1997。『眠る、夢見る、死ぬ——ダライ・ラマとともに意識を探る』フランシスコ・J.ヴァレーラ監修、ニール、1999。また他の著作は英語版で出ている。ザラ・ハウシュマンド／ロバート・B.リヴィングストン／B.アラン・ワラス『岐路に立つ意識——脳科学と仏教にかんするダライ・ラマとの対話』スノウ・ライオン、1999。ダニエル・ゴールマン／ロバート・A.F.サーマン編『東洋と西洋の対話——ダライ・ラマとハーバード精神科学シンポジウム参加者』ウィズダム・パブリケーションズ、ボストン、1991。
（5） B.アラン・ワラス『科学と仏教』カルマン・レヴィ、1998。
（6） サブテン・ジンパ「科学は哲学の盟友か、それともライバルか？——チベット仏教思想家の現代科学とのかかわり」（B.アラン・ワラス編『仏教と科学』コロンビア大学出版、2002の中の論文）。
（7） ヴェルナー・ハイゼンベルク『境界を超えて』ハーパー・アンド・ロウ、ニューヨーク、1974、第3章「ヴォルフガング・パウリの哲学観」。
（8） チン・スアン・トゥアン『秘密の調べ』ファイヤール、1988、ガリマール・ポケットブック版、フォリオーエッセー版、1991。『カオスとハーモニー』ファイヤール、1998。『ある天体物理学者』シャン・フラマリオン、1995。『運命と宇宙』ガリマール発見叢書、1992。

第1章　道の交わるところで

（1） 運動、時間、空間に対する重力の場の影響を記述するこの相対性理論は、アインシュタインがその10年前の1905年に、重力の影響を考慮に入れずに考えた「特殊」相対性理論と区別するために、「一般」と名づけられた。
（2） ディルゴ・キエンツェ『心の宝物』スイユ、ポアン・サジェス叢書、1994。

訳者あとがき

本書は、Matthieu Ricard / Trinh Xuan Thuan, *L'infini dans la paume de la main ―― Du Big Bang à l'Éveil*, NiL/Fayard, 2000 の全訳である。リカールには父である哲学者J＝F・ルヴェルとの共著『僧侶と哲学者』があり、彼にとっては、これはその続編とも言えるが、しかし今回は、現代科学、とりわけ宇宙論の世界像、さらに量子力学の認識論との比較・対話であり、まったく新しい展開であるとも言える。

現象世界がかりそめのものであり、固有の実体をもたないことについては、仏教哲学の説くところと現代物理学者の大半が考えているところは一致しているらしいと、これまで言われてきた。しかし、それについての深い議論は聞いたことがない。ここに幸運にも、分子生物学の道からチベットの高僧の下での修行へと転身したフランス人僧侶と、ベトナム出身で仏教の伝統の下に育ったアメリカ人天体物理学者の間に、その議論が互いの納得のいくまで繰り広げられる機会が生まれた。たがいに相手の言い分に誠実に耳を傾け、問題の本質を突き止めようとする態度から、自然に「人はどう生きるべきか」という問いへの道筋が現れてくる。

人間は、良い存在でありたいという願いと、存在を理解したいという願いを、自覚のいかんにかかわらず、つねに変わらずもち続けている。そしてこの二つの願いのどちらも、決してかなうことはない。かなわぬ願いをもち続け、一歩でもそこに近づくこと、それが人間である所以である。

二人の議論は、仏教が最先端の科学を先取りしていることを明らかにしているようにも、また、量子力学が仏教に新しい光を当てているようにも見え、読む者の興味は尽きないが、彼らの発言は最終的に、目印の失われた現代において、私たちは何を目指すべきかという問題に収斂するように思われる。「科学は精神性《スピリチュアリテ》なしには正しい働きはできない。精神性は科学なしには存在しえない。しかし人間は、真の人間であるためにその両方を必要とする」(本書三八八頁)という科学者の結論は、私たちの出発点であろう。この地点から歩み出そうとする意欲的な若者の読者が一人でも多いことを、訳者として心から願っている。好奇心に溢れ、挑戦しようとする読者のために科学と仏教の入門書案内を添えた。訳者の恣意的な選択ではあるが、何かのお役に立てれば幸いである。

なお、本書中の引用文で邦訳のあるものについては、できる限り目を通して参考にさせていただいたが、本文の流れに即して訳文を多少変えてある。

最後に、読者に直接は関係のない訳者の私事について一言。

仏教にも科学にも特別の素養のない一般読者向けに発せられたメッセージである以上、素人である自分が訳すことも許されるだろうという思い込みで始めた翻訳であるが、これは予想をはるかに超える難事であった。多くの友人知己の方々の助けをお借りして、何とか完成にまでこぎ着けることができた。ただただ感謝の念を捧げるばかりである。

大学以来の畏友、浅輪雅夫は本書の中身に深い関心を寄せ、読むうちに生じる疑問について話し合い、多くの示唆を与えてくれ、また日本語の表現について適切な助言を与えてくれた。名古屋大学教授、池内了氏には、まことにご多忙の中、原稿を読んでいただいた。立教大学教授、横山紘一氏には、本文中の仏典などの引用、サンスクリットの読みについて貴重なご教示をいただき、また用語解説の不備を補っていただいた。わけても、北海道大学名誉教授、髙田誠二氏にはお世話になった。物理学の歴史に詳しく、かつてメートル法関連のフランス語公文の邦訳も担当された髙田先生が綿密に原文と照らし合わせ、単に科学関係の内容のみならず、翻訳の全体について懇切丁寧な修正の提案をしてくださったおかげで、このように密度の高い内容を一般読者にわかりやすい形に整えることができた。五年前、リカール師から前著に続いて本書の計画があることをうかがい、翻訳へのご協力をお願いしていたのだが、これほど大変な作業をやっていただくことになるとは考え及ばなかった。髙田先生のご尽力は私にとって天助のような幸運であった。新評論編集部の山田洋氏には、会話の口調の統一を始め、読者への配慮に心を砕いていただいた。

そのほか、お名前を挙げないが、大勢の方々のお知恵を拝借して、この本を日本の読者にお届けできるようになったことを記して、改めて心から御礼申し上げる。

菊地昌実

二〇〇二年十月

(6) **吉田伸夫『20世紀の宇宙像・物質像』日本図書刊行会（発売・近代文芸社）、1999、1500円**

宇宙像と物質像の変遷の歴史を、その根底にある世界観、哲学的発想を中心にわかりやすく説く。著者のホームページ「この世界についての仮説」もある（http://member.nifty.ne.jp/scitech/oooo.htm）。

2. 仏教関係

(1) **ダライ・ラマ十四世『ダライ・ラマの仏教入門——心は死を超えて存続する』石濱裕美子訳・光文社知恵の森文庫、2000、495円**

本書でマチウ・リカールが強調しているように、仏教とは何よりも、よりよく生きること、意味のある人生を送ることである。ダライ・ラマ十四世が、そのようなチベット仏教の精髄をやさしく語っている。しかし、仏教は何と理論的であるかと、改めて教えられる本でもある。

(2) **河合隼雄・中沢新一『仏教が好き！』朝日新聞社、2003、1400円**

現代のグローバル世界がどうしようもない行き詰まりに来ているという点では、本書と同じ前提を共有している。そして、仏教こそが、解決を与える唯一の鍵となる可能性を秘めていると言う。とくに、縄文的基層にさかのぼる日本人の仏教的感性に期待をかける。読み出すと、止まらないくらいおもしろい。

(3) **立川武蔵『空の思想史——原始仏教から日本近代へ』講談社学術文庫、2003、1300円**

本書でもメインテーマとなっている「空の思想」が、インドでどのような思想風土の中で生まれ、2000年の歴史の中で、どのようにチベットで育ち、中国を経て、日本に伝えられたかについて、正確な知識を与えてくれる。またこの思想が現代の状況においてもつ意味についても考えさせる。

(4) **中村元『龍樹』講談社学術文庫、2002、1400円**

本書でも度々引用されているナーガールジュナ〔龍樹〕（150－250頃）こそ、「空の思想」を初めて理論化した人である。彼の主著『中論』の全訳を含み、その理論のもっとも周到な解説をここに読むことができる。

(5) **横山紘一『やさしい唯識——心の秘密を解く』ＮＨＫライブラリー、2002、920円**

チベット仏教は大乗仏教の中観派であるが、大乗仏教のもう一つの流れ、唯識派の立場から心を見るとどうなるか。科学と哲学と宗教を兼ね備えた唯識思想を多くの図を織り込みながら、やさしく説き示す。

もっと知りたい読者のための入門書ガイド

1. 科学関係

（1）**佐藤文隆『宇宙物理への道——宇宙線・ブラックホール・ビッグバン』岩波ジュニア新書、2002、780円**

本書で扱われている宇宙の成り立ちとその構造について、ジュニア向けにわかりやすく書かれた本なので、最初にひもとく入門書として最適と思われる。

（2）**池内了『物理学と神』集英社新書、2002、740円**

なぜ西洋に近代科学が生まれたか。キリスト教の神がいたからである。しかし、科学が発達するにつれて、神の存在は怪しくなってくる。人間の抱く宇宙像は神の姿の変容と密接に結びついている。本書と重なる部分が多い内容を、巧みな語り口で初心者にも興味深く読ませる。

（3）**ジェームズ・A.コールマン『相対性理論の世界——はじめて学ぶ人のために』中村誠太郎訳・講談社ブルーバックス、1966（1992、72刷）、820円**

相対性理論がどのような背景で登場してきたか、まったく予備知識のない読者にも理解できるよう、工夫して書かれている。とくに、それまで信じられていたエーテル世界についての説明がおもしろい。

（4）**メンデル・サックス『相対論対量子論——徹底討論・根本的な世界観の違い』原田稔訳・講談社ブルーバックス、1999、820円**

本書でも触れられているが、相対性理論と量子力学を統一する試みの前途は容易ではない。神様はサイコロ遊びをせず、宇宙は厳密な因果律に従っているのか。三人のそれぞれ立場の異なる科学者が対話によって問題の本質に迫ろうとする。

（5）**山田克哉『量子力学のからくり——「幽霊波の正体」』講談社ブルーバックス、2003、1040円**

仏教の空性に対応する量子力学の波 - 粒子二元論の謎をあえて数式を見せながら、わかりやすく解説してくれる。式が何を意味するかを説明することで、謎に迫る。やや上級向け。

『掌の中の無限』姉妹版・好評刊

僧侶と哲学者

チベット仏教をめぐる対話

J＝F・ルヴェル＆M・リカール著／菊地昌実・高砂伸邦・高橋百代訳

A5判・上製・三六八頁・本体三八〇〇円

「大胆不敵な人間考察の本書を推薦する」（山折哲雄氏推賞）。徹底した不可知論の立場に立つ哲学者の父、片や分子生物学者の道を順調に歩みながら突然方向転換し、チベット仏教の修行に向かった息子。このユニークなフランス人親子が現代における仏教の重要性をめぐって白熱した対話を進めていく。いま仏教を語ることは、現代におけるあらゆる問題を語ることである。そして問題の中心は唯一つ、われわれは人生の意味をどこに求めるか…。

訳者紹介

菊地 昌実（きくち　まさみ）

1938年生まれ。東京大学大学院（比較文学・比較文化）修士課程修了。北海道大学名誉教授。著訳書：『アルベール・カミュ』（白馬書房）、『漱石の孤独』（行人社）、A. メンミ『あるユダヤ人の肖像』（共訳、法政大学出版局）、J＝F. ルヴェル ＆ M. リカール『僧侶と哲学者』（共訳、新評論）他。

掌の中の無限――チベット仏教と現代科学が出会う時　（検印廃止）

2003年11月30日　初版第1刷発行

訳　者　菊 地 昌 実
発行者　武 市 一 幸

発行所　株式会社 新 評 論

〒169-0051　東京都新宿区西早稲田3-16-28
http://www.shinhyoron.co.jp

TEL 03（3202）7391
FAX 03（3202）5832
振替 00160-1-113487

定価はカバーに表示してあります
落丁・乱丁本はお取り替えします

装幀　山田英春
印刷　新栄堂
製本　河上製本

ISBN4-7948-0611-6 C0015

Printed in Japan

田村伊知朗
近代ドイツの国家と民衆
A5 232頁 3500円
ISBN4-7948-0230-7 〔94〕
【初期エトガー・バウアー研究（1842-1849）】ヘーゲル左派の理論家バウアーの思想形成の分析を通じて，近代の実現とその揚棄という社会思想史上の重要課題に光を当てた野心作。

H.アイヒベルク／清水 諭訳
身体文化のイマジネーション
四六 352頁 3200円
ISBN4-7948-0337-0 〔97〕
【デンマークにおける「身体の知」】哲学，歴史学，社会学，政治学，文化論といった超領域的な視点，そして壮大かつ自由に飛翔する知をもって語られる新たな身体文化の理論。

M.オンフレイ／幸田礼雅訳
哲学者の食卓
四六 240頁 2200円
ISBN4-7948-0380-X 〔98〕
「食」と「思想」との間にはいかなる類似や従属関係が存在するのか。ニーチェ，サルトル，カントといった超一流の哲学者をまな板にのせ，食という最も身体的な側面から料理する。

P.チュイリエ／小出昭一郎監訳
反＝科学史
B5変 296頁 3340円
ISBN4-7948-4019-5 〔84〕
近代科学の展開に重要な役割を演じながら，その後「傍流」として歴史から追いやられてしまったウォーレスらの業績を再評価し，単一的な科学観を打ち砕く問題作。図版158枚。年表を付す。

P.チュイリエ他／菅谷 暁・高尾謙史訳
〈普及版〉アインシュタインと手押車
A5 392頁 3200円
ISBN4-7948-0027-4 〔89,93〕
【小さな疑問と大きな問題】科学的知・営為の多様性・多義性を，古代から現代までの歴史的・社会的背景の中で考察する科学史研究の最新の成果12選。写真・図版80点。

F.エラルド他／菅谷暁・古賀祥二郎・桑田禮彰訳
バイオ
A5 216頁 1800円
ISBN4-7948-4024-1 〔86〕
【思想・歴史・権力】遺伝子操作から「健康」神話に支えられたエアロビクスまで，新技術，新ライフスタイルとして時代を先導しつつある「バイオ」現象を多角的視座から解読。

J.ギトン＆ボグダノフ兄弟／幸田礼雅訳
神と科学
四六 224頁 1800円
ISBN4-7948-0155-6 〔92〕
【超実在論に向かって】現代科学の到達点が暗示する超越的存在の謎に迫る！ 科学と宗教が互いに発しあう問いかけ。91年度フランス出版界話題のベストセラー。

J.ギトン／幸田礼雅訳
心から心へ
21世紀を生きる人々に贈る
四六 216頁 1748円
ISBN4-7948-0217-X 〔94〕
現代最高の神学者ギトン（94歳）が，自らの人生の終末と，激動の20世紀の終わりにさいして書き下ろした，書簡形式の世紀末人生論。朝日新聞「天声人語」(5/21）などにて紹介！

J.ギトン＆J.ランズマン／幸田礼雅訳
神を信じる者と信じない者
四六 240頁 2200円
ISBN4-7948-0266-8 〔95〕
94歳の老神学者と68歳の無神論者（小説家）による激しい，妥協のない，驚くべき対話。あらゆる点で異なる二つの精神の対決……そして，二人は思いもかけなかった共通点を発見。

竹内啓二
近代インド思想の源流
四六 272頁 2500円
ISBN4-7948-0081-9 〔91〕
【ラムモホン・ライの宗教・社会主義】近代インドにおける宗教，社会，教育など，あらゆる方面の開拓者，近代インドの父ラムモホン・ライの生き方とその思想的背景。

G.ヴェーア／徳岡知和子訳
評伝 マイスター・エックハルト
四六 240頁 2500円
ISBN4-7948-0459-8 〔99〕
【人と思想】中世キリスト教神秘思想界の巨人エックハルトの生涯と，その思想的意義，およびルター，ブーバー，ユング，フロム等，後世の知識人界に与えた多大なる影響。

M.リーズル／徳岡知和子訳
神とは何か
四六 220頁 2200円
ISBN4-7948-0388-5 〔98〕
「神とは何か？」宗教書や哲学書を読んでもピンとこない。そんな既成宗教読本に疑問・不満を抱く人びとにおくる超心理学的実験に基づいた「安全に神に近づくための解説書」！

表示価格はすべて消費税抜きの本体価格です。

思想・哲学

ポール・ヴィリリオ／土屋進訳
情報エネルギー化社会
四六　236頁　2400円
ISBN4-7948-0545-4　〔02〕
【現実空間の解体と速度が作り出す空間】絶対速度が空間と時間を汚染している現代社会（ポスト工業化社会）。そこに立ち現れた仮想現実空間の実相から文明の新局面を開示。

ポール・ヴィリリオ／土屋進訳
瞬間の君臨
四六　220頁　2400円
〔03〕
【世界のスクリーン化と遠近法時空の解体】情報技術によって仮想空間が新たな知覚空間として実体化していく様相を，最新の物理学的根拠や権力の介入の面から全面読解！

桑田禮彰・福井憲彦・山本哲士編
ミシェル・フーコー
1926～1984〈新装版〉
A5　304頁　3000円
ISBN4-7948-0343-5　〔84,97〕
【権力・知・歴史】“権力”についてのあくなき追及の途，急逝したフーコーの追悼！　未邦訳論文・インタビュー，フーコー論，書評，年譜，文献などでその全貌を明らかにする。

A.クレメール=マリエッティ／赤羽研三・桑田禮彰・清水　正・渡辺　仁訳
ミシェル・フーコー
考古学と系譜学
A5　350頁　3689円
ISBN4-7948-0094-0　〔92〕
フーコー思想の全容を著作にそって正確に読解し平明に解説する現在唯一の試み！フランスでもフーコー思想への最良の導きとしての地位を獲得している名著。

V.ジャンケレヴィッチ／阿部一智・桑田禮彰訳
〈増補新版〉
アンリ・ベルクソン
A5　488頁　5800円
ISBN4-7948-0339-7　〔88, 97〕
“生の哲学者”ベルクソンの思想の到達点を示し，ジャンケレヴィッチ哲学の独創的出発点をなした名著。初版では割愛された二論文と「最近のベルクソン研究動向」を追補収録。

朝西　柾
サルトル
知の帝王の誕生
四六　232頁　2000円
ISBN4-7948-0428-8　〔98〕
【「世界という魔界」と「全知への野望」】一切を知り，世界を「わがもの」にしようとした巨人サルトルという精神の知の旅程を，新資料を駆使して鮮やかに描き出す。各誌絶賛。

A.ド・リベラ／阿部一智・永野　潤・永野拓哉訳
中世哲学史
A5　650頁　8000円
ISBN4-7948-0441-5　〔99〕
地中海周辺地域に光をあて，無視され，排除され，周辺化されてきた中世哲学史（ユダヤ・イスラム・ビザンツ哲学）の闇の領域を初めて繙く。キリスト教西欧の視点を越える金字塔！

A.ド・リベラ／阿部一智・永野潤訳
中世知識人の肖像
四六　476頁　4500円
ISBN4-7948-0215-3　〔94〕
本書の意図は，思想史を語る視点を語る所にある。闇の中に閉ざされていた中世哲学と知識人像の源流に光を当てた野心的かつ挑戦的な労作。「朝日」書評にて阿部謹也氏賞賛！

P.マシュレ／鈴木一策・桑田禮彰訳
〈新装版〉
ヘーゲルかスピノザか
A5　384頁　4500円
ISBN4-7948-0392-3　〔86, 98〕
《スピノザがヘーゲルを徹底して批判する。逆ではない！》ヘーゲルによって包囲されたスピノザを解放し，両者の活発な対決，確執を浮彫ることで混迷の現代思想に一石を投ず。

工藤　豊
ヘーゲルにおける
自由と近代性
A5　364頁　5400円
ISBN4-7948-0484-9　〔00〕
ヘーゲルの問題意識は「自由とその実現」にあり！ヘーゲルの思想的発展の流れに沿って「自由」の捉え方をめぐる個と全体との関係性を近代という歴史的特徴との関連から究明。

藤原保信・三島憲一・木前利秋編
ハーバーマスと現代
A5　300頁　3500円
ISBN4-7948-4027-6　〔87〕
フランクフルト学派第二世代の旗手であり，ポスト・モダン，非合理主義の思想潮流に対話的理性を対置して壮大な社会理論の構築を試みたハーバーマスの思想的核心を読み解く。

★表示価格はすべて消費税抜きの本体価格です。

歴史・文明

人文ネットワーク発行のニューズレター「**本と社会**」無料配布中。当ネットワークは，歴史・文化文明ジャンルの書物を読み解き，その成果の一部をニューズレターを通して紹介しながら，これと並行して，利便性・拙速性・広範性のみに腐心する我が国の人文書出版の現実を読者・著訳者・編集者，さらにできれば書店・印刷所の方々とともに考え，変革しようという会です。

ジャック・ル・ゴフ／岡崎敦・森本英夫・堀田郷弘訳
聖王ルイ
A5　1228頁　12000円
ISBN4-7948-0530-6　〔01〕
「記憶」はいかに生産されるか？中世フランスの国民的人物の全体史を通して記憶・歴史，言説・現実，権力の関係を解明し，「伝記」の新しいモデルを構築した歴史学的伝記の金字塔。

A.マルタン＝フュジエ／前田祝一監訳
優雅な生活
A5　612頁　6000円
ISBN4-7948-0472-5　〔01〕
【〈トゥ＝パリ〉，パリ社交集団の成立1815-48】バルザックの世界の，躍動的でエレガントな虚構なき現場報告。ブルジョワ社会への移行期に生成した初期市民の文化空間の全貌。

E.ル・ロワ・ラデュリ／蔵持不三也訳
南仏ロマンの謝肉祭《カルナヴァル》
四六　704頁　5500円
ISBN4-7948-0542-X　〔02〕
【叛乱の想像力】南仏の小都市の祝祭空間の中でくりひろげられた叛乱・反税闘争の連鎖を解析し，16世紀の〈全体的社会事実〉の縮図を描き切るアナール民族歴史学の成果。

E.ル＝ロワ＝ラデュリ／杉山光信訳
〈新装版〉
ジャスミンの魔女
四六　386頁　3200円
ISBN4-7948-0370-2　〔85,97〕
【南フランスの女性と呪術】19世紀の詩人ジャスミンの詩を読み解きながら，農村社会における呪術的世界の意味を歴史の中に探る，アナール派の旗手による魔女研究の新段階。

A.パーシー／林　武監訳・東　玲子訳
世界文明における技術の千年史
四六　372頁　3200円
ISBN4-7948-0522-5　〔01〕
【生存の技術」との対話に向けて】生態環境的視点により技術をめぐる人類史を編み直し，再生・循環の思想に根ざす非西洋世界の営みを通して「生存の技術」の重要性を探る。

ギ・リシャール編／藤野邦夫訳
移民の一万年史
A5　360頁　3400円
ISBN4-7948-0563-2　〔02〕
【人口移動・遙かなる民族の旅】世界は人類の移動によって作られた！人類最初の人口爆発から大航海時代を経て現代に至る，生存を賭けた全人類の壮大な〈移動〉のフロンティア。

J.ドリュモー＆D.ロッシュ監修／磯見辰典（代表）・白石嘉治・大嶋誠・東丸恭子・相野理子訳
父親の歴史、父性の歴史
A5　予600頁　予5700円
ISBN4-7948-0549-7　〔03／近刊〕
古代ローマ以来の父親像の変化から，科学の進歩によって混迷の淵に追いやられた現代の父性までを検証。人口学・精神分析学・法学・図像学等を結集した父親史研究の集大成。

ジャン・ドリュモー／西澤文昭・小野潮訳
地上の楽園
〈楽園の歴史Ⅰ〉
A5　392頁　4200円
ISBN4-7948-0505-5　〔00〕
アダムは何語で話したか？アダムとイブの身長は？先人達は，この地上に存続しているはずだと信じた楽園についてのすべてを知ろうと試みた。教会権力が作ったイメージの歴史。

J.ドリュモー／永見文雄・西澤文昭訳
恐怖心の歴史
A5　864頁　8500円
ISBN4-7948-0336-2　〔97〕
海，闇，狼，星，飢餓，租税への非理性的な自然発生的恐怖心。指導的文化と恐れの関係。14－18世紀西洋の壮大な深層の文明史。心性史研究における記念碑的労作！　書評多数。

J.P.クレベール／杉崎泰一郎監訳・金野圭子・北村直昭訳
ミレニアムの歴史
四六　349頁　3200円
ISBN4-7948-0506-3　〔00〕
【ヨーロッパにおける終末のイメージ】千年前の人々が抱いた「世の終わり」の幻影と，新たな千年期（ミレニアム）を生きる現代人の不安を描いた，西洋における終末観の変遷史。

★表示価格はすべて消費税抜きの本体価格です。